Impressum

Herausgeberteam
Susanne Schmid
Dietmar Eberle
Margrit Hugentobler

Autorin
Susanne Schmid, CH-Luzern

Mit Beiträgen von
Ingrid Breckner, DE-Hamburg
Angelus Eisinger, CH-Zürich
Kathleen Scanlon, GB-London

Lektorat & redaktioneller Beitrag
Margrit Hugentobler, CH-Zürich
Acquisitions Editor
David Marold, Birkhäuser Verlag, AT-Wien
Content & Production Editor
Angelika Gaal, Birkhäuser Verlag, AT-Wien
Korrektorat
Philipp Rissel, AT-Wien
Übersetzung ins Deutsche (Beitrag Kathleen Scanlon):
Norma Keßler, DE-Aschaffenburg

Gestaltung
Sven Schrape, DE-Berlin
Litho
pixelstorm, AT-Wien
Druck
Graspo Printing House, CZ-Zlín
Papier
Magno Natural
Schrift
Arnhem; Helvetica Neue

Library of Congress Control Number
2024931518

Bibliografische Information der Deutschen Nationalbibliothek
Die Deutsche Nationalbibliothek verzeichnet diese Publikation in der Deutschen Nationalbibliografie; detaillierte bibliografische Daten sind im Internet über http://dnb.dnb.de abrufbar.

ISBN 978-3-0356-2801-2
e-ISBN (PDF) 978-3-0356-2802-9

Englisch:
ISBN 978-3-0356-2800-5
e-ISBN (PDF) 978-3-0356-2803-6

Im Westfeld 8, 4055 Basel, Schweiz
Ein Unternehmen der Walter de Gruyter GmbH, Berlin/Boston

9 8 7 6 5 4 3 2
www.birkhauser.com

Eine Geschichte
des gemeinschaftlichen
Wohnens

Susanne Schmid

Eine Geschichte des gemeinschaftlichen Wohnens

Modelle des Zusammenlebens

Herausgegeben von
Susanne Schmid, Dietmar Eberle und Margrit Hugentobler
als Edition Wohnen ETH Wohnforum – ETH CASE

Birkhäuser
Basel

Vorwort zur 2. Auflage

Mit dieser 2. Auflage wird die Aktualität der Thematik bestärkt. Es freut uns deshalb sehr, Ihnen die Geschichte des gemeinschaftlichen Wohnens mit kleinen Überarbeitungen präsentieren zu dürfen. Da Geschichte Zeit braucht um zu entstehen und geschrieben zu werden, haben wir mit der 2. Auflage darauf verzichtet, bereits neue Inhalte einzuarbeiten. Unser Interesse am Thema bleibt aber bestehen, insbesondere auch aufgrund momentan drängender gesellschaftlicher Themen wie die Pandemie, die Migration oder der Klimawandel, die gewiss Auswirkungen auf das zukünftige Wohnen haben werden. Ob daraus neue Intentionen mit ökologischen Beweggründen entstehen oder ob sich der Kreis schließt und wieder die ökonomischen Intentionen in den Vordergrund rücken, lässt sich noch nicht abschließend sagen. Zumal die neuen Entwicklungen zuerst in Wohnkonzepte übertragen werden müssen. Die Erfahrungswerte werden es jedoch zeigen und die Geschichte des gemeinschaftlichen Wohnens fortschreiben.

Susanne Schmid, Dietmar Eberle und Margrit Hugentobler

Vorwort zur 1. Auflage

Wohnen als gemeinschaftliches Erlebnis zu begreifen widerspricht dem Wohnen als Idee der höchsten Form von Privatheit. Aus diesem Konflikt heraus ist Wohnen immer eine Frage der Grenzziehung zwischen privat und öffentlich (halb-öffentlich). Das gemeinschaftliche Wohnen gründet in der Idee, die Privatsphäre zu reduzieren und der gemeinschaftlichen Sphäre mehr Fläche und Gewicht zu verleihen.

Unser gesetzliches und ökonomisches Verständnis ist geprägt vom Primat des Privaten. Trotz dieser Eindeutigkeit gibt es eine lange Geschichte des Versuchs, in den letzten 150 Jahren die Grenze zwischen privat und öffentlich zu verschieben, neu zu definieren beziehungsweise die gesellschaftliche Akzeptanz für das Öffentliche zu aktivieren.

Natürlich ist diese Geschichte nur interessant als eine vielleicht mögliche Antwort auf die in den letzten Jahrhunderten entstandene Privatheit, die in früheren Gesellschaften nicht bestanden hat. Diese Bedeutung der Privatheit ist ein Ausdruck von wirtschaftlichen und ökonomischen Fortschritten in der Entwicklung unserer Gesellschaft. In Abhängigkeit der jeweils ökonomischen Situation und ihrem konkreten sozialen Ausdruck gibt es immer wieder unterschiedlich motivierte – wie in diesem Buch ausführlich dokumentiert – Versuche, diese Grenzziehung neu zu formulieren.

Die hohe Aktualität des gemeinschaftlichen Wohnens im Bewusstsein einer jüngeren Generation heute ist einerseits Ausdruck eines ökonomisch nicht mehr tragbaren Zugangs zu Wohnraum und andererseits eine Sehnsucht, aufgrund der Erfahrungen sich selbst anders und neu zu verstehen und zu definieren.

Das Buch konzentriert sich sehr stark auf die Frage der Verschiebung von Flächen aus dem privaten Bereich in einen öffentlichen Bereich. Dass die gesetzlichen Grundlagen für diesen öffentlichen Bereich in den unterschiedlichen Ländern auf rechtlich sehr unterschiedliche Voraussetzungen treffen, drückt nur die gesellschaftliche Ungeklärtheit aus im Umgang mit Gemeinschaft als einem Bereich, der sich zwischen Öffentlichkeit und Privatheit formuliert.

Diese Idee der Gemeinschaft als eine eigene Individualität in der Abgrenzung zum Privaten und Öffentlichen scheint interessant, stellt uns aber auch vor neue Fragen. In diesem Zusammenhang spielt die Wiederbelebung genossenschaftlichen Denkens eine Schlüsselrolle zur Verwaltung und Organisation dieser Gemeinschaftsvorstellungen. In den europäischen Ländern bestehen heute sehr unterschiedliche Rechtssituationen für dieses genossenschaftliche Denken. Nichtsdestotrotz halten wir diese Art des Denkens für eine Form von Zukunft für einen stark wachsenden Bevölkerungsanteil.

In der architektonischen Wahrnehmung lässt sich das gemeinschaftliche Bestreben nicht an einer konkreten Form oder Formensprache identifizieren, sondern verwendet immer die der Zeit angepassten architektonischen Ausdrucksweisen. Allein die Verschiebung von Flächen und Volumen von privat zu gemeinschaftlich ist ein glaubwürdiger Ausdruck des Anspruchs der architektonischen Projekte. Die Fokussierung auf dieses materiell nachvollziehbare Prinzip verleiht den einzelnen Projekten seine Glaubwürdigkeit.

Dass es dazu bisher keine überschaubare, nachvollziehbare Dokumentation dieser vielen Versuche gibt, war für uns nur schwer erklärbar und ist vielleicht Ausdruck der Unsicherheit im Umgang mit dem gesellschaftlich nur als Randphänomen betrachteten Thema. Diese Lücke zu schließen, sie transparent und nachvollziehbar darzustellen, ist die Intention dieses Buches, mit dem wir Ihnen viel Vergnügen wünschen.

PROF. ETH DI DIETMAR EBERLE

Inhalt

Einleitung

Teilen als soziale Intention

Resümee

Das Gemeinschaftliche im Wohnen: Kontext und Überblick

«Die menschliche Tat – in unserem Fall die Tat des Wohnens – bestimmt, was eine Wohnung ist.»

N. JOHN HABRAKEN[1]

Durch die alltägliche Praktik des Wohnens meinen wir zu wissen, was zum Wohnen gehört und was nicht. Dieses Alltagswissen ist jedoch ein Ergebnis vorheriger gesellschaftlicher Prozesse, die durch vielfältige Faktoren beeinflusst und gesteuert werden.[2] Seit der Industrialisierung bedeutete gemeinschaftliches Wohnen immer eine betont andere und besondere Art des Wohnens, obschon die Wohnbaugeschichte mit dem kollektiven Wohnen begann. So ist gemeinschaftliches Wohnen unser wohnkulturelles Erbe, nur gingen uns in den vergangenen Jahrzehnten die Erfahrungen dazu verloren. Dabei betrifft diese Form des Wohnens so unterschiedliche Lebensaspekte wie die Rollenverteilung zwischen Mann und Frau, die Definition des Haushaltens und Hauswirtschaftens, die Organisation von Arbeit und Dienstleistungen sowie Kindererziehung und die Gestaltung der Freizeit. Gemeinschaftliches Wohnen führt zu einer weit komplexeren Art des Zusammenlebens als individuelles Wohnen. Es kann in verschiedenen Wohnmodellen und mit fein abgestuften und unterschiedlichsten Qualitäten, Nutzungen und Öffentlichkeitsgraden stattfinden. Kollektive Räume können individuell oder gemeinsam, temporär wie auch permanent genutzt werden. Die Grade des Privaten und Öffentlichen verschieben sich je nach Ausformulierung der Räume und deren Nutzungen. Gemeinschaftliches Wohnen richtet sich an Menschen, die solche Formen von Raum- und Wohnangeboten bevorzugen oder diese in einer bestimmten Phase ihrer Wohnbiografie priorisieren. Personen, die sich Wohnräume teilen, gewichten ihre Bedürfnisse zwischen Besitzen und Teilen anders. So ermöglicht gemeinschaftliches Wohnen Frei- und Interaktionsräume, in denen individuelle und kollektive Bedürfnisse ausgehandelt und vielseitige Optionen der Teilnahme und Teilhabe an wohnpolitischen und sozialen Prozessen geboten werden.

Wenn das gemeinschaftliche Wohnen und die Gemeinschaft als Kontinuum der Geschichte einzuordnen sind, fragt sich, was die momentane Aktualität dieser Thematik bedeutet.[3] Sie ist in Diskussionen, Foren, in den Medien sowie in der Fachpresse beachtlich. Die gegenwärtige Debatte bezieht sich auf in den letzten Jahren vor allem im deutschsprachigen Raum realisierte Wohnobjekte mit Modellcharakter, bei denen gemeinschaftliche Wohnräume oft neu und vielseitig ausgestaltet und genutzt werden. Dabei integrieren sich Wohnobjekte ins städtische Leben, die in ihren innovativen Raumprogrammen weit mehr als die bekannten, üblichen Gemeinschaftsräume beinhalten und räumliches und soziales Zusammenwohnen neu denken. Der individuelle und meist reduzierte Wohnraum wird ergänzt durch Nutzungsoptionen, die vielseitig zugeschaltet werden können. Diese experimentellen Modelle des Teilens von Wohnraum werden unterschiedlich gelebt und zunehmend von einer breiten Öffentlichkeit wahrgenommen. Sind diese Formen, Wohnraum zu teilen, im mitteleuropäischen städtischen Kontext neuartig? Ergeben sie sich aus der Entwicklungslinie der Wohnbaugeschichte? Und wie passen sie sich räumlich und nutzungsmäßig den heutigen gesellschaftlichen Gegebenheiten an? Diese Fragen liegen der hier vorliegenden Publikation zur Geschichte des gemeinschaftlichen Wohnens zugrunde. Ziel ist es, gegenwärtige gemeinschaftliche Wohnmodelle historisch einzuordnen und die jeweiligen Formen des Teilens sowie die treibenden gesellschaftlichen Faktoren wie die ökonomischen, politischen und sozialen Parameter zu diskutieren und zueinander in Bezug zu setzen.

Wohnen ist eine selbstverständliche Tätigkeit, die jedoch einem Konsumzwang unterliegt. Niemand kann nicht Wohnen. So ist Wohnen eine Notwendigkeit für den Menschen und dementsprechend ein Grundbedürfnis. Dies nicht nur in physischer Hinsicht, da wir Wohnraum und ein Dach über dem Kopf benötigen, sondern auch im psychisch-emotionalen und sozialen Sinne, in dem Wohnraum ebenfalls wichtige Funktionen erfüllt. Zudem ist Wohnen Ausdruck eines Lebensgefühls und einer Lebensweise, der sich in der Wahl des Wohnortes, der Umgebung, der Wohnform und der Einrichtung zeigt.[4] Der Standort, die räumliche Atmosphäre einer Wohnung, ihre Flächen- und Nutzungsoptionen sind heute oft wichtige Kriterien und spiegeln Vorstellungen bezüglich einer bestimmten Lebensart wider, zumindest dort, wo Wahlmöglichkeiten bestehen. So ist Wohnen ein Medium, durch das ein kulturelles Milieu, aber auch der individuelle Lebensstil repräsentiert wird.[5] Dennoch stehen beim Wohnen die existenzerhaltenden Funktionen im Vordergrund.[6] Die Soziologen Hartmut Häußermann und Walter Siebel definieren dabei vier zentrale Merkmale: die funktionale Bedeutung der Wohnung, die soziale Einheit des Wohnens, die sozialpsychologische Bedeutung des Wohnens sowie die rechtlich-ökonomische Verfügung bezüglich der Wohnung.[7] Kollektive Aspekte des Wohnens tangieren jeden dieser vier Bedeutungsbereiche.

Die funktionale Bedeutung der Wohnung umfasst Produktion, Reproduktion und Regeneration, die sich auch in der funktionalen Ausstattung und Nutzung von Wohnräumen spiegeln. Unter Reproduktion wird gemeinhin Hausarbeit wie Nahrungsmittelbeschaffung, Kochen, Waschen oder Putzen sowie Familienarbeit wie beispielsweise Pflege, Kinderbetreuung und -erziehung verstanden. Als demografisches Konzept bezieht sich Reproduktion auch auf die Nachwuchserzeugung. Der Reproduktion im doppelten Sinn kommt eine zentrale Rolle zu, da sie zum einen Grundbedürfnisse erfüllt, die Lebens- und Arbeitskraft der Haushaltmitglieder erhält und anderseits den Fortbestand der Familie sichert. Mit der Industrialisierung hat die Wohnung ihre Bedeutung als Produktionsstandort weitgehend verloren. Zudem werden viele auf die klassische Haus- und Familienarbeit bezogene Reproduktionstätigkeiten, auch aufgrund der Rollenveränderung von Frauen und Männern, zunehmend aus der Wohnung ausgelagert und durch ein vielseitiges Angebot an Service, Dienstleistungen und Folgeeinrichtungen abgedeckt. Pflegeheime,

---

1 Habraken (1961): Die Träger und die Menschen, S. 14.
2 Nierhaus, Nierhaus (Hrsg.) (2014): Wohnen zeigen, Modelle und Akteure des Wohnens in Architektur und visueller Kultur, S. 12.
3 ARCH+ 232 (07|2018): An Atlas of Commoning, Orte des Gemeinschaffens, S. 22.
4 Gilg, Schaeppi (2007): Lebensräume, Auf der Suche nach zeitgemässem Wohnen, S. 11.
5 Terlinden in Döllmann, Temel (Hrsg.) (2002): Lebenslandschaften, Zukünftiges Wohnen im Schnittpunkt von privat und öffentlich, S. 109.
6 Schneider, Spellerberg (1999): Lebensstile, Wohnbedürfnisse und räumliche Mobilität, S. 23.
7 Häußermann, Siebel (2000): Soziologie des Wohnens, Eine Einführung in Wandel und Ausdifferenzierung des Wohnens, S. 15.

Kinderbetreuungsstätten und Restaurants sind Beispiele dafür. So gelangt die funktionale Bedeutung der Wohnung im Sinne der Regeneration ins Zentrum. Diese bleibt existenziell, benötigt doch jede Person einen physischen Rückzugsort, der territorial abgegrenzt ist und in dem die persönliche Integrität bewahrt werden kann.[8] Die Wohnung als persönliches Refugium wird so zum Ort der Erholung und der Freizeit, während andere Aspekte der Reproduktion auch in gemeinschaftlich genutzte Räume oder externe Folgeeinrichtungen ausgelagert werden.

Die soziale Einheit des Wohnens bezieht sich auf die Beziehungen zwischen Bewohnerinnen und Bewohnern, besteht beispielsweise eine Verwandtschaft oder ist die soziale Einheit nichtfamiliäres Wohnen in einem kleineren oder größeren Verbund. Im mitteleuropäischen Kontext umfasst die soziale Einheit der Kernfamilie mit einem Elternpaar und Kindern nur noch rund einen Viertel der Haushalte.[9] Andere Haushaltsformen haben die Familie längst abgelöst. Der integrale Charakter des Wohnens ist von hoher Relevanz, da soziale Verankerung und Bindung sowie Zugehörigkeit zu einer Gruppe einen wesentlichen Bestandteil menschlicher Grundbedürfnisse darstellen.[10] In einem stabilen sozialen Umfeld zu leben, sei es innerhalb der Wohnung, im Wohnobjekt oder in der Nachbarschaft, ist für die meisten Menschen wichtig, um sich in der Gesellschaft eingebettet zu fühlen. Nicht nur die Möglichkeit, sondern auch der ungehinderte Zugang zu sozialem Austausch und Teilnahme sowie Hilfestellungen und Unterstützung durch Angehörige, Freunde oder Bekannte sind Grundlage für ein gesundes soziales Netzwerk. Die soziale Einheit mittels Anteilnahme und Zugehörigkeit zu einem Wohnverbund bildet Heimat und ein Zuhause, verbunden mit dem Bedürfnis nach Anerkennung und Wertschätzung.

Die sozialpsychologische Bedeutung des Wohnens bezieht sich auf die schutzbildende Einheit der Wohnung, die das Bedürfnis nach Rückzug und Sicherheit erfüllt, vor äußeren Einflüssen schützt und einen Gegenpol zum öffentlichen Leben bildet. Die Wohnung ist Ort der Emotionalität, der Intimität, des Körperlichen und somit der Fortpflanzung, der Hygiene und Körperpflege. Die Grenzen von Privatheit und Intimität wurden über die Jahrzehnte je nach Wohnform anders ausgestaltet. Die im vorletzten Jahrhundert errichteten Scham- und Peinlichkeitsschwellen gegenüber dem Körperlichen und der Intimität grenzte die Wohnung vom öffentlichen Raum ab.[11] Dies gilt heute jedenfalls noch hinsichtlich der räumlichen physischen Ausformulierung, denn Wohnraum weitet sich durch die vierte industrielle Revolution deutlich aus. Durch Digitalisierung und neue Kommunikationsmittel verschwimmen die Grenzen zwischen Wohnen und Arbeiten wieder. Dank dem Internet kann die Welt und somit die Öffentlichkeit sozusagen ins Schlafzimmer geholt werden. Der schutzbildende Faktor der Wohnung als Ort der Intimität erfährt eine starke Veränderung, und die sozialpsychologische Bedeutung des Wohnens muss zukünftig sicherlich neu definiert und ausgehandelt werden.

Als viertes Merkmal kommt der rechtlich-ökonomischen Verfügung der Wohnung eine wichtige Bedeutung zu, da sie mit dem Bedürfnis nach Sicherheit und Kontrolle über die unmittelbare Lebenssituation verbunden ist. In spätkapitalistischen Gesellschaften wird Wohnraum in der Regel durch professionelle Gruppen von Investoren, Planerinnen oder Architekten unterschiedlicher Art gestaltet und produziert. Besitz, Teilbesitz oder Miete beeinflussen die rechtlich-ökonomische Verfügungsgewalt über den Wohn- und Lebensraum, verbunden mit mehr oder weniger Sicherheit, Kontrolle und Gestaltungsautonomie. Das Produkt Wohnung, Wohnraum wird durch die Bewohnerschaft angeeignet und durch Aushandeln von Vertragsbedingungen, Vereinbarungen und Hausordnungen wiederum reguliert. Hier dienen transparente Prozesse und Rechtssicherheit für ein tragfähiges Zusammenspiel zwischen Angebot und Nachfrage. Wobei die Verfügung von Wohnraum oft mit wenig beeinflussbaren Faktoren zusammenhängt. So sorgen äußere Einflüsse wie das wirtschaftliche Umfeld und das Zinsniveau, die Standortattraktivität gepaart mit der Kaufkraft, gesetzliche Vorschriften wie das Mietrecht sowie raumplanerische Faktoren für komplexe

Prozesse, die unterschiedliche Auswirkungen auf den Wohnungsmarkt haben.[12]

Gemeinschaftliches Wohnen wird nicht nur durch diese vier grundsätzlichen Bedeutungsmerkmale geprägt, sondern folgt je nach Epoche einer gesellschaftlich unterschiedlich gewichteten Intention des Teilens. Die vorliegende Publikation ist entlang diesen ökonomischen, politischen und sozialen Intentionen aufgebaut. Jeder Intention sind drei Wohnmodelle zugeordnet. Diese neun als exemplarisch zu verstehenden Wohnmodelle entsprechen dem Zeitgeist, in dem sie entstanden sind, zudem geprägt von weiteren Rahmenbedingungen wie rechtliche Gegebenheiten, Familientraditionen und Haushaltsformen, Arbeits- und Mobilitätsarten oder dem veränderten kulturellen Wandel, welche die jeweilige Epoche kennzeichnen. Es ist nicht Ziel dieser Geschichte des gemeinschaftlichen Wohnens, historische Wohnmodelle für die heutige Zeit zu adaptieren oder gemeinschaftliche Ausstattung und Funktionen in die Zukunft zu übertragen. Vielmehr soll aus den Entwicklungslinien dieser neun Wohnmodelle heraus ein Verständnis für die Intentionen ihrer Entstehung geschaffen und dank der Systematik des Buches die Verlagerung der Flächen vom privaten in den kollektiven und öffentlichen Bereich sichtbar gemacht werden.

Deshalb werden für die in den einzelnen Wohnmodellen vertiefter illustrierten Objekte auch deren Organisationsformen, Bewohnerstrukturen mit den jeweiligen Nutzergruppen und ihr Milieu sowie die betrieblichen und Raumstrukturen mit der Vielfalt an gemeinschaftlichen Räumen und Ausstattungen vorgestellt, um mögliche Entwicklungen vergleichbar aufzuzeigen. Zudem wird in den nachfolgenden Kapiteln erläutert, wie die Wohnobjekte jeweils im Kontext zum Ort, zur Zeit und zu den gesellschaftlichen Gegebenheiten stehen. Die Beschreibung der ausgewählten Wohnobjekte erfolgt chronologisch und geordnet in den neun Wohnmodellen seit den Anfängen der Industrialisierung bis zur heutigen Zeit. Obwohl jedes Wohnmodell durch ökonomische, politische und soziale Ziele geprägt ist, steht je nach historischen Umständen und der zeitlichen Einbettung jeweils eine Intention, ein Motiv im Vordergrund. So entsteht eine Art Lexikon zur Geschichte des gemeinschaftlichen Wohnens der letzten 150 Jahre, das als Handbuch einen umfassenden Beitrag zum Verständnis des kollektiven Wohnens und den damit verbundenen Wohnmodellen leisten möchte. Die ausführlicher beschriebenen Wohnobjekte wurden entsprechend ihrer Relevanz ausgewählt und illustrieren einen innovativen Umgang mit der Thematik. Sie sind Zeitzeugen der Wohnbaugeschichte, die durch ihre Pionierleistung als modellhaft gelten, da ihre gemeinschaftlichen Wohnräume und Ausstattungen sowie deren Ausformulierung weit über das Übliche hinausgehen oder das Gemeinschaftliche neu denken. Die berücksichtigten Objekte stellen keine abschließende Liste dar. Auf der Grundlage der Erkenntnisse aus der Historie werden, auch mit Blick auf die gegenwärtigen Entwicklungen, im letzten Teil der Publikation Schlüsse zu zukünftigen gemeinschaftlichen Wohnformen und -projekten skizziert sowie mittels Handlungsoptionen das Potenzial des kollektiven Wohnens eingeschätzt.

Der Fokus der vorliegenden Publikation liegt auf dem selbstbestimmten und langfristigen gemeinschaftlichen Wohnen im mitteleuropäischen Kontext. Nicht eingegangen wird auf temporäre Wohnformen wie beispielsweise in Hotels oder Herbergen respektive institutionell organisiertes und nicht selbstbestimmtes Wohnen wie in Kliniken, Heimen oder militärischen und religiösen Strukturen wie Kasernen oder Klöstern. Gemeinschaftlicher Wohnraum wird als Ergänzung zum privaten Wohnraum verstanden. Dieser private Raum kann zwar in seiner Grundausstattung und im Sinne einer Suffi-

---

8 Brändle-Ströh: Was braucht der Mensch zum Wohnen? In SozialAktuell, SBS (05|1999), S. 17.

9 Spellerberg (Hrsg.) (2018): Neue Wohnformen – gemeinschaftlich und genossenschaftlich, Erfolgsfaktoren im Entstehungsprozess gemeinschaftliches Wohnen, S. 2.

10 Zibell: Wohnen ist mehr. In Altenstraßer, Hauch, Kepplinger (Hrsg.) (2007): gender housing – geschlechtergerechtes bauen, wohnen, leben, S. 63.

11 Häußermann, Siebel (2000): Soziologie des Wohnens, Eine Einführung in Wandel und Ausdifferenzierung des Wohnens, S. 23.

12 Gilg, Schaeppi (2007): Lebensräume, Auf der Suche nach zeitgemässem Wohnen, S. 11.

zienz stark reduziert sein, existiert aber entsprechend den oben beschriebenen vier Bedeutungsmerkmalen des Wohnens und wird mit gemeinschaftlicher Wohnfläche ergänzt. Im Vordergrund stehen Wohnobjekte im städtischen Kontext, obwohl es auch in ländlichen Gebieten gemeinschaftliche Wohnobjekte gab und gibt. Allerdings bilden sowohl die demografischen Entwicklungen als auch die räumlichen, sozialen und ökonomischen Verflechtungen und Wechselwirkungen einer Stadt einen vielseitigeren Kosmos, der das gemeinschaftliche Zusammenleben fördert und immer wieder weiterentwickelt. Die Stadt als vielschichtiges System bildet einen idealen Kontext für gemeinschaftliches Wohnen und bietet mit der kollektiven Ressource eines erweiterten Infrastrukturangebots vielfältige Räume zur Aneignung und zum Teilen.[13]

Der Blick zurück in die Geschichte des gemeinschaftlichen Zusammenlebens verdeutlicht auch den Bedeutungswandel des Wohnens in den letzten gut 150 Jahren. Die ökonomisch und demografisch bedingte Veränderung von Haushalts- und Familienformen, das Zusammenspiel von Wohnen und Arbeit sowie die Integration von neuen Nutzergruppen in den Wohnungsmarkt haben das gemeinschaftliche Wohnen seit der Industrialisierung immer wieder stark beeinflusst und weiterentwickelt. Auch Bewohnerstrukturen und Organisationsformen der Wohnobjekte sind stetigem Wandel ausgesetzt. Insbesondere das Nutzermilieu hat einen starken Zusammenhang mit der Intention des Teilens von Wohnraum. Zudem sind es meist der Kontext und die Auseinandersetzung mit dem Ort sowie den gegebenen gesetzlichen Rahmenbedingungen, die das gemeinschaftliche Wohnen im Verlaufe der letzten Jahrzehnte prägten. Auch kulturelle Normierungen regeln gewissermaßen die Art des Zusammenlebens. So hat gemeinschaftliches Wohnen immer eine räumliche und gesellschaftliche Wechselwirkung und bleibt ein sich stetig veränderndes, interessantes Phänomen, das je nach ökonomischen, politischen und sozialen Gegebenheiten und Zielsetzungen ausgeprägter und vielseitiger gelebt wird.[14]

---

13 ARCH+ 232 (07|2018): An Atlas of Commoning, Orte des Gemeinschaffens, S. 33.
14 Spellerberg (Hrsg.) (2018): Neue Wohnformen – gemeinschaftlich und genossenschaftlich, Erfolgsfaktoren im Entstehungsprozess gemeinschaftliches Wohnen, S. 8.

Übergänge zwischen öffentlich und privat

«Privater Raum als Raum der Entfaltung von Intimität und Individualität wie als vor fremden Blicken geschützter Raum verlangt eine Binnendifferenzierung der Wohnräume.»

HARTMUT HÄUSSERMANN[1]

Das Private geht aus dem Öffentlichen hervor, denn erst mit der Ausgrenzung der Öffentlichkeit aus dem Wohnumfeld setzte sich das Private als Gegenwelt durch. Mit der Auslagerung produktiver Funktionen aus dem Wohnen und dem Auflösen des Ganzen Hauses entstanden Wohnräume, die als privat galten und nur noch begrenzt zugänglich waren.[2] Entsprechend wurde durch die betrieblich organisierte Lohnarbeit außerhalb der Wohnräume sowie durch den Auszug nicht oder nur entfernt verwandter Personen aus dem Haushalt Raum für die Intimität und Autonomie gegenüber der Gesellschaft geschaffen. Daraus entfaltete sich die Privatsphäre im Wohnen, in deren Folge Scham- und Peinlichkeitsschwellen errichtet und die Körperlichkeit und Emotionalität weitgehend aus der Öffentlichkeit ausgesondert wurden.[3] Diese Entwicklung schaffte zugleich ein Paradoxon: Wenn das Private aus dem Öffentlichen hervorgeht, so bezieht sich das Innen immer auch auf das Außen. Der private Innenraum wird als Raum des Individuellen, der Freiheit sowie des Abstands vom gesellschaftlichen Regelwerk und dem öffentlichen Außenraum verstanden, der zugleich nur aufgrund eben dieser Öffentlichkeit zustande gekommen ist.[4] So schafft folglich erst die Öffentlichkeit die Privatheit. In ihrer Dualität bedingen beide einander und kreieren zwei Pole, die in ihrer Spannung und gegenseitigen Bedingtheit ein Grundprinzip des sozialen gemeinschaftlichen Lebens bilden.[5] Diese beiden sozialen Aggregatszustände führen gemäß Hans Paul Bahrdt zur eigentlichen Urbanität. Je ausgeprägter die Wechselwirkung dieser Aggregatzustände, desto städtischer ist das Leben in einem Gebäude, in einer Siedlung oder in einem Quartier.[6]

Diese Wechselwirkung zwischen öffentlich und privat hat direkte Folgen auf das alltägliche Zusammenleben der Bewohnerinnen und Bewohner von gemeinschaftlichen Wohnräumen. Da die Abgrenzungen je nach gesellschaftlicher Entwicklung wie sich verändernde Lebens- und Haushaltsformen oder Arbeits- und Mobilitätsweisen immer wieder ausgelotet und verhandelt werden müssen, ist diese Polarität stetig in Bewegung. Es werden Abstufungen zwischen öffentlich und privat geschaffen, die Öffentlichkeitsgraden zugeordnet werden können. Steigt der Öffentlichkeitsgrad eines Raumes, wird er zugänglicher. Mit sinkendem Öffentlichkeitsgrad hingegen nimmt die Intimität zu und die Schwellen zu diesem Raum erhöhen sich. Zugänglichkeit und Öffentlichkeitsgrade können einerseits räumlich-architektonisch ausformuliert werden und auch durch soziale Aushandlung erfolgen. Sie sorgen immer für eine filternde Wirkung. Gemeinschaftliche Räume sind allerdings von Mehrfachnutzungen und Nutzungsüberlagerungen geprägt und lassen sich nicht einfach einem bestimmten Öffentlichkeitsgrad zuordnen. Ein Raum, der von unterschiedlichen Personen genutzt wird, kann ebenso privat und intim sein wie derselbe Raum, der durch einen anderen Gebrauch einen sehr öffentlichen Charakter erhält. Der Wunsch nach Privatsphäre, Ruhe und Abgeschiedenheit ist gleichwohl auch Personen wichtig, die Wohnräume teilen und gemeinschaftlich nutzen. Als Ort der Regeneration, des Rückzugs, aber auch des Ausdrucks der individuellen Aneignung und der Selbstdarstellung bildet der private Raum das persönliche Territorium, in dem die eigenen Regeln gelten. In gemeinschaftlichen Wohnräumen werden diese Regeln immer wieder neu verhandelt und die sozialen Rollen neu interpretiert.[7] Gemeinschaftlicher Wohnraum wechselt häufiger als der individuelle Raum zwischen den beiden Polen und bezüglich unterschiedlicher Grade an Kollektivität und Intimität. Von Bedeutung ist deshalb ebendiese Wechselwirkung zwischen den beiden Polen und deren fließende Übergänge.

Der Öffentlichkeitscharakter eines Raumes wird indes auch durch die Tätigkeiten, die das Wesen eines Raums prägen, bestimmt, wie Hanna Arendt in *Vita activa* beschreibt.[8] Je nachdem, ob eine private oder eine öffentliche Wohntätigkeit ausgeübt wird, kann dem Raum ein öffentlicher oder privater Charakter zugewiesen werden. Das bedeutet, dass der Raum an und für sich neutral ist und erst die Aktivitäten, die in einem spezifischen Raum stattfinden, dessen Zuordnung betreffend Öffentlichkeitsgrad bestimmen. Dabei erhält das Verhalten der Nutzenden einen erheblichen Stellenwert, der mit dem Begriff der Territorialität bezeichnet werden kann.[9] Territorialität meint die Beziehung eines Individuums oder einer Gruppe zu einem physischen Raum und beruht im positiven Sinne im Bestreben, Raum zu kontrollieren, zu personalisieren und zu markieren.[10] Diese Aneignung, insbesondere von gemeinschaftlich genutztem Wohnraum, bringt eine gewisse Gestaltung durch Ordnung und Stabilität mit sich. Sie schafft aus einem neutralen einen definierten, personalisierten sowie markierten Raum, führt zu einer Regulation und somit zur Identität eines Raumes.[11]

Hier stellt sich auch die Frage nach der filternden Wirkung von Schwellen und der Gestaltung von Zugängen. Sogenannte Zwischenzonen werden oft als halböffentlich oder halbprivat bezeichnet. Sie dienen unter anderem dazu, zwischen den beiden Polaritäten öffentlich versus privat räumlich zu hierarchisieren. Vor allem die niederländischen Strukturalisten Herman Hertzberger sowie Aldo van Eyck prägten die Begriffe halböffentlich und halbprivat. Sie betrachteten die sozialen Aspekte des Wohnens als genauso bedeutend wie die baulichen und führten Zwischenzonen ein, die sie als halböffentlich oder halbprivat bezeichneten.[12] Diese Zwischenzonen sind Übergangsräume, die zwischen dem Außen und dem Innen vermitteln und ein qualitätsvolles Hinführen an einen Ort bilden sollen. Schon einige Jahrzehnte zuvor versuchte der russisch-amerikanische Architekt Serge Chermayeff ebenfalls eine differenziertere Betrachtung dieser Thematik.[13] Er führte sechs Bereiche ein, um die Aspekte der Stadtgliederung in ihrem direkten Bezug zum Privatbereich zu verstehen: Der städtisch-öffentliche Bereich, der städtisch-halböffentliche Bereich, der Bereich öffentlicher Gruppen, der Bereich privater Gruppen, der familiär-private Bereich sowie der individuell-private Bereich. Dabei versteht Chermayeff diese sechs Bereiche nicht nur räumlich, sondern als gesamtes gesellschaftliches System und schließt Mobilität sowie Infrastruktur wie auch soziologische Aspekte des Zusammenlebens mit ein.

Diese Versuche, Räume bezüglich ihrer Öffentlichkeitsgrade einzuordnen, und die dabei verwendeten Terminologien zeigen, dass das Thema komplex ist. Franck und Franck schlagen deshalb ein System räumlicher Ebenen vor, das erschließende und erschlossene Räume durch Abschirmung oder Verbindung hierarchisiert. So sind es immer Räume mit einem höheren Öffentlichkeitsgrad, die erschließen, und Räume mit einem hohen Grad an Privatheit, die erschlossen werden.[14] Dabei wird die Erschließung mit ihren Zugängen und Schwellen als filternde Funktion verstanden.[15] Die Funktionen der Räume sowie die Tätigkeiten, die in ihnen ausgeführt werden, klammert dieses System von erschließenden und erschlossenen Räumen jedoch aus. Auf rein räumlicher Ebene stellt diese Herangehensweise deshalb eine gewisse Hierarchisierung von Intimitätsstufen dar. Sie vermag jedoch der Vielschichtigkeit an Raumgefügen, Nutzungen und Bewohnerstrukturen bezüglich gemeinschaftlicher Wohnräume nicht gerecht zu werden. In den heute gelebten Formen gemeinschaftlichen Wohnens stehen Intimität und Sich-Öffnen in einer starken Wechselwirkung zueinander. Privatheit findet auch in einem gemeinschaftlichen Wohnverbund statt, und deshalb müssen Grenzen flexibler und durchlässiger gedacht werden. Die verschiedenen Zugänge zu gemeinschaftlichen Räumen mit unterschiedlichen Funktionen sollen es zulassen, dass Öffentlichkeit unmittelbar ins Private oder in der Wechselwirkung das Private unmittelbar in die Öffentlichkeit eingreifen kann.

Die Lebensweise des gemeinschaftlichen Wohnens zeichnet sich durch ihren offenen Zugang, die Erreichbarkeit und Inklusion aller beteiligten Bewohnerinnen und Bewohner aus. Diese Zugänglichkeit wird in jedem Wohnobjekt anders gelebt und immer wieder gemeinsam ausgehandelt. Denn zwischen dem Wunsch nach Alleinsein und Gemeinschaft liegt ein breites Spektrum an Bedürfnissen und Aktivitäten. Kontakte werden beispielsweise eher als positiv erfahren, wenn sie freiwillig aufgenommen werden können.[16] Diese Möglichkeit zur Kontaktaufnahme muss jedoch zuerst räumlich geschaffen werden. Zudem variiert das Bedürfnis nach Privatheit und Intimität abhängig von Lebensphase, Bildungsgrad, Alter, Persönlichkeitsmerkmalen, Nationalität sowie Wohnerfahrungen und Geschlechtszugehörigkeit.[17] Es kommt hinzu, dass heute als Maßstab des Privaten nicht mehr nur die Wohnung oder das Haus gesehen werden, sondern auch die Nachbarschaft oder das ganze Quartier mit eingeschlossen werden können. Private Aktivitäten erledigen wir im Café oder in der Straßenbahn, umgekehrt sind wir von unserem Schreibtisch oder Schlafzimmer aus mit der Welt in Kontakt, um dann wiederum auf die Straße zu gehen, um alleine zu sein.[18] Die Grenzen zwischen Wohnraum im wohnungs- und hausgemeinschaftlichen Umfeld zum Öffentlichen hin werden durchlässiger und flexibler. Wohnraum im Sinne der Erledigung privater Aktivitäten erweitert sich vom privaten in den öffentlichen Raum, in den größeren Perimeter, beziehungsweise den Umgebungsbereich, des Stadtraums und darüber hinaus.

So kann heute öffentlicher Raum als für alle zugänglicher Außen- und Innenraum verstanden werden. Dieser Raum ist ungehindert nutzbar, die Regulation erfolgt durch die Gesellschaft. Obwohl die Intimität in solchen

---

1 Häußermann: Für sich sein. In Schneider, Nerdinger, Wand (2000): Deutschland, Architektur im 20. Jahrhundert, S. 69.

2 Hierzu schreiben Häußermann und Siebel, dass Räume, die als privat gelten, erst seit dem 17. Jahrhundert vorkommen. Vorher waren Wohnräume oft für jedermann und jederzeit zugänglich und wurden geteilt. Vgl. Häußermann, Siebel (2000): Soziologie des Wohnens, Eine Einführung in Wandel und Ausdifferenzierung des Wohnens, S. 53.

3 Hannemann (05.05.2014): Zum Wandel des Wohnens.

4 Nierhaus, Nierhaus (2014): Wohnen zeigen, Modelle und Akteure des Wohnens in Architektur und visueller Kultur, S. 16.

5 Bahrdt (1998): Die moderne Großstadt, Soziologische Überlegungen zum Städtebau, S. 24, S. 30.

6 Ulfert: Zum Bedeutungswandel der öffentlichen Sphäre – Eine Anmerkung zur Urbanitätstheorie von H. P. Bahrdt. In Siebel, (Hrsg.) (2004): Die europäische Stadt, S. 122.

7 Krosse (2005): Wohnen ist mehr, S. 38, S. 59.

8 Arendt (1981): Vita activa oder Vom tätigen Leben, S. 59.

9 Gerheuser, Schumann (1981): Kommunikatives Wohnen, S. 59.

10 Walecki (2004): Was ist zwischen Öffentlichkeit und Privatheit im zeitgenössischen Wohnungsbau?, S. 10.

11 Gemäß Aussage von Christian Schmid am ETH Wohnforum Workshop vom 23.11.2016: *Es gibt immer Regulatoren im Raum.*

12 Hertzberger, van Vlijmen (1995): Das Unerwartete überdacht: Herman Hertzberger, Projekte 1990–1995, S. 15.

13 Chermayeff (1972): Gemeinschaft und Privatbereich im neuen Bauen, S. 109 f.

14 Franck, Franck (2008): Architektonische Qualität, S. 30 f.

15 Ebd., S. 34.

16 Gerheuser, Schumann (1981): Kommunikatives Wohnen, S. 24.

17 Walecki (2004): Was ist zwischen Öffentlichkeit und Privatheit im zeitgenössischen Wohnungsbau?, S. 9.

18 Ring (2015): Urban Living, Strategien für das zukünftige Wohnen, S. 123.

Räumen im Prinzip gering ist, können dort ausgeführte Tätigkeiten durchaus einen privaten Charakter erhalten, wie beispielsweise bei einem Picknick im Park. Als kollektiver Raum im Gegensatz zum öffentlichen Raum wird der Außen- und Innenraum verstanden, der von einer Siedlungs-, Haus- oder Wohngemeinschaft genutzt wird. Zugang zu kollektiven Räumen erhalten Personen, die in irgendeiner Form an dieser Gemeinschaft partizipieren und diesen Raum letztlich durch ihre Handlungen regulieren. Die Wechselwirkung an Öffentlichkeitsgraden ist bei den kollektiven Räumen am intensivsten. So wird beispielsweise das kollektiv bewirtschaftete Gästezimmer in seiner individuellen Nutzung durch eine Person sehr privat. Der private Raum hingegen grenzt nun die Öffentlichkeit aus, indem der Zugang durch eine einzige oder wenige Personen reguliert wird. Er dient als Refugium des Individuellen und der Intimität und hat den geringsten Öffentlichkeitsgrad.

Letztlich erfolgt die Einstufung in Öffentlichkeitsgrade durch die Bewohnerschaft mit deren Regulationen sowie Tätigkeiten. Gemeinschaftliche Wohnräume können so unterschiedliche Öffentlichkeitsgrade erlangen, was wiederum zu einer Hierarchisierung dieser Räume führt. Die Abstufung dieser Intimität schafft Zwischenzonen, die im menschlichen Zusammenwohnen unerlässlich sind und zur Identität des Wohnens führen. Gemeinschaftliches Wohnen beinhaltet deshalb ein wiederkehrendes Ausbalancieren privater und kollektiver Interessen, der privaten und gemeinschaftlichen Nutzung respektive des Besitzes sowie der individuellen Wohnkultur im öffentlichen Raum.

Warum Wohnraum geteilt wird

«Der Mensch ist mehr als nur ein individueller Nutzenmaximierer. Der Mensch ist ein auf Kooperation angelegtes soziales Wesen.»
ELINOR OSTROM[1]

Wohnen und Gemeinschaft sind eng miteinander verbunden. Doch erst seit sich im Zug der Industrialisierung jahrhundertealte Organisationsformen des Wohnens und Wirtschaftens auflösten, erhält das gemeinschaftliche Wohnen eine neue Bedeutung, die zu erklären ist. Im Gegensatz dazu bedarf das als konventionell beschriebene individuelle Wohnen, das alleine oder in einer Familie geschieht, keiner Legitimation. Es scheint aus der gesellschaftlichen Entwicklung heraus einer logischen Konsequenz zu folgen, während unkonventionelles gemeinschaftliches Wohnen begründet werden muss. Es wird nach einer Intention gefragt, nach einem Mehrwert und ob diese Art des Wohnens denn selbstständig oder aus Mangel an Alternativen gewählt wurde. Dabei sind die Gründe, Wohnraum zu teilen, ebenso kulturell geprägt wie der Wunsch nach dem konventionellen Wohnen. Im Vergleich zum herkömmlichen Wohnen wird gemeinschaftliches Wohnen jedoch oft bewusster gewählt. Dies auch deshalb, weil das gemeinschaftliche Wohnen meist als Kritik am herkömmlichen Wohnen verstanden werden kann. Der bewusst gefällte Entscheid, gemeinschaftlicher zu wohnen, sowie die daraus resultierenden kollektiven Wohnmodelle können als Antworten auf gesellschaftliche Veränderungen gesehen werden. So nimmt das gemeinschaftliche Wohnen in der gesamten Wohnbaugeschichte eine bedeutsame Rolle im Sinn einer Reflexion ein.

Als wiederkehrendes Phänomen der Wohnbaugeschichte wurde gemeinschaftliches Wohnen je nach Epoche und ökonomischen, politischen und sozialen Rahmenbedingungen anders interpretiert. Dies führt zu grundlegend unterschiedlichen Wohnmodellen, Grundrisslayouts und geteilten Räumen und Ausstattungen. So sind gemeinschaftliche Wohnmodelle der letzten rund 150 Jahre Zeitzeugen, die in ihrer Entstehungsgeschichte, Organisationsform, Bewohnerschafts- sowie Betriebsstruktur stark variieren. An ihnen ist das damalige Verständnis der Lebensweise, der Art des Zusammenwohnens, der Haushaltsführung, der Erziehung sowie der Abgrenzung oder Einbindung der Lohnarbeit ins Wohnumfeld abzulesen. Die gesellschaftliche Rolle der Frau in der jeweiligen Epoche erhält in dieser Betrachtungsweise einen hohen Stellenwert. Dabei ist der Ursprung des gemeinschaftlichen Wohnens oft der Wunsch nach einer weniger belastenden respektive einer geteilten Form der Haushaltsführung und der Kindererziehung. Ziel ist dabei, Frauen besser in die Lohnerwerbsarbeit einzugliedern und Berufs- und Familienarbeit optimaler miteinander zu vereinbaren. Diesen Absichten steht die zunehmend geringer bewertete Bedeutung der Hausarbeit und der Hausfrauenrolle gegenüber. Kollektive Wohnmodelle beinhalten so meist eine Kritik an den vorherrschenden konservativen Bildern des Lebens und Wohnens und lassen gesellschaftliche Prozesse erkennen, die sich räumlich ausformulieren und Entwicklungen bezüglich Lebens- und Haushaltsweisen in gebauter Form sichtbar machen.

Wohnräume werden aus zahlreichen Gründen geteilt, in denen ökonomische, politische und soziale Faktoren immer eine Rolle spielen. Diese drei Aspekte können denn auch als Intentionen des Teilens von Wohnraum verstanden werden und beeinflussen die Art und Weise des gemeinschaftlichen Wohnens. Je nach Zeitpunkt und Zielsetzung gemeinschaftlicher Wohnmodelle sind sie allerdings unterschiedlich zu gewichten und überschneiden sich teilweise auch. So ist es kaum möglich, eine klare Abgrenzung der drei Intentionen vorzunehmen. Jedes Wohnobjekt verfolgt zusätzlich zu den ökonomischen, politischen und sozialen Intentionen seine eigenen spezifischen Ziele und ist in den bestehenden Kontext und die gegebenen rechtlichen Rahmenbedingungen eingebunden. Oft werden zudem gleiche oder ähnliche Wohnmodelle unterschiedlich begründet. Dennoch lassen sich bei genauerer Betrachtung unterschiedliche Gewichtungen der drei Intentionen feststellen. Meist tritt eine Intention aufgrund des vorherrschenden Zeitgeistes, den damaligen Entwicklungen und Problemstellungen in den Vordergrund. Diese Gliederung respektive Gewichtung nach Intentionen dient in der vorliegenden Publikation dazu, die diversen gemeinschaftlichen Wohnobjekte der letzten rund 150 Jahren neun Wohnmodellen zuzuordnen. Dabei werden je drei Wohnmodelle einer Intention zugeteilt. So lassen sich Entwicklungslinien des gemeinschaftlichen Wohnens erkennen, ablesbar machen und Verbindungen schaffen zwischen den einzelnen Wohnobjekten, um das Verständnis für die kollektive Wohnweise zu schärfen.

Ursprünge des gemeinschaftlichen Wohnens seit der Industrialisierung gründen wohl in der *ökonomischen Intention*. Sie zeigten sich erstmals in den Wohnmodellen der *Großwohneinheiten* der Frühsozialisten ab Mitte der 1820er-Jahre, den *Ledigenheimen und Boardinghäusern* ab den 1900er-Jahren sowie den *Einküchenhäusern*, die ab 1905 entstanden. Zentrales ökonomisches Motiv, Wohnraum zu teilen, war neben dem Bereitstellen von genügend Wohnraum bis nach dem Zweiten Weltkrieg die Entlastung von Hausarbeit, sprich die Verringerung der Doppelbelastung der erwerbstätigen Frau. Dies zeigte sich in der Zentralisierung und Rationalisierung der Hausarbeit und dem Teilen von Serviceleistungen wie Putz- oder Waschservice. In dieser Entwicklungsphase wurden nicht nur Küchen geteilt, sondern weitere Grundausstattungen wie Nasszellen, da diese sich damals noch nicht als Standard in den Wohnungen der Arbeiterschaft durchgesetzt hatten. So sorgte allein der Zugang zu gemeinschaftlichen Einrichtungen wie einem Bade- oder Waschhaus vielerorts für bessere hygienische Bedingungen. Zudem wurde gemeinschaftliches Wohnen insbesondere bei den Ledigenheimen dazu genutzt, bezahlbaren Wohnraum für noch nicht etablierte Nutzergruppen zu schaffen.

Die sozialistische und sozialdemokratische Bewegung des frühen 20. Jahrhundert verlieh der *politischen Intention* des gemeinschaftlichen Wohnens zunehmend mehr Gewicht, das sich in unterschiedlicher Weise bis in die 1970er-Jahre ausdehnte. In einer frühen Phase etablierte sich das Wohnmodell der *Gartenstädte und Wohnhöfe*, die dank gewerkschaftlichen, genossenschaftlichen und kommunalen Bauträgern europaweit aufblühten und die Wohnungsnot für die in die Städte strömende Arbeiterschaft lindern sollten. Ziel war deren Entproletarisierung und Besserstellung. Dazu dienten abgeschlossene und selbstständig funktionierende Wohnräume für jede Familie, die durch gemeinschaftliche Folgeeinrichtungen wie Versammlungsräume oder Konsumgeschäfte ergänzt wurden. Nach der Zäsur des Zweiten Weltkrieges war Stabilität und Sicherheit das gesellschaftliche Leitmotiv, das sich in einem breit abgestützten politischen Konsens formulierte und für die Festigung der Kernfamilie als Organisationsform des Wohnens sorgte. Die Diversität und Vielzahl an gemeinschaftlichen Wohnmodellen flachte stark ab. Es folgten die *Gemeinschaftssiedlungen*, in denen nur spärlich gemeinschaftliche Wohnräume initiiert und oftmals ohne Beteiligung der Bewohnerschaft inszeniert wurden. Erst mit der 68er-Bewegung öffnete sich der politische Raum und das Wohnmodell der *Wohnkooperationen* entwickelte sich, in dem nach neuen Formen des gemeinschaftlichen Zusammenwohnens gesucht wurde.

Ab den 1970er-Jahren wird denn auch erstmals Kommunikation, also ein soziales Motiv des Teilens genannt.[2] So trat der deutliche Wunsch nach Gemeinschaftlichkeit und somit die *soziale Intention*, Wohnraum zu teilen, erst mit den letzten drei Wohnmodellen in den Vordergrund. Bei den *Wohn- und Kulturprojekten* ab den 1980er-Jahren wurde das gemeinschaftliche Wohnen als Ausdrucksmittel für flexible Sozialbeziehungen, mehr Mitbestimmung und Gemeinschaftssinn gesucht.[3] Einen Schritt weiter gehen die *Großhaushalte und Clusterwohnungen*, die ebenfalls in den 1980er-Jahren aufkamen, sich jedoch erst ab den 2010er-Jahren etablierten. Dieses Wohnmodell suchte zuerst das Ausbrechen aus der familiären Isolation, entspricht heute auch veränderten Haushalts- und Lebensformen und versteht sich zudem als suffizienten Umgang mit der Ressource Wohnraum. *Co-Living* als neuestes Wohnmodell des gemeinschaftlichen Wohnens sucht nicht nur die Community, sondern wertet Teilen höher als Besitzen und zielt klar auf die Nutzergruppe der Millennials. Co-Living verbindet sich oft mit Co-Working. Dieses Wohnmodell zeigt, wie sich die jüngste Erwachsenengeneration den Einstieg in ihre eigenständige Wohnbiografie vorstellen kann und wie Arbeitswelten zukünftig gestaltet werden könnten. Es sind heute der Wunsch nach Zugehörigkeit und sozialem Austausch wie auch die Integration von Wohnen und Arbeiten, die das gemeinschaftliche Wohnen vielfältig weiterentwickeln.

Unabhängig von der Intention bedeutet gemeinschaftliches Wohnen sowohl Teilhabe als auch Teilnahme. Teilhaben kann als Zugang zum Wohnungsmarkt und zu angemessenem Wohnraum verstanden werden, als Möglichkeit, Beruf und Familie zu vereinen, als Option, in einer Gemeinschaft zu partizipieren, sich auszutauschen und dazuzugehören. Teilnehmen heißt aktiv zu werden. Die Verfügbarkeit gemeinschaftlicher Räume allein bedeutet noch kein gemeinschaftliches Leben. Dazu müssen Bewohnerinnen und Bewohner sich den Raum aneignen, ihn verhandeln und nutzen. So ist Teilen aufgrund verschiedenster Intentionen eine grundlegende Form menschlichen Verhaltens, welche die Austauschbeziehungen regelt.[4] Alle drei Intentionen beruhen denn auch auf Werten wie Solidarität, Gerechtigkeit und dem gemeinsamen Nutzen, der auch den persönlichen Nutzen optimiert. Der gemeinsame Nutzen kann im Alleingang nicht generiert werden. Dabei ist dieser gemeinnützige Gedanke nicht neu, sondern bildete wie das gemeinschaftliche Wohnen in Mitteleuropa schon weit vor der Industrialisierung die unabdingbare Grundlage des Zusammenlebens und Zusammenarbeitens und damit der Existenzsicherung. Genossenschaften und sogenannte Kooperationen waren beispielsweise eine prägende Rechtsform, wenn es darum ging, das gemeinsame Bewirtschaften von Allmenden, Schutzwäldern und weiteren Gemeingütern in der Landwirtschaft zu regeln.[5] Durch den Prozess der Industrialisierung, der Privatisierung und der Individualisierung wurden

1 Ostrom (2008): Was mehr wird, wenn wir teilen, Vom gesellschaftlichen Wert der Gemeingüter, S. 12.

2 Meyer-Ehlers, Haußknecht, Rughöft (1973): Kollektive Wohnformen, Erfahrungen, Vorstellungen, Raumbedürfnisse in Wohngemeinschaften, Wohngruppen und Wohnverbänden, S. 230.

3 In einer Studie von 1984 werden die wirtschaftlichen Vorteile des gemeinschaftlichen Wohnens weniger hoch gewichtet als der Wunsch nach persönlichen Beziehungen, der Ablehnung der bürgerlichen Lebensform, dem Abbau von anerzogenen Rollen von Mann und Frau, dem Wunsch nach persönlicher Entfaltung sowie der Suche nach Rückhalt und Sicherheit in einer Gruppe. Vgl. Bertels (1990): Gemeinschaftsformen in der modernen Stadt, S. 88.

4 Frick, Hauser, Gürtler (2008): Sharity, Die Zukunft des Teilens, S. 6.

5 Laut Sprachhistorikern setzt sich das Wort Allmende zusammen aus *all(e)+gemeinde*. Vgl. Ostrom (2008): Was mehr wird, wenn wir teilen, Vom gesellschaftlichen Wert der Gemeingüter, S. 11.

das Teilen und Bewirtschaften von Ressourcen neu geordnet.

Wird heute über das Teilen gesprochen, ist vielfach die Sharing Economy aktuelles Thema. Diese Form des Teilens respektive der gemeinschaftlichen Nutzung von Ressourcen scheint jedoch wenig Gemeinsamkeit mit der früheren kollektiven Bewirtschaftung von Gemeingütern zu haben. Im Vordergrund steht eher die Ökonomisierung des Teilens und damit der individuelle Zugang zu bestimmten Gütern und Dienstleistungen, ohne einen Zusatznutzen für die Gemeinschaft zu haben. Es ist eine grundlegend andere Kultur des Teilens. Im Gegensatz zum gemeinnützigen Ansatz des Teilens als Teilhabe, in dem eine Genossenschafterin beispielsweise auch immer eine Teilbesitzerin ist, ist man bei der Sharing Economy eine Mitbenutzerin. Zwar geht es bei Sharing Economy auch darum, Ressourcen zu teilen und zu nutzen, statt sie individuell zu besitzen, allerdings handelt es sich eher um eine Renting Economy.[6] Gemeinsam ist den beiden Ansätzen der erleichterte Zugang zu Gütern und Dienstleistungen, um so bestimmte Ressourcen optimaler zu nutzen.

Noch zu erwähnen sind die Motive der Selbstständigkeit und Eigenverantwortung, die vorerst auf Individualität hinweisen, jedoch in der Gemeinschaft ebenso Wirkung erzeugen. Die meisten der neun Wohnmodelle der letzten Jahrzehnte zielen darauf ab, die Selbstständigkeit der Bewohnerschaft zu fördern, sei es in selbstorganisierten Betriebsstrukturen oder in einer erleichterten Haushaltsführung. Gemeinschaftliches Wohnen heißt also, sich nicht in vorgegebene Strukturen einzufügen, sondern diese erst zu schaffen oder durch die Nutzung zu beleben. Die Teilnahme an gemeinschaftlichem Wohnen erfolgt immer aus einem Bedürfnis heraus, das je nach Intention ökonomisch, politisch oder sozial gefärbt ist. Dieser eigenverantwortliche Ansatz, der mit dem inneren Bedürfnis gemeint ist, kann kaum von außen her appliziert werden. So liegt hinter jedem gemeinschaftlichen Wohnen das aktive Element des eigenverantwortlichen Entscheids zu ebendieser Wohn- und Lebensform.

6 Gemäß Vortrag von Dominik Georgi an den Grenchner Wohntagen 2016.

Teilen als ökonomische Intention

Effizienz und Rationalisierung: Teilen als ökonomische Intention

«Die Stadt ist vor allem ein gesellschaftliches Phänomen. Man kann nichts über eine Stadt aussagen, wenn man nicht ihre gesellschaftliche Struktur untersucht.»
ARTHUR KORN[1]

Die ersten drei hier vorgestellten Wohnmodelle des gemeinschaftlichen Zusammenlebens – die *Großwohneinheiten* der Frühsozialisten, die *Ledigenheime und Boardinghäuser* für die Stadtnomaden sowie die *Einküchenhäuser* als Reformmodell – können einer primär ökonomischen Intention zugeordnet werden. Das heißt nicht, dass die Initianten dieser gemeinschaftlichen Wohnformen keine politischen und sozialen Beweggründe hatten. Im Zentrum dieser gemeinschaftlichen Wohnmodellen stand in der Folge der Industrialisierung bis hin zum Zweiten Weltkrieg jedoch vor allem der Zugang zu erschwinglichem und qualitativ besserem Wohnraum für benachteiligte Nutzergruppen.

Die zwischen 1825 und 1860 entworfenen oder realisierten Großwohneinheiten der Frühsozialisten wollten den weit verbreiteten Wohnungsmangel abfedern und bezahlbaren Wohnraum für die Arbeiterklasse schaffen. Die engen, unhygienischen Verhältnisse in oft von Spekulanten betriebenen Wohnhäusern sollten durch gemeinschaftliche Wohnobjekte ersetzt werden, die gewisse Wohnfunktionen zentralisierten, um so die Effizienz des Haushaltens zu verbessern. Wohnen und Arbeiten sollte zudem optimaler aufeinander abgestimmt werden.

Der Bau von Ledigenheimen und Boardinghäusern zwischen 1900 bis 1940 zielte darauf ab, die neue Nutzergruppe alleinstehender berufstätiger Frauen und Männer in den Wohnungsmarkt zu integrieren. Ziel dieses Modells des gemeinschaftlichen Wohnens war es, die Wohneinheiten möglichst rationell und funktionell auszustatten und damit Wohnraum für diese neue Nutzergruppe zugänglich und bezahlbar zu machen. Zudem sollten die Wohneinheiten leicht zu bewirtschaften sein. So gab es in diesen Häusern oft einen Pförtner, eine bediente Lobby oder eine zentrale Halle als Anlaufstelle für die Serviceleistungen, die der Bewohnerschaft angeboten wurden.

Den Einküchenhäusern, die in der fast gleichen Zeitperiode in mitteleuropäischen Städten Verbreitung fanden, lagen ähnliche Motive einer effizienteren Organisation des Haushaltens zugrunde. Hier war es jedoch das Bildungsbürgertum, beziehungsweise gut ausgebildete, berufstätige und verheiratete Frauen, die in den Einküchenhäusern die Möglichkeit nutzten, durch Zentralisierung der Hausarbeit und der Erziehung Erwerbsarbeit besser mit Haus- und Familienarbeit vereinbaren zu können und sich zu entlasten. Typisches Merkmal eines Einküchenhauses war denn auch die direkte Verbindung zwischen Zentralküche und jeder einzelnen küchenlosen Wohnung durch einen Speiseaufzug.

Die Wohnmodelle der ökonomischen Intention zeichnen sich dadurch aus, dass ein Teil der Wohnfunktionen aus der Wohnung ausgelagert wurde, um so den privaten Raum funktionaler zu bemessen und auszustatten. Die so kollektivierten Aspekte der Hausarbeit, wie beispielsweise der Nahrungsbeschaffung, der Essenszubereitung und des Kochens, wurden durch Angestellte in Zentralküchen ausgeführt. Ein großer Teil der gemeinschaftlichen Räume in diesen Wohnmodellen war darauf ausgerichtet, die Ausführung der verschiedenen Serviceleistungen zu ermöglichen. Neben einer Zentralküche gab es Wäschereien, Bügelzimmer, Trockenkammern oder Putzräume. Weitere gemeinschaftliche Wohnräume umfassten Gemeinschaftsbad, Geschossküche, Kantine oder Speisesaal. Sie dienten dazu, die teilweise stark reduzierte Grundausstattung der einzelnen Wohneinheiten zu kompensieren. Der minimal gehaltene individuelle Wohnraum wurde denn auch durch gemeinschaftliche Aufenthaltsräume, Bibliotheken und Lesesäle, Gesellschaftsräume oder Restaurants ergänzt und erweitert. In einigen Wohnmodellen wurden Bildungsstätten, Kinderkrippen oder Sporträume angeboten, die als Folgeeinrichtungen bezeichnet werden können. Die meisten privaten Wohneinheiten waren folglich so ausgelegt, dass sie nicht eigenständig als Wohnung funktionieren konnten, da wesentliche Grundausstattungen fehlten, Wohnflächen klein waren und Funktionen ausgelagert wurden. Serviceleistungen erleichterten der Bewohnerschaft jedoch den Lebensalltag. Zentraler Charakter dieser Wohnmodelle war es, dass diese serviceorientiert ausgelegt waren.

Initiiert wurden diese Wohnmodelle jeweils top-down. So entschieden Bauträger in Zusammenarbeit mit Architekten darüber, welche Wohnflächen gemeinschaftlich genutzt und bewirtschaftet werden sollten. Die Großwohneinheiten der Frühsozialisten zeichneten sich durch eine fürsorgliche und paternalistische Ideologie und Organisationsform aus. Die Grundrisse der Ledigenheime und Boardinghäuser waren eher von der damaligen Architektur-Avantgarde und der Vorstellung des modernen Menschen geprägt. Mit dem Einküchenhaus nahm eine liberale und sozialdemokratische Frauenbewegung Einfluss auf die Ausgestaltung der individuellen Wohnräume und die Ausstattung und den Betrieb der ergänzenden gemeinschaftlichen Räume. Grundlage für die kollektive Nutzung von Wohnräumen war nicht das Zusammenwohnen, sondern die Verbesserung der Wohnverhältnisse und die Entlastung der Bewohnerschaft.

1 Zitat aus dem Protokoll der Außerordentlichen Tagung der internationalen Kongresse für Neues Bauen. In Berlin (4.|5. Juni 1931), unpubliziertes Typoskript. In Fezer, Hiller, Nehmer, Oswalt (2015): Kollektiv für sozialistisches Bauen, Proletarische Bauausstellung, S. 161.

Wandel der Organisationsstrukturen des Wohnens

«Alles Soziale geht aus dem Zusammenwollen hervor. Aus den seelischen Kräften heraus entsteht. Gemeinschaft oder Gesellschaft (...).»
LOTHAR BERTELS[1]

Wohnen in einer Haus- oder Siedlungsgemeinschaft bedeutet weit mehr als nur das kollektive alltägliche Zusammenleben. Formelle und informelle Organisationsstrukturen des Wohnens widerspiegeln die Verflechtungen und Beziehungen zwischen Menschen, die sich auch räumlich ausformulieren. Jede Art und Weise des Zusammenlebens ergibt eine bestimmte Ausgestaltung des Raumes und verdeutlicht sich darin.[2] Weithin werden Wohntypologien aus Sicht des Städtebaus, der Architektur oder Innenarchitektur eingeordnet. Schließt man die Organisationsstruktur des Wohnens und damit verbundene Prozesse mit ein, erweitert sich die Betrachtung um eine soziologische Sichtweise.[3] So formen Organisationsstrukturen und Raumgestaltungen das Kollektiv als eine soziale Einheit, die wesentlich durch gesellschaftliche Werte und Normen geprägt wird. In der Vormoderne war das kollektive Zusammenleben die vorherrschende Organisationsstruktur. Wohnen, (Haus-)Wirtschaften und Arbeiten respektive Produktion bildeten eine örtliche Einheit. Gemeinschaftliches Wohnen und Zusammenleben in einem losen Verbund von Verwandten und Nichtverwandten war die Regel. Technologische und damit verbundene wirtschaftliche Umwälzungsprozesse der Industrialisierung und Post-Industrialisierung führten zu politisch-gesellschaftlichen und sozialen Entwicklungsprozessen. Sie veränderten auch die Organisationsstrukturen des Wohnens stetig und damit verbunden die räumliche Ausformulierung und das Angebot an gemeinschaftlichen Wohnräumen. So ist gemeinschaftliches Wohnen in der Wohngeschichte seit der industriellen Revolution dauerhaft im Wandel. Je nach Epoche werden Funktionen und Formen des gemeinschaftlichen Wohnens unterschiedlich interpretiert und führen zu entsprechenden Raumgestaltungen und Nutzungen, die sich in der Unterscheidung zwischen privaten und öffentlichen Wohnräumen zeigen. Die gemeinschaftlichen Wohnräume und die Gestaltung der Grundrisse sind daher stets Zeitzeugen des jeweiligen Verständnisses des Zusammenwohnens.

Der Begriff das Ganze Haus bezieht sich auf die vorherrschende Arbeits- und Lebensgemeinschaft, die das Wohnen vor der Industrialisierung im landwirtschaftlichen, gewerblichen und kaufmännischen Bereich maßgeblich prägte. Das Ganzes Haus war eine Selbstversorgungseinheit, in der gemeinsam produziert, gehauswirtschaftet und gewohnt wurde.[4] Die Funktionen Arbeiten, Erholen, Schlafen, Essen und Reproduktion konzentrierten sich unter einem Dach in einem Verbund von Mann und Frau, Kindern, Verwandten in mehreren Generationen, Angestellten und Gesinde. Existenzsicherung und Wohnen waren eng verbunden nach dem Grundsatz: *Man wohnte zusammen, weil man zusammen arbeitete*.[5] Dabei waren die Übergänge zwischen verwandten und nichtverwandten Haushaltsmitgliedern fließend. Ein Großhaushalt umfasste bis zu 50 Personen, 20 bis 25 Personen fanden sich in einem mittleren und 8 bis 10 Personen in einem kleinen Haushalt.[6] Ohne staatliche Absicherung im Fall von Krankheit, Altersschwäche oder anderen sozialen und wirtschaftlichen Notlagen war das Ganze Haus das einzige Arrangement, das die Existenzgrundlagen sicherte und zuverlässig Hilfe und Schutz bot.[7]

Die Entwicklung der privaten Verfügungsgewalt über Grund und Boden im späten 18. Jahrhundert galt weithin als Voraussetzung für das Bürgerliche Haus.[8] Im Vergleich zum Ganzen Haus wurden nun nichtverwandte Angehörige, Dienstboten und Angestellte separat untergebracht. Die Grenzen zwischen verwandten und nichtverwandten Haushaltsmitgliedern wurden räumlich deutlicher gezogen. Erholung, Schlafen und Essen fanden nicht mehr in denselben Wohnräumen statt und der Kollektivitätsgrad gegenüber dem Ganzen Haus reduzierte sich. Bezüglich der sozialen Organisationsstrukturen des Wohnens gilt das Bürgerliche Haus deshalb auch als Vorreiter und Vorbild der Kernfamilie, die sich später in der Folge der industriellen Revolution gesellschaftlich etablierte.

Wesentlich zum Tragen kam das kollektive Zusammenleben und Wirtschaften in Klöstern und Beginenhöfen. Seit der Antike lebten Männer wie Frauen separiert in einem Verbund, der durch ein religiöses und zurückgezogenes Leben gezeichnet war. Klöster galten lange Zeit als Ort der Bildung, der Kultur und Wissenschaft und waren geprägt durch eine strikte Lebensführung. Diese monastische Organisationsstruktur inspirierte eine eigenständige Siedlungsform, die oft als Vorbild und Modell für weitere kollektive Lebensweisen ab der Industrialisierung galt.[9] Im Gegensatz zu den Klöstern waren die Beginenhöfe ausschließlich dem weiblichen Geschlecht vorbehalten. Ein Leben als Begine ermöglichte einer Frau die sozial auferlegte Rolle zu umgehen und ein selbstbestimmtes Leben aufgehoben in einer Gemeinschaft zu führen, ohne ein lebenslanges Gelübde ablegen und auf ihren Besitz verzichten zu müssen. Ursprünglich in den Niederlanden und in Belgien, später in ganz Mitteleuropa verbreitet, schlossen sich Frauen unterschiedlicher Stände zusammen und gründeten meist in Städten Beginenhöfe.[10] Die Beginen besaßen, kauften oder mieteten Bürgerhäuser, in denen sie Küche, Aufenthalts- und Speiseräume sowie Gebets- und Arbeitsräume teilten, die Schlafkammern jedoch privat nutzten. Diese mittelalterliche gemeinschaftliche Wohn- und Wirtschaftsform, die im 13. Jahrhundert ihren Anfang nahm, war keine politisch-emanzipatorische Bewegung, sondern vielmehr eine Solidaritätsgemeinschaft unter Frauen, die schichtenübergreifend ein Leben auf religiöser und wirtschaftlicher Basis bildete.[11] Dabei erreichten die Beginen in ihrer Lebensgestaltung teilweise eine beeindruckende Vielfalt und spielten durch ihre sozialen und

1 Bertels (1990): Gemeinschaftsformen in der modernen Stadt, S. 22.
2 Elias (1969): Die höfische Gesellschaft, S. 70 f.
3 ARCH+ 218 (11|2014): Wohnerfahrungen, S. 92.
4 Der von Otto Brunner eingeführte Begriff Ganzes Haus beinhaltet den städtischen Kontext bei handwerklichen oder kaufmännischen Betrieben wie auch den ländlich-bäuerlichen Kontext. Vgl. Häußermann, Siebel (2000): Soziologie des Wohnens, Eine Einführung in Wandel und Ausdifferenzierung des Wohnens, S. 22 f. sowie Petsch (1989): Eigenheim und gute Stube, Zur Geschichte des bürgerlichen Wohnens, S. 25 ff.
5 Siebel (2006): Zukunft des Wohnens, in ARCH+ 176/177 (05|2006) S. 45.
6 Häußermann: Für sich sein. In Schneider, Nerdinger, Wand (2000): Deutschland, Architektur im 20. Jahrhundert, S. 68.
7 Ackerknecht (1972): Kommune und Grossfamilie, Dokumente – Programme – Probleme, S. 19.
8 Petsch (1989): Eigenheim und gute Stube, Zur Geschichte des bürgerlichen Wohnens, S. 11.
9 In Archithese (8|1973): Anfänge des sozialen Wohnungsbaus, S. 2.
10 Sieck (2014): Das Wiederaufleben der Beginenbewegung, S. 23 sowie Altenstraßer, Hauch, Kepplinger (Hrsg.) (2007): gender housing – geschlechtergerechtes bauen, wohnen, leben, S. 64.
11 Unger (2005): Die Beginen, Eine Geschichte von Aufbruch und Unterdrückung der Frauen, S. 9, S. 57.

Soziale Organisationsstrukturen des Wohnens

vor der Industrialisierung (Arbeits- und Lebensgemeinschaften)

Das Ganze Haus	*Bürgerliches Haus*	*Beginenhof*	*Kloster*
Gemeinschaftliches Wirtschaften und Wohnen im Hausverbund mit mehreren Generationen, entfernten Verwandten, Gesinde und Angestellten	Gemeinschaftliches Wirtschaften und Wohnen im Familienverbund mit mehreren Generationen, Gesinde und Angestellte sind getrennt	Gemeinschaftliches Wirtschaften und Wohnen im Frauenverbund, Verzicht auf Familie, kein Verzicht auf Besitz	Gemeinschaftliches Wirtschaften und Wohnen im Frauen- oder Männerverbund, Verzicht auf Familie und Besitz

nach der Industrialisierung (Auslagerung der Arbeit = radikale Privatisierung)

Kernfamilie	*Bettgänger, Untermieter*	*Folgeeinrichtungen*
Innerfamiliäres Wohnen in einer traditionellen Gattenfamilie	Fremdes Wohnen in Familien, aus Wohnungsnot und fehlendem Angebot	Folgeeinrichtungen durch Auflösen des Generationenwohnens, familienfremdes Wohnen mit gruppenspezifischen Nutzern wie Junge, Alte oder Alleinstehende

durch das Auflösen der Kernfamilie

Einfamilien	*Mehrfamilien*	*Nichtfamilien*
Innerfamiliäres Wohnen, Paare mit oder ohne Kinder, Einelternhaushalte	Gemeinschaftliches Wohnen im Familienverbund mit unabhängigen Familienkernen	Wohnen in einem familienfremden Mehrpersonenhaushalt, Einpersonenhaushalte

handwerklichen Tätigkeiten eine wichtige Rolle in spätmittelalterlichen Städten.

Die Umwälzungen der industriellen Revolution durch die mechanische Produktion, die schrittweise Einführung der Gewerbefreiheit, Agrarreformen und neue Gesindeverordnungen veränderten ab der zweiten Hälfte des 19. Jahrhunderts auch die räumlichen und sozialen Organisationsstrukturen des Wohnens. Mit dem Übergang von einer feudal-agrarisch-handwerklichen Ständegesellschaft zu einer bürgerlich-kapitalistischen Klassengesellschaft wurden die Landarbeiter, Gesellen, Mägde und das Gesinde aus dem Ganzen Haus entlassen. Sie waren von nun an auf Lohnarbeit angewiesen und damit auf sich selbst gestellt.[12] Die neuen industriellen Produktionsstandorte entstanden in den Städten oder in stadtnaher Umgebung. Dies führte zu einer Abwanderung in die Städte und zur Proletarisierung der Lohnarbeitenden. Arbeiten und Wohnen wurden somit erstmals radikal getrennt, was Lebens- und Wohnweisen grundlegend veränderte. Die Auslagerung der Arbeit und damit die Ausgrenzung der Öffentlichkeit im Wohnumfeld führten zur Privatheit des Wohnens. Die Wohnung wurde zum Ort der Erholung, der Reproduktion, der Erziehung und des Konsums. Arbeit im Wohnbereich reduzierte sich auf Hausarbeit. Das Kollektive wurde zu einer Randerscheinung des Wohnens.

Die Privatisierung des Wohnbereichs als Ergebnis der Trennung von Arbeiten und Wohnen und die damit verbundene rasante Verstädterung führte allerding zu einer großen Wohnungsknappheit, die zeitweise etwa die Hälfte der europäischen Stadtbevölkerung betraf.[13] Weder konnten der in die Städte drängende Arbeiterschaft ausreichend Wohnungen zur Verfügung gestellt werden noch förderte die Liberalisierung der Wirtschaftsordnung die Besserstellung der Lohnarbeiter. Stattdessen verstärkten sich Besitz- und Einkommensungleichheiten und führten zu teils unmenschlichen Lebens- und Wohnverhältnissen. Die Folgen waren prekär. Mehrere Familien teilten sich eine Wohnung in den sogenannten Mietskasernen, ganze Familien lebten in nur einem Zimmer.[14] Bett- und Schlafgänger wurden aufgenommen, um die Haushaltskasse aufzubessern. Diese mieteten sich jeweils ein Bett, das mit weiteren Personen geteilt und in dem in Schichten geschlafen wurde. Kostgänger, ebenfalls Schichtarbeiter, wurden in Privathaushalten verpflegt. Zwischen dem Beginn der Industrialisierung und der folgenden Jahrhundertwende beherbergte etwa ein Viertel der Haushalte fremde Personen in der Wohnung.[15] Da unter solchen Bedingungen weder Privatheit noch ein Familienleben möglich waren, bahnte sich eine soziale Verwahrlosung an. Zahlreiche uneheliche Kinder führten zu unvollständigen Familien. Gesetzliche Verordnungen, die beispielsweise eine Vollerwerbsanstellung zur Bedingung für eine Heirat machten, trugen dazu bei, dass Familien rechtlich ungenügend abgesichert waren. Die Geburt eines unehelichen Kindes galt vielerorts als Kündigungsgrund.[16] Die hohe Wohndichte, teils auch Wohnen in Hinterhäusern und Kellerräumen, war verbunden mit unhaltbaren hygienischen Bedingungen, die Epidemien, Krankheiten und Kindersterblichkeit begünstigten.

Gegen Ende des 19. Jahrhunderts führten diese Missstände zu einer breiten sozialpolitischen Debatte über die Wohnungsfrage. Ziel war, die neu entstandene Stadtgesellschaft zu stabilisieren, zu integrieren und die Qualität der Wohnbauten zu erhöhen.[17] In diesem Kontext entstanden neue Wohnformen und Folgeeinrichtungen, die ein eigenständiges Wohnen spezifischer Nutzergruppen wie alleinstehender Frauen und Männer, junger Zuwanderer, Stadtnomaden oder älteren Personen in der Gemeinschaft vorsahen.

---

12 Petsch (1989): Eigenheim und gute Stube, Zur Geschichte des bürgerlichen Wohnens, S. 18.

13 Häußermann, Siebel (2000): Soziologie des Wohnens, Eine Einführung in Wandel und Ausdifferenzierung des Wohnens, S. 66, S. 81.

14 Laut Petsch konnte in den 1880er-Jahren der Anteil an Einzimmerwohnungen in den deutschen Städten bis zu 80 Prozent betragen. In dem einen Zimmer wurde gekocht, geschlafen und gearbeitet. Oft stand zum Zweck der Heimarbeit zusätzlich ein Webstuhl oder eine Nähmaschine in dem Zimmer. Vgl. Petsch (1989): Eigenheim und gute Stube, Zur Geschichte des bürgerlichen Wohnens, S. 78.

15 Häußermann, Siebel (2000): Soziologie des Wohnens, Eine Einführung in Wandel und Ausdifferenzierung des Wohnens, S. 73.

16 Petsch (1989): Eigenheim und gute Stube, Zur Geschichte des bürgerlichen Wohnens, S. 19.

17 Häußermann, Siebel (2000): Soziologie des Wohnens, Eine Einführung in Wandel und Ausdifferenzierung des Wohnens, S. 81 f.

In Ledigenheimen und Boardinghäusern war gesellschaftlich akzeptiertes Wohnen ohne Familie möglich. Vielseitig gemeinschaftliche Wohnräume ergänzten dabei den flächenmäßig minimal gehaltenen privaten Wohnraum.

Daneben entwickelte sich die Kernfamilie, oft auch Kleinfamilie genannt, aus dem bürgerlichen Ideal. Es impliziert eine abgeschlossene Einheit von zwei Elternteilen, Mutter und Vater, sowie deren leibliche Kinder.[18] Mit der Auslagerung der Lohn- respektive der Erwerbsarbeit aus dem Wohnbereich erfuhr Wohnen einen funktionalen Bedeutungsverlust.[19] Dadurch entstand die für uns heute so selbstverständliche Trennung von Wohn- und Arbeitsort, von Freizeit und Arbeitszeit.[20] Mit der zunehmenden Verstädterung veränderte sich auch die Wohnweise. Man lebte nun zur Miete in Etagenwohnungen. Die hauswirtschaftliche weibliche Tätigkeit, die in der Wohnung verblieb, wurde nun als Nicht-Arbeit, beziehungsweise als Nicht-Lohnarbeit definiert. Im Zug der Entwicklung und der Differenzierung gesellschaftlicher Aufgabenbereiche wurden weitere Funktionen an Folgeeinrichtungen ausgelagert, wie beispielsweise die Kinderbetreuung oder die Pflege von kranken und alten Menschen. Immer weniger Produktions- und Selbstversorgungsaktivitäten fanden in der Wohnung statt. Sie wurde privater, während die ausgelagerten Funktionen vergesellschaftet und öffentlich wurden. Den in der Wohnung verbleibenden Funktionen wurden nun spezifische Räumen zugeordnet: Küche, Wohnzimmer, Schlafzimmer für Eltern und Schlafzimmer für Kinder sowie Nebenräume. Korridore und Flure führten neu zu den einzelnen Zimmern, bildeten eine Zwischenzone und schützten vor unerwartetem Zutritt.[21]

So wurden ab der zweiten Hälfte des 19. Jahrhunderts jahrhundertalte Wohnverbunde aufgelöst und neu formiert. Die Kernfamilie als sich verbreitende idealisierte soziale Organisationsstruktur sollte auch dazu beitragen, die unsittlichen Verhältnisse in den städtischen Elendsvierteln zu stabilisieren und die Arbeiterschaft zu kontrollieren. Durch den voranschreitenden Wohnungsbau setzte langsam eine Entproletarisierung ein. Wohnungen wurden exakt auf die Kernfamilie als soziale Organisationsstruktur zugeschnitten und weithin der Öffentlichkeit entzogen. Die auswärts arbeitenden Männer sollten ihre Freizeit zusammen mit der Familie im Privaten verbringen.[22] Die Frauen, verantwortlich für Haus- und Erziehungsarbeit, wurden dabei durch die Intimisierung der Wohnung zunehmend sozial isoliert.[23]

Die Kernfamilie ist als Organisationsstruktur bis heute gesellschaftlich solide verankert. Doch es zeigen sich Auflösungstendenzen, der Anteil an Kernfamilien am Total der Haushalte hat sich in den letzten Jahrzehnten stark reduziert. Demografische Veränderungen, Wertewandel, technologische und damit verbundene wirtschaftliche und soziale Entwicklungen haben zu einer starken Dynamisierung der Lebens- und Arbeitswelten geführt, die sich zunehmend auch in der Organisation des Wohnens zeigen. Dieser Prozess beschleunigt sich seit den späten 1960er-Jahren. Wohngemeinschaften entstanden, in denen mehr- oder nichtfamiliäres Wohnen erprobt wurde. Hintergrund waren dabei auch gesellschaftspolitische und sozialrevolutionäre Absichten, weitere Wohnmodelle wie die Wohnkooperationen oder Großhaushalte folgten.[24] Traditionelle geschlechterspezifische Rollen wurden hinterfragt, um die Isolation der Kernfamilie durch vermehrt gemeinschaftliches Zusammenleben, kollektive Kinderbetreuung und Hausarbeit zu durchbrechen. Diese Art des Zusammenlebens wurde oft mit der vorindustriellen Organisationseinheit des Ganzen Hauses verglichen, wobei das gemeinschaftliche Wirtschaften als wesentlicher Faktor fehlte.[25] Denn ausgelagerte Wohnfunktionen wurden nicht wieder in den privaten Wohnbereich zurückgeholt, dafür durch gemeinschaftlich genutzte Räume und angebotene Serviceleistungen ergänzt.

Oft als Alternativbewegung marginalisiert und lange Zeit wenig institutionalisiert, galt das gemeinschaftliche Wohnen weiterhin als Randerscheinung.[26] Mit einiger zeitlicher Verzögerung, doch dynamisiert durch die Veränderung von Haushaltsformen und -größen sowie Lebens- und Arbeitsweisen entwickelte sich in den letzten Jahrzehnten ein neues Verständnis der sozialen und räumlichen Organisationsstrukturen des Wohnens. Neben neueren Wohnformen wie den Großhaushalten und Clusterwohnungen sowie dem Co-Living beginnen sich vielfältige weitere Wohnformen wie Mehrgenerationenwohnen zu etablieren, in denen Gemeinschaftlichkeit, Wohnumfeld- und Quartierbezug einen zentralen Stellenwert erhalten. Die Kernfamilie wird immer mehr durch die Einfamilie als innerfamiliärem Wohnverbund oder durch die Mehrfamilie als Wohnverbund mit mehreren unabhängigen Familienkernen abgelöst. Auch familienfremdes Wohnen ist längst zum Standard geworden und zeichnet sich in der immer höher werdenden Zahl der Einpersonenhaushalte ab. Zudem werden vermehrt neue Wohnformen für ein nachfamiliäres Wohnen gesucht, da sich die Familienphase verkürzt und die Lebenszeit verlängert. Betrachtet man diese neue Diversität der heutigen Organisationsstrukturen, liegt der Gedanke nahe, dass sich durch die anteilsmäßige Minimierung der Kernfamilie in naher Zukunft weitere soziale Organisationseinheiten herausbilden und weiterentwickeln werden.

---

18 Ebd., S. 132 ff.

19 Petsch (1989): Eigenheim und gute Stube, Zur Geschichte des bürgerlichen Wohnens, S. 26.

20 Siebel (2006): Zukunft des Wohnens, in ARCH+ 176/177 (05|2006) S. 45.

21 Petsch (1989): Eigenheim und gute Stube, Zur Geschichte des bürgerlichen Wohnens, S. 28.

22 Ebd., S. 80.

23 Häußermann, Siebel (2000): Soziologie des Wohnens, Eine Einführung in Wandel und Ausdifferenzierung des Wohnens, S. 39.

24 Ebd., S. 327.

25 Bertels (1990): Gemeinschaftsformen in der modernen Stadt, S. 84, S. 95.

26 Das Konkubinatsverbot wurde in der Schweiz beispielsweise erst im Jahr 1995 vollumfänglich aufgehoben. Vgl. auch Ferber (09.12.2016): Drum prüfe, auch wer sich nicht bindet, in NZZ.

ESSAY

Wirtschaftliche Überlegungen zum Thema gemeinschaftliches Wohnen

KATHLEEN SCANLON,
London School of Economics and Political Science LSE

Die Formen des gemeinschaftlichen Wohnens unterscheiden sich von konventionellen Wohnformen in der Nutzung und Zuweisung von Flächen in den Innen- und Außenräumen. Viele Gemeinschaften, die sich gezielt als solche zusammengeschlossen haben und sich selbst organisieren, haben höhere Ansprüche. Sie stellen die gesellschaftlichen Normen hinsichtlich Privatsphäre, Eigentum an bestimmten Dingen und Aufteilung in Privat- und Gemeinschaftsaufgaben infrage. Das alltägliche Leben in Projekten des gemeinschaftlichen Wohnens unterscheidet sich in der einen oder anderen Weise vom Alltag in konventionellen Wohnformen. Es werden nicht nur Räume gemeinsam genutzt, sondern auch Tätigkeiten wie etwa Kochen, Kinderbetreuung oder Putzen gemeinschaftlich organisiert.

Dies hört sich zunächst nach einem radikalen Ansatz an – aber natürlich gibt es bei allen Wohnformen mit mehreren Wohneinheiten die gemeinsame Nutzung von Räumen sowie das gemeinsame Erledigen von Aufgaben. Konventionelle Mehrfamilienhäuser haben einen Eingangsbereich, Aufzüge, Flure und Grünbereiche, die von allen genutzt werden; bestimmte Aufgaben (Gartenarbeiten, Reinigung und Instandhaltung gemeinsamer Bereiche) werden meist von zentraler Stelle und nicht von den einzelnen Haushalten selbst organisiert. Die Unterschiede zum gemeinschaftlichen Wohnen liegen im Grad und der Art der gemeinschaftlichen Nutzung und darin, wie die gemeinsamen Bereiche organisiert werden – es geht also nicht um die gemeinsame Nutzung an sich. Die entscheidende Frage aus betriebswirtschaftlicher Sicht ist nicht, wie Gemeinschaftsräume oder -einrichtungen genutzt werden, sondern wie die Eigentumsverhältnisse sind und wer die Regelungen dafür trifft. Sind die Bewohnerinnen und Bewohner aus wirtschaftlicher Sicht Akteure, die sich aktiv einbringen, oder sind sie Verbraucher, die von anderen zur Verfügung gestellte Dienstleistungen nutzen?

Es gibt (mindestens) zwei Möglichkeiten für die wirtschaftliche Betrachtung des gemeinschaftlichen Wohnens. Zum einen lassen sich die Beweggründe der einzelnen Hauptakteure betrachten, also derjenigen, die das gemeinschaftliche Wohnen nutzen und zur Verfügung stellen (tatsächlich kann es Unterschiede bei diesen beiden Personenkreisen geben: Die Beispiele in diesem Buch zeigen eine große Vielfalt und reichen von Modellen, bei denen die Bewohnerschaft jede Entscheidung selbst trifft, bis hin zu Modellen, bei denen sie einfach nur temporär Leistungen nutzt). In diesem Zusammenhang sind nicht nur die Kosten und deren Beeinflussung durch die gemeinschaftliche Nutzung von Interesse, sondern auch das Geschäftsmodell gemeinschaftlichen Wohnens als solches. Zum anderen sind die wirtschaftlichen Auswirkungen des gemeinschaftlichen Wohnens auf die unmittelbare Nachbarschaft sowie auf das Quartier und die Gesellschaft insgesamt zu betrachten. Diese umfassenderen Vorteile, sogenannte Externalitäten, spiegeln sich nicht in den Transaktionskosten oder den Mieten, die die Bewohnerinnen und Bewohner bezahlen, wider.

Wie unterschiedliche Formen des gemeinschaftlichen Wohnens innerhalb des Wohnungsmarkts aufgestellt sind und welche Anreizsysteme es gibt, bestimmt in entscheidendem Maße der institutionelle und kulturelle Kontext der Länder und Städte, in denen das Wohnprojekt angesiedelt ist. Auf diese Feinheiten wird im Folgenden nicht näher eingegangen, es soll vielmehr ein allgemeiner Überblick gegeben werden.

Bewohnerschaft

Im Vergleich zu konventionellen Wohnformen kann gemeinschaftliches Wohnen die Kosten für den einzelnen Haushalt senken. Die Bewohnerinnen und Bewohner können beispielsweise gemeinsam Waschmaschinen oder Gartengeräte nutzen und müssen nicht alles selbst kaufen. Diese positiven Auswirkungen beschränken sich nicht nur auf die rein wohnungsbezogenen Kosten; möglich ist beispielsweise auch die gemeinsame Nutzung von Autos. Für junge Familien ist die Möglichkeit einer gemeinsamen Kinderbetreuung einer der größten Vorteile des gemeinschaftlichen Wohnens. (Dieses Thema ist nicht neu: 1935 empfahl der englische Philosoph Bertrand Russell den Bau von Wohnungen mit einer *Gemeinschaftsküche, um Familien der Sorge um die Zubereitung der Mahlzeiten zu entheben, und einen Kinderhort, in dem die Kinder während der Bürostunden versorgt werden*. Ein solches System sei von Vorteil für die Mütter, die dadurch eine *Arbeit außerhalb des Hauses* aufnehmen könnten[1]). Für ältere Menschen kann gemeinschaftliches Wohnen weniger Einsamkeit bedeuten und gleichzeitig anregend auf Körper und Geist wirken. Diese wichtigen Vorzüge im gesellschaftlichen wie im gesundheitlichen Bereich stellen durchaus einen wirtschaftlichen Wert dar.

Bei allen Formen des gemeinschaftlichen Wohnens entstehen Kosten für die Gemeinschaft, die unter der Bewohnerschaft aufgeteilt werden müssen. Hierzu gehören Kosten für die Verwaltung und das Management (siehe unten), aber auch für unterschiedliche Versorgungsleistungen. Je mehr Gemeinschaftseinrichtungen vorhanden sind, desto höher werden die Kosten, die auf die einzelnen Bewohnerinnen und Bewohner umgelegt werden. Traditionelle Wohnungsverwaltungsunternehmen wenden standardisierte Methoden zur Aufteilung dieser Kosten auf die Bewohnerschaft an; sie können zu gleichen Teilen auf die jeweiligen Wohneinheiten aufgeteilt oder auf die Wohnfläche heruntergebrochen werden; möglich ist auch eine verbrauchsabhängige Berechnung. Wenige Informationen liegen dagegen über die internen Geschäftspraktiken von nicht kommerziellen gemeinschaftlichen Wohnformen vor, die nicht so sehr im Fokus der Wissenschaft stehen wie die gesellschaftlichen, räumlichen oder gestalterischen Aspekte. So besteht eine breite Palette von Berechnungsmodellen, in denen sich die spezifischen Rahmenbedingungen (und wahrscheinlich auch die Persönlichkeiten) einer jeden Gemeinschaft widerspiegeln.

Während es das erklärte Ziel vieler Wohnprojekte mit Gemeinschaftscharakter ist, bezahlbaren Wohnraum zu schaffen, ist gemeinschaftliches Wohnen nicht zwangsläufig billiger für die Bewohnerschaft als konventionelles Wohnen. Letztlich hängt das Ergebnis ab von der baulichen Realität des Projektes, der Art und Größe von Gemeinschaftsräumen und gemeinschaftlich genutzten Einrichtungen sowie der Verwaltung und dem Management.

Verwaltung und Management

Je mehr Gemeinschaftsräume und gemeinschaftlich genutzte Einrichtungen zur Verfügung stehen, desto mehr Verwaltung und Management sind erforderlich, das kostet Zeit und/oder Geld. Bei gewinnorientierten Projekten werden die Kosten für die Bereitstellung und Verwaltung gemeinschaftlich genutzter Einrichtungen auf die Mieten umgelegt. Kommerziell ausgerichtete Co-Living-Projekte etwa werden von profitorientierten Gesellschaften betrieben. Bei diesem Geschäftsmodell werden gemeinschaftlich genutzte Einrichtungen mit kleinen Wohneinheiten kombiniert; dies ist für junge Menschen im Zeitalter der Sharing Economy durchaus attraktiv, aber letztlich nur eine Variante des Geschäftsmodells der Hotelbranche. Verwaltung und Abwicklung liegen ausschließlich in den Händen der Betriebsgesellschaft: Natürlich können die Bewohnerinnen und Bewohner gemeinsam mit anderen in der Gemeinschaftsküche kochen oder zusammen ein Glas Wein auf der Dachterrasse trinken, aber sie übernehmen keinerlei Verantwortung für den Betrieb des Gebäudes (ein Arrangement, das für die meisten von ihnen passt). Hier bedeutet das Vorhandensein von gemeinschaftlich genutzten Einrichtungen nicht eine Verringerung der Wohnkosten; im Gegenteil, die bisweilen winzigen Wohneinheiten haben sehr hohe Quadratmetermieten, die den Entwicklungs- und Betriebsgesellschaften eine Maximierung der Renditen in Gegenden mit hohen Grundstückspreisen ermöglichen.

Bei Co-Living-Projekten besteht zwischen Bewohnerschaft und Verwaltung eine rein geschäftliche Beziehung. Dagegen sind bei den meisten Gemeinschaften, die sich selbst organisieren, die Bewohnerinnen und Bewohner nicht «Gäste», die eine gewisse Zeit in dem Haus leben, sondern vielmehr die Akteure, die gemeinsam alles im Zusammenhang mit dem Gemeinschaftsprojekt regeln. (Dieser Status ist nicht unbedingt an das Eigentum an der Immobilie gebunden; ein ähnlich starkes Engagement bei Verwaltung und Betrieb kann es auch von Mieterinnen und Mietern geben, dies allerdings hängt von der Gestaltung des Mietverhältnisses ab.) Die Arbeit der Nobelpreisträgerin Elinor Ostrom ist für diese Form des Gemeinschaftswohnens von Bedeutung. Sie zeigte auf, wie ein *common pool resources* (in diesem Fall die gemeinschaftlich genutzten Elemente beim gemeinschaftlichen Wohnen) von denen, die diese Ressourcen nutzen, verwaltet werden kann, ohne dass Regulierungen oder staatliche Interventionen notwendig sind. Kleine Gruppen aus Einzelpersonen können, so Ostrom, zusammen institutionelle Strukturen und Arbeitsformen entwickeln, in denen die Verantwortung für gemeinsame Ressourcen und deren Nutzung gerecht aufgeteilt wird. Ihre Beschreibung der Herausforderungen im Zusammenhang mit gemeinschaftlichem Handeln trifft auf viele Projekte des gemeinschaftlichen Wohnens zu: Alle Versuche, kollektives Handeln zu organisieren – sei es durch eine externe Behörde, einen Unternehmer oder eine Gruppe von Akteuren, die kollektive Vorteile realisieren wollen –, sind mit einer Reihe gemeinsamer Probleme konfrontiert. Sie müssen das Problem des Trittbrettfahrens und Probleme der Selbstverpflichtung lösen, neue Institutionen einführen und die Einhaltung des vereinbarten Regelsystems überwachen.[2]

Die interne Verwaltung und der Betrieb bei Projekten des gemeinschaftlichen Wohnens zeigen beispielhaft, wie dies in der Praxis geregelt wird: Die Bewohnerschaft selbst *ist* das Management, zusammen wird entschieden, wie die Gemeingüter in ihrem Projekt betrieben werden und wie es zu organisieren ist. Die Bewohnerinnen und Bewohner übernehmen die notwendigen Pflichten, die vom Schrubben der Eingangstreppe über die Umschichtung des Komposts bis zur Buchhaltung reichen; und bei all diesen Tätigkeiten werden sie konfrontiert mit den Problemen, die Ostrom benannte: Trittbrettfahrern, unterschiedliche Niveaus der Selbstverpflichtung, institutionelle Herausforderungen und Fragen der Überwachung.

Entwicklung von Projekten gemeinschaftlichen Wohnens

Bisher wurden wirtschaftliche Aspekte von bereits bewohnten Projekten des gemeinschaftlichen Wohnens betrachtet, aber einige sehr interessante Fragen im wirtschaftlichen Bereich stellen sich insbesondere auch bei der Entwicklung neuer solcher Projekte.

Viele Formen des gemeinschaftlichen Wohnens, insbesondere Gemeinschaften, die sich eine Wohnanlage teilen und gezielt zusammengefunden haben, scheinen durchaus eine kommunitaristische Alternative zu den Normen und dem von rein monetären Überlegungen getriebenen Denken des Wohnungsmarktes zu bieten. Den (zukünftigen) Bewohnerinnen und Bewohnern erscheinen sie wohl auch genau aus diesen Gründen attraktiv. Bei Projekten, die von Anfang an umfassend gemeinschaftlich angelegt sind, trägt die Bewohnerschaft selbst die Verantwortung für den Entwurf und den Bau ihrer Häuser. Dadurch hat sie die volle Kontrolle über alle Bestandteile des Prozesses, aber dies bedeutet auch, dass sie selbst zum Wohnungsbauentwickler wird. Die Initiantinnen und Initianten müssen das Grundstück finden und kaufen (und dabei vielleicht auch gewinnorientierte Bauträger überbieten), ein Bauunternehmen beauftragen (oder die Häuser selbst bauen), die Baumaterialien kaufen usw. – und, ganz entscheidend, die Kosten für all dies vorfinanzieren und damit die nicht geringen Risiken bei der Entwicklung eines Wohnungsbauprojektes tragen[3]. Ironischerweise sind damit die Haushalte, die sich in der Entwicklung eines gemeinschaftlichen Wohnprojektes engagieren, teilweise weitaus mehr den Launen des Marktes ausgesetzt als Haushalte in konventionellen Wohnformen.

Externalitäten: Vorteile für die Gesellschaft und das Quartier

Befürworterinnen und Befürworter von Modellen des gemeinschaftlichen Wohnens betonen, dass diese nicht nur ihrer Bewohnerschaft Vorteile bringt, sondern auch in vielfacher Weise der gesamten Gesellschaft nutzen. Beispielsweise sind ältere Menschen, die in gemeinschaftlichen Wohnprojekten leben, aktiver und geistig reger und genießen mehr soziale Interaktion, wodurch sie länger gesund bleiben. Zusätzlich zu den offensichtlichen Vorteilen für die Bewohnerinnen und Bewohner selbst können die Verbesserungen in ihrem Wohlbefinden langfristig zu weniger Kosten im Gesundheitsbereich und in der Betreuung führen. Gleichzeitig sind Projekte für gemeinschaftliches Wohnen auch attraktiv für junge Menschen, sodass dadurch die Altersstruktur im Quartier ausgeglichener wird und die Kundschaft für örtliche Geschäfte sowie die Nachfrage nach Dienstleistungen vor Ort zunimmt.

Darüber hinaus ziehen einige Formen des gemeinschaftlichen Wohnens bestimmte Typen von aktiven, gesellschaftlich engagierten und am Gemeinwohl interessierten Menschen an, die dann auch Nachbarschaftsnetzwerke und Aktivitäten im Quartier initiieren – eine weitere Form positiver Externalität. (Natürlich gibt es hier auch gegenteilige Meinungen: Kritiker einiger Entwicklungsprojekte für gemeinschaftliches Wohnen sehen darin abgeschlossene Gemeinschaften wohlhabender Menschen, die nur wenig mit ihren Nachbarn interagieren.) Gemeinschaftliches Wohnen kann für das Quartier vorteilhaft sein, da dadurch Orte des Miteinanders, Gärten oder andere Einrichtungen für alle im Umfeld geschaffen werden; noch allgemeiner gesprochen lassen sich mit solchen Projekten gute Gestaltungsmodelle sowie innovative nachhaltige Wohnmodelle testen, die dann eine breitere Anwendung finden können. Viele Verwaltungen sind überzeugt davon, dass gemeinschaftliches Wohnen tatsächlich zahlreiche Vorteile bringen kann und diese Formen daher von der öffentlichen Hand unterstützt werden sollten. Diese Unterstützung kann je nach Land und Stadt sehr unterschiedlich sein und aus Subventionen, Zugang zu günstigen oder kostenfreien Grundstücken und fachkundiger Beratung für Interessenten bestehen.

Vorteile für das Umfeld werden zwar gesehen, aber müssen noch genau evaluiert und gemessen werden; eine wissenschaftliche Begleitung dieses Bereichs ist daher dringend erforderlich. Interessanterweise finden sich in der Literatur keinerlei negative Externalitäten von Projekten des gemeinschaftlichen Wohnens. Sollte es tatsächlich signifikante positive Externalitäten und wenige bis keine negativen geben, würde die Gesellschaft von deutlich mehr Möglichkeiten für gemeinschaftliches Wohnen profitieren.

---

1 Russell (1935): Architektur und soziale Fragen. In Lob des Müßiggangs, S. 51–66.
2 Ostrom (1999): Die Verfassung der Allmende: Jenseits von Staat und Markt, S. 34 f.
3 Scanlon, Fernandez Arrigoitia. In Urban Research and Practice (Bd. 8, Nr. 1, 2015): Development of New Cohousing: Lessons from a London Scheme for the Over-50s, S. 106–121.

Literatur

Ostrom, (1990): Die Verfassung der Allmende: Jenseits von Staat und Markt, Tübingen 1999.

Russell, (1935): Architektur und soziale Fragen. In Lob des Müßiggangs, München 2016.

Scanlon, und Fernandez Arrigoitia, (2015): Development of New Cohousing: Lessons from a London Scheme for the Over-50s. In Urban Research and Practice, Bd. 8, Nr. 1.

Großwohneinheiten der Frühsozialisten

«Die bürgerliche Lösung der Wohnungsfrage ist also eingestandenermaßen gescheitert (…). Die Wohnungsfrage ist erst dann zu lösen, wenn die Gesellschaft weit genug umgewälzt ist (…).»

FRIEDRICH ENGELS[1]

Die erste Phase des gemeinschaftlichen Wohnens entstand im Kontext der durch die industrielle Revolution erfolgten Verstädterung und den sich damit ändernden Sozialstrukturen. Die Großwohneinheiten der Frühsozialisten waren von einem stark utopischen Charakter geprägt. Sie suchten neue, passende Antworten auf die grundlegenden Umwälzungen von Arbeit, Wohnen und Familie sowie auf die Auflösung des Ganzen Hauses als Selbstversorgungseinheit. Als Vorläufer der sozialistischen Ideen von Friedrich Engels und Karl Marx verfassten die Frühsozialisten noch vor den europäischen Revolutionen um 1848/1849 diverse Schriften, in denen unter anderem mehr Gerechtigkeit oder gemeinsames Grundeigentum gefordert wurde. Durch die Veröffentlichung von Charles Fouriers *Théorie des quatre mouvements* im Jahr 1808 sowie Robert Owens Essay *A New View of Society*, das fünf Jahre später erschien, entstanden vor allem in Frankreich und Großbritannien spannende Beiträge zu Ideen eines Idealstaates. In Form von Skizzen, Entwürfen oder gar gebauten Großwohneinheiten wurden gemeinschaftliche Wohnmodelle zur Diskussion gestellt, deren Einflüsse in unserer Wohnweise heute noch spürbar sind.

Im frühen 19. Jahrhundert führte der Übergang von einer feudal-agrarisch-handwerklichen Ständegesellschaft in eine bürgerlich-kapitalistische Klassengesellschaft zu einer Neuordnung von Staaten und zur Einführung von Verfassungsprinzipien sowie Grundrechten von Bürgerinnen und Bürgern.[2] Es waren Jahre der Reformen und der Restauration. Die Menschen wollten sich von den alten Lebensverhältnissen befreien, wollten teilhaben an der gesellschaftlichen Entwicklung und am neuen Wohlstand der ersten industriellen Revolution. Eine starke Abwanderung in die Städte setzte ein, in die neben dem alten Bürgertum vorwiegend Arbeiterinnen und Arbeiter sowie eine neue bürgerliche Klasse strömten. Dieses neue Gefüge verschob die Sozialstruktur.[3] So lebte beispielsweise die Mehrheit der englischen Bevölkerung ab Mitte des 19. Jahrhunderts in Städten.[4] Das rasante Wachstum der städtischen Bevölkerung führte zu einem massiven Nachfrageüberhang an Wohnraum, der von den Grundeigentümern bei Weitem nicht abgedeckt werden konnte.[5] Grundeigentümer und Bauherrschaften nutzten die andauernde Wohnungsknappheit zu ihrem Vorteil, vor allem gegenüber der Arbeiterschaft. Ihr blieb oft nichts anderes übrig als in überfüllten und unhygienischen Mietskasernen zu wohnen. Es wurde offensichtlich, dass nicht die gesamte Gesellschaft vom neuen Wohlstand profitieren konnte.[6]

Die aufstrebende bürgerliche und städtische Gesellschaft hingegen forderte nicht nur mehr Einfluss in der sich neu bildenden modernen Gesellschaft, sondern auch eine größere Versammlungsfreiheit und mit ihr das Recht, sich frei zu äußern.[7] Es war der Beginn der Gewerkschaftsbewegung. Die Sozialisten in diversen europäischen Ländern erstarkten, in den Niederlanden entstanden die ersten Wohnbaugenossenschaften Europas. Eingebettet in diesen Kontext entwickelten sich die Wohnobjekte der Frühsozialisten nicht nur als Wohnalternative zu den überfüllten Mietshäusern, sondern repräsentierten eine neu gedachte Sozialordnung. Sämtliche Wohnobjekte oder Entwürfe der Frühsozialisten waren stark ideologisch geprägt. Sie strebten nach einer neuen gesellschaftlichen Ordnung mit veränderten politisch-ökonomischen Bedingungen. Die Großwohneinheiten griffen tief in die damaligen Strukturen des Staates, der Gesellschaft und der Haushaltsformen ein, waren fürsorglich paternalistisch organisiert und zielten weithin auf die arbeitende Klasse. Sie sollten, als Alternative zu den engen, überfüllten und unhygienischen Bebauungen, die den Haushalt von der Arbeit isolierten, ein durchgrüntes und weiträumiges Architekturmodell mit diversen ergänzenden Nutzungen und gemeinschaftlichen Folgeeinrichtungen bilden.[8] Neben gemeinschaftlichem Wohnen wurden die Arbeit und insbesondere die Bildung der Arbeiterschaft und die Erziehung ihrer Kinder integriert. Wohnen, Arbeiten, Bildung und Erziehung wurden somit wieder eine Einheit, ähnlich dem Ganzen Haus, jedoch in einer weit größeren sozialen Struktur als beim Familienverbund.

Das sich verändernde politische Klima ab den 1860er-Jahren führte zu starken Repres-

François Marie Charles Fourier (1772–1837), französischer Sozialutopist

Robert Owen (1771–1858), schottischer Unternehmer und Frühsozialist

1 Engels (1872, Berliner Ausgabe 2013): Zur Wohnungsfrage, S. 40.
2 Nach dem Sturz Napoleons galt es im Wiener Kongress von 1815, Europa neu zu ordnen. Dabei wurden diverse Staatsgrenzen neu gezogen. Weiter führten Aufstände der Arbeiterklasse in diversen Städten wie beispielsweise Paris während der europäischen Revolutionen von 1848/1849 für mehr Grundrechte. Vgl. auch Petsch (1989): Eigenheim und gute Stube, Zur Geschichte des bürgerlichen Wohnens, S. 18.
3 Bahrdt (1998): Die moderne Großstadt – Soziologische Überlegungen zum Städtebau, S. 132.
4 Bortis (1991): Die englische Vorherrschaft um 1850, S. 4.
5 Petsch (1989): Eigenheim und gute Stube, Zur Geschichte des bürgerlichen Wohnens, S. 65.
6 Barbey (1984): Wohnhaft, Essay über die innere Geschichte der Massenwohnung, Sozialgeschichte, Wohnungsgeschichte, S. 23.
7 Winfried: Sich versammeln. In Schneider, Nerdinger, Wand (2000): Deutschland, Architektur im 20. Jahrhundert, S. 265.
8 Archithese (8|1973): Anfänge des sozialen Wohnungsbaus, S. 21.

Eine von Robert Owens Textilfabrik mit den Arbeitsregeln prominent an der Wand

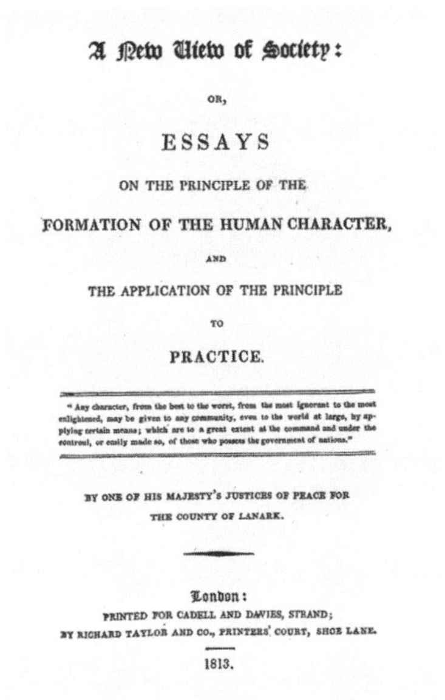

A New View of Society:

OR,

ESSAYS

ON THE PRINCIPLE OF THE

FORMATION OF THE HUMAN CHARACTER,

AND

THE APPLICATION OF THE PRINCIPLE

TO

PRACTICE.

"Any character, from the best to the worst, from the most ignorant to the most enlightened, may be given to any community, even to the world at large, by applying certain means; which are to a great extent at the command and under the control, or easily made so, of those who possess the government of nations."

BY ONE OF HIS MAJESTY'S JUSTICES OF PEACE FOR THE COUNTY OF LANARK.

London:
PRINTED FOR CADELL AND DAVIES, STRAND;
BY RICHARD TAYLOR AND CO., PRINTERS' COURT, SHOE LANE.

1813.

Titelblatt der Publikation von Robert Owen

Robert Owen, A New View of Society, London 1813

TABLEAU
DU COURS DU MOUVEMENT SOCIAL.
Succession et Relations de ses 4 Phases et 32 Périodes.

Ordre des Créations futures.

ENFANCE ou INCOHÉRENCE ASCENDANTE.

Création subversive antérieure, déjà faite.

ACCROISSEMENT ou COMBINAISON ASCENDANTE.

Naissance de la Couronne boréale.

Ces sept périodes sont distinguées par SEPT CRÉATIONS HARMONIQUES, séparées par des intervalles d'environ 4000 ans.

1.re Création septigénérique et Plénitude ascendante.

DÉCLIN ou COMBINAISON DESCENDANTE.

2.e Création septigénérique et Plénitude descendante.

Ces sept périodes sont distinguées par SEPT CRÉATIONS HARMONIQUES séparées par des intervalles d'environ 4000 ans.

Extinction de la Couronne boréale.

CADUCITÉ ou INCOHÉRENCE DESCENDANTE.

Création Subversive postérieure.

VIBRATION ASCENDANTE.

VIBRATION DESCENDANTE.

CHAOS ASCENDANT.

HARMONIE ASCENDANTE.

HARMONIE DESCENDANTE.

CHAOS DESCENDANT.

Tableau mit dem Verlauf der sozialen Beziehungen nach der Vorstellung von Charles Fourier

Charles Fourier, Théorie des quatre mouvements, 1808

sionen gegen sozialistische und kommunistische Bestrebungen in Europa. Die Phase der Großwohneinheiten wurde beendet, bevor diese Wohn- und Lebensform sich überhaupt ausbreiten konnte. Die gesellschaftliche und politische Aufbruchsstimmung wurde darüber hinaus durch das Sozialistengesetz 1878 weiter zurückgebunden und aufkeimende sozialdemokratische Gedanken drastisch eingedämmt.[9] Die Frühsozialisten versuchten, der Privatisierung der Familie durch das Auflösen des Ganzen Hauses entgegenzuwirken und forderten in ihren Großwohneinheiten und Entwürfen oft eine hohe Öffentlichkeit der Familie. Diese theoretischen und ideologischen Vorstellungen waren jedoch nicht zwingend mit den damaligen Wünschen der Arbeiterschaft gleichzusetzen.[10] Die Arbeiterschaft begrüßte zwar die langfristigen Ziele einer neuen Gesellschaftsordnung und das sozialistische Gedankengut, drängte jedoch auf eine sofortige Verbesserung ihrer Wohnsituation. Das Scheitern der Frühsozialisten lag deshalb nicht nur an den politischen Repressionen, sondern oft auch an den absolutistischen und paternalistischen Stadtentwürfen und Sozialordnungen und den reduzierten privaten Wohnflächen, die kein konventionelles Familienleben ermöglichten.[11] Als weitere Gründe für Misserfolge gelten nicht nur wirtschaftliche Schwierigkeiten, organisatorische Mängel oder interne Auseinandersetzungen, sondern zu schematische Vorstellungen des Zusammenlebens. Die Initiatoren solcher Großwohneinheiten stammten meist aus höheren Sozialschichten.[12] Auch war die gesellschaftliche Akzeptanz gemeinschaftlicher Wohnformen äußerst niedrig. Sie galt vielerorts als unmoralisch, revolutionär sowie irreligiös.[13] Das Interesse der Grundeigentümer und Bauherrschaften, Wohnraum zu schaffen, der zusätzlich die gesellschaftliche Ordnung veränderte, blieb deshalb gering.

Obwohl in nur wenigen europäischen Städten verwirklicht und gelebt, reichte die Strahlkraft der Architektur- und Gesellschaftsmodelle der Frühsozialisten dennoch weit ins 20. Jahrhundert und prägte nachfolgende Entwicklungen des gemeinschaftlichen Wohnens. In den anfangs der 1900er-Jahre aufkommenden Gartenstädten wird beispielsweise die Idee der Einheit und Verbindung von Wohnen und Arbeiten sowie der genossenschaftliche Gedanke weiterentwickelt. Zielgruppe ist wiederum die arbeitende Klasse. In derselben Zeit kommt das Einküchenhaus als Reformmodell auf. Dabei werden die Ansätze zur Zentralisierung der Hauswirtschaft und Entlastung der Frau von der Hausarbeit im Sinne einer Vereinbarung von Familie und Arbeit übernommen. Die Zielgruppe ist hier jedoch eine bürgerliche Schicht, beziehungsweise das Bildungsbürgertum. Die diversen Ausformulierungen einer kommunikationsfördernden Erschließung werden zudem in der Phase der Gemeinschaftssiedlungen weitergeführt. Die Idee der kollektiven Erschließungsflächen mit Laubengängen, Dachterrassen oder Innenhöfen zur Förderung des gegenseitigen Kontakts der Bewohnerschaft ist dabei ähnlich wichtig wie bei den Frühsozialisten.

Die Bedeutung der Phase der Großwohneinheiten geht allerdings weit über das architektonische Konzept und das gemeinschaftliche Wohnen hinaus. Die Utopien der Frühsozialisten zielten auf den Menschen in seiner Gesamtheit und auf eine humane Gesellschaft ab. Verbesserungen der Arbeitsbedingungen wie die Einführung von geregelten Arbeitszeiten, die Erhöhung der Löhne oder auch Reformen im Erziehungswesen gehen auf die Forderungen der Frühsozialisten zurück.[14] Auch konnten dank den von ihnen etablierten und geförderten Gewerkschaften und Genossenschaften gemeinschaftliche Einrichtungen wie beispielsweise Volkshäuser realisiert werden. Die intensive Beschäftigung mit der Gleichberechtigung von Mann und Frau führte zum Verständnis des Feminismus, das insbesondere durch Fourier maßgeblich geprägt wurde. In seinen Ausführungen schrieb er, *dass die Harmonie nicht entsteht, wenn wir die Dummheit begehen, die Frauen auf Küche und Kochtöpfe zu beschränken* und bemerkte weiter, der soziale Fortschritt erfolge aufgrund der Fortschritte bei der Befreiung der Frau.[15]

9 Das Sozialistengesetz von Bismarck, auch *Gesetz gegen die gemeingefährlichen Bestrebungen der Sozialdemokratie* genannt, wurde 1878 im Deutschen Reich eingeführt und hielt bis 1890 stand. Das Gesetz verbot sozialistische Aktivitäten und war eines der Mittel, um sozialdemokratische und kommunistische Gedanken in Europa einzudämmen. Vgl. auch Winfried: Sich versammeln. In Schneider, Nerdinger, Wand (2000): Deutschland, Architektur im 20. Jahrhundert, S. 266.

10 Häußermann, Siebel (2000): Soziologie des Wohnens, Eine Einführung in Wandel und Ausdifferenzierung des Wohnens, S. 132.

11 Petsch (1989): Eigenheim und gute Stube, Zur Geschichte des bürgerlichen Wohnens, S. 55.

12 Bertels (1990): Gemeinschaftsformen in der modernen Stadt, S. 45.

13 Ungers (1972): Kommunen in der Neuen Welt, S. 66.

14 Bertels (1990): Gemeinschaftsformen in der modernen Stadt, S. 31, S. 44.

15 Fourier (1808): Die Theorie der vier Bewegungen und der allgemeinen Bestimmungen. S. 190.

Ausgewählte Vertreter von Großwohneinheiten

	Bezug	Stadt	Lage	Bautyp	Architektur	Trägerschaft
→ Seite 47 ***Entwurf Großwohneinheit New Harmony***	**1825 *(Entwurf)***	**New Lanark GRB**	**Siedlungsrand**	**–**	**Robert Owen**	**Robert Owen**
→ Seite 52 ***Großwohneinheit Familistère***	**1859**	**Guise FRA**	**Siedlungsrand**	**Neubau**	**Jean-Baptiste Godin**	**Jean-Baptiste Godin**
→ Seite 49 ***Entwurf Phalanstère***	**1829 *(Entwurf)***	**–**	**–**	**–**	**Charles Fourier**	**–**
Familienwohnhäuser Streatham Street Bloomsbury	1847	London GRB	Stadtzentrum	Neubau	Henry Roberts	George Peabody And Streatham Street
Arbeiterwohnhaus Cité Napoléon	1853	Paris FRA	Stadtzentrum	Neubau	Marie-Gabriel Veugny	Société des Ouvriers de Paris
Miethäuser Lægeforeningens Boliger	1853	Kopenhagen DEN	Stadtquartier	Neubau	M. B. Bindesbøll	Ärzteverein Kopenhagen

Pläne, wenn nicht anders vermerkt

Schwarzplan	1:12.000
Umgebungsplan	1:2.500
Geschosse	1:500
Schnitt	1:500

Entwurf Großwohneinheit New Harmony

Robert Owen, der schottische Sozialreformer und Fabrikant, führte ab 1799 äußerst erfolgreich eine Baumwollfabrik im schottischen New Lanark unter würdigen sozialen Bedingungen für die Arbeiterschaft.[1] Mit seinem Entwurf New Harmony von 1817 schlug Owen nicht nur eine noch vertiefter funktionierende kooperative Güterproduktion als in New Lanark vor, sondern entwickelte die Idee der gerechten Stadt für ungefähr 1.000 Bewohnerinnen und Bewohner, die vielfältige gemeinschaftliche Wohnräume beinhaltete.[2] Skizziert wurden neben privaten Räumen für die Familie ebenso Bildungseinrichtungen wie eine Bibliothek, Versammlungsräume oder eine Schule, eine zentrale Küche, Speisesäle, Gemeinschaftsschlafräume für Kinder und weitere Einrichtungen wie Sportsäle, ein Gästehaus oder eine Krankenstation. Die Ideen der gemeinschaftlichen Wohn- und Folgeeinrichtungen waren für die damalige Zeit einmalig und zielten auf eine neue Siedlungsform ab, in der Erziehung, Freizeit und Konsum miteingeschlossen wurden.[3] Bedauerlicherweise gibt es nur wenige Quellen und Grundrissentwürfe mit Anordnung der vorgeschlagenen gemeinschaftlichen Räume sind nicht vorhanden.

Währenddem Owen einen Ort zur Umsetzung seiner Idee der gerechten Stadt suchte, nahm er gewisse Details seines Siedlungsmodells vorweg und verwirklichte diese im schottischen New Lanark. Er machte dies äußerst publikumswirksam, wie die Einträge von gut 20.000 Personen in seinem Gästebuch zeigen. Intellektuelle und Wissenschaftler besuchten New Lanark ebenso wie hochrangige Politiker und Monarchen.[4] Nach seinen ersten Umsetzungsversuchen in New Lanark wagte Owen eine Realisierung seines Entwurfs New Harmony in den Vereinigten Staaten. Er kaufte 1825 ein Stück Land mit einem bestehenden Dorf in Indiana und etablierte dort eine Kommune, die als erstes nicht religiöses Kollektiv galt.[5] Das Dorf entsprach zwar nicht dem entworfenen städtebaulichen Ideal, hatte jedoch genügend gemeinschaftliche Einrichtungen und Werkstätten, um einen Anfang zu machen. Es bestand jedoch nur gut drei Jahre. Die Gründe für den Misserfolg waren vielseitig. Ein wesentlicher Faktor war die Abwesenheit Owens, der als Patron und Visionär viel reiste, um seine frühsozialistischen Ideen in Vorträgen zu propagieren. Ein weiterer Grund für den Misserfolg lag in der Auswahl der Beteiligten, denn es wurde keine Selektion getroffen.[6] So fanden sich neben Idealisten, Gelehrten und Künstlern aus allen Teilen Amerikas und Europas auch abenteuersuchende Müßiggänger ein. Vor allem gut ausgebildete und fähige Arbeiterinnen und Arbeiter schienen zu fehlen, welche die übernommenen Betriebe weiterführen konnten.[7] Dennoch hinterließ Robert Owen in New Harmony eine heranwachsende Kleinstadt, in der Bildung und Kunst sowie die Rechte der Frauen und Kinder großen Einfluss auf das Zusammenleben hatten.

---

1 Einen Teil des Kapitalüberschusses vergütete Robert Owen zurück an die Arbeiterschaft mittels Sozialleistungen. Weiter kürzte er die Arbeitszeiten, führte Krankenversicherungen ein und verbot Kinderarbeit unter zehn Jahren. Vgl. Korczak (1979): Neue Formen des Zusammenlebens, Erfolge und Schwierigkeiten des Experiments Wohngemeinschaft, S. 48 ff.

2 Bertels (1990): Gemeinschaftsformen in der modernen Stadt, S. 43.

3 Benevolo (1971): Die sozialen Ursprünge des modernen Städtebaus, Lehren von gestern, Forderungen für morgen, S. 52.

4 Bollerey (1974): Architekturkonzeptionen der Utopischen Sozialisten, S. 26.

5 Das Dorf bestand nicht nur aus unzähligen Wohnhäusern, sondern bot Dormitorien an sowie mechanische Werkstätten, Mühlen, eine Textilfabrik sowie Destillerien. Vgl. Ungers (1972): Kommunen in der Neuen Welt, S. 46.

6 Mit Beteiligten ist auch eine finanzielle Beteiligung gemeint. Nur ein Jahr nach dem Start setzte Owen die völlige Gleichheit ohne Rücksicht auf den Wert der geleisteten Arbeit durch, jedoch ohne eine konkrete Organisation in Bezug auf die Buchhaltung, das Einteilen der Arbeit sowie das Verteilen der Güter zu bewerkstelligen.

7 Ungers (1972): Kommunen in der Neuen Welt, S. 47.

Baumwollfabrik im schottischen New Lanark von Robert Owen

Organisationsform	zuerst private Trägerschaft, fürsorglich paternalistisch und sozialistisch organisiert, Initiierungsform top-down
Bewohnerstruktur	Idealstadt für 1.000 Bewohnerinnen und Bewohner, für Arbeiterfamilien, anfänglich niedriges Bildungsniveau, es wurden jedoch auch Intellektuelle angezogen
Betriebsstruktur	gesellschaftliche Ordnung, mit neuen politisch-ökonomischen Bedingungen, erprobte Umsetzungen in den Vereinigten Staaten mit Beteiligungsmodell

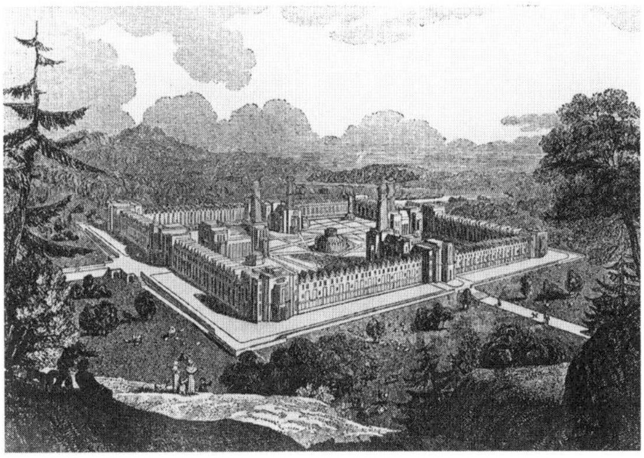

Visualisierung von New Harmony

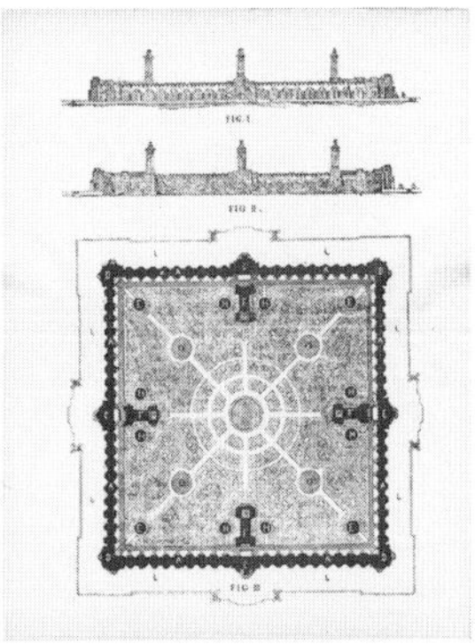

Idealentwurf für New Harmony, Skizze von Thomas Stedman Whitwell
Bayerische Staatsbibliothek München / Bildarchiv

Entwurf Phalanstère

Der französische Sozialreformer und Gesellschaftstheoretiker Charles Fourier befasste sich sein Leben lang mit der idealen gesellschaftlichen Ordnung, die er in der Harmonie einer Wirtschafts- und Liebesgemeinschaft suchte. Der Architektur räumt er eine sekundäre Rolle ein, sie war für ihn aber notwendig, um seine Ideen umzusetzen.[1] Mit dem Entwurf der Phalanstère von 1829, einer palastähnlichen Großwohneinheit, ordnete er nicht die Familie als gesellschaftsbildend ein. Fourier meinte dazu, die Familie sei nicht die erste Stufe der Gesellschaft. Die erste Stufe war seiner Ansicht nach ein Kern, der durch das Zusammenleben von mehreren Familien gebildet wird. Denn von einer Gesellschaft könne man erst reden, wenn Individuen sich vereinen und in noch anderer Eigenschaft als die des Vaters, der Mutter und der Kinder zusammenleben.[2] Diese Überlegungen von Fourier führten zum Entwurf der Phalanstère, in dem keine individuellen Räume für die Familie vorgesehen waren. Der Familienhaushalt wurde aufgelöst, stattdessen sollte eine Auswahl diverser Wohnungsgrundrisse und -größen in unterschiedlichen Preisklassen angeboten werden. Eine heterogene Bewohnerschaft schien Fourier wichtig gewesen zu sein, denn eine Mischung aus verschiedenen Gesellschaftsschichten galt für ihn als eine vorsorgliche Maßnahme gegen die drohende Segregation.[3]

Sämtliche Wohnräume sollten kollektiv organisiert und mit vielfältigen gemeinsamen Nutzungen und Flächen für kulturelle, soziale und sportliche Einrichtungen ergänzt werden.[4] Die Kollektivierung des Haushaltes sollte die Gemeinschaft der Bewohnerschaft fördern und den privaten Charakter der Familie reduzieren. Eine Phalanstère war für 1.620 Personen konzipiert, in dieser Zahl sah Fourier die Idealgröße.[5] Das Erdgeschoss reservierte er für ältere Menschen, während das Mezzanin den Kindern vorbehalten war und die anderen Stockwerke den arbeitstätigen Bewohnerinnen und Bewohnern. Fourier widmete sich besonders den kollektiven Erschließungsflächen. Er kreierte Hofgalerien, sogenannte rues-galeries, die dazu dienten, die verschiedenen Gebäudeteile miteinander zu verbinden. Die gedeckten Hofgalerien würden räumliche Nähe schaffen und gleichzeitig Kommunikations- und Aufenthaltsraum darstellen. Als weiterer Kommunikationsraum wurde eine begehbare Dachzone entworfen.[6] War es Robert Owen durch sein Vermögen noch möglich, wenigstens einen Teil seiner Ideen der New Harmony umzusetzen, blieb dem mittellosen Fourier nichts anderes übrig, als sich auf Theorien und Pläne zu beschränken. Albert Brisbane, ein Schüler Fouriers, gelang es jedoch, die Ideen und Theorien nach Amerika zu exportieren und dort in die Diskussion zu bringen.[7] Es entstanden mehrere Phalanxen, also Gemeinschaften, die nach Fouriers Ideologie zusammenlebten.

---

1 Bollerey (1974): Architekturkonzeptionen der Utopischen Sozialisten, S. 123.
2 Uhlig: Siedeln in Gemeinschaft. In Schneider, Nerdinger, Wand (2000): Deutschland, Architektur im 20. Jahrhundert, S. 42. Dabei wird Charles Fourier zitiert nach Victor Considerant (1906): Fouriers System der sozialen Reform.
3 Bollerey (1974): Architekturkonzeptionen der Utopischen Sozialisten, S. 157.
4 Häußermann, Siebel (2000): Soziologie des Wohnens, Eine Einführung in Wandel und Ausdifferenzierung des Wohnens, S. 95.
5 Petsch (1989): Eigenheim und gute Stube, Zur Geschichte des bürgerlichen Wohnens, S. 53 f.
6 Archithese (8|1973): Anfänge des sozialen Wohnungsbaus, S. 22 ff.
7 Ungers (1972): Kommunen in der Neuen Welt, S. 58.

Idealentwurf einer Phalanstère

Jules Arnou, Vue générale d'un phalanstère, ou village sociétaire organisé d'après la théorie de Fourier, 1847. Bibliothèque nationale de France

Skizze eines Phalanx Gebäudes

© ullstein bild – Granger, NYC

Raumstruktur

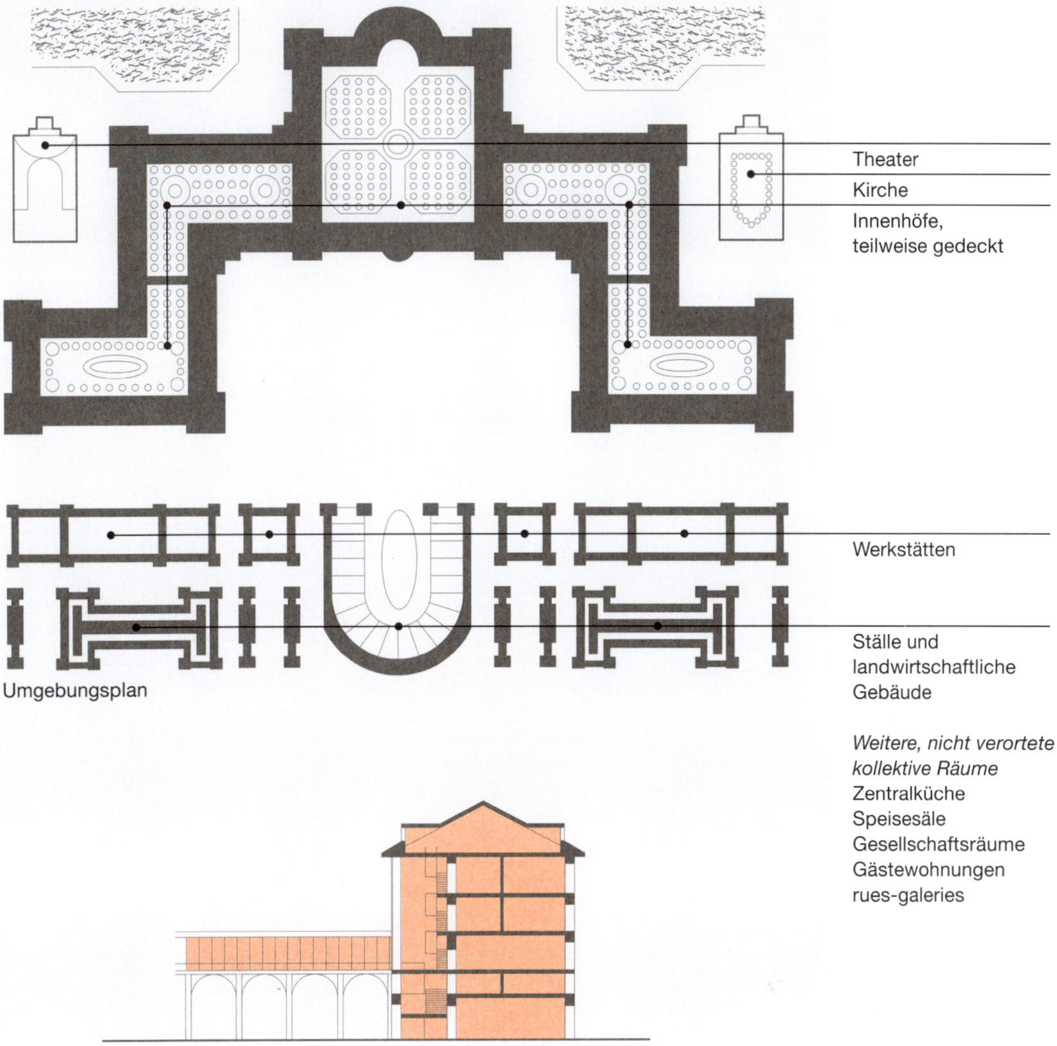

Außenraum: öffentlich kollektiv
Innenraum: öffentlich kollektiv

Bewohnerstruktur	Ideal von 1.620 Personen, Vorstellung einer heterogenen, Bewohnerschaft aus unterschiedlichen Gesellschaftsschichten
Wohnungsspiegel	Entwurf von unterschiedlichen Wohneinheiten für Kinder, Jugendliche, Erwachsene und ältere Personen

Großwohneinheit Familistère

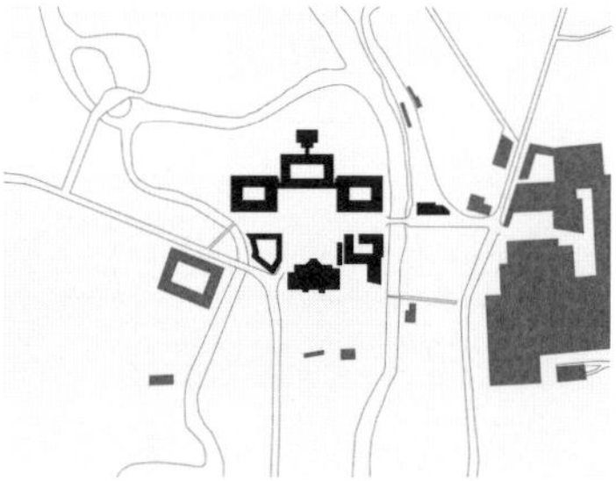

Zehn Jahre nach den europäischen Revolutionen von 1848 und 1849 wurde das erfolgreichste Modell einer kollektiven und sozialistisch organisierten Großwohneinheit realisiert. Jean-Baptiste Godins Familistère nahm den Entwurf von Fourier auf, veränderte jedoch einen essenziellen Parameter. Bei der Familistère, wie es der Objektname schon erläutert, soll die Familie nicht aufgelöst, sondern vielmehr durch eine Vielzahl an gemeinschaftlichen Wohnräumen und ergänzenden Folgeeinrichtungen gestützt werden.[1] Godin, ein französischer Fabrikant und Abgeordneter, sorgte mit seiner auch als Sozialpalast deklarierten Großwohneinheit im Städtchen Guise für die Sicherstellung der Keimzelle der Nation, der Familie, für seine Arbeiterschaft von ungefähr 2.000 Personen.[2] Jede Familie hatte ihre eigene Wohnung, die meist zwei oder drei Zimmer umfasste. Die Wohnungen waren in ihrer Grundausstattung reduziert und hatten weder Küchen und Nasszellen. Godin selber bewohnte eine Zeit lang eine dieser küchenlosen Wohnungen. Für die Verpflegung standen eine Großküche mit Angestellten und ein Speisesaal zur Verfügung. Es war den Familien allerdings freigestellt, die Mahlzeiten gemeinsam im Speisesaal oder in der Wohnung einzunehmen.[3] Die Nasszellen wurden gemeinschaftliche genutzt. Das Bestreben hinter den gemeinschaftlichen Einrichtungen war die Zentralisierung der Hauswirtschaft und somit das Freispielen von weiblichen Arbeitskräften. Geteilt wurden auch eine Wäscherei, ein Bad- und Waschhaus sowie diverse ergänzende Einrichtungen wie Schulen, Kinderkrippen oder eine Bibliothek. Im Weiteren wurden ein Schwimmbad, ein Theater sowie diverse Konsumgeschäfte angeboten.

Bei der kollektiven Erschließung orientierte sich Godin an den Hofgalerien von Fourier, indem er diese zu Laubengängen umbildete, die entlang von gedeckten Innenhöfen sämtliche individuelle Räume erschlossen. Diese mit Glas überdachten Innenhöfe waren ein starkes gemeinschaftsbildendes räumliches Element, das eine sehr hohe Aufenthaltsqualität aufwies und insbesondere fürs Spielen und sich Versammeln genutzt wurde. Dabei dienten die Laubengänge nicht nur bei großen Anlässen als Balkone, auch im Alltag erlaubten sie es, von oben herab das Leben in den Innenhöfen zu verfolgen. Im Jahr 1880 übertrug Godin die Familistère mitsamt seiner Gussofenfabrik mittels einer Genossenschaft an seine Arbeiterinnen und Arbeitern.[4] Erst im späten 20. Jahrhundert wurde die Fabrik privatisiert und die Genossenschaft aufgelöst. Die Familistère wird heute noch zu Wohnzwecken genutzt, dient jedoch vorwiegend als Museum und als Ort kultureller Veranstaltungen.

---

1 Benevolo (1971): Die sozialen Ursprünge des modernen Städtebaus, Lehren von gestern, Forderungen für morgen, S. 72 f.
2 Bollerey (1974): Architekturkonzeptionen der Utopischen Sozialisten, S. 203.
3 Archithese (8|1973): Anfänge des sozialen Wohnungsbaus, S. 26.
4 Benevolo (1971): Die sozialen Ursprünge des modernen Städtebaus, Lehren von gestern, Forderungen für morgen, S. 73.

Gesamtansicht Familistère
© Erwin Mühlestein

Westflügel der Großwohneinheit
© Erwin Mühlestein

Gedeckter Innenhof mit Laubengängen
© zürcher hochschule der künste, archiv-zhdk

Festlichkeiten im Innenhof
© zürcher hochschule der künste, archiv-zhdk

Klassenzimmer, im Schulgebäude befindet sich auch ein Theater
© zürcher hochschule der künste, archiv-zhdk

Privater Wohnbereich in einer küchenlosen Wohneinheit
© Erwin Mühlestein

Raumstruktur

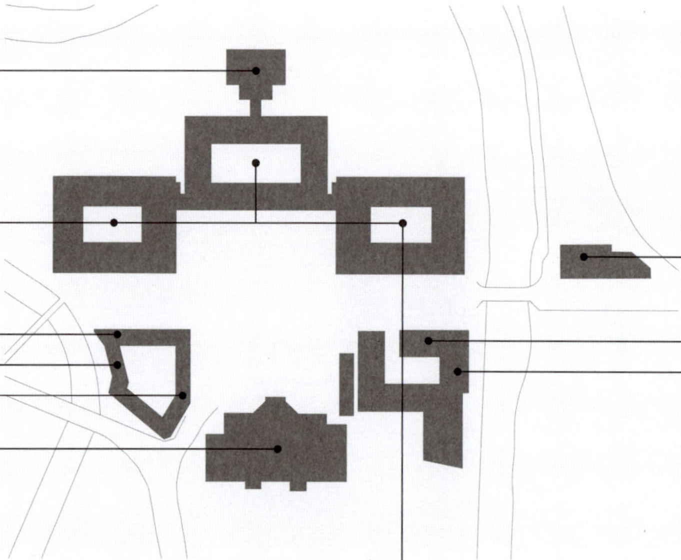

Umgebungsplan

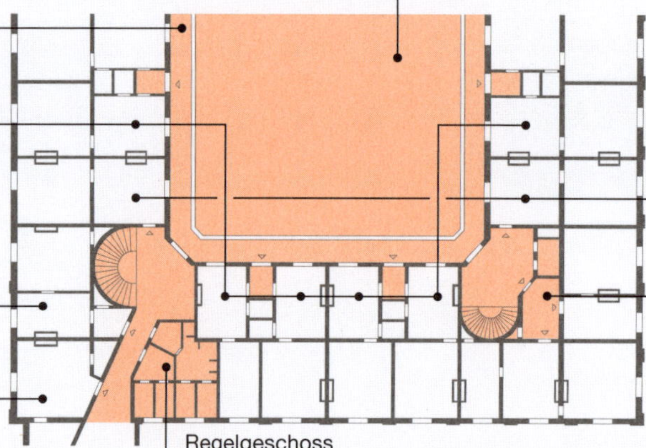

Regelgeschoss

Weitere, nicht verortete öffentliche Räume
Bibliothek

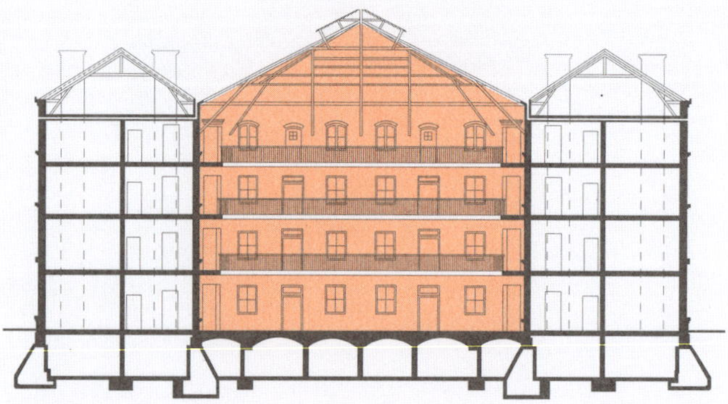

Schnitt

Außenraum: öffentlich kollektiv
Innenraum: öffentlich kollektiv

Organisationsform	anfänglich privater Träger, später als Genossenschaft organisiert, Aneignungsform durch mieten, später teilbesitzen, Initiierungsform top-down
Bewohnerstruktur	ca. 2.000 Personen, Arbeiterfamilien als Nutzergruppen, mit niedrigem Bildungsniveau
Betriebsstruktur	anfänglich fremdverwaltet, später selbstverwaltet, mit Angestellten bei sämtlichen, gemeinschaftlichen Folgeeinrichtungen, aber auch bei der Großküche und Wäscherei, Mitwirkungsgrad mittel
Wohnungsspiegel	500 Wohneinheiten
Flächen	Grundstücksfläche nicht bekannt, 4 Geschosse

Ledigenheime und Boardinghäuser für Stadtnomaden

«Im Laufe einer zeitbewussten Entwicklung (...) hat sich der Typ des Großstadtmenschen herauskristallisiert. (...) Der Vielfältigkeit und Verschiedenartigkeit des Typus Großstadtmenschen muss man auf der langen Skala der Wohnmöglichkeiten (...) gerecht werden und (...) die adäquate Wohnform bieten.»

HANS SCHAROUN[1]

Die durch die Industrialisierung hervorgebrachte neue gesellschaftliche Ordnung spiegelte sich auch in einer damit verbundenen wohnpolitischen Auseinandersetzung und der Entstehung neuer Wohnmodelle wie beispielsweise dem Ledigenheim und dem Boardinghaus wider. Neben der sich verbreitenden Kernfamilie entstanden neue Haushaltsformen mit Alleinstehenden, Ledigen oder Witwen, aber auch mit Studierenden und Stadtnomaden, denen bis anfangs des 20. Jahrhunderts keine eigenen Wohnräume auf dem Wohnungsmarkt zur Verfügung standen. Diese spezifischen Nutzergruppen stammten nicht nur aus der arbeitenden Unter- und Mittelschicht, sondern auch aus einer gehobenen Mittelklasse und dem neu aufkommenden Bildungsbürgertum.[2] Dem heterogenen Zielpublikum von Ledigenheimen und Boardinghäusern war eigen, dass keine Anwesenheit von Kindern vorgesehen war.[3] So wurde erstmals seit den Klosterbauten und den Beginenhöfen eine Wohnform entwickelt, die sich grundsätzlich auf das Wohnen ohne Kinder ausrichtete und großmehrheitlich auf Einzelpersonen abzielte. Als Motivation für das Zusammenleben galt neben dem Zugang zu adäquatem Wohnraum auch der geteilte Service.

Die neuen Wohnformen der Ledigenheime und Boardinghäuser und die daraus resultierenden Grundrisstypologien wurden in einem internationalen Austausch unter Fachkreisen rege debattiert und in Kongressen, Ausstellungen und Mustersiedlungen hauptsächlich in Deutschland, Österreich, Frankreich oder Großbritannien der Öffentlichkeit vorgestellt. Vor allem der zweite Kongress der Architektur-Denkfabrik CIAM zum Thema *Die Wohnung für das Existenzminimum* im Jahr 1929 in Frankfurt am Main war von Bedeutung, ebenso wie die Werkbund-Ausstellungen in Stuttgart von 1927 zum Thema *Die Wohnung* sowie diejenige in Breslau und der dazugehörigen Mustersiedlung mit dem Titel *Wohnen und Werkraum* zwei Jahre später.[4] Hier versuchten die Architektinnen und Architekten die Normierung sowie die Minimalform des Wohnens in einen direkten Bezug zum menschlichen Körper und seinen Mindestanforderungen an die Wohnungsgröße zu setzen und schlugen unter anderem vielfältige Grundrisse für Ledigenheime und Boardinghäuser vor.[5]

War es beim Ledigenheim zu Beginn des 20. Jahrhundert noch die Integration der in die Städte strömenden jungen alleinstehenden Arbeiter und Arbeiterinnen in den Wohnungsmarkt, so führte das moderne Leben ab den 1920er-Jahren zum Großstadtmenschen, der als Stadtnomade seinen internationalen Tätigkeiten nachging und die neue Lebensweise im Boardinghaus erprobte. Vor allem auch die Frauenbewegung drängte auf eine neue Wohnform mit Kleinstwohnungen, um einem neuen weiblichen Lebensstil genügend Freiheit und Legitimation zu geben. Denn selbstständiges Wohnen war zur damaligen Zeit für Frauen noch nicht vorgesehen. Dies zeigt auch das Aufkommen von sogenannten Frauenclubs, in denen sich Frauen ohne männliche Begleitung aufhalten, sich verköstigen und auch amüsieren konnten.[6] So wurde die neue Wohnform anfänglich oft auch *Wohnung für die berufstätige Frau* genannt. Später änderte sich dann allerdings der Begriff hin zu Ledigenheim oder Ledigenwohnungen. Neben der Terminologie Ledigenheim und Boardinghaus entstanden auch die Bezeichnungen des Appartement- oder Servicehauses.[7] Der Begriff Boardinghaus hatte jedoch die Suggestivkraft, das moderne und progressive Wohnen der Zwischenkriegszeit aufzuzeigen und schaffte unmittelbar den Amerikabezug.[8] Allen Begriffen ist eigen, dass Wohnen hotelartig interpretiert wurde, obschon es auf eine längere Dauer angelegt war. Dabei wurden die stark reduzierten Einzelwohnungen mit Serviceleistungen und gemeinschaftlichen Wohnräumen ergänzt, in denen das gemeinsame Leben stattfand.[9]

In den Zwischenkriegsjahren war die Rationalisierung und Optimierung des Wohnungsbaus eines der wohnpolitischen Hauptthemen.[10] Grundrisse und Ausstattungsstandards sollten auf die sich aus dem Industrialisierungsprozess neu formierte Gesellschaft zugeschnitten werden. Nützlichkeit, Zweckmäßigkeit sowie Funktionalität waren die erklärten Ziele. Umgesetzt wurden sie durch eine rationelle Herstellung der Wohnungen mittels Kosten- und Flächenersparnissen sowie durch Typisierung und Normierung. Der sozial motivierte Wille zur Minimalform und die Suche nach dem kleinsten gemeinsamen und normierbaren Nenner des Wohnens bildeten wichtige Faktoren für die Entstehung der Ledigenheime und Boardinghäuser.[11] Die Wohn-

1 Zitiert nach Eisen (2012): Vom Ledigenheim zum Boardinghouse, Bautypologie und Gesellschaftstheorie bis zum Ende der Weimarer Republik, S. 228.

2 Eisen schreibt dazu, dass im Boardinghaus die elegante Dame, der vornehme Junggeselle oder aber das kultivierte Ehepaar wohnte. Vgl. Eisen (2012): Vom Ledigenheim zum Boardinghouse, Bautypologie und Gesellschaftstheorie bis zum Ende der Weimarer Republik, S. 317 f, S. 320.

3 Museum für Gestaltung Zürich (Hrsg.) (1986): Das andere neue Wohnen, Neue Wohn(bau)formen, S. 12.

4 Die Architektur-Denkfabrik CIAM (Congrès International d'Architecture Moderne) wurde 1928 in der Schweiz gegründet und diente als Plattform zur Ausarbeitung von gemeinsamen Zielen und Strategien der Avantgarde-Architekten. Weiss schreibt dazu, dass der CIAM mit seinen programmatischen Positionsbezügen die Städtebaudiskussionen und die Entwicklung der modernen Architektur bis weit in die Nachkriegszeit prägte. Ähnlich dem Werkbund lag der inhaltliche Schwerpunkt im Wohnungsbau. Vgl. Weiss (2009), Bestandesbeschrieb CIAM. In Website des gta Archivs / ETH Zürich.

5 Schwarzrock: Entwicklungslinien der Weimarer Republik. In Neue Gesellschaft für Bildende Kunst (1977): Wem gehört die Welt – Kunst und Gesellschaft in der Weimarer Republik, S. 97 f sowie Kuchenbuch (2010): Geordnete Gemeinschaft – Architekten als Sozialingenieure, Deutschland und Schweden im 20. Jahrhundert, S. 79.

6 Laut Terlinden konnten Frauen zwar einer Erwerbsarbeit nachgehen und dadurch einen großen Schritt in die selbstständige Lebensführung machen. Alleinstehende Frauen wurden jedoch im privaten Leben und in Einrichtungen öffentlicher Geselligkeit weitgehend nicht akzeptiert. Frauen konnten keine öffentlichen Räume wie Restaurants oder Theater alleine benutzen. Sie wurden nicht bedient, oft belästigt und als Fremdkörper in der von Männern dominierten Welt gesehen. Vgl. auch Terlinden, von Oertzen (2006): Die Wohnungsfrage ist Frauensache! Frauenbewegung und Wohnreform 1870–1933, S. 207, S. 253, S. 256.

7 Denn der Begriff Ledigenheim schien für die Stadtnomaden aus gutbürgerlicher Schicht nicht zu passen. Vgl. Eisen (2012): Vom Ledigenheim zum Boardinghouse, Bautypologie und Gesellschaftstheorie bis zum Ende der Weimarer Republik, S. 16.

8 Eisen schreibt, dass das Boardinghaus auch die Assoziation *to board*, an Bord eines Schiffes gehen, weckte. Tatsächlich komme der Begriff jedoch vom Substantiv *board*, das Tisch oder Tafel bedeute und sich auf das tägliche gemeinsame Essen beziehe. Boardinghaus bedeutete jedoch ursprünglich Pensionen in amerikanischen Großstädten, die von alleinstehenden oder verwitweten Frauen geführt wurden, um sich damit den Unterhalt zu verdienen. Vgl. Eisen (2012): Vom Ledigenheim zum Boardinghouse, Bautypologie und Gesellschaftstheorie bis zum Ende der Weimarer Republik, S. 295 ff.

9 Gemäß Mühlestein war das Apartmenthaus gar eine Marktlücke zwischen Luxusapartment und Hotelsuite, ohne dass von der Bewohnerschaft irgendetwas kollektiv betrieben werden musste. Vgl. Museum für Gestaltung Zürich (Hrsg.) (1986): Das andere neue Wohnen, Neue Wohn(bau)formen, S. 12.

10 Altenstraßer, Hauch, Kepplinger (2007): gender housing – geschlechtergerechtes bauen, wohnen, leben, S. 43.

11 Muscheler (2007): Das Haus ohne Augenbrauen, Architekturgeschichte aus dem 20. Jahrhundert, S. 56 f.

bedürfnisse und Lebensweisen dieser Stadtnomaden waren jedoch eine unbekannte Größe und noch wenig erprobt. Daher beriefen sich die Architektinnen und Architekten zum großen Teil auf wissenschaftliche Analysen, um im Sinne der Zweckmäßigkeit und Funktionalität die biologischen Mindestanforderungen des Menschen und daraus die Größe sowie Ausstattung der Wohnung zu kalkulieren. So entstanden Klein- und Kleinstwohnungen mit monofunktionalen Zimmern, mit platzsparender Einrichtung und Einbaumöbeln.[12]

Erst die dazugehörigen Serviceeinrichtungen wie Wäsche- und Kochservice sowie die gemeinschaftlichen Einrichtungen ermöglichten ein ganzheitliches Wohnen. Die reduzierten Kleinstwohnungen waren so ausgelegt, dass die Bewirtschaftung und das Haushalten mit möglichst geringem Aufwand erfolgen konnten, da die Bewohnerschaft tagsüber abwesend war.[13] Zudem wurden die Wohnräume bei den Ledigenheimen vorwiegend der finanziellen Leistungsfähigkeit der berufstätigen alleinstehenden Personen angepasst. Die Reduktion der individuellen Räume und ein zentrales, gemeinschaftliches Versorgungsangebot wurden daher insbesondere bei den erwerbstätigen Frauen nicht als Notlösung verstanden, sondern stellten ein fortschrittliches Konzept dar, um sie als berufstätige Personen von der Hausarbeit zu entlasten und ihnen ein eigenständiges Leben zu ermöglichen.[14] Das gemeinschaftliche Wohnen führte darüber hinaus zu sozialem Schutz und zur Bildung von familienähnlichen Strukturen.

Diese spezifischen Formen gemeinschaftlichen Wohnens spiegeln auch die damalige gesellschaftliche Ungleichwertigkeit von Mann und Frau wider. Alleinstehende Männer wohnten oft in Untermiete möbliert, bevor Ledigenheime und Boardinghäuser entstanden, oder waren gar Schlafgänger, wenn sie zur unteren Arbeiterschicht gehörten. Alleinstehenden Frauen hingegen war es aufgrund sittlicher Vorbehalte meist nicht erlaubt, bei einer Zimmerwirtin unterzukommen, denn Frauen liefen so Gefahr des nicht ehrbaren Lebenswandels verdächtigt zu werden. Zudem verunmöglichte Lohnungleichheit auf allen Gehaltsstufen den Frauen bezahlbaren Wohnraum zu finden.[15] Die zunehmende Erwerbstätigkeit der Frauen führte zu einer neuen schichten- und klassenübergreifenden Lebensform, der selbstständig erwerbstätigen Frau, die sich in den neuen Wohnmodellen manifestierte. Damit verbunden war jedoch meist Ehelosigkeit, denn für Berufe wie Lehrerin, Krankenschwester oder Büroangestellte galt lange Zeit das sogenannte Beamtinnenzölibat.[16] Heiratete eine Frau, musste sie oft die Erwerbsarbeit aufgeben. Erst durch die Folgen des Ersten Weltkriegs gewann die Lebensform der erwerbstätigen Frau langsam gesellschaftliche Anerkennung, und ihre generell schwierigen Lebensbedingungen wurden in der Öffentlichkeit vermehrt diskutiert.[17] So richtete sich die neue Wohnform also an weltgewandte und fortschrittliche Frauen wie Männer, die sich von gesellschaftlichen und kulturellen Traditionen lösten. Das sich im Umbruch befindende politische Umfeld in Europa in den 1920er-Jahren führte zu einem starken Fortschrittsgedanken, woraus sich eine Gegenposition zur damaligen häuslichen Gemütlichkeit bildete, verbunden mit der modernen Vorstellung der Individualität und der Befreiung von Ballast.[18]

Ledigenheime und Boardinghäuser schlossen eine Lücke im Wohnungsbau, vor allem um einer spezifischen Nutzergruppe in äußerst knapp bemessenen und funktional gehaltenen Kleinwohnungen Wohnraum zur Verfügung zu stellen. Gleichwohl wurde kritisiert, dass die wenigen realisierten Ledigenheime und Boardinghäuser den Bedarf bei Weitem nicht decken konnten und sich der Wohnungsmarkt zu sehr auf den Bau von Familienwohnungen konzentriere.[19] Die räumliche Absonderung der Alleinstehenden wurde zudem als großer Nachteil beurteilt. Die rationelle und platzsparende Einrichtung sowie die monofunktionalen Zimmer der Ledigenheime und Boardinghäuser fanden keine breite Zustimmung. Insbesondere die Arbeiterklasse konnte in der streng formalen Sachlichkeit und der erzwungenen Askese dieser minimalen Wohnungen nichts Positives erkennen.[20] Die Ledigenheime und Boardinghäuser blieben ein Nischenprodukt auf dem Wohnungsmarkt. Nach nur wenigen Jahren wurde diese Entwicklung zudem durch nationalsozialistische Ideologien unterbrochen.[21] Das spezielle historische Umfeld der Zwischenkriegsjahre und die politischen Umwälzungen im Vorfeld des Zweiten Weltkriegs führten dazu, dass dieses Wohnmodell um 1940 endete und nie mehr in dieser Form aufgenommen wurde. So blieb dieses kollektive Wohnmodell, wie auch das Einküchenhaus, ein zeitgebundenes Phänomen, das erst um die Jahrtausendwende, also gut 80 Jahre später, durch das Clusterwohnen oder Co-Living in neuer Form wieder belebt wird.

Plakat für die Werkbundausstellung *Die Wohnung* in Stuttgart von 1927

Plakat für die Ausstellung *Die Wohnung für das Existenzminimum* in Frankfurt a. M. von 1929

12 Weigel (1996): Die Einraumwohnung als räumliches Manifest der Moderne, S. 7.

13 Dies forderte auch der Wohnungsausschuss der Arbeitergemeinschaft der Berufsorganisation Bund Deutscher Frauenvereine. Vgl. dazu Das Wohnen (1930): Die Wohnung der berufstätigen Frau, S. 193 f.

14 Becker: Emanzipative Wohnformen von Frauen. In Altenstraßer, Hauch, Kepplinger (2007): gender housing – geschlechtergerechtes bauen, wohnen, leben, S. 155.

15 Ebd., S. 154.

16 Die Vorstellung von der Unvereinbarkeit von Familie und Beruf wurde in diversen europäischen Ländern oder Städten politisch und arbeitsrechtlich durchgesetzt und auch von der bürgerlichen Frauenbewegung gut geheißen. In Zürich beispielsweise wurde das Lehrerinnenzölibat erst 1962 aufgehoben. Die Gesetze galten auch als Möglichkeit, die Männer in ihrer Erwerbsarbeit nicht zu konkurrieren. So wurden je nach Mangel oder Überangebot an Arbeitenden die Zölibatgesetze für die Frauen gelockert oder verschärft. Vgl. auch Terlinden, von Oertzen (2006): Die Wohnungsfrage ist Frauensache! Frauenbewegung und Wohnreform 1870–1933, S. 187, S. 252.

17 Krosse (2005): Wohnen ist mehr, S. 50.

18 Eisen (2012): Vom Ledigenheim zum Boardinghouse, Bautypologie und Gesellschaftstheorie bis zum Ende der Weimarer Republik, S. 263 f.

19 Weigel (1996): Die Einraumwohnung als räumliches Manifest der Moderne, S. 130.

20 Schwarzrock: Entwicklungslinien der Weimarer Republik. In Neue Gesellschaft für Bildende Kunst (1977): Wem gehört die Welt – Kunst und Gesellschaft in der Weimarer Republik, S. 100.

21 Weigel (1996): Die Einraumwohnung als räumliches Manifest der Moderne, S. 10.

Ausgewählte Vertreter von Ledigenheime und Boardinghäuser

	Bezug	*Stadt*	*Lage*	*Bautyp*	*Architektur*	*Trägerschaft*
Rowton House Whitechapel	1902	London GRB	Stadtzentrum	Neubau	Harry Bell Measures	Montagu Lowry Corry (Lord Rowton)
Ledigenheim Charlottenburg	1908	Berlin GER	Stadtquartier	Neubau	Rudolf Walter	Volkshotel AG Ledigenheim
→ Seite 61 ***Ledigenheim Rehhoffstraße***	**1913**	**Hamburg GER**	**Stadtzentrum**	**Neubau**	**Wilhelm Behrens, Ernst Vicenz**	**Bauverein zu Hamburg**
→ Seite 64 ***Frauenwohnkolonie Lettenhof***	**1927**	**Zürich CH**	**Stadtquartier**	**Neubau**	**Lux Guyer**	**Baugenossenschaft berufstätiger Frauen, Baugenossenschaft Lettenhof, Wohnstiftung Imfeldsteig für alleinstehende Frauen**
Huize Lydia	1927	Amsterdam NLD	Stadtquartier	Neubau	Jan Boterenbrood	Vereinigung für den Schutz von Mädchen
→ Seite 68 ***Entwurf Einraumwohnung für die berufstätige Frau***	**1928 *(Entwurf)***	-	-	-	**Margarete Schütte-Lihotzky**	-
Gemeinschaftshaus für Frauen	1929	Basel CH	Stadtrand	Neubau	Paul Artaria, Hans Schmidt	Frauenzentrale Basel
Haus der berufstätigen Frauen	1929	Frankfurt GER	Stadtrand	Neubau	Bernhard Hermkes	Frauenwohnungsverein
→ Seite 72 ***Ledigenwohnheim Breslau***	**1929**	**Breslau GER**	**Stadtrand**	**Neubau**	**Hans Scharoun**	**Siedlungsgesellschaft Breslau A.G.**
Boardinghaus des Westens	1930	Hamburg GER	Stadtquartier	Neubau	Rudolf Klophaus, August Schoch, Erich zu Putlitz	C. Hinrichsen
Kollektivwohnheim Arosa	1932	Prag CSK	Stadtrand	Neubau	Karel Hannauer	nicht bekannt
→ Seite 76 ***Boardinghaus Isokon Building***	**1933**	**London GRB**	**Stadtrand**	**Neubau**	**Wells Coates**	**Molly und Jack Pritchard**
Boardinghaus Dolphin Square	1937	London GBR	Stadtquartier	Neubau	Gordon Jeeves	Richard Rylands Costain
Kollektivhaus Elfvinggården	1940	Stockholm SWE	Stadtrand	Neubau	Sven Backström, Leif Reinius	Stiftung Systrarna Elfvings
Arabella-Hochhaus	1969	München GER	Stadtrand	Neubau	Toby Schmidbauer	Josef Schörghuber

Pläne, wenn nicht anders vermerkt

Schwarzplan	1:12.000
Umgebungsplan	1:1.000
Geschosse	1:500
Schnitt	1:500

Ledigenheim Rehhoffstraße

Bei den ersten Ledigenheimen konnte anfänglich kaum von einem dauerhaften Wohnen gesprochen werden. In großen Schlafsälen wurden unzählige Schlafkabinen angeordnet, die jeweils nur für eine Nacht mietbar waren. Tagsüber waren die Schlafräume nicht zugänglich.[1] So sorgte nicht nur die räumliche Gegebenheit, sondern auch die betriebliche Organisation dafür, dass das Maß an Privatheit sehr gering blieb. Hinzu kam, dass Ledigenheime anfänglich meist nur einer einzelnen Berufsgruppe zustanden. Als eines der ersten Ledigenheime mit individuellen Schlafräumen, das sämtlichen Berufsgruppen zugänglich war, gilt das Haus an der Rehhoffstraße in Hamburg. Es war zwar nur Männern vorbehalten, sollte ihnen aber eine arbeitsplatznahe und bezahlbare Bleibe bieten.

Das Ledigenheim Rehhoffstraße wurde kommunal gefördert, da es zur damaligen Zeit ein großes politisches Bestreben gegen das Schlafgängertum gab. So konnte der Bauverein zu Hamburg das Ledigenheim Rehhoffstraße im Jahr 1913 zentrumsnah realisieren und organisierte dieses gemeinnützig. Eine Kombination aus sehr kleinen, funktionalen und möblierten Einzelzimmern von 8 m^2 und großzügigen Gemeinschaftsräumen bot den alleinstehenden Männern ein Zuhause und sozialen Schutz. Insgesamt 112 Einzelzimmer ohne sanitäre Anlagen konnten dauerhaft

1 Eisen (2012): Vom Ledigenheim zum Boardinghouse, Bautypologie und Gesellschaftstheorie bis zum Ende der Weimarer Republik, S. 42 f.

gemietet werden. Die Nutzung von Nasszellen, Küche und Aufenthaltsräumen war gemeinschaftlich organisiert. Auf den einzelnen Etagen gab es Putz- und Waschräume sowie Toiletten, ein Badehaus mit Wannenbädern stand den Bewohnern im Keller zur Verfügung. Eine Gaststätte mit Speisesaal, Aufenthaltsräume wie ein Lesesaal sowie ein Konsumladen und Verwaltungsräume befanden sich im Erdgeschoss. Zudem gab es einen Verwalter.[2] Dieser betreute das Ledigenheim Rehhoffstraße, übernahm hausmeisterliche Tätigkeiten, organisierte Putz- oder Waschservice und sorgte für eine gewisse soziale Kontrolle.

Das Ledigenheim Rehhoffstraße funktionierte über viele Jahrzehnte in dieser Form. Im Lauf der Zeit wurden jedoch gewinnorientierte Umstrukturierungen betrieblicher und räumlicher Art vorgenommen. Die Gemeinschaftsräume wurden vom Ledigenheim entkoppelt und extern vermietet, der Besitz wechselte im Jahr 2009 an einen ausländischen Investor. Engagierte Bürgerinnen und Bürger, Bewohner sowie Personen aus der Nachbarschaft gründeten eine Stiftung, um das Ledigenheim Rehhoffstraße als Relikt und Zeugnis der städtischen Sozialgeschichte und Wohnort für die alleinstehenden Männer zu erhalten. Zudem schritt die Stadt ein und lehnte alle Umbaupläne der Investoren, unter Verweis auf den Milieuschutz, ab und stellte das Gebäude unter Denkmalschutz. Im Jahr 2012 lebten 75 Männer im Ledigenheim Rehhoffstraße, davon ungefähr die Hälfte schon seit 20 bis 40 Jahren.[3]

Straßenansicht von der Ecke Rehhoffstraße und Herrengraben aus
© Hamburgisches Architekturarchiv, Fotograf: G. Koppmann & Co

Gaststätte mit Speisesaal, Aufenthaltsräumen und Lesesaal
© Hamburgisches Architekturarchiv, Fotograf: G. Koppmann & Co

Eingangsbereich des Ledigenheims
© Hamburgisches Architekturarchiv, Fotograf: G. Koppmann & Co

Korridor als Verteilraum zu den Einzelzimmern
© Hamburgisches Architekturarchiv, Fotograf: G. Koppmann & Co

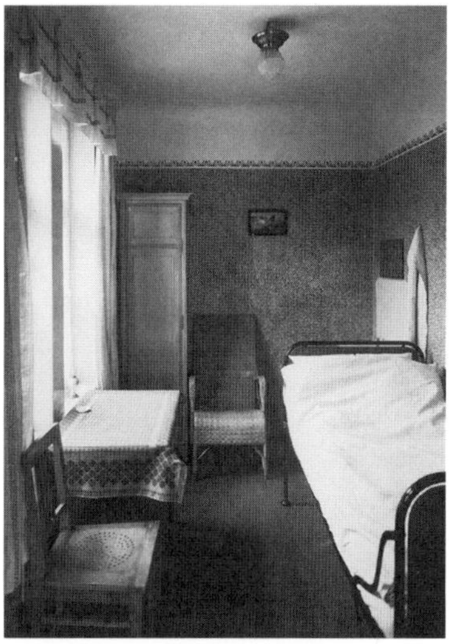

Funktional möbliertes Einzelzimmer
© Hamburgisches Architekturarchiv, Fotograf: G. Koppmann & Co

2 Blicke in das Ledigenheim in der Rehhoffstraße; Das Gebäude (2.3|2012), S. 7.
3 Blicke in das Ledigenheim in der Rehhoffstraße; Ein Zuhause (2.2|2012), S. 10, S. 18.

Raumstruktur

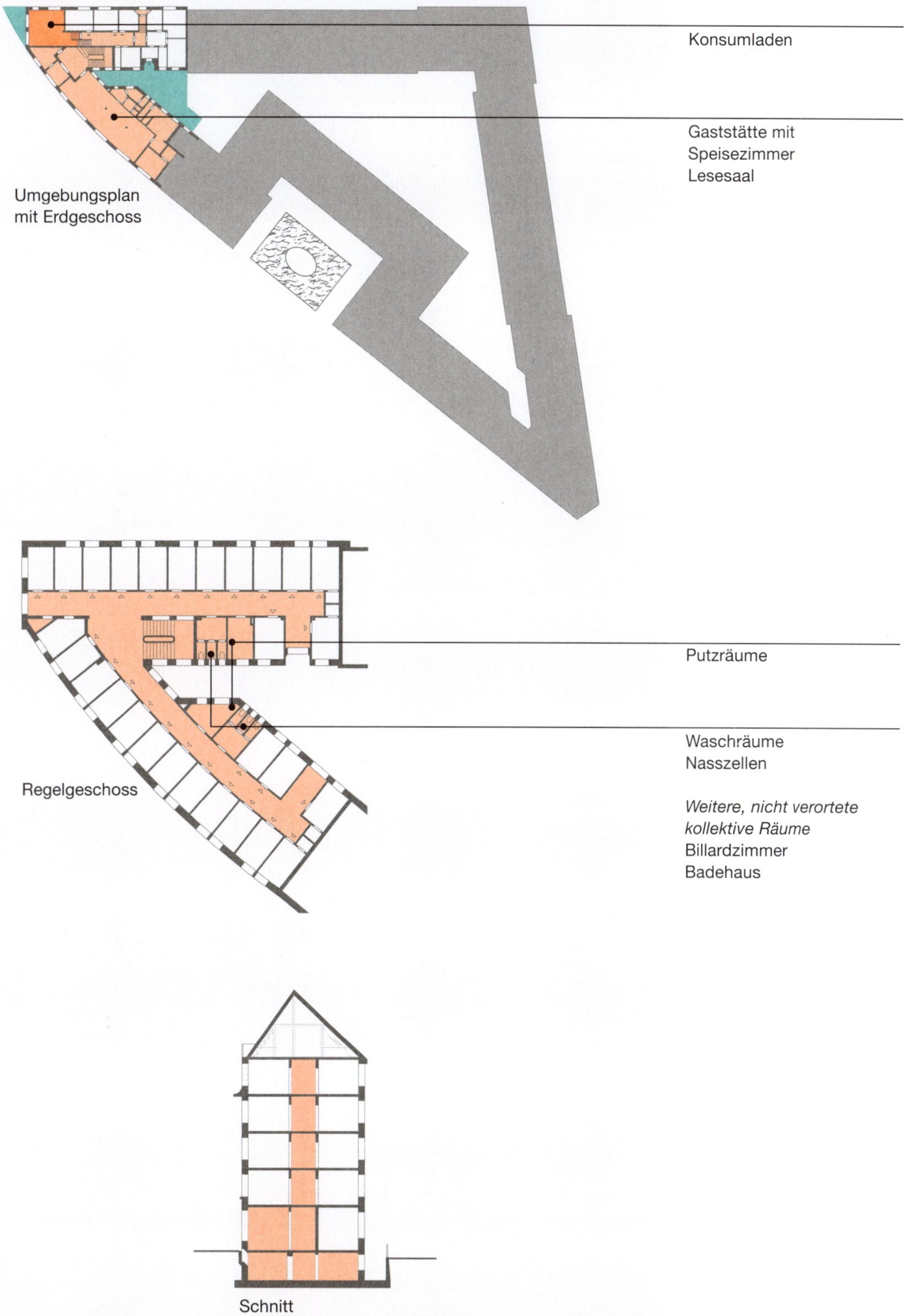

Außenraum: ● öffentlich ● kollektiv
Innenraum: ● öffentlich ● kollektiv

Organisationsform	gemeinnützige Aktiengesellschaft, ab 2000 privat organisiert, seit 2017 Eigentum einer gemeinnützigen Stiftung, Aneignung durch mieten, Initiierungsform top-down Reinigungsservice und Sozialangebote sind in Miete inbegriffen, Gaststätte als Speisegenossenschaft organisiert
Bewohnerstruktur	112 Personen, nur für alleinstehende Männer, Arbeiterklasse mit eher niedrigem Bildungsniveau
Betriebsstruktur	fremdverwaltet durch Bauverein oder Immobilienfirma, heute durch Stiftung, serviceorientierter Betrieb mit Angestellten, Mitwirkungsgrad gering
Wohnungsspiegel	112 Einzelzimmer mit 8 m²
Flächen	Grundstücksfläche 570 m², 5 Geschosse

	Fläche m²	in %	m² / Pers.
	Außenraum		
gesamt	80	100	0.7
öffentlich	80	100	0.7
kollektiv	0	0	0
privat	0	0	0
	Nutzfläche		
gesamt	1 605	100	14.5
öffentlich	0	0	0
kollektiv[1]	725	45	6.5
privat	880	55	8.0

1 exkl. 10 % Verkehrsfläche

Frauenwohnkolonie Lettenhof

In Zürich ergriff schon relativ früh in der Entwicklung des Wohnmodells der Ledigenheime und Boardinghäuser eine bürgerlich orientierte Frauenbewegung die Initiative zur Gründung der Frauenwohnkolonie Lettenhof, die 1927 von der Architektin Lux Guyer realisiert wurde. Bauträgerinnen waren zwei Genossenschaften sowie eine Stiftung: Die Baugenossenschaft berufstätiger Frauen, die Baugenossenschaft Lettenhof und die Wohnstiftung Imfeldsteig für alleinstehende Frauen.[1] Aufgrund der aktiven Grundstückpolitik der Stadt Zürich war es gemeinnützigen Wohnbauträgern ab 1924 möglich, ein Darlehen von der Stadt in Form einer zweiten Hypothek zu erhalten, was die Finanzierung des Projekts ermöglichte. Lux Guyer, eine der ersten praktizierenden Architektinnen in der Schweiz, organisierte den Lettenhof als einen Komplex mit vier Gebäuden, die um einen Innenhof gruppiert waren. In den drei Wohngebäuden, je Bauträgerin eines, wurden insgesamt 6 Dreizimmerwohnungen, 23 Zweizimmerwohnungen sowie 22 Einzimmerwohnungen für rund 60 Bewohnerinnen angeboten.[2] Das Alter der Erstbewohnerinnen lag zwischen 20 bis 80 Jahren.[3] Die Wohnungen waren teilweise mit eigenem Bad ausgestattet. Einzimmerwohnungen hatten nur eine eigene Waschstelle, zusätzlich aber ein gemeinschaftliches Badezimmer. Jede Ledigenwohnung wies je nach Anzahl Zimmer eine Schrankküche oder eine Normalküche auf. In den Korridoren gab es zusätzliche Teeküchen. Die stark reduzierten Wohnungen waren räumlich entsprechend gut organisiert und bedeuteten einen großen Mehrwert für die alleinstehenden Frauen, da sie dank der Frauenwohnkolonie eigenständig wohnen und die Bewirtschaftung der Räume mit möglichst geringem Zeitaufwand erledigen konnten.

Ergänzend zu den drei Hauptgebäuden mit den Ledigenwohnungen war das vierte Gebäude angeordnet, in dem ein öffentlich zugängliches, alkoholfreies Restaurant untergebracht war. Wenn nicht selbstständig gekocht wurde, konnten die Bewohnerinnen entweder im Restaurant essen oder sich die Mahlzeit in die Wohnung bestellen. Das Restaurant erfüllte vor allem den Zweck des sozialen Kontaktes und Austausches auch mit den umliegenden Quartierbewohnern. Es war zu jener Zeit noch immer unsittlich, als Frau allein in einem öffentlichen Restaurant zu essen. Ein Hauswartspaar sorgte für die allgemeine Ordnung und konnte gegen Extrahonorierung zusätzliche Arbeiten wie Waschen oder Putzen organisieren.[4] Unter den Bewohnerinnen war die Mehrheit ledig, doch es wohnten auch verwitwete oder geschiedene Frauen im Lettenhof. Die Frauenwohnkolonie ist bis heute weitgehend in ihrer Form erhalten. Zwar wurde die innere Struktur im Verlaufe der Zeit angepasst, indem Einzimmerwohnungen zusammengelegt und die Räumlichkeiten des Restaurant zu Lofts umgebaut wurden. Zudem erhielten sämtliche Wohnungen individuelle Nasszellen.[5] Gemäß Aussage der Baugenossenschaft berufstätiger Frauen werden die Wohnungen heute noch vorwiegend berufstätigen alleinstehenden Frauen vermietet.

Gesamtansicht vom Bahnhof Letten aus mit dem alkoholfreiem Restaurant in der Mitte
© gta Archiv / ETH Zürich, Lux Guyer

Gebäude des Protektorats für alleinstehende Frauen von der Wasserwerkstrasse aus
© gta Archiv / ETH Zürich, Lux Guyer

Gebäude der Baugenossenschaft für berufstätige Frauen
© gta Archiv / ETH Zürich, Lux Guyer

Ostansicht des Gebäudes der Baugenossenschaft für berufstätige Frauen
© Das Werk, Band 15, Ausgabe 5, 1928

1 Fankhauser (1991): Ein Volk ist weitgehend das, was seine Wohnungen sind, Die selbständige berufstätige Frau und ihre Wohnsituation, S. 23 f.
2 Claus, Huber, Schnitter (2013): Lux Guyer 1894–1955, Architektin, S. 78.
3 Fankhauser (1991): Ein Volk ist weitgehend das, was seine Wohnungen sind, Die selbständige berufstätige Frau und ihre Wohnsituation, S. 38.
4 Rudolf (1928): Wohnkolonie für alleinstehende Frauen im Lettenhof Zürich. In Werk (15|1928), S. 145.
5 Claus, Huber, Schnitter (2013): Lux Guyer 1894–1955, Architektin, S. 181.

Raumstruktur

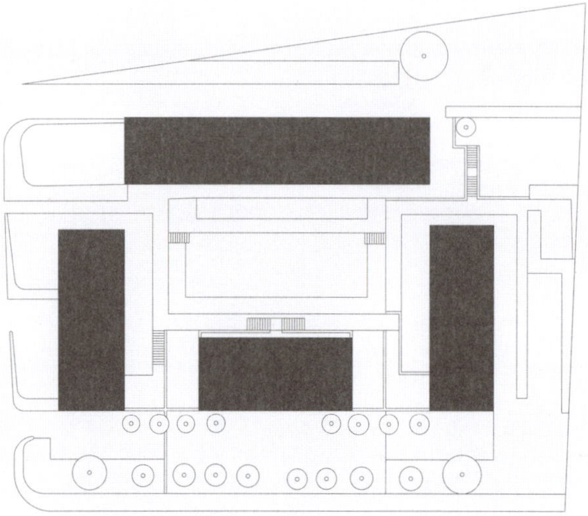

Umgebungsplan

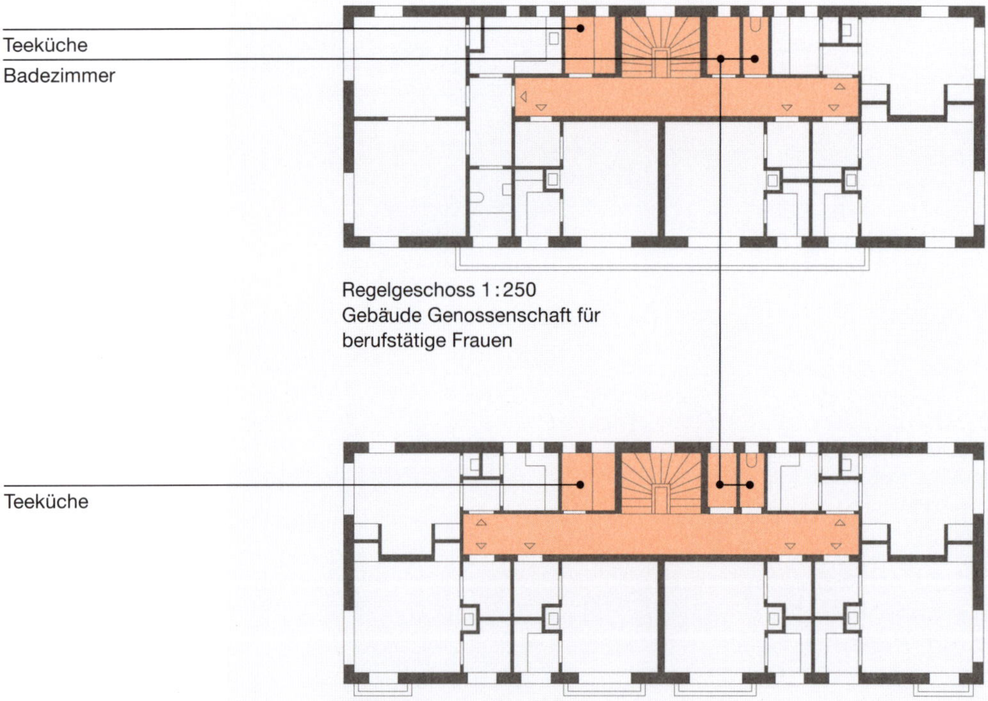

Regelgeschoss 1:250
Gebäude Genossenschaft für berufstätige Frauen

Erdgeschoss 1:250
Gebäude Genossenschaft für berufstätige Frauen

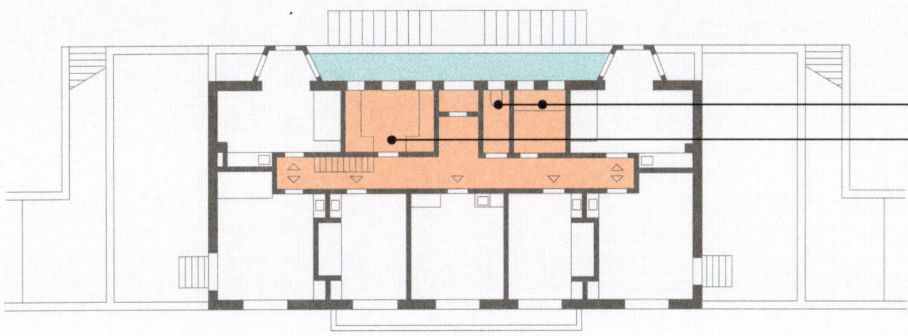

Obergeschoss Restaurant 1:250

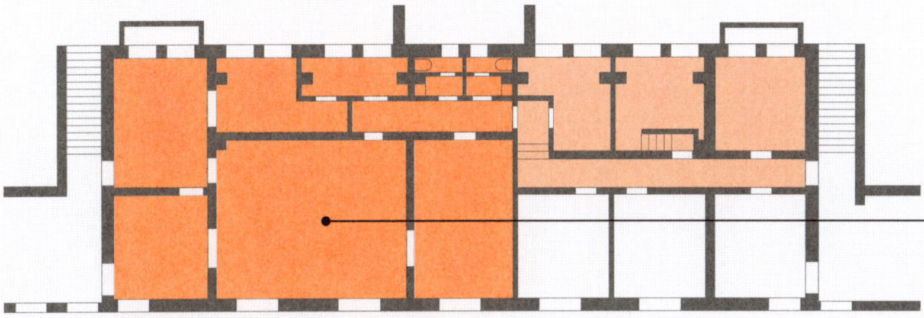

Erdgeschoss Restaurant 1:250

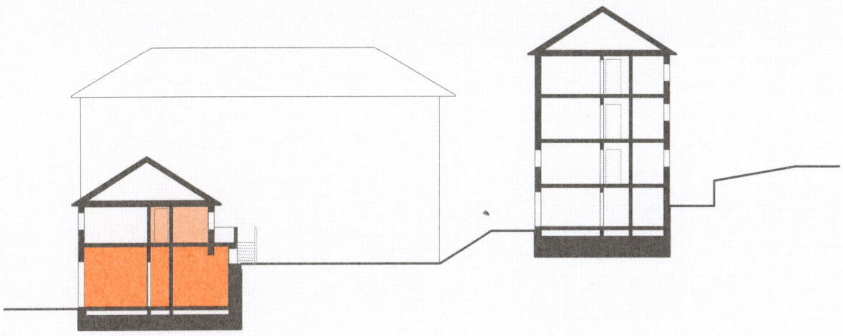
Schnitt

Außenraum: öffentlich kollektiv
Innenraum: öffentlich kollektiv

Organisationsform	gemeinnützige Trägerschaft durch Genossenschaft und Wohnstiftung, die bis heute andauert, Aneignung durch teilbesitzen (Genossenschaft) und mieten (Stiftung), Initiierungsform top-down
Bewohnerstruktur	ca. 60 Personen, ausschließlich alleinstehende Frauen, bei den Genossenschaften nur berufstätige Frauen, Frauen jedes Standes und Alters, heterogenes Bildungsniveau

Betriebsstruktur	verwaltet durch Genossenschaften und Stiftung, serviceorientierter Betrieb nur im Restaurant, Mitwirkungsgrad mittel
Wohnungsspiegel	51 Wohneinheiten, 22 × 1-Zi-Wohnungen, 23 × 2-Zi-Wohnungen, 6 × 3-Zi-Wohnungen
Flächen	Grundstücksfläche 4.520 m², 4 Geschosse

	Fläche m²	in %	m² / Pers.
	Außenraum		
gesamt	3 125	100	52.3
öffentlich	2 975	95	49.6
kollektiv	10	0.5	0.2
privat	140	4.5	2.5
	Nutzfläche		
gesamt	2 200	100	36.6
öffentlich	50	2	0.8
kollektiv[1]	305	14	5.1
privat	1 845	84	30.7

1 exkl. 10 % Verkehrsfläche

Entwurf Einraumwohnung für die berufstätige Frau

An der Ausstellung *Heim und Technik* in München von 1928 stellte Margarete Schütte-Lihotzky vier Typen von Ledigenwohnungen für die berufstätige Frau als Entwurf vor, die in einer Hallenschau teilweise gar als Wohneinheit nachgebaut wurden.[1] Mit dem Entwurf zeigte Schütte-Lihotzky ihre Vorstellung, dass die alleinstehende berufstätige Frau als neue Nutzerin im Wohnungsmarkt nicht abgesondert Wohnraum finden, sondern dieser durchaus in einem konventionellen Mietshaus mit beispielsweise sechs Geschossen und auch neben klassischen Familienwohnungen Platz haben sollte.[2] Im Gegensatz zu den realisierten Ledigenheimen und Boardinghäusern plädierte sie für eine Durchmischung von Alleinstehenden und Familien.

Der Entwurf zeigte unterschiedlichen Größen an Ledigenwohnungen, die aufbauend auf genormten Familienwohnungen entwickelt wurden und, gestaffelt nach Einkommen, an alleinstehende Frauen vermietet werden könnten.[3] Der erste Typ umfasste ein Geschoss mit acht Einzelzimmern sowie gemeinschaftlich nutzbaren Wohnräumen wie Aufenthaltsraum, Küche und Toiletten, Waschstellen sowie ein Badezimmer. Beim zweiten Typ entwarf Margarete Schütte-Lihotzky sechs leicht größere Einzelzimmer, die wiederum mit Aufenthaltsraum, Küche und gemeinschaftlichen sanitären Anlagen ergänzt wurden. Auf gemeinschaftliche Einrichtungen wurden bei den letzten beiden Typen verzichtet.

1 Weigel (1996): Die Einraumwohnung als räumliches Manifest der Moderne, S. 132 f.
2 Terlinden, von Oertzen (2006): Die Wohnungsfrage ist Frauensache! Frauenbewegung und Wohnreform 1870–1933, S. 227.
3 Ebd., S. 227 f.
4 Ebd., S. 228.

Diese waren als unterschiedlich große eigenständige Wohnungen ausgelegt, der Typ drei mit fünf Wohnungen pro Geschoss, der Typ vier mit zwei Wohnungen pro Geschoss. In ihren Entwürfen untersuchte Schütte-Lihotzky nicht nur die mögliche Konstruktion des Mietgebäudes und die nötige Ausstattung der Ledigenwohnungen sowie der gemeinschaftlichen Wohnräume, sondern ebenfalls die Finanzierbarkeit und die Mietbelastung für die arbeitstätigen Frauen.[4]

Grundriss Typ 3 in Ausstellung *Heim und Technik* 1928 in München

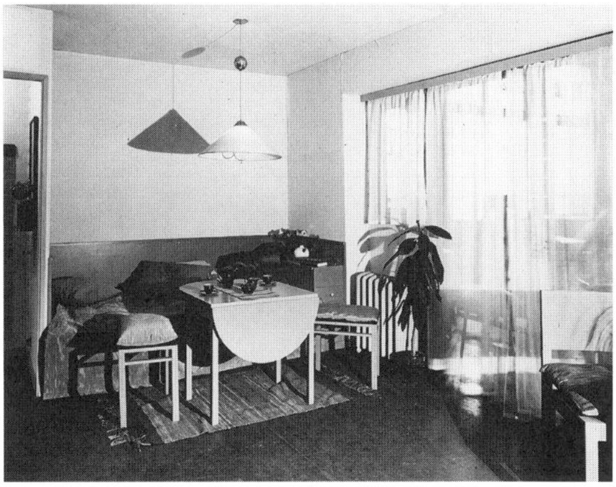

Grundriss Typ 3 mit Sitzecke und Schlafbereich

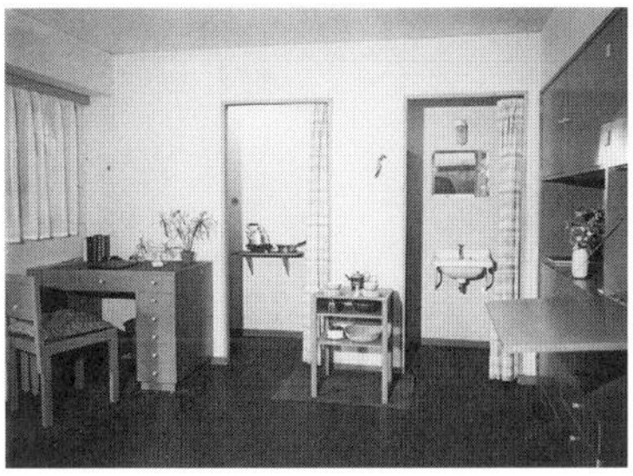

Grundriss Typ 3 mit Wasch- und Kochnische

Raumstruktur

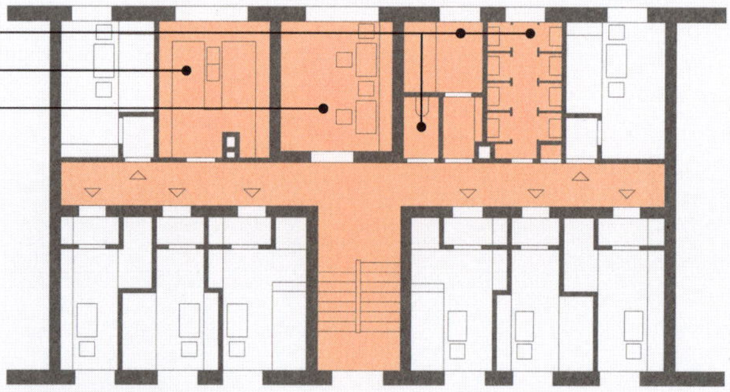

Grundriss Typ 1
mit 8 Einzelzimmern
1:250

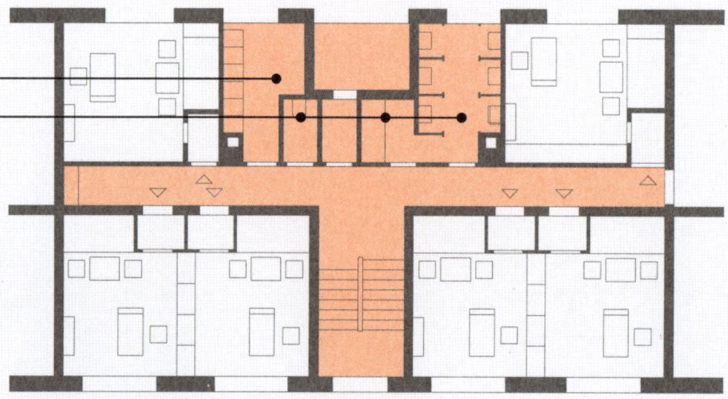

Grundriss Typ 2
mit 6 Einzelzimmern
1:250

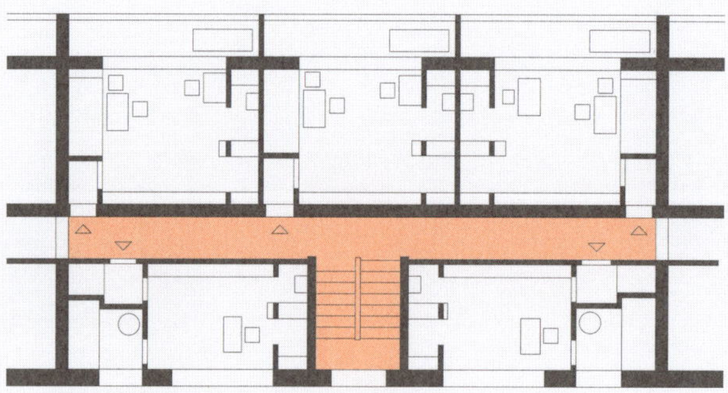

Grundriss Typ 3
mit 5 eigenständigen Wohnungen
1:250

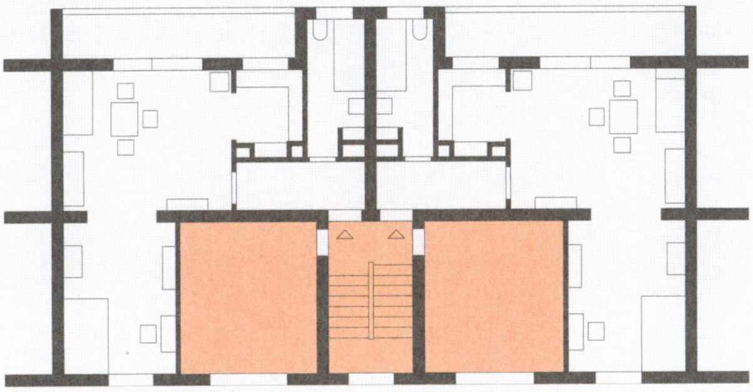

Grundriss Typ 4
mit 2 eigenständigen Wohnungen
1:250

Außenraum:	●	öffentlich	●	kollektiv
Innenraum:	●	öffentlich	●	kollektiv

Bewohnerstruktur — Entwurf für berufstätige alleinstehende Frauen, mit mittlerem Bildungsniveau

Wohnungsspiegel — Geschosstyp 1 mit 8 Einzelzimmern à 10 m², Geschosstyp 2 mit 6 Einzelzimmern à 14 m², Geschosstyp 3 mit 5 eigenständigen Wohnungen à 19 m², Geschosstyp 4 mit 2 eigenständigen Wohnungen à 44 m²

Ledigenwohnheim Breslau

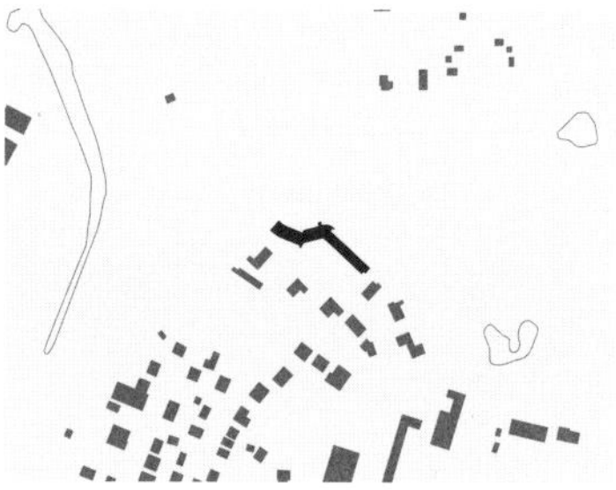

Über die Wohnbedürfnisse und Lebensweisen der Stadtnomaden, dieser neuen Nutzergruppe im Wohnungsmarkt, war wenig bekannt. Daher beriefen sich die Architekten auch zum großen Teil auf wissenschaftliche Analysen, um im Sinne der Zweckmäßigkeit und Funktionalität die biologischen Mindestanforderungen des Menschen und daraus abgeleitet, die Größe und Ausstattung der Wohnungen zu kalkulieren.[1] Es entstanden monofunktionale Zimmer, mit platzsparender Einrichtung und Einbaumöbeln, die im Kontext von diversen Ausstellungen vorgestellt wurden.[2] So auch in der Werkbund Mustersiedlung von 1929 in Breslau, in der Hans Scharoun das Ledigenwohnheim als Ausstellungsbau realisierte, eine hotelähnliche Anlage im gehobenen Standard für Junggesellen und verheiratete, kinderlose Paare. Scharouns Ledigenwohnheim sollte das Weltgefühl des neuen modernen Menschen zum Ausdruck bringen und gilt als Weiterentwicklung der Ledigenheime, die jeweils nur entweder Männern oder Frauen zugänglich waren und einer eher unteren Arbeiterschicht angemessene Unterkunft boten.[3] Wobei der gewählte Begriff Ledigenheim für das Gebäude von Scharoun verwirrlich scheint und Boardinghaus mit Service der Vorstellung des modernen Lebens besser entsprochen hätte.

Beim Ledigenwohnheim galt der bauliche Mittelteil als Scharnier der beiden gegeneinander versetzten Wohntrakte und beinhaltete die Eingangshalle als zentralen und wichtigsten gemeinschaftlichen Raum. Die beiden Nutzergruppen, die männlichen Ledigen sowie die kinderlosen jungen Ehepaare wurden durch diese Gelenkstelle voneinander separiert.[4] In der Eingangshalle befanden sich Aufenthaltsmöglichkeiten sowie ein Restaurant für die gemeinschaftliche Verpflegung. Hinzu kam eine gemeinschaftlich genutzte Dachterrasse. Die individuellen Kleinstwohnungen waren splitlevelartig organisiert. Das Ledigenheim von Scharoun gilt denn auch als erstes Wohngebäude in Mitteleuropa, in dem der Erschließungskorridor sich jeweils auf eine obere und eine untere Ebene entwickelte. Diese Typologie führte dazu, dass sich die Erschließungsgänge jeweils nur in jedem zweiten Geschoss befanden und so vermehrt frequentiert wurden. Die Kleinstwohnungen umfassten entweder 27 m² für die Ledigen oder 35 m² für die Ehepaare. Sie boten neben einem Wohn- und Schlafraum ein voll ausgestattetes Badezimmer, eine Schrankküche mit Rolljalousien, einen elektrischen Kocher sowie ein kleines Waschbecken.[5] Dadurch funktionierten die Kleinstwohnungen unabhängig vom Restaurant und den weiteren gemeinschaftlichen Räumen. Im Sinne der Ungebundenheit der Bewohnerschaft von Ledigenheimen und Boardinghäusern wurden die Wohneinheiten möbliert vermietet. Scharouns Ledigenwohnheim diente nur in der Zwischenkriegszeit als permanentes Wohngebäude. Dank der späteren Nutzung als Hotel ist das Gebäude heute öffentlich zugänglich; es wurde jedoch später entsprechend angepasst.

---

1 Schwarzrock: Entwicklungslinien der Weimarer Republik. In Neue Gesellschaft für Bildende Kunst (1977): Wem gehört die Welt – Kunst und Gesellschaft in der Weimarer Republik, S. 97 f.
2 Weigel (1996): Die Einraumwohnung als räumliches Manifest der Moderne, S. 7.
3 Eisen (2012): Vom Ledigenheim zum Boardinghouse, Bautypologie und Gesellschaftstheorie bis zum Ende der Weimarer Republik, S. 227.
4 Ebd., S. 231.
5 Ebd., S. 242 f.

Mittelbau mit Eingangshalle und Restaurant sowie Gartenterrasse
© Akademie der Künste Berlin; Hans-Scharoun-Archiv 3717, 7 077 030

Erschließungskorridor, an dem die Wohneinheiten splitlevelartig organisiert sind
© Akademie der Künste Berlin; Hans-Scharoun-Archiv 3717, 7 077 072

Sicht auf Eingangsbereich des Ledigenheims
© Akademie der Künste Berlin; Hans-Scharoun-Archiv 3717, 7 077 036

Restaurant im Mittelteil
© Akademie der Künste Berlin; Hans-Scharoun-Archiv 3717, 7 077 077

Wohnbereich möbliert
© Akademie der Künste Berlin; Hans-Scharoun-Archiv 3717, 7 077 067

Minimalst eingerichtete Schrankküche
© Akademie der Künste Berlin; Hans-Scharoun-Archiv 3717, 7 077 070

Raumstruktur

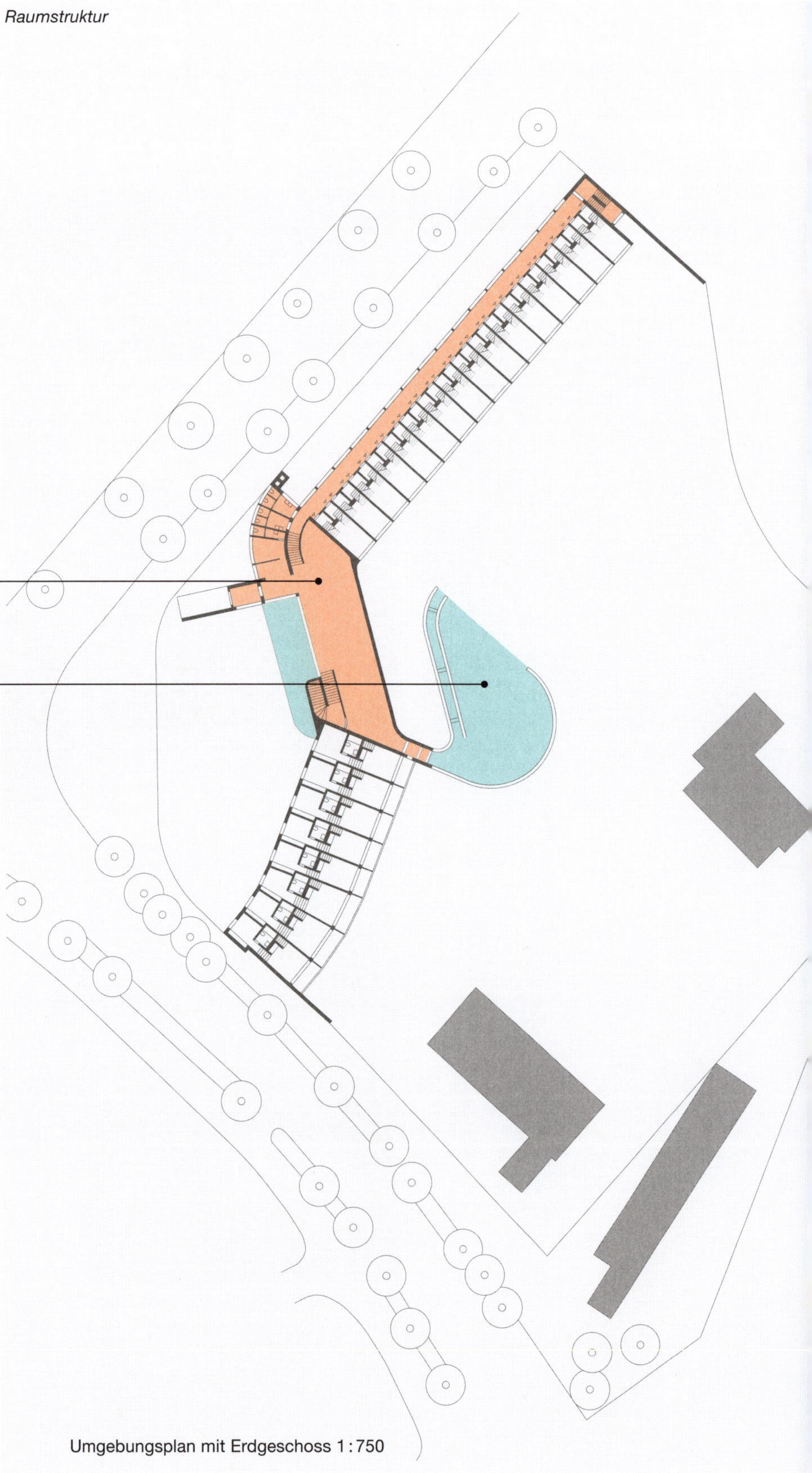

Eingangshalle mit
Aufenthaltsmöglichkeiten
Restaurant

Gartenterrasse

Weiterer, nicht verorteter
kollektiver Raum
Dachterrasse

Umgebungsplan mit Erdgeschoss 1:750

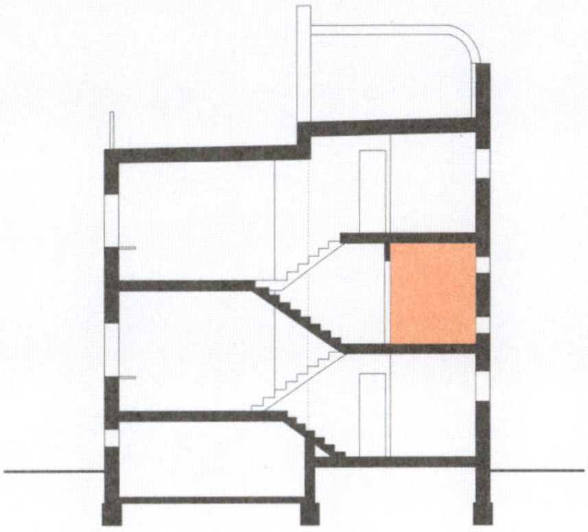

Schnitt 1:250

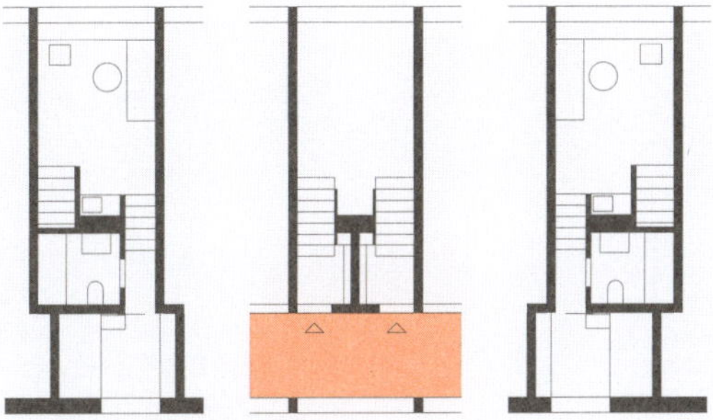

Regelwohnungen 1:250

Außenraum: öffentlich kollektiv
Innenraum: öffentlich kollektiv

Boardinghaus
Isokon Building

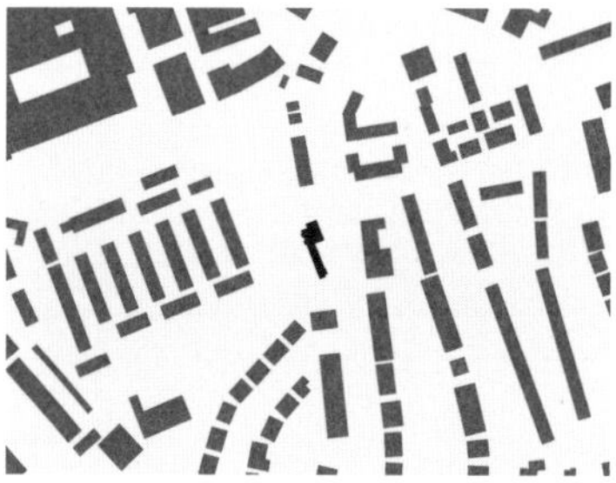

Organisationsform	Organisationsform der Trägerschaft während Betrieb nicht bekannt, Aneignung durch mieten, Initiierungsform top-down
Bewohnerstruktur	64 Personen, männliche Ledige, kinderlose junge Ehepaare, hohes Bildungsniveau
Betriebsstruktur	serviceorientierter Betrieb mit Angestellten, Mitwirkungsgrad gering
Wohnungsspiegel	48 Wohneinheiten, mit 27 m^2 für Ledige, 35 m^2 für Ehepaare
Flächen	Grundstücksfläche 6.530 m^2, 3 Geschosse im Westflügel, 4 Geschosse im Ostflügel

	Fläche m^2	in %	m^2 / Pers.
	Außenraum		
gesamt	4 785	100	74.8
öffentlich	4 120	86	64.4
kollektiv	590	12	9.2
privat	75	2	1.2
	Nutzfläche		
gesamt	1 690	100	26.0
öffentlich	0	0	0
kollektiv[1]	355	21	5.5
privat	1 335	79	20.5

1 exkl. 10 % Verkehrsfläche

Im Gegensatz zum Ledigenheim von Scharoun blieb das Isokon Building als Boardinghaus über mehrere Jahrzehnte weitgehend in seinem Betrieb erhalten.[1] Das 1933 vom kanadischen Architekten Wells Coates im Norden Londons erstellte Isokon Building, auch bekannt als Lawn Road Flats, beinhaltet 32 standardisierte kleine Wohneinheiten, die mit wenigen gemeinschaftlichen Wohnräumen ergänzt wurden.[2] Initiiert wurde das Isokon Building vom Ehepaar Molly und Jack Pritchard, das am fortschrittlichen gesellschaftlichen Leben der Zwischenkriegsjahre teilnahm und für junge Männer und Frauen eine geeignete Wohnform bieten wollte.[3] Das Ehepaar selbst bewohnte eine kleine Penthouse-Wohnung, der Architekt eine kleine Wohneinheit in einem Regelgeschoss. Die Wohneinheiten wiesen 32 bis 49 m^2 auf und waren voll ausgestattet mit Bad, einer Kleinküche sowie einer Ankleide, jedoch alles auf minimalste Weise bemessen. Erschlossen wurden die Kleinwohnungen durch offene Laubengänge, welche die Kommunikation und das Gemeinschaftliche zwischen den Bewohnerinnen und Bewohnern fördern sollten.[4] Bei einem Wohneinheiten-Typ vermischte sich der Typ des Boardinghauses mit demjenigen des Einküchenhauses, da ein Speiselift direkt von der Zentralküche in die Wohnung führte. Gleichwohl ist das Isokon Building ein typisches Boardinghaus, bei dem die Motivation des Teilens beim Service lag und nicht etwa bei der Kollektivierung des Haushalts oder gar beim gemeinschaftlichen Zusammenwohnen. Dies zeigt sich auch angesichts den angebotenen Dienstleistungen, die mit einem Pförtnerservice in der Eingangshalle, einem Mahlzeitenservice sowie Putz- und Waschservice sehr umfangreich waren, im Gegensatz zu den gemeinschaftlichen Räumen und deren Funktionen. Diese bestanden aus einem Tennisplatz, einem im Untergeschoss gelegenem Restaurant sowie einer Bar, der sogenannten Isobar, gestaltet von Marcel Breuer, zu der nur ausgewiesene Clubmitglieder zugelassen waren.[5]

Im Isokon Building wurde weitgehend ohne Kinder gewohnt. Bekannt ist einzig, dass das Besitzer-Ehepaar Pritchard mit zwei Kindern im konventionell ausgestatteten Penthouse lebte. Die neue Wohnform zog ohnehin eine eher illustre Bewohnerschaft von Kunst- und Kulturschaffenden der oberen Mittelschicht an.[6] Doch die Auswirkungen des Nationalsozialismus und des Zweiten Weltkrieges hinterließen auch beim Isokon Building ihre Spuren. Das dynamische Leben erlosch, viele Personen verließen nicht nur das Gebäude, sondern Land oder Kontinent, und die gemeinschaftlichen Räume wurden nicht mehr betrieben. Das Gebäude diente in der Nachkriegszeit als gewöhnliches Wohnhaus mit Kleinstwohnungen und wurde in den frühen 1970er-Jahren vom Besitzer-Ehepaar Pritchard verkauft. Da Sanierungen ausblieben, zerfiel das Gebäude zunehmend. Erst im Jahr 2003 wurde das Isokon Building restauriert und wird heute als Appartementhaus und teilweise als Museum weiter betrieben.[7]

Fassade zur Gartenseite
Cantacuzino Şerban, Wells Coates, A Monograph, 1978

1 Der Name Isokon Building stammt von den vom Architekten entworfenen modularen Wohneinheiten, die er mithilfe der isometrischen Darstellung zeigte. Aus dem Englischen *Isometric Unit Construction* wurde Isokon. Vgl. auch Burke (2014): The Lawn Road Flats: Spies, Writers and Artists, S. 1.

2 Aigner (2015): Gemeinschaftliches Wohnen, eine Typologie und ihre Vielfalt, S. 79.

3 Das Paar besuchte verschiedene Bauausstellungen und Mustersiedlungen wie beispielsweise die Weißenhofsiedlung in Stuttgart und interessierte sich vor allem für neue Wohnformen. Vgl. auch Burke (2014): The Lawn Road Flats: Spies, Writers and Artists, S. 18.

4 Aigner (2015): Gemeinschaftliches Wohnen, eine Typologie und ihre Vielfalt, S. 81.

5 Burke (2014): The Lawn Road Flats: Spies, Writers and Artists, S. 106 sowie Aigner (2015): Gemeinschaftliches Wohnen, eine Typologie und ihre Vielfalt, S. 82.

6 Unter der Bewohnerschaft befanden sich nicht nur die Schriftstellerin Agatha Christie und der Bildhauer Henry Moore, sondern auch Kommunisten und Geflüchtete aus immer stärker werdenden faschistischen Ländern in Mitteleuropa wie László Moholy-Nagy, Marcel Breuer oder Walter Gropius. Vgl. auch Burke (2014): The Lawn Road Flats: Spies, Writers and Artists, S. 8, S. 43.

7 Aigner (2015): Gemeinschaftliches Wohnen, eine Typologie und ihre Vielfalt, S. 83.

Laubengang entlang der Fassade zur Straßenseite
Cantacuzino Şerban, Wells Coates, A Monograph, 1978

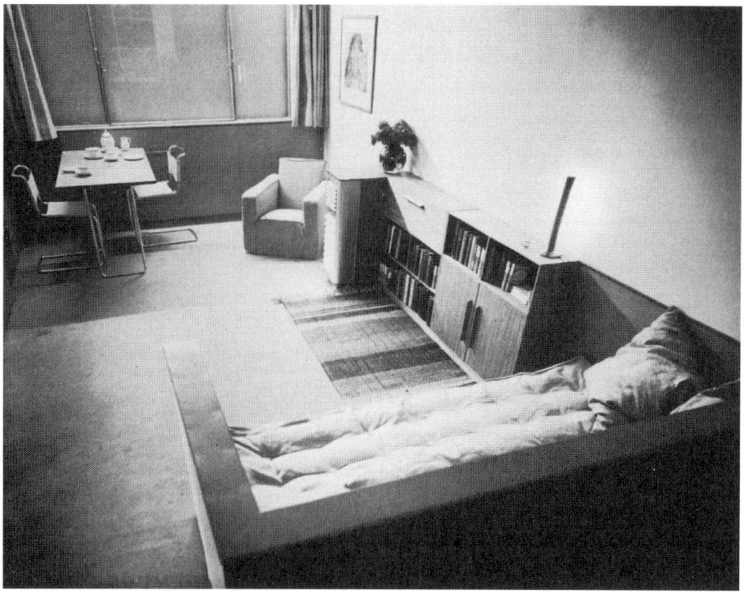

Studio mit abtrennbaren Bereichen durch Vorhänge
Cantacuzino Şerban, Wells Coates, A Monograph, 1978

Laubengang als kollektive Erschließungsfläche
Cantacuzino Şerban, Wells Coates, A Monograph, 1978

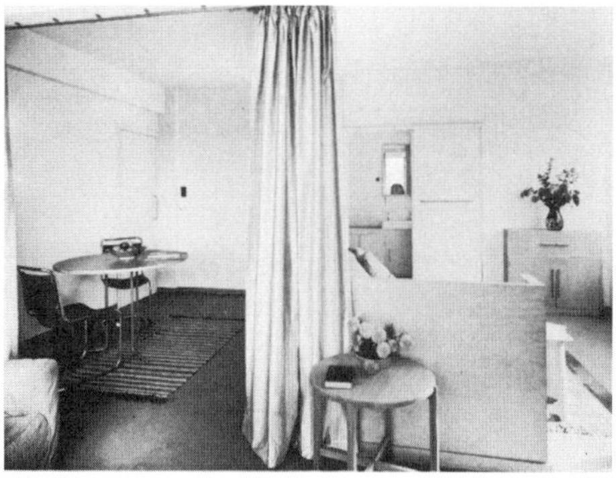

Minimalste Wohneinheit mit Schlafnische
Cantacuzino Şerban, Wells Coates, A Monograph, 1978

Raumstruktur

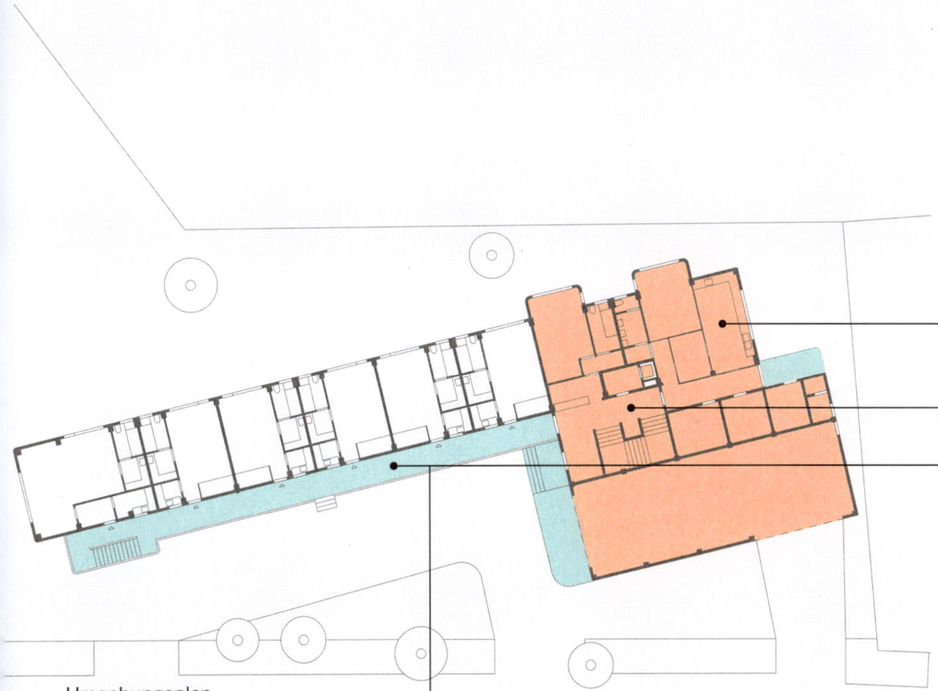

Umgebungsplan
mit Erdgeschoss 1:500

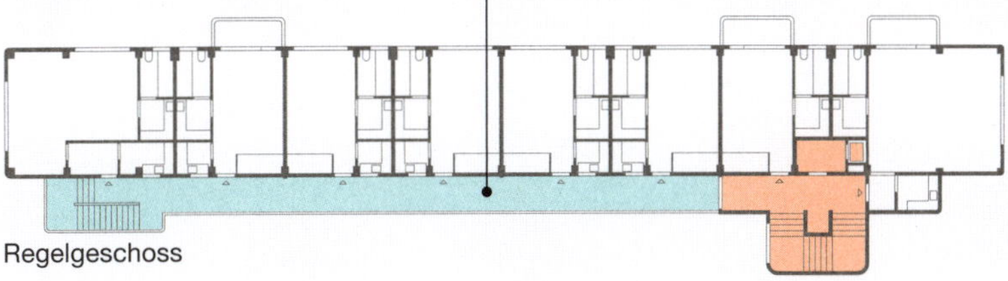

Regelgeschoss

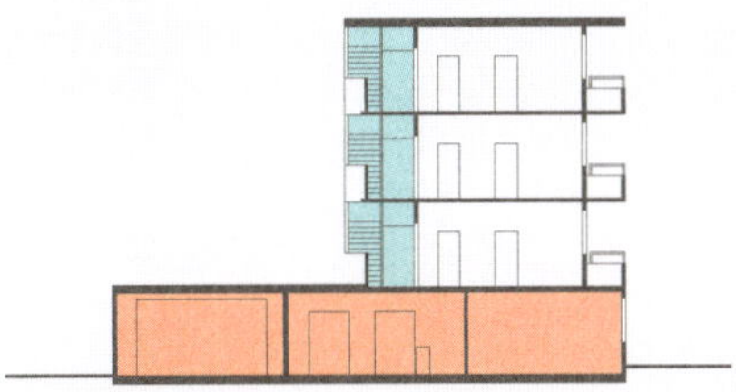

Schnitt

Außenraum: öffentlich kollektiv
Innenraum: öffentlich kollektiv

Raumstruktur

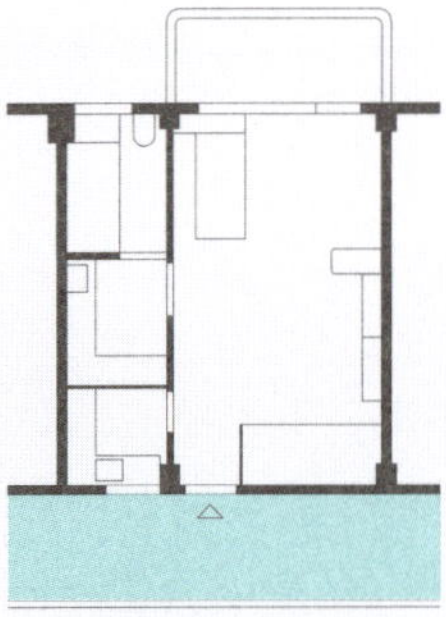

Regelwohnung 1:250

Außenraum: ● *öffentlich* ● *kollektiv*
Innenraum: ● *öffentlich* ● *kollektiv*

Organisationsform	private Trägerschaft, Aneignung durch mieten, Initiierungsform top-down
Bewohnerstruktur	ca. 44 Personen, für Kunst- und Kulturschaffenden der oberen Mittelschicht, hohes Bildungsniveau
Betriebsstruktur	serviceorientierter Betrieb mit Angestellten, Mitwirkungsgrad gering
Wohnungsspiegel	32 Wohneinheiten, mit 32 bis 49 m²
Flächen	Grundstücksfläche 2.110 m², 4 Geschosse

	Fläche m²	in %	m² / Pers.
	Außenraum		
gesamt	2 005	100	45.5
öffentlich	1 470	73	33.4
kollektiv	495	25	11.2
privat	40	2	0.9
	Nutzfläche		
gesamt	1 420	100	32.3
öffentlich	0	0	0
kollektiv[1]	310	22	7.1
privat	1 110	78	25.2

1 exkl. 10 % Verkehrsfläche

Einküchenhäuser als Reformmodell

«Ein Stadthaus, in dem man in zwanzig kleinen Küchen über- und untereinander Fleischbällchen brät, wo in vielen Kinderzimmern jeweils ein schmächtiges Wesen verkümmert, ruft so etwas nicht nach einer planmäßigen Organisation, nach einer Organisation im Zeichen des Kollektivismus?»

ALVA MYRDAL[1]

Die Idee der Einküchenhäuser mit Fokus auf Zentralisierung und Vergesellschaftung der Haushalte galt schon, als sie anfangs des 20. Jahrhunderts entstand, als radikale wohnkulturelle Reform. Sie ist eng verknüpft mit der erwachenden Frauenbewegung sowie der Neuordnung der Gesellschaft, der Lohnerwerbsarbeit und der Familie.[2] Um die Ideen hinter den Einküchenhäusern zu verstehen, gilt es besonders deren damalige Inspirationsquellen zu erwähnen. Schon 1878 schrieb der deutsche Sozialistenführer August Bebel sein Standardwerk *Die Frau und der Sozialismus*, in dem die Rolle der Frau und somit ihre Wertigkeit in der Gesellschaft diskutiert wurde.[3] August Bebel forderte Kommunehäuser wie auch gemeinschaftliche Einrichtungen als Bedingung für eine wirkliche Gleichberechtigung der Frau. Diese Gedanken nahm nicht nur die deutsche Sozialdemokratin Lily Braun auf, um auf dem *Arbeitsschutzkongress in Zürich* von 1897 eine erste Konzeption des Einküchenhauses zur Debatte zu bringen.[4] Auch die ungarische Frauenrechtlerin Rosika Schwimmer machte mit ihrer 1909 erschienenen Schrift *Neue Heimkultur* die Idee des Haushaltes als Großbetrieb europaweit bekannt.

Die entstehende sozialdemokratische wie auch bürgerliche Frauenbewegung führte zu einer breiten Auseinandersetzung und Diskussion über die Entlastung der Hausarbeit mithilfe von Technik und Maschinen. Dies vor dem Hintergrund von nach wie vor vielerorts unhygienischen Wohnbedingungen, die eine kraft- und zeitaufwändige Haushaltsführung von Hand nötig machten. Oft waren weder fließendes Warmwasser noch eine Zentralheizung vorhanden.[5] Die zunehmende Erwerbstätigkeit der Frauen, besonders vor dem Ersten Weltkrieg, bedingte also eine bessere Organisation und Vereinbarung von Haushalt, Erziehung und Beruf. Die erstarkende Frauenbewegung führte zudem zu mehr Rechten wie dem Frauenstimmrecht oder der Zulassung zum Studium. Wobei Lily Braun am *Arbeitsschutzkongress in Zürich* von 1897 dafür plädierte, dass nicht das Öffnen der Pforten zur Universität, zum Gerichtshof oder dem Parlament die Frau befreie, sondern das Loslösen von Kochherd und Waschfass dazu führe, dass die Frau auch am sozialen

Leben teilnehmen könne und ihre Doppelbelastung dadurch reduziert würde. Weiterhin verwehrt blieb den Frauen jedoch die ökonomische Gleichstellung, denn eine verheiratete Frau hatte zu jener Zeit noch keine Verfügungsgewalt über das eheliche Vermögen.[6] So entschied der Mann als Haushaltsvorstand auch über den Einzug in ein Einküchenhaus.

Grundsätzlich kann die volkswirtschaftliche Effizienz der Einküchenhäuser sowie die Verbilligung der Lebenshaltungskosten durch Personaleinsparung als Intention des Teilens gesehen werden.[7] Der Idee der Einküchenhäuser können jedoch noch weitere Motive zugeschrieben werden. Neben den Bestrebungen der Frauenbewegung hatte die Abschaffung der feudalen Gesindeordnung, die gegen Ende des 19. Jahrhunderts vollzogen war, ebenfalls großen Einfluss auf die Entstehung der Einküchenhäuser. Dienstboten konnten nun mehr Gehalt einfordern.[8] Zudem hatten sie durch die fortschreitende Industrialisierung und die aufkommende Fabrikarbeit neue mögliche Einnahmequellen und konnten dadurch teilweise der erniedrigenden Arbeit für eine Herrschaft entfliehen und ein eigenständiges Leben aufbauen.[9] Die Einküchenhäuser können somit auch als Antwort auf die Dienstbotennot verstanden werden. Nicht nur Küche und weitere Ausstattungen sollten geteilt werden, sondern im Sinne von *collectivise the maid* auch die Dienstboten.[10] So konnte sich eine höhere Gesellschaftsschicht einen Lebensstandard und die Annehmlichkeiten von Bediensteten aufrecht erhalten, da deren Einsatz kollektiviert wurde und dadurch erschwinglich blieb.

Obschon die Einküchenhäuser anfänglich für die arbeitende Klasse konzipiert wurden, bildete sich eine bürgerliche Schicht von gut gebildeten und berufstätigen Paaren mit Kindern als Zielgruppe heraus. Es war nie die Absicht, durch die gemeinschaftlichen Wohnräume der Einküchenhäuser eine Vergesellschaftung der Familie zu bewirken. Die Typologien der Einküchenhäuser zielten großmehrheitlich auf Familien- oder aber Kleinwohnungen ab, die eng mit dem Service, vorwiegend in Form von kleinen Speiseaufzügen, verbunden waren. Ohne Service und Mahlzeitenlieferungen funktionierten die Wohnungen nicht eigenständig.

Einküchenhäuser waren in der Wohnbaugeschichte keineswegs eine plötzliche Erscheinung.[11] Die Idee der Einküchenhäuser war durch frühere Überlegungen zur Kollektivierung der Haushalte wie beispielsweise bei den Frühsozialisten sowie die Integration der Frauen in die Lohnerwerbsarbeit in Fachkreisen aber auch in der Gesellschaft breit abgestützt. Erstmals nahmen Frauen an wohnpolitischen Debatten teil und brachten durch eine sehr effektive Öffentlichkeitsarbeit ihre Themen in die Diskussion ein.[12] In diesem politischen Klima wurde die Idee des Einküchenhauses in mehreren europäischen Städten aufgenommen und verwirklicht. Die meisten Impulse kamen dabei aus den nordischen Ländern, da die Erwerbstätigkeit der Frauen in Schweden, Dänemark oder den Niederlanden höher war als im restlichen Europa.[13] Nachdem bei den

1 Zitiert nach Muscheler (2007): Haus ohne Augenbrauen, Architekturgeschichte aus dem 20. Jahrhundert, S. 126.
2 Terlinden, von Oertzen (2006): Die Wohnungsfrage ist Frauensache! Frauenbewegung und Wohnreform 1870–1933, S. 145.
3 Archithese (1974): Das Kollektivwohnhaus, S. 10.
4 Uhlig (1981): Kollektivmodell Einküchenhaus, Wohnreform und Architekturdebatte zwischen Frauenbewegung und Funktionalismus, S. 61 f.
5 Petsch (1989): Eigenheim und gute Stube, Zur Geschichte des bürgerlichen Wohnens, S. 78.
6 Terlinden, von Oertzen (2006): Die Wohnungsfrage ist Frauensache! Frauenbewegung und Wohnreform 1870–1933, S. 156.
7 Uhlig (1981): Kollektivmodell Einküchenhaus, Wohnreform und Architekturdebatte zwischen Frauenbewegung und Funktionalismus, S. 11.
8 Neue Gesellschaft für Bildende Kunst (Hrsg.) (1977): Wem gehört die Welt, Kunst und Gesellschaft in der Weimarer Republik, S. 94.
9 Lily Braun beschreibt ausführlich die Gründe, warum die Dienstboten ihre Arbeit quittieren und gibt folgende Ursachen an: Mangel an Freiheit und unaufhörliche Beaufsichtigung, endlose Arbeitszeiten, kränkende Behandlung, kein eigenes Zimmer (Dienstboten wurden oft auf Hängeböden untergebracht), keine Möglichkeit, Freunde zu empfangen, außer in der Küche unter Aufsicht der Herrschaft. Vgl. Braun (1901): Die Frauenfrage, Ihre geschichtliche Entwicklung und ihre wirtschaftliche Seite, S. 414.
10 Priesner (2015): Ein kontemporärer Blick auf das Einküchenhaus-Konzept, S. 14.
11 Terlinden, von Oertzen (2006): Die Wohnungsfrage ist Frauensache! Frauenbewegung und Wohnreform 1870–1933, S. 137.
12 Neben den Einküchenhäusern mit der Rationalisierung des Haushaltes wurde auch die Wohnungspflege thematisiert. Damit ist die weibliche Wohnungsaufsicht gemeint, die vor allem in der Weimarer Republik Anfang des 19. Jahrhunderts bis zum Ersten Weltkrieg die hygienischen und sozial-sittlichen Wohnbedingungen verbessern sollte. Besoldete Beamtinnen konnten aktiv die Wohnungspflege in ganzen Quartieren überprüfen und durchsetzen. Vgl. Terlinden, von Oertzen (2006): Die Wohnungsfrage ist Frauensache! Frauenbewegung und Wohnreform 1870–1933, S. 59.

Podium beim 1. Internationalen Frauenkongress 1915 in Den Haag mit Rosika Schwimmer (Vierte von links)
© Bestand AddF, Kassel

Kultur und Fortschritt
Neue Folge der Sammlung „Sozialer Fortschritt"
No. 281.

Neue Heimkultur

(Zentralhaushaltung — Einküchenhaus).

Von

Rosika Schwimmer.

Einzelheft: 25 Pf. (30 Heller)
Die Reihe von 10 Heften Mk. 1.50.

Von Heft 51 u. ff. je 10 Hefte nach beliebiger Auswahl Mk. 2.—.

GAUTZSCH b. Leipzig
FELIX DIETRICH
1909.

Titelblatt der Schrift *Neue Heimkultur* von Rosika Schwimmer
Rosika Schwimmer, Neue Heimkultur, 1909

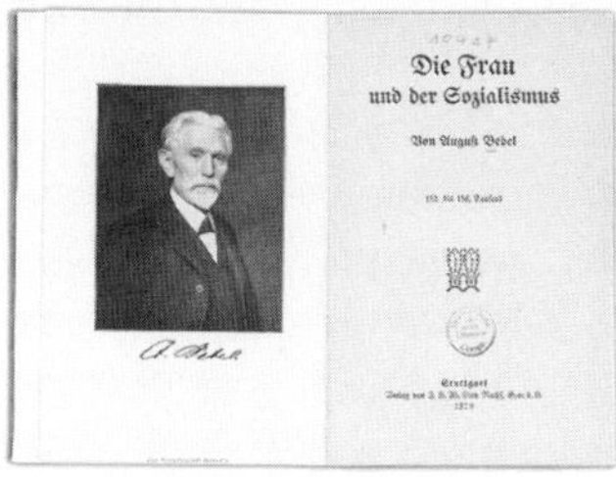

Die Frau
und der Sozialismus
Von August Bebel

Titelblatt der Schrift *Die Frau und der Sozialismus* von August Bebel
August Bebel, Die Frau und der Sozialismus, Ausgabe 1919

Lily Braun am Schreibtisch arbeitend
Vogelstein, Julie: Lily Braun. Ein Lebensbild, Berlin-Grunewald 1922, nach S. 100; Bestand AddF, Kassel

Einküchenhäusern anfänglich das Motiv im Vordergrund stand, Dienstboten zu teilen, um Mutterschaft, Familie und Beruf besser vereinbaren zu können, verschob sich die Debatte nach dem Ersten Weltkrieg hin zu weiteren ökonomischen Argumenten wie den Kosteneinsparungen eines Großbetriebs gegenüber einem Kleinhaushalt. Die Rationalisierung und die fortschreitende Technisierung der Wohnausstattungen standen im Vordergrund. Gleichzeitig verdrängten die Kriegsrückkehrer viele Frauen aus der Erwerbstätigkeit. Diese nahm in den Zwischenkriegsjahren ab, da unstabile wirtschaftliche Verhältnisse während und nach dem Ersten Weltkrieg in ganz Europa viele Frauen in den Haushalt zurückdrängten. Das Recht auf eine Lohnarbeit und damit verbundene finanzielle Unabhängigkeit wurde vor allem verheirateten Frauen aus Angst vor Konkurrenz noch nicht ohne Weiteres zuerkannt.[14] Die Erfahrungen zentral organisierter Nahrungsversorgung während des Ersten Weltkriegs führte weiter zu einer zwiespältigen Auseinandersetzung mit kollektiven Großküchen.[15] So fand die anfänglich in Fachkreisen stark unterstütze Idee des Einküchenhauses in den Zwischenkriegsjahren immer weniger Anhänger. Einzig in Schweden wurden in den 1930er-Jahren noch einige Einküchenhäuser realisiert, bei denen die nicht hinterfragte gesellschaftliche Bezugsgröße die Kernfamilie blieb, die Arbeitsteilung zwischen den Geschlechtern jedoch als überholt deklariert wurde.[16]

Das Einküchenhaus konnte sich weder durchsetzen noch gelang die Integration der Frauen in die Lohnerwerbsarbeit. Das Modell des männlichen Alleinversorgers etablierte sich und blieb bis in die späten 1960er-Jahren weitgehend selbstverständlich.[17] Durch diese Entwicklung und die Marginalisierung der Frauenlohnarbeit bildete sich das Ziel, die Frau zur denkenden Hausfrau zu erziehen und sie zur Haushaltsexpertin werden zu lassen.[18] Als Resultat dieser Auseinandersetzung und den gebauten oder teilweise nur entworfenen und an Ausstellungen vorgestellten Einküchenhäusern erfolgte eine grundlegende Rationalisierung der Haushalte, die nicht nur auf den kollektivierten Haushalt, sondern vielmehr auf den Einzelhaushalt und seine Wohnflächengestaltung Auswirkungen hatte. Als bekanntestes Beispiel dafür gelten die von Margarete Schütte-Lihotzky konzipierten Frankfurter Küchen, die 1926 einer breiten Öffentlichkeit vorgestellt wurden und das Konzept der serienmäßig hergestellten Einbauküchen in den Einzelhaushalten einleitete, das heute noch bekannt ist. Durch die funktional konzentrierten Anordnungen und eine rationalisierte Organisation von Arbeitsutensilien und Zubereitungsorten wurde die Küchenarbeit optimiert.[19] Auf der Ausstellung zum Projekt *Neues Frankfurt* zeigte Schütte-Lihotzky drei verschiedene Typen der Frankfurter Küchen: Eine Küche für den Haushalt ohne Dienstboten, eine Küche für den Haushalt mit einer Hausgehilfin und eine Küche für den Haushalt mit zwei Hausgehilfinnen, wobei sich vor allem das erste Modell ohne Dienstboten durchsetzte.[20] Dies führte zu Wohnungen ohne gemeinschaftliche Räume und mit eigenständiger Ausstattung. Die Einbauküche in einem abgeschlossenen Raum wurde zur Regel und die Wohnung war nun Erholungsort für den Mann sowie Arbeitsort der Frau.[21]

Es gilt hier noch auf einige Widersprüche und Erschwernisse zur Ideologie und Organisationsstruktur des Einküchenhauses hinzuweisen. Kritiker des Einküchenhauses erwähnten unter anderem, dass die Kollektivierung der Haushalte und die Doppelbelastung der Frau nur ausgelagert würden, da das vorwiegend weibliche Personal weiterhin traditionell wohnte.[22] Außerdem mussten die Einküchenhäuser, auch wenn genossenschaftlich organisiert, genügend Gewinn generieren, um die Serviceleistungen abzugelten.[23] Dies konnte sich nur eine kapitalkräftige Bewohnerschaft leisten.[24] Viele Frauen dieser zahlungskräftigen Schicht waren jedoch nicht erwerbstätig oder hatten kein Interesse an der Kollektivierung der Hausarbeit und der Dienstboten. Das Zielpublikum für Einküchenhäuser konnte sich demnach nur aus einer Zwischenschicht bilden, die sowohl genügend gebildet als auch kapitalkräftig war. Zudem unterstützten die sozialistischen Parteien, teilweise sogar auch die sozialdemokratische Frauenbewegung, die Idee der Einküchenhäuser nicht.[25] Rosika Schwimmer berichtete beispielsweise darüber,

dass die sozialdemokratische Partei in Dänemark Institutionen wie das Einküchenhaus entschieden ablehnte.[26] Man fürchtete den Zerfall der Familie sowie einen geringeren Einfluss auf die Arbeiterschaft, wenn sich diese außerhalb der Parteistrukturen organisierte. Durch die oben erwähnten wirtschaftlichen und politischen Entwicklungen verlor das Reformmodell an Bedeutung, und nach 1945 waren das Einküchenhaus und die Ideologie einer Wohnung ohne Haushalt lange Zeit vergessen.[27]
Es gab keine weiterführenden Entwicklungen. Erst mit den gesellschaftlichen Umwälzungen gegen Ende der 1960er-Jahre und einem weiteren Schritt zur Emanzipierung der Frau wurden die Ideen des Einküchenhauses sehr zögerlich wieder entdeckt.

---

13 Anfang des 20. Jahrhunderts übten mehr als ein Viertel aller verheirateten Frauen in Schweden eine Lohnarbeit aus. Vgl. Werk (24|1937): Sonderheft Schweden, Das Stockholmer Kollektivhaus, eine neue Wohnform, S. 5.

14 Rosika Schwimmer schreibt 1909, dass die Forderung zur vollkommenen ökonomischen Unabhängigkeit der Frau die Grundlage ihrer rechtlichen und sozialen Gleichbewertung mit dem Manne sei. Vgl. Schwimmer (1909): Neue Heimkultur, Zentralhaushaltung, Einküchenhaus, S. 9. Vgl. auch Uhlig (1981): Kollektivmodell Einküchenhaus, Wohnreform und Architekturdebatte zwischen Frauenbewegung und Funktionalismus, S. 57.

15 Terlinden, von Oertzen (2006): Die Wohnungsfrage ist Frauensache! Frauenbewegung und Wohnreform 1870–1933, S. 163.

16 Kuchenbuch (2010): Geordnete Gemeinschaft, Architekten als Sozialingenieure, Deutschland und Schweden im 20. Jahrhundert, S. 70.

17 Terlinden, von Oertzen (2006): Die Wohnungsfrage ist Frauensache! Frauenbewegung und Wohnreform 1870–1933, S. 62.

18 Kuchenbuch (2010): Geordnete Gemeinschaft, Architekten als Sozialingenieure, Deutschland und Schweden im 20. Jahrhundert, S. 71, S. 164.

19 Haupt, (2014): Einküchenhaus und Einbauküche, S. 15.

20 Terlinden, von Oertzen (2006): Die Wohnungsfrage ist Frauensache! Frauenbewegung und Wohnreform 1870–1933, S. 89.

21 Altenstraßer, Hauch, Kepplinger (2007): gender housing – geschlechtergerechtes bauen, wohnen, leben, S. 28 sowie Petsch (1989): Eigenheim und gute Stube, Zur Geschichte des bürgerlichen Wohnens, S. 38.

22 Kuchenbuch (2010): Geordnete Gemeinschaft, Architekten als Sozialingenieure, Deutschland und Schweden im 20. Jahrhundert, S. 299 f.

23 Als Träger von Einküchenhäusern stellte sich Lily Braun Wohnbaugenossenschaften vor, die schon früh aufgezeigt hätten, dass sie angemessene Wohnungen für die Arbeiterschaft zu sehr viel günstigeren Bedingungen bieten können als der freie Markt. 1903 gründete Braun selber eine Haushaltsgenossenschaft, um ein Einküchenhaus zu verwirklichen. Der Bau konnte jedoch nie realisiert werden, obschon eine Mieterschaft Interesse zeigte. Die Gründe lagen in der Skepsis der Geldgeber, die weder eine Frau noch eine Sozialdemokratin unterstützen wollten. Terlinden zitiert Lily Braun folgendermaßen: *Sie fürchteten den kommunistischen Zukunftsstaat im Kleinen*. Vgl. Terlinden, von Oertzen (2006): Die Wohnungsfrage ist Frauensache! Frauenbewegung und Wohnreform 1870–1933, S. 140, S. 149.

24 Neue Gesellschaft für Bildende Kunst (Hrsg.) (1977): Wem gehört die Welt, Kunst und Gesellschaft in der Weimarer Republik, S. 94.

25 Terlinden schreibt ausführlich über die persönlichen und politischen Differenzen zwischen Lily Braun und Clara Zetkin, der Chefredakteurin der sozialdemokratischen Frauenzeitung *Die Gleichheit*. Das Einküchenhaus fand vor allem bei den radikalen sozialdemokratischen sowie bürgerlichen Flügeln Anklang und Unterstützung. Vgl. Terlinden, von Oertzen (2006): Die Wohnungsfrage ist Frauensache! Frauenbewegung und Wohnreform 1870–1933, S. 140, S. 185.

26 Schwimmer (1909): Neue Heimkultur, Zentralhaushaltung, Einküchenhaus, S. 8.

27 Uhlig (1981): Kollektivmodell Einküchenhaus, Wohnreform und Architekturdebatte zwischen Frauenbewegung und Funktionalismus, S. 139.

Ausgewählte Vertreter von Einküchenhäusern

	Bezug	*Stadt*	*Lage*	*Bautyp*	*Architektur*	*Trägerschaft*
→ Seite 87 ***Service House***	**1905**	**Kopenhagen DEN**	**Stadtzentrum**	**Neubau**	**nicht bekannt**	**Otto Fick**
Einküchenhaus Hemgården	1907	Stockholm SWE	Stadtrand	Neubau	Georg Hagström, Fritiof Ekman	Aktiengesellschaft
→ Seite 90 ***Einküchenhaus Lichterfelde-West***	**1909**	**Berlin GER**	**Stadtrand**	**Neubau**	**Herman Muthesius**	**Einküchenhaus-Gesellschaft der Berliner Vororte**
Einküchenhaus Amerikanerhaus	1917	Zürich CH	Stadtquartier	Neubau	Otto Schwank	Wohn- und Speisehaus Genossenschaft
Entwurf Einküchenhaus	1919 (Entwurf)	–	–	–	Oskar Wlach	–
Entwurf Einküchenhaus Immeuble-Villas	1922 *(Entwurf)*	–	–	–	Le Corbusier	–
→ Seite 94 ***Einküchenhaus Heimhof***	**1923**	**Wien AUT**	**Stadtrand**	**Neubau**	**Otto Polak-Hellwig**	**Bau- und Wohngenossenschaft Heimhof**
Einküchenhaus Het Nieuwe Huis	1928	Amsterdam NLD	Stadtquartier	Neubau	Barend van den Nieuwen Amstel	Genossenschaft Samenleving
→ Seite 97 ***Kollektivhaus John Ericsonsgatan***	**1935**	**Stockholm SWE**	**Stadtzentrum**	**Neubau**	**Sven Markelius**	**Wohnrechtsverein Fägelbärsträdet**
Kollektivhaus Marieberg	1944	Stockholm SWE	Stadtzentrum	Neubau	Sven Ivar Lind	Olle Engkvist

Pläne, wenn nicht anders vermerkt

Schwarzplan	1:12.000
Umgebungsplan	1:1.000
Geschosse	1:500
Schnitt	1:500

Service House

Das erste Einküchenhaus entstand in Kopenhagen. Otto Fick, ein ehemaliger Schuldirektor, bot im Service House eine wohnkulturelle Alternative mit insgesamt 26 Drei- bis Fünfzimmerwohnungen an.[1] Um das Familienleben nicht zu stören, waren diese vollständig voneinander getrennt. Die Wohnungen wiesen jedoch keine Küchen auf, sondern nur Anrichten, in die von der Zentralküche aus jeweils direkt ein Speiseaufzug führte. Für Eventualitäten war die Anrichte mit einem kleinen Gaskocher ausgerüstet. Im Weitern gab es neben dem Wohnzimmer auch ein Esszimmer sowie ein bis drei Schlafzimmer. In diversen Quellen wird bemängelt, dass die Qualität der Grundrisse des Service Houses nicht den damaligen Standards entsprach. Die technische Ausstattung lag jedoch weit darüber. Das Kopenhagener Einküchenhaus war mit einer Zentralheizung, Warmwasser, einem Anschluss an einen Zentralstaubsauger, einer Müllabwurfanlage sowie einem Haustelefon ausgestattet. Mit dem Haustelefon konnte die Zentralküche im Tiefparterre direkt kontaktiert werden. Zudem gab es einen Wasch- und Reinigungsservice, welcher individuell nachgefragt werden konnte. Angepriesen wurde das Einküchenhaus mit der Idee des Gemeinsamen, die darin lag, dass der Haushalt zentralisiert wurde und die Sorge um Reinigung, Luft, Licht, Wärme und Beköstigung mit allem Drum und Dran wie Einkaufen, Kochen, Servieren, Abwaschen und so weiter vollkommen aufgehoben sei.[2] Für diesen Service waren insgesamt sieben Angestellte nötig.[3]

Auffallend ist, dass beim ersten Einküchenhaus keine gemeinschaftlichen Räume außer der Zentralküche vorhanden waren, die zudem auch nur von Angestellten und nicht etwa gemeinschaftlich von den Bewohnern genutzt wurde. Einen gemeinschaftlichen Essraum gab es nicht. Ebenfalls ausgeschlossen wurde beim Service House eine gemeinschaftliche Kinderbetreuung.[4] Die Motivation des Teilens war somit die reine Zentralisierung und Kollektivierung der Hausarbeit, nicht etwa das Zusammenwohnen. Dies zeigte sich auch in der Art der betrieblichen Organisation, die nicht genossenschaftlich, wie es Lily Braun anfänglich propagiert hatte, sondern rein unternehmerisch war.[5] Otto Fick war Unternehmer, der das Einküchenhaus wie einen Betrieb führte und Gewinnanteile an die Bewohnerschaft und das Personal ausbezahlte. Das Einküchenhaus konnte in dieser Art nicht lange bestehen. Eine dänische Bankenkrise zwang Fick, das Haus an die ebenfalls beteiligte Kommune zu verkaufen, da er die Kredite nicht mehr bedienen konnte.[6] Gemäß diversen Quellen existierte das Haus noch längere Zeit, wobei schon früh Küchen in die einzelnen Wohnungen eingebaut und die Zentralküche aufgehoben und später als Gemeinschaftsraum umgenutzt wurde.[7] 1942 wurde das Kopenhagener Einküchenhaus vollständig individualisiert.

---

1 Archithese (14|1975): Grosshaushalte, S. 4.
2 Gemäß Aussage von Rosika Schwimmer. In Die Umschau (52|1907). Vgl. auch Uhlig (1981): Kollektivmodell Einküchenhaus, Wohnreform und Architekturdebatte zwischen Frauenbewegung und Funktionalismus, S. 10.
3 Uhlig (1981): Kollektivmodell Einküchenhaus, Wohnreform und Architekturdebatte zwischen Frauenbewegung und Funktionalismus, S. 11.
4 Museum für Gestaltung Zürich (Hrsg.) (1986): Das andere Neue Wohnen, Neue Wohn(bau)formen, S. 28.
5 Terlinden, von Oertzen (2006): Die Wohnungsfrage ist Frauensache! Frauenbewegung und Wohnreform 1870–1933, S. 140.
6 Schwimmer (1909): Neue Heimkultur, Zentralhaushaltung, Einküchenhaus, S. 14.
7 Archithese (14|1975): Grosshaushalte, S. 5.

Der mit der Zentralküche verbundene Speiseaufzug führt in die Anrichte der Familienwohnung

Günther Uhlig, Kollektivmodell Einküchenhaus. Wohnreform und Architekturdebatte zwischen Frauenbewegung und Funktionalismus 1900–1933, 1981

(mit bestem Dank an den Anabas Verlag)

Straßenfassade des ersten Einküchenhauses

zürcher hochschule der künste, archiv-zhdk, Fotograf: Erwin Mühlestein

Die Zentralküche im Tiefparterre

Günther Uhlig, Kollektivmodell Einküchenhaus. Wohnreform und Architekturdebatte zwischen Frauenbewegung und Funktionalismus 1900–1933, 1981

Raumstruktur

Umgebungsplan

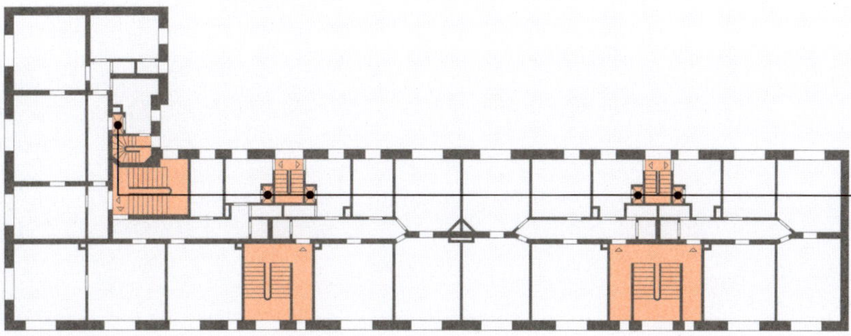

Regelgeschoss

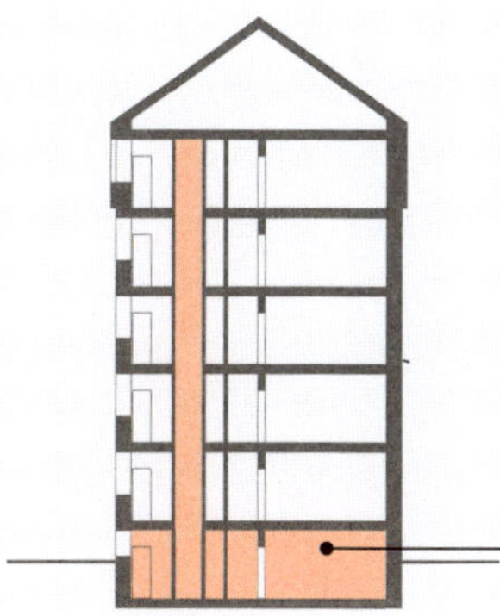

Schnitt

Außenraum: öffentlich kollektiv
Innenraum: öffentlich kollektiv

Organisationsform	private Trägerschaft mit Gewinnbeteiligung an Bewohnerschaft sowie Personal, Aneignung durch mieten, Initiierungsform top-down
Bewohnerstruktur	ca. 100 Personen, für lohnerwerbstätige Frauen mit Familie, höhere Schichten mit gutem Bildungsniveau
Betriebsstruktur	fremdverwaltet und serviceorientiert, mit 7 Angestellten, Mitwirkungsgrad sehr gering
Wohnungsspiegel	26 Wohneinheiten, 3-Zi- bis 5-Zi-Wohnungen
Flächen	Grundstücksfläche nicht bekannt, 5 Geschosse

	Fläche m² Nutzfläche	in %	m² / Pers.
gesamt	3 215	100	32.1
öffentlich	0	0	0
kollektiv[1]	840	26	8.4
privat	2 375	74	23.7

1 exkl. 10 % Verkehrsfläche

Einküchenhaus Lichterfelde-West

Angeregt durch das Vorbild in Kopenhagen plante die Einküchenhaus-Gesellschaft der Berliner Vororte in einem groß angelegten Programm fünf Einküchenhäuser in Berlin. Zwei davon wurden von Herman Muthesius im Jahr 1909 in Lichterfelde-West fertiggestellt. Die beiden Gebäude mit insgesamt 21 Zwei- bis Vierzimmerwohnungen waren unterirdisch durch einen Korridor verbunden, da es nur in einem der beiden Gebäude eine Zentralküche gab. Auf Schienen konnte der Speisewagen in diesem Korridor hin und her gerollt und das Essen entsprechend der Bestellung zu den jeweiligen Speiseaufzügen direkt in die Wohnungen im Erdgeschoss sowie dem 1. und 2. Obergeschoss gebracht werden. Die Wohnungen verfügten jedoch über keine eigene Anrichte und der Speiseaufzug führte jeweils nur in die Diele. Im Vergleich zum Service House in Kopenhagen ist die Zentralküche der Lichterfelde-West Einküchenhäuser nun im Erdgeschoss angelegt und durch eine interne Treppe mit den Lagerräumen im Untergeschoss verbunden. Ein gemeinschaftlicher Speisesaal fehlte jedoch wiederum, wobei die Dachterrasse zum gemeinsamen Essen benutzt werden konnte, da diese ebenfalls vom Speiseaufzug bedient wurde.[1] Muthesius nutze zusätzlich das Unter- und Dachgeschoss, um gemeinschaftliche Räume wie einen Turnraum, eine Motten- und Dunkelkammer sowie ein Fahrradraum anzubieten. Es gab auch ausgedehnte Leistungsangebote wie Putz-, Wasch- oder Bügelservices.[2] Als neues Motiv neben der Zentralisierung der Hauswirtschaft wurde die kollektive Kindererziehung in die Berliner Einküchenhäuser integriert. In sämtlichen Gebäuden wurden Kindergärten eingerichtet, in denen Reformpädagogen unterrichteten.[3]

Laut der Einküchenhaus-Gesellschaft sollte die Intimität der Familie durch das Zentralisieren der Hauswirtschaft und der Erziehung gestärkt werden.[4] Als Organisationsform wurde von den Initiatoren bewusst keine Genossenschaft gewählt, da diese in Konkurrenz mit strafferen Formen der Wirtschaftsführung nicht mithalte. Eine Gesellschaft hingegen könne die Voraussetzung für die Technisierung und Zentralisierung der Hauswirtschaft angehen.[5] Der Einküchenhaus-Gesellschaft der Berliner Vororte übergeordnet war eine weitere Gesellschaft, die sich um die neue Heim-Kultur zur Reform des Wohnungs-, Haushalts- und Erziehungswesens kümmern und sich mit weiteren Gesellschaften in anderen Städten verbinden sollte. Es waren entsprechend auch sozialpolitische Ziele, welche die beiden Gesellschaften antrieben, denn in den Einküchenhäusern sollte die Lösung der Arbeiterwohnhausfrage gefunden werden.[6] Die Wohnungsnachfrage für die fünf Berliner Einküchenhäuser war denn auch sehr groß, sämtliche Wohnungen waren vor ihrer Fertigstellung vermietet. Die Einküchenhaus-Gesellschaft musste jedoch schon nach wenigen Betriebsmonaten liquidiert werden. Als Gründe dafür werden finanzielle Schwierigkeiten, Organisationswiderstände sowie eine falsche Zusammensetzung der Bewohnerschaft, sprich zu wenig junge Familien mit berufstätigen Müttern, genannt. Die beiden Einküchenhäuser Lichterfelde-West gingen an eine andere Gesellschaft über, die das Gebäude bis 1915 als Einküchenhaus fortführten.[7] Später wurde das Gebäude gemäß diversen Quellen abgerissen.

Modellaufnahme des Einküchenhauses aus dem Jahr 1909

Günther Uhlig, Kollektivmodell Einküchenhaus. Wohnreform und Architekturdebatte zwischen Frauenbewegung und Funktionalismus 1900–1933, 1981

Dachterrasse des Eckgebäudes

Günther Uhlig, Kollektivmodell Einküchenhaus. Wohnreform und Architekturdebatte zwischen Frauenbewegung und Funktionalismus 1900–1933, 1981

Wohnzimmer in einer der privaten Wohnungen

Günther Uhlig, Kollektivmodell Einküchenhaus. Wohnreform und Architekturdebatte zwischen Frauenbewegung und Funktionalismus 1900–1933, 1981

Zentralküche im Erdgeschoss

Günther Uhlig, Kollektivmodell Einküchenhaus. Wohnreform und Architekturdebatte zwischen Frauenbewegung und Funktionalismus 1900–1933, 1981

(mit bestem Dank an den Anabas Verlag)

1 Terlinden, von Oertzen (2006): Die Wohnungsfrage ist Frauensache! Frauenbewegung und Wohnreform 1870–1933, S. 152.
2 Federn: Die Einküchenhäuser in Berlin. In Frauenbestrebungen (08|1909), S. 63.
3 Uhlig (1981): Kollektivmodell Einküchenhaus, Wohnreform und Architekturdebatte zwischen Frauenbewegung und Funktionalismus, S. 31.
4 Archithese (14|1975): Grosshaushalte, S. 5.
5 Uhlig (1981): Kollektivmodell Einküchenhaus, Wohnreform und Architekturdebatte zwischen Frauenbewegung und Funktionalismus, S. 26.
6 Terlinden, von Oertzen (2006): Die Wohnungsfrage ist Frauensache! Frauenbewegung und Wohnreform 1870–1933, S. 152.
7 Ebd., S. 154 f.

Raumstruktur

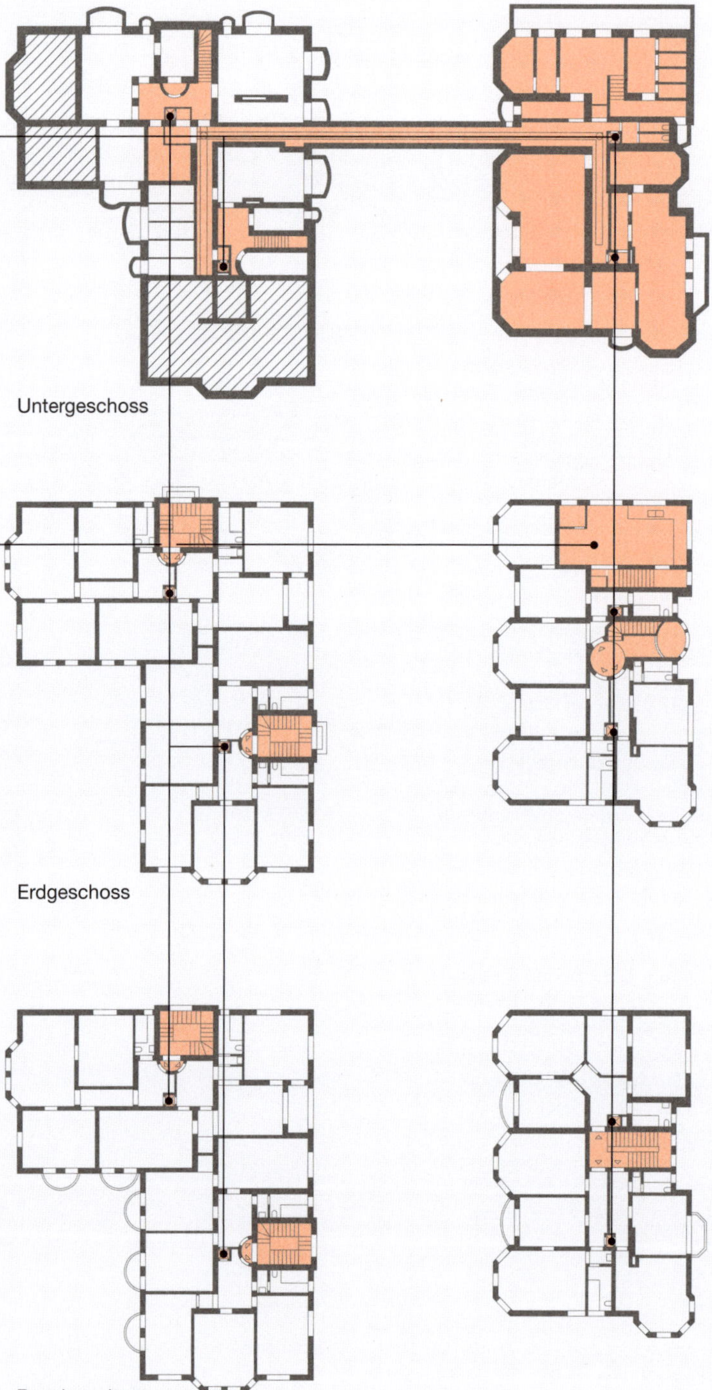

Speiseaufzüge

Zentralküche

Weitere, nicht verortete kollektive Räume
Kindergarten
Dunkelkammer
Raum mit Turngeräten
Fahrradraum
Mottenkammer
Waschküche
Trockenboden
Bügelzimmer
Dachterrasse mit Duschräumen

Schnitt

Außenraum: öffentlich kollektiv
Innenraum: öffentlich kollektiv

Organisationsform	private Trägerschaft, Aneignung durch mieten, Initiierungsform top-down
Bewohnerstruktur	ca. 70 Personen, für lohnerwerbstätige Frauen mit Familie, obere Beamtenschicht mit hohem Bildungsniveau
Betriebsstruktur	fremdverwaltet und serviceorientiert, mit Angestellten für Serviceleistungen, Mitwirkungsgrad gering
Wohnungsspiegel	21 Wohneinheiten, 2-Zi- bis 4-Zi-Wohnungen
Flächen	Grundstücksfläche 1.750 m², 3 Geschosse

	Fläche m²	in %	m² / Pers.
	Außenraum		
gesamt	1 305	100	18.6
öffentlich	1 100	84	15.7
kollektiv	175	13	2.5
privat	30	3	0.4
	Nutzfläche		
gesamt	2 265	100	32.4
öffentlich	0	0	0
kollektiv[1]	770	34	11.0
privat	1 495	66	21.4

1 exkl. 10 % Verkehrsfläche

Einküchenhaus Heimhof

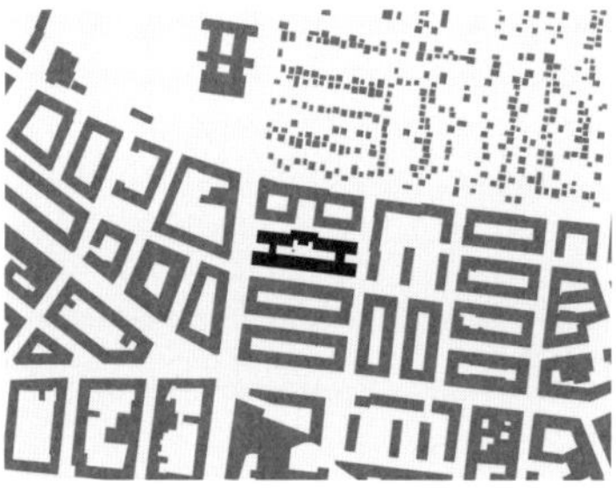

Mit dem im Jahr 1923 in Wien fertiggestellten Heimhof diente erstmals eine genossenschaftliche Organisationsform als Bauträgerin von Einküchenhäusern. Die Bau- und Wohngenossenschaft Heimhof realisierte schon gut zehn Jahre vorher ein erstes Einküchenheim für alleinstehende berufstätige Frauen, das mit Erfolg betrieben wurde.[1] Mit dem Einküchenhaus Heimhof sollten nun auch Familien angesprochen werden. Interessierte mussten vor dem Einzug nachweisen, dass beide Familienpartner berufstätig waren.[2] Nach dem Entwurf von Otto Polak-Hellwig entstanden in einer ersten Etappe 24 Ein- und Zweizimmerwohnungen ohne eigene Küchen und gar ohne einzelnes Zimmer als Anrichte, dafür mit Zentralküche und Speiseaufzügen sowie einem Speisesaal im Erdgeschoss. Im Gegensatz zu den Einküchenhäusern in Kopenhagen und Berlin sind die Wohnungen sehr rational geschnitten und ausgestattet. Durch die Reduktion von Küchen- und Wohnbereichen sowie der Einführung von Funktionsnischen wie Schrankküchen und Schlafalkoven ging die Orientierung an das Grundrisslayout der bürgerlichen Familienwohnung erstmals beim Wohnmodell Einküchenhaus verloren.[3] Zudem ist der Heimhof das erste Einküchenhaus, bei dem ein Speisesaal für gemeinsame Mahlzeiten realisiert wurde. Ergänzt wird dieser mit weiteren gemeinschaftlichen Einrichtungen wie einem Gesellschaftsraum, einer Badeanlage und Zentralwäscherei sowie einer Dachterrasse. Neben den gemeinschaftlichen Räumen wurden Leistungen wie Wasch- und Putzservice angeboten.

Sämtliche gemeinschaftliche Räume waren für die in der ersten Etappe realisierten 24 Wohneinheiten sehr umfangreich bemessen, da als volle Größe des Einküchenhauses 264 Wohneinheiten vorgesehen waren. Nachdem die Genossenschaft aufgrund finanzieller Schwierigkeiten den Bau vorerst nicht beenden konnte, übernahm die Stadt Wien das Einküchenhaus und stellte es fertig. Dabei wurde neben den restlichen Wohneinheiten im Innenhof zusätzlich ein Kindergarten ergänzt. Bewirtschaftet wurde der Heimhof dennoch von der Genossenschaft. Auch deshalb wirkte die Bewohnerschaft aktiv mit. Veranstaltungen wurden organisiert und regelmäßig Hausversammlungen abgehalten, in denen jeweils die Verantwortlichen für die Verwaltung und Führung der Zentralküche gewählt wurden.[4] Das Einküchenhaus Heimhof blieb bis zum Zweiten Weltkrieg bestehen. Erst die Nationalsozialisten liquidierten die Genossenschaft und schlossen Zentralküche sowie Speisesaal.[5]

---

1 Die österreichische Sozialreformerin und Frauenrechtlerin Auguste Fickert setzte sich für das Einküchenheim für Frauen ein, in dem eine Zentralküche sowie eine Bibliothek eingerichtet wurden. Vgl. auch Uhlig (1981): Kollektivmodell Einküchenhaus, Wohnreform und Architekturdebatte zwischen Frauenbewegung und Funktionalismus, S. 42.
2 Aigner (2015): Gemeinschaftliches Wohnen, eine Typologie und ihre Vielfalt, S. 64.
3 Weigel (1996): Die Einraumwohnung als räumliches Manifest der Moderne, S. 29.
4 Museum für Gestaltung Zürich (Hrsg.) (1986): Das andere Neue Wohnen, Neue Wohn(bau)formen, S. 29.
5 Uhlig (1981): Kollektivmodell Einküchenhaus, Wohnreform und Architekturdebatte zwischen Frauenbewegung und Funktionalismus, S. 42.

Straßenfassade mit Haupteingang
zürcher hochschule der künste, archiv-zhdk, Fotograf: Erwin Mühlestein

Dachterrasse als Ergänzung für die minimal bemessenen privaten Wohneinheiten
Günther Uhlig, Kollektivmodell Einküchenhaus. Wohnreform und Architekturdebatte zwischen Frauenbewegung und Funktionalismus 1900–1933. 1981

Koch- und Arbeitsnische in der privaten Wohneinheit
Günther Uhlig, Kollektivmodell Einküchenhaus. Wohnreform und Architekturdebatte zwischen Frauenbewegung und Funktionalismus 1900–1933, 1981

Sitzecke im privaten Raum
Günther Uhlig, Kollektivmodell Einküchenhaus. Wohnreform und Architekturdebatte zwischen Frauenbewegung und Funktionalismus 1900–1933, 1981

Einrichtungen in der Zentralküche
Günther Uhlig, Kollektivmodell Einküchenhaus. Wohnreform und Architekturdebatte zwischen Frauenbewegung und Funktionalismus 1900–1933, 1981

(mit bestem Dank an den Anabas Verlag)

Raumstruktur

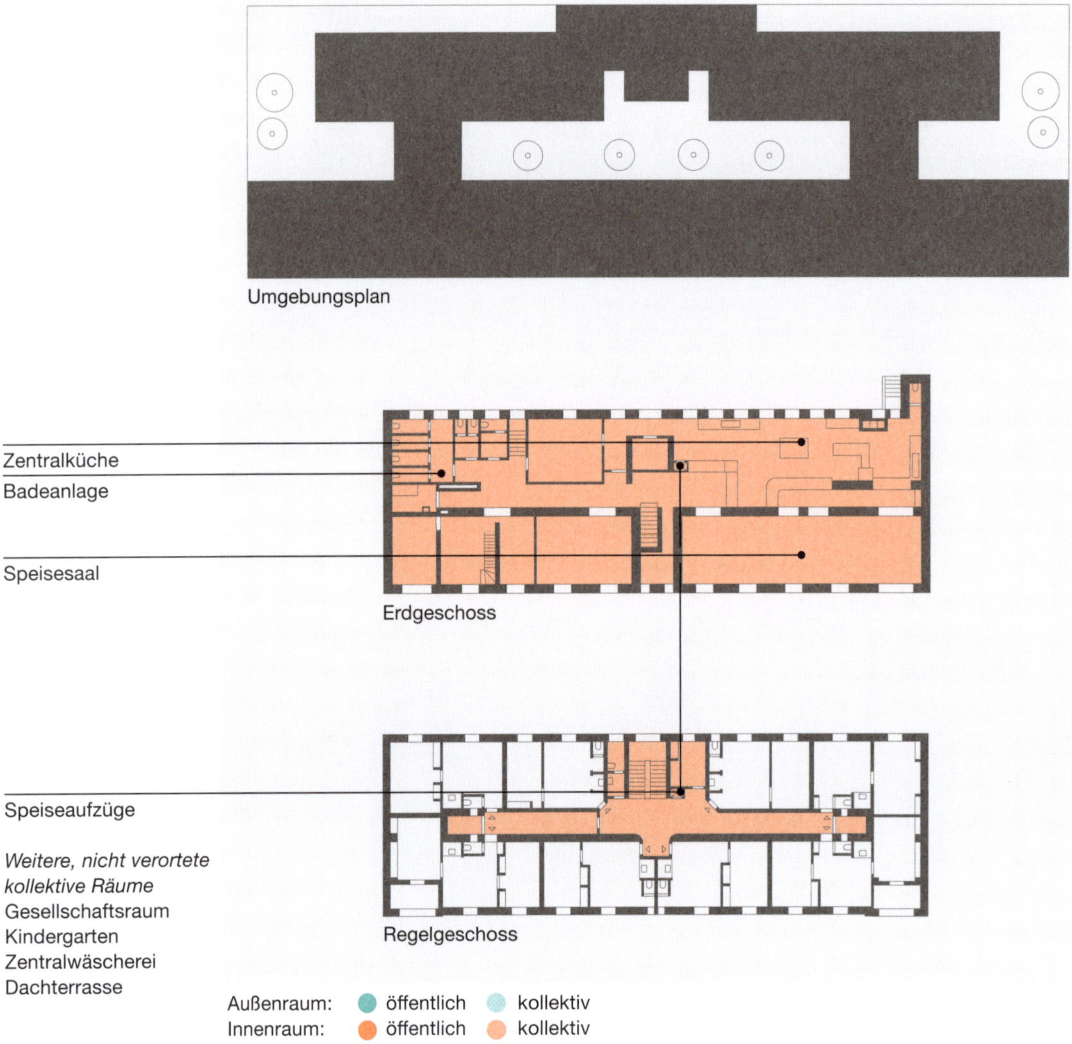

Kollektivhaus John Ericsonsgatan

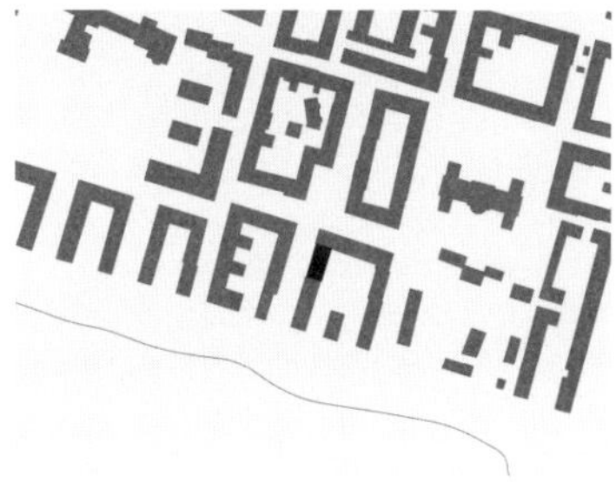

Organisationsform	gemeinnützige Trägerschaft, Aneignung durch teilbesitzen, Initiierungsform top-down
Bewohnerstruktur	Anzahl Personen nicht bekannt, für Familien, in denen beide Partner berufstätig sind, Angehörige des Mittelstands
Betriebsstruktur	selbstverwaltet durch die Bewohnerschaft, inkl. der Zentralküche, regelmäßige Hausversammlungen, mit Angestellten für Serviceleistungen, Reinigungs- und Energiekosten in Mieten eingerechnet, Mitwirkungsgrad hoch
Wohnungsspiegel	264 Wohneinheiten, in einer ersten Phase 24 Wohneinheiten mit 1-Zi- bis 2-Zi-Wohnungen von 28 bis 30 m^2
Flächen	Grundstücksfläche 4.145 m^2, 3 Geschosse

	Fläche m^2	in %	m^2 / Pers.
	Nutzfläche		
gesamt	1 330	100	–
öffentlich	0	0	–
kollektiv[1]	505	38	–
privat	825	62	–

1 exkl. 10 % Verkehrsfläche

Bekanntestes Einküchenhaus ist das Kollektivhaus John Ericsonsgatan in Stockholm, das vom Architekten und späteren Stadtbaumeister Sven Markelius und der Soziologin Alva Myrdal 1935 initiiert wurde. Obschon der Begriff Kollektivhaus auf eine andere Einordnung des gemeinschaftlichen Wohnens verweisen könnte, ist dieses Wohnobjekt eindeutig dem Einküchenhaus zuzuordnen. Die 50 Einbis Vierzimmerwohnungen hatten keine eigenen Küchen, sondern wiederum nur Schrankküchen als Anrichte und waren durch einen Speiselift mit der Zentralküche verbunden.[1] Anders als bei den vorherigen Einküchenhäusern lag der Schwerpunkt bei diesem Wohnobjekt nun deutlich bei den Gemeinschaftsräumen sowie der kollektiven Kindererziehung.
Es war nicht nur Alva Myrdals Anliegen, die Doppelbelastung der schwedischen Frauen zu minimieren und neben der Hausarbeit die gesamte Familienarbeit zu professionalisieren, auch der schwedische Staat befürwortete Ganztags-Kindergärten und förderte Kollektivhäuser. Dies als Folge eines deutlichen Geburtenrückgangs in den Dreißigerjahren.[2] So wurde das Kollektivhaus John Ericsonsgatan denn auch mit einem staatlichen Darlehen zur Wohnbauförderung unterstützt.

Alva Myrdal sah in der laienhaft betriebenen Hausarbeit eine Vergeudung von Kraft und Zeit. Ihr Anliegen war es, die Familie durch das Kollektivieren des Haushalts und der Erziehung zu stärken. Durch die Reduktion der Doppelbelastung der Frau könne die Familie privater und individueller werden.[3] So waren unterschiedlich geteilte Wohnräume wie eine Kinderkrippe oder ein öffentliches Speiserestaurant im Angebot. Es war der Familie überlassen, ob sie die Mahlzeiten im Restaurant oder im eigenen Esszimmer in der Wohnung zu sich nehmen wollte. Zudem konnten die Kinder nach einem individuellen Zeitplan in der Kindertagesstätte abgegeben werden. Es gab Säuglingszimmer sowie Schlafräume für die Kinder, falls diese über Nacht bleiben sollten. Weitere Dienste wie Reinigungs- und Wäscheservice erleichterten das Familienleben. Die technische Ausstattung der Wohnung beinhaltete neben dem Speiseaufzug auch einen Wäsche- und Müllabwurf.

Das Kollektivhaus John Ericsonsgatan zeigte deutlich, dass die anfänglich anvisierte Zielgruppe der Arbeiterschaft weder mit der Ideologie noch mit den Kosten dieser Wohnform erreicht werden konnte. Im Stockholmer Einküchenhaus wohnten überwiegend links orientierte und sozial engagierte Akademiker, Intellektuelle und Freischaffende.[4] Durch ihr Engagement führten sie das Einküchenhaus als gesellschaftspolitisches Experiment zu emanzipatorischen Anliegen und zur Befreiung der Frau von der Hausarbeit. Die Frau sollte vollwertiges Mitglied der Gesellschaft werden. Das Kollektivhaus John Ericsonsgatan funktionierte über Jahrzehnte vollumfänglich als Einküchenhaus. Ein verpasster Generationenwechsel führte jedoch dazu, dass nicht genügend Kinder im Haus lebten und eine der wichtigsten Grundlagen, der Kindergarten, geschlossen werden musste. Die Zentralküche beziehungsweise das Speiserestaurant sah sich mangels Nachfrage der Bewohnerschaft gezwungen, sich vollkommen öffentlich auszurichten. Im Anschluss an eine Sanierungsphase in den frühen 1980er-Jahren wurde der kollektive Gedanke nicht mehr weitergeführt.[5]

Gartenansicht mit Außenraum für die Kindertagesstätte
@ Erwin Mühlestein

1 Über die Anzahl an Wohnungen gibt es unterschiedliche Angaben. Mühlestein spricht von deren 55, andere Quellen geben 48 Wohnungen an. Aufgrund von Plangrundlagen gehen wir von 56 Wohneinheiten aus. Vgl. auch Museum für Gestaltung Zürich (Hrsg.) (1986): Das andere Neue Wohnen, Neue Wohn(bau)formen, S. 36.

2 Archithese (14|1975): Grosshaushalte, S. 6.

3 Muscheler (2007): Haus ohne Augenbrauen, Architekturgeschichte aus dem 20. Jahrhundert, S. 125 f., S. 133. Muscheler beschreibt außerdem, dass sämtliche Einrichtungen auf die Kinder zugeschnitten waren. Es gab beispielsweise Spielzimmer im zentralen Erdgeschoss mit Möbeln in Miniformat. Auch Mühlestein nennt die Kindererziehung im Kollektivhaus John Ericsonsgatan als neue Form der Familienbildung. Vgl. Museum für Gestaltung Zürich (Hrsg.) (1986): Das andere Neue Wohnen, Neue Wohn(bau)formen, S. 37.

4 Muscheler (2007): Haus ohne Augenbrauen, Architekturgeschichte aus dem 20. Jahrhundert, S. 129 f.

5 Museum für Gestaltung Zürich (Hrsg.) (1986): Das andere Neue Wohnen, Neue Wohn(bau)formen, S. 38.

Öffentliches Speiserestaurant
zürcher hochschule der künste, archiv-zhdk

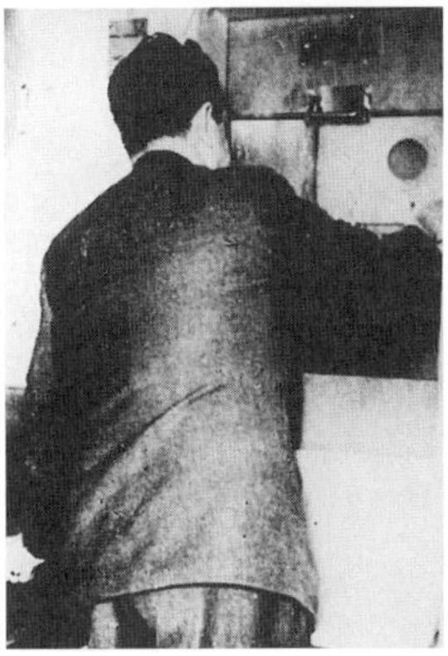

Kindertagesstätte mit Spielzimmer und Schlafräumen
zürcher hochschule der künste, archiv-zhdk

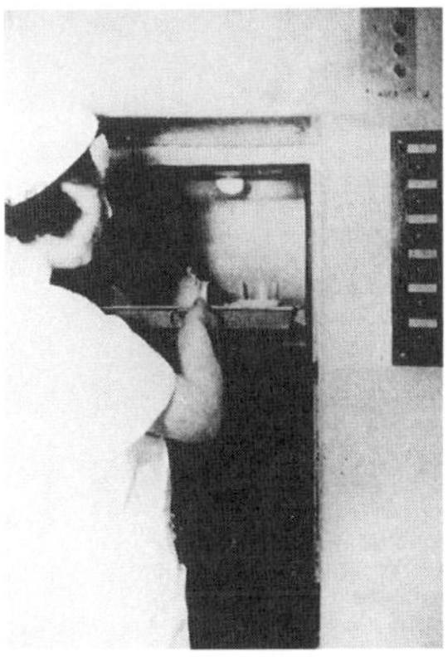

Speiseaufzug mit direkter Verbindung von Küche zu Wohneinheit
Archithese (14|1975): Grosshaushalte

Raumstruktur

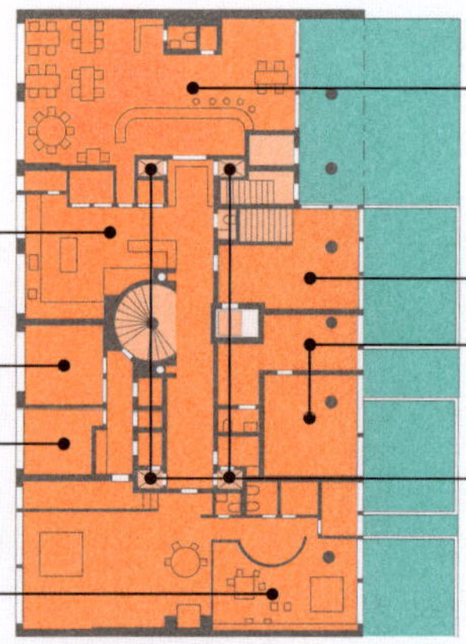

Umgebungsplan
mit Erdgeschoss

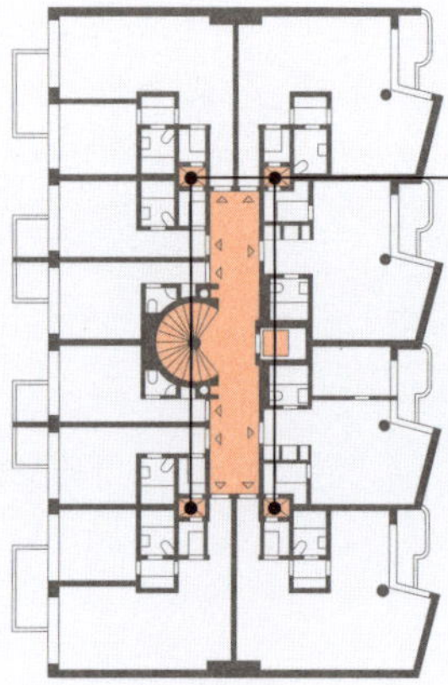

Regelgeschoss

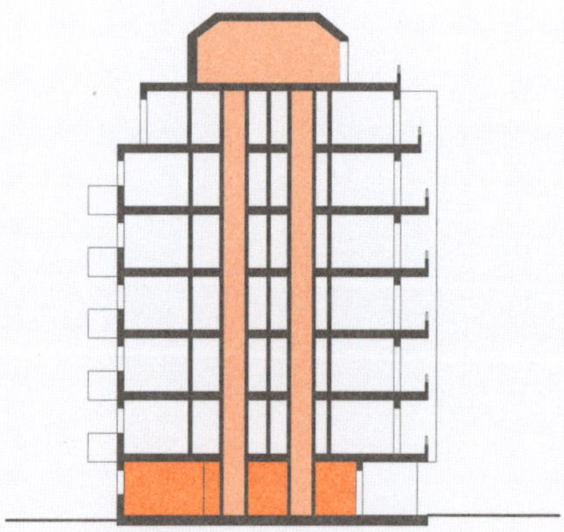

Schnitt

Außenraum: öffentlich kollektiv
Innenraum: öffentlich kollektiv

Organisationsform	Bewohnerinnen und Bewohner sind Beteiligte des Wohnrechtsvereins, Aneignung durch teilbesitzen, Initiierungsform dennoch top-down
Bewohnerstruktur	ca. 80 Personen, Familien, meistens mit Einzelkind, hohes Bildungsniveau
Betriebsstruktur	Wohnrechtsverein verwaltet Gebäude, serviceorientierter Betrieb, mit Angestellten im Restaurantbetrieb sowie der Kinderabteilung, Bewohnerschaft erhält 25 % Reduktion im öffentlichen Restaurant, Kinderabteilung wird durch das Restaurant querfinanziert, Mitwirkungsgrad mittel
Wohnungsspiegel	56 Wohneinheiten, 9 × 1-Zi-Wohnungen mit 20 bis 30 m², 33 × 2-Zi-Wohnungen mit 45 m², 1 × 3-Zi-Wohnungen, 4 × 4-Zi-Wohnungen mit 100 m², 9 × Einzelzimmer ohne Anrichte für das Hauspersonal
Flächen	Grundstücksfläche 500 m², 7 Geschosse

	Fläche m²	in %	m² / Pers.
	Außenraum		
gesamt	375	100	4.6
öffentlich	65	17	0.8
kollektiv	115	31	1.4
privat	195	52	2.4
	Nutzfläche		
gesamt	2 335	100	29.1
öffentlich	290	12	3.6
kollektiv[1]	370	16	4.6
privat	1 675	72	20.9

1 exkl. 10 % Verkehrsfläche

EXKURS

Kommunehäuser in der Sowjetunion

In der Zeit nach der Russischen Revolution 1917 entwickelten sich in der Sowjetunion nennenswerte Wohnobjekte mit kollektiven Wohnräumen, die großen Einfluss auf die weitere Entwicklung des gemeinschaftlichen Wohnens in Mitteleuropa hatten. Grundlage für diese Wohnobjekte waren die sozialistischen Utopien der neuen Regierungsmacht, welche die Entwicklung einer modernen sowjetischen Gesellschaft anstrebte, einer sogenannten neuen Lebensweise für das Arbeitervolk, das sich im Kollektiv entfalten sollte.[1] Daraus bildeten sich vier Formen des kollektiven Wohnens, die sich vor allem in den 1920er- und 1930er-Jahren etablierten: die Hauskommune, auch Kommunalka genannt, die Jugendkommune, die Übergangskommune und das Kommunehaus mit vollständiger Vergesellschaftung.[2]

Nach der Revolution wurde in Städten wie Moskau und Leningrad die Kommunalka zur vorherrschenden Wohnform. Diese sollte die erste Stufe des gemeinschaftlichen Wohnens darstellen, wobei es noch nicht um die Kollektivierung des gesamten Lebens und die Infragestellung der Familie ging.[3] In den Kommunalkas teilten sich verschiedene Familien eine vorhandene, vor der Revolution oft großbürgerliche, nun enteignete Wohnung.[4] Dabei wurde je einer Familie ein einziges Zimmer zugeteilt. War das Zimmer größer als 13 m^2, wurde dieses wiederum getrennt. Küche und Bad standen sämtlichen Familien gemeinsam zur Verfügung. In einer bestehenden Wohnung fanden so je nach deren Größe fünf oder mehr Familien Platz. Obschon als gemeinschaftliche Wohnform propagiert, ging es bei den Kommunalkas nicht um das Zusammenwohnen an sich. Vielmehr war es eine Zwangsmaßnahme aufgrund der großen Wohnungsnot in den Städten. Diese erzwungene Gemeinschaft hatte wenig zu tun mit der Utopie der neuen Lebensweise, da der Haushalt nicht gemeinschaftlich geführt wurde. Jede Familie kochte, wusch und lebte für sich.[5]

Die Aufbruchsstimmung nach der Revolution zeigte sich stärker in den Jugendkommunen, die sich als Träger der Kommunenbewegung sahen. In Jugendkommunen wurde gar der Lohn geteilt. In ihnen formierten sich vorwiegend revolutionäre Studierende und junge

Arbeitende, die an vorderster Front des industriellen Aufbaus standen. Man lebte nach dem Verhaltenskodex der neuen Lebensweise und lehnte das individuelle und kleinbürgerliche Familienleben ab.[6] Im Unterschied zu den Kommunalkas wurden die Räume nach Funktionen organisiert. Es gab gemeinschaftliche Schlafräume, Wohnzimmer sowie Küche und Bad. Bei den Jugendkommunen wurde wiederum kritisiert, dass es sich eher um eine ökonomische Zwangsgemeinschaft handle als um ein vollwertiges Kommunenhaus im idealistischen Sinne. Da aber junge Studierende und Arbeitende auf eine ähnliche Weise lebten und noch keine eigene Familie hatten, funktionierten die Jugendkommunen im Gegensatz zu den Kommunalkas jahrelang gut.[7]

In den beiden Wohnformen, den Kommunalkas und den Jugendkommunen, fand das gemeinschaftliche Zusammenwohnen jeweils in schon bestehenden Wohnhäusern mit konventionellen Grundrissen statt, in denen die Bewohnerschaft bis 1921 mietfrei wohnen konnte.[8] Zum Bau von Kommunehäusern, deren Architektur auf die Bedürfnisse der Bewohnerschaft und das gemeinschaftliche Wohnen ausgerichtet war, kam es erst Mitte der 1920er-Jahre, als neue Wege für den Aufbau der sozialistischen Städte gesucht wurden.[9] In staatlichen Programmen wurden Wettbewerbe für Kommunehäuser mit 100 bis 150 Bewohnerinnen und Bewohnern ausgeschrieben. Die Architekten arbeiteten insbesondere an einer rationellen Planung und einer stark reduzierten Ausstattung der Wohnung. Der Begriff Übergangskommune etablierte sich, da mit diesen Projekten und Entwürfen noch nicht die vollständige Vergesellschaftung der Familie und somit deren Auflösung propagiert wurde, sondern erst ein nächster Entwicklungsschritt dazu.[10]

Separierte Familienwohnungen wurden in einem nächsten Schritt zur neuen Lebensweise bei den Kommunehäusern mit vollständiger Vergesellschaftung nicht mehr angeboten. In Kommunehäusern wurde nicht nur der individuelle Haushalt in eine Zentralküche, sondern sämtliche Funktionen des Wohnens und der Familie in die Gemeinschaft verlagert.[11] Es galt das Prinzip, sämtliche Räume exakt einer Funktion zuzuführen. Dabei wurden Erwachsene und Kinder in Altersgruppen eingeteilt und gemeinschaftlichen Schlafsektionen zugewiesen.[12] Diese waren nur für das Schlafen bestimmt, die übrige Zeit nach der Arbeit oder der Schule sollte die Bewohnerschaft in gemeinschaftlichen Einrichtungen verbringen.[13] Die Kommunehäuser mit vollständiger Vergesellschaftung können auch als rationelle Ordnungsfantasie, die das Leben auf einen zeitlich exakt vorbestimmten Tagesablauf mathematisch zu formen suchte, verstanden werden.[14] Diese Idee wurde durch die Vorstellung geprägt, dass sich die Persönlichkeit des Menschen nur in einer Gemeinschaft entfalten könnte.[15] Im städtischen Kontext wurden nur wenige Kommunehäuser mit vollständiger Vergesellschaftung realisiert, sondern vorwiegend

1 Felde (2009): Konzepte des kollektiven Wohnens und Lebens in der Architektur der frühen Sowjetphase, S. 3.
2 Ergänzend zu den Kommunehäusern wurden Volksküchen eingerichtet, in denen sich die Werktätigen öffentlich und kostenlos verköstigen konnten. Vgl. Möbius, Thomas (2012): Russische Sozialutopien von Peter I. bis Stalin, Historische Konstellationen und Bezüge, S. 430.
3 Felde (2009): Konzepte des kollektiven Wohnens und Lebens in der Architektur der frühen Sowjetphase, S. 16.
4 Die bürgerliche Klasse wurde aus ihren städtischen Wohnungen gedrängt, da Privateigentum an Immobilien in den Städten 1918 per Dekret abgeschafft wurde. Diese Wohnungen waren nun frei für die Werktätigen, die in die Städte umgesiedelt wurden, um die industrielle Revolution voranzutreiben. Vgl. Cramer, Zalivkako, (1971): Das Narkomfin-Kommunehaus in Moskau 1918–2012, S. 13.
5 Möbius (2012): Russische Sozialutopien von Peter I. bis Stalin, Historische Konstellationen und Bezüge, S. 428.
6 Die jungen Leute verpflichteten sich, die politischen Strukturen von Ordnung und Sauberkeit zu übernehmen. Zudem wurde das Ehe- und Familienleben infrage gestellt. Vgl. Möbius (2012): Russische Sozialutopien von Peter I. bis Stalin, Historische Konstellationen und Bezüge, S. 437 sowie Felde (2009): Konzepte des kollektiven Wohnens und Lebens in der Architektur der frühen Sowjetphase, S. 23.
7 Felde (2009): Konzepte des kollektiven Wohnens und Lebens in der Architektur der frühen Sowjetphase, S. 50.
8 Cramer, Zalivkako (1971): Das Narkomfin-Kommunehaus in Moskau 1918–2012, S. 13.
9 Chmelnizki (2007): Die Architektur Stalins – Studien zu Ideologie und Stil, S. 53.
10 Felde (2009): Konzepte des kollektiven Wohnens und Lebens in der Architektur der frühen Sowjetphase, S. 16.
11 Möbius (2012): Russische Sozialutopien von Peter I. bis Stalin, Historische Konstellationen und Bezüge, S. 538.
12 Cramer, Zalivkako (1971): Das Narkomfin-Kommunehaus in Moskau 1918–2012, S. 15 f.
13 Felde (2009): Konzepte des kollektiven Wohnens und Lebens in der Architektur der frühen Sowjetphase, S. 23 f.
14 Möbius (2012): Russische Sozialutopien von Peter I. bis Stalin, Historische Konstellationen und Bezüge, S. 540 f.
15 Felde (2009): Konzepte des kollektiven Wohnens und Lebens in der Architektur der frühen Sowjetphase, S. 50.

und zeitweise in großer Zahl in ländlichen Gebieten rund um die neuen Industrieanlagen.

Zwischen den russischen und den mitteleuropäischen Architekten gab es ab den 1920er-Jahren einen inspirierenden Austausch, auch auf Einladung der damaligen russischen Regierung.[16] Die Zusammenarbeit richtete sich auf die avantgardistischen Bauten wie diejenigen der Übergangskommunen und der Kommunehäuser mit vollständiger Vergesellschaftung, verbunden mit der Hoffnung, eine Lösung für ein zentralstaatliches Modell einer klassenlosen Gesellschaft zu schaffen.[17] Eine 1932 vollzogene Kehrtwende der russischen Wohnbaupolitik war weder für Architekten aus Mitteleuropa noch für die lokalen sowjetischen Avantgarde-Architekten vorhersehbar.[18] Die russische Regierung entzog dem gemeinschaftlichen Wohnen in Kommunenhäusern die politische Gunst und verurteilte das kollektive Leben und das Auflösen der Familie als Gleichmacherei, die den Sozialismus diskreditiere. Die Vergemeinschaftung des gesamten Lebens in Kommunenhäusern wurde als schädlich und unsowjetisch erklärt, da alle Kräfte auf eine schnelle Industrialisierung des Landes zu richten seien.[19] Mit der politischen Neuausrichtung wurde auch der Kontakt zwischen westlichen und sowjetischen Architekten abgebrochen.[20] So kam es bei den Kommunenhäusern in der Sowjetunion nie zu einer Massenbewegung. Es blieb eher eine architektonische Konsolidierung der sozialistischen Utopie.[21] In absoluten Zahlen wurden zwar viele Kommunenhäuser realisiert, bezogen auf die Gesamtzahl der Wohneinheiten blieb die Anzahl jedoch marginal.[22] Von großer Bedeutung hingegen war der Einfluss auf weitere Wohnprojekte des gemeinschaftlichen Wohnens in Mitteleuropa. Vor allem die Entwürfe der Übergangskommune mit ihren sparsamen und hochfunktionellen Grundrissen inspirierten Jahrzehnte später Wohnobjekte wie beispielsweise die Unité d'Habitation von Le Corbusier.

---

16 Der Austausch brachte einige Ausstellungen wie die Proletarische Bauausstellung im Jahre 1931 in Berlin hervor, in der die Probleme der Wohnungsfrage in kapitalistischen Staaten, wie auch die Vorschläge zur Lösung dieser Probleme in der Sowjetunion, aufgezeigt wurden. Vgl. dazu auch Fezer, Hiller, Nehmer, Oswalt (2015): Kollektiv für sozialistisches Bauen, Proletarische Bauausstellung, S. 29 sowie Chmelnizki (2007): Die Architektur Stalins – Studien zu Ideologie und Stil, S. 78.

17 Fezer, Hiller, Nehmer, Oswalt (2015): Kollektiv für sozialistisches Bauen, Proletarische Bauausstellung, S. 79.

18 Chmelnizki (2007): Die Architektur Stalins – Studien zu Ideologie und Stil, S. 47.

19 Nach einem Machtkampf ging Josef Stalin als Alleinherrscher hervor. Daraufhin folgte eine Säuberungswelle, denen die linken Sozialisten zum Opfer fielen. Gleichzeitig verbot Stalin die Kommunehäuser wie auch die Ehescheidung. Es scheint, dass sowohl die sozialistischen wie auch die kapitalistischen Staaten über die isolierte Kernfamilie froh waren. Die Anpassung und das Wohlverhalten der Kernfamilie und den Wunsch, ihre Aufstiegschancen nicht zu gefährden, stellten einen sozial und politisch stabilisierenden Faktor dar. Vgl. Archithese (14|1975): Grosshaushalte, S. 12 und Museum für Gestaltung Zürich (Hrsg.) (1986): Das andere neue Wohnen, Neue Wohn(bau)-formen, S. 10.

20 Chmelnizki (2007): Die Architektur Stalins – Studien zu Ideologie und Stil, S. 456.

21 Fezer, Hiller, Nehmer, Oswalt (2015): Kollektiv für sozialistisches Bauen, Proletarische Bauausstellung, S. 80.

22 Möbius (2012): Russische Sozialutopien von Peter I. bis Stalin, Historische Konstellationen und Bezüge, S. 425 f., S. 432.

Ausgewählte Vertreter von Kommunehäusern

	Entwurf Kommunehaus	→ Seite 106 ***Entwurf Kommunehaus***	*Entwurf Kommunehaus*	→ Seite 107 ***Kommunehaus Narkomfin***	*Haus der Neuen Wohnweisen*
Bezug	1921 (Entwurf)	**1927 *(Entwurf)***	1929 *(Entwurf)*	**1930**	1965
Stadt	–	**–**	–	**Moskau UdSSR**	Moskau UdSSR
Lage	–	**–**	–	**Stadtquartier**	Siedlungsrand
Bautyp	–	**–**	–	**Neubau**	Neubau
Architektur	Konstantin Stepanowitsch Melnikow	**Ivan N. Sobolev**	M. Barschtsch, W. Wladimorow	**Moisej Ginzburg, Ignatij Milinis**	Nathan Osterman
Trägerschaft	–	**–**	–	**Volkskommissariat für Finanzen**	Kommunaler Wohnungsbau

Pläne, wenn nicht anders vermerkt

Schwarzplan	1:12.000
Umgebungsplan	1:1.000
Geschosse	1:500
Schnitt	1:500

Entwurf
Kommunehaus

Mit der Gründunge des Verbands moderner Architekten OSA im Jahr 1925 entstand eine Vereinigung der russischen Avantgarde-Architekten, die vor allem für ihre Entwürfe von Kommunehäuser bekannt wurde.[1] Diese auch Wohnkombinate genannten Kommunehäuser umfassten neben sehr rationell bemessenen Wohneinheiten immer eine Gruppe von Gesellschaftsbauten, in denen Kantinen, Klubs, Bibliotheken, Geschäfte, Kinderkrippen oder Sporthallen untergebracht waren und die für gut 2.000 bis 4.000 Bewohnerinnen und Bewohner dienen sollten. Ein erster Entwurf wurde von Ivan N. Sobolev für einen Mitgliederwettbewerb der OSA im Jahr 1927 projektiert.[2] Er versuchte ganz im Sinne der Rationalisierung den benötigten Raum für die horizontale Erschließung zu reduzieren und diesen möglichst zentral und ökonomisch auszugestalten. In seinem Entwurf war denn auch nur in jedem dritten Geschoss ein Korridor nötig. Die Wohneinheiten erschlossen sich über einen innenliegenden Gang, bei dem sich je eine Zweietagenwohnung nach unten und eine nach oben gruppierte. Dabei nahm das Wohnzimmer in der Höhe zwei Geschosse ein, während die Schlaf- und Nebenräume nur eingeschossig waren.[3]

Raumstruktur

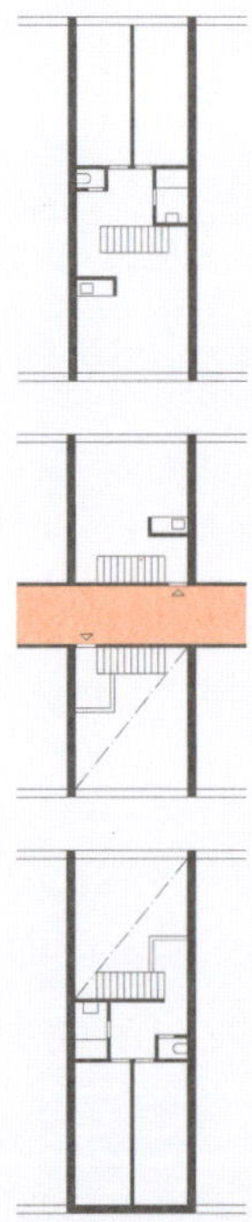

Regelgrundrisse

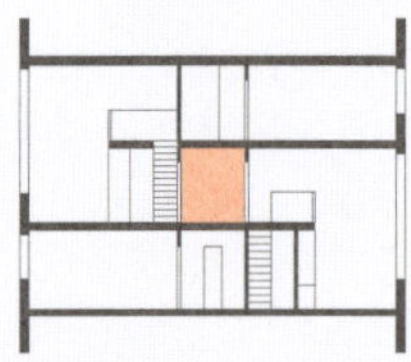

Schnitt

Außenraum: öffentlich kollektiv
Innenraum: öffentlich kollektiv

1 Chan-Magomedow, Selim O. (1983): Pioniere der sowjetischen Architektur – Der Weg zur neuen sowjetischen Architektur in den zwanziger und zu Beginn der dreissiger Jahre, S. 592.
2 Ebd., S. 334.
3 Ebd., S. 348.

Kommunehaus Narkomfin

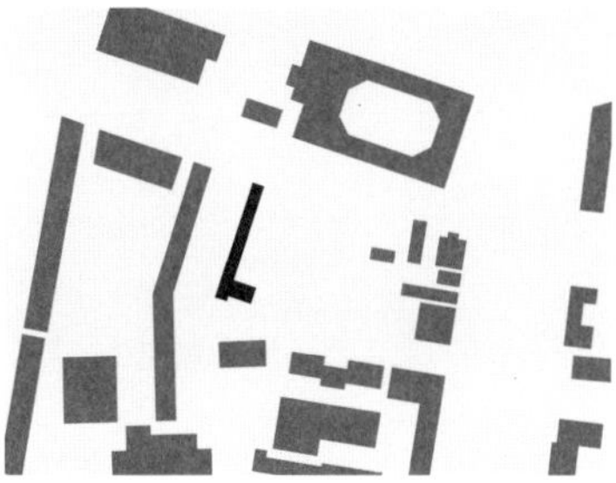

Als bekanntester Zeitzeuge der Wohnbaugeschichte der russischen Avantgarde gilt das Kommunehaus Narkomfin, das 1930 in Moskau von den beiden Architekten Moisej Ginzburg und Ignatij Milinis im Auftrag der Finanzverwaltung, auch Narkomfin genannt, realisiert wurde. Dabei handelte es sich um eine sogenannte Übergangskommune, in der ein wesentlicher Entwicklungsschritt hin zur vollständigen Vergesellschaftung der Familie und somit zu deren Auflösung gemacht werden sollte. Einzelne Quellen geben an, dass das Kommunehaus nie abschließend realisiert wurde, da der Entwurf zwei sechsgeschossige zeilenartige Wohntrakte vorsah, die mit einer Brücke verbunden werden sollten und an denen ein drittes Kopfgebäude stand, in dem die gemeinschaftlichen Räume angeordnet waren.[1] Gebaut wurden jedoch ein Zeilenbau sowie das verbindende Gemeinschaftshaus. Der Zeilenbau diente als Wohntrakt, in dem im zweiten sowie vierten Geschoss Korridore zur Erschließung der Wohnungen angelegt waren, die sich dann splitlevelartig über die restlichen Geschosse formierten.[2]

Moisej Ginzburg leitete beim Komitee für Bauwesen die Sektion für Typenbauten, in der die Bedingungen für die Übergangskommunen entwickelt und mittels unzähligen Wettbewerben verschiedene Gebäudeformen und Wohnungseinheiten untersucht und typisiert wurden.[3] Die Erschließung dieser Wohneinheiten galt bei der Typisierung als ein besonderes Merkmal. So war Typ C beispielsweise eine Wohnzelle, die von einem Korridor für eine Etage erschlossen wurde, während die Wohneinheiten Typ D und F von einem Korridor pro zwei Etagen, also splitlevelartig, und Typ E gar mit einem Korridor pro drei Etagen erschlossen wurden. Laut Analyse der Sektion für Typenbauten erwies sich der Typ F als der rationellste.[4] Aus diesem Fundus heraus entwickelten die Architekten für das Kommunehaus Narkomfin einen sehr heterogenen Wohnungsmix, der für Beamte der Finanzverwaltung mit Klein- und Großfamilien wie auch für Einzelpersonen konzipiert war und in unterschiedlicher Ausformulierung die Kollektivierung der Lebensweise vorsah.[5] Dabei entstanden insgesamt 23 Ein- und Zweizimmerwohnungen mit Kochnischen, Schlafalkoven und Nasszellen sowie 8 konventionell ausgestattete Familienwohnungen und rund 15 Einzelzimmer von 35 bis 125 m². Vor allem die Kleinwohnungen waren sehr zweckmäßig ausgestattet und wurden durch vielseitige Gemeinschaftseinrichtungen wie ein Foyer, einen Versammlungssaal, eine Kantine und zusätzliche Geschoßküchen, eine Wäscherei, eine Bibliothek, einen Sportsaal sowie eine Dachterrasse ergänzt.[6]

---

1 Nerdinger, Winfried, Eisen, Markus, Strobl, Hilde (2012): Manifeste zur Veränderung der Gesellschaft, S. 203.
2 Chan-Magomedow, Selim O. (1983): Pioniere der sowjetischen Architektur – Der Weg zur neuen sowjetischen Architektur in den zwanziger und zu Beginn der dreissiger Jahre, S. 389.
3 ARCH+ 218 (November 2014): Wohnerfahrungen, S. 64.
4 Chan-Magomedow, Selim O. (1983): Pioniere der sowjetischen Architektur – Der Weg zur neuen sowjetischen Architektur in den zwanziger und zu Beginn der dreissiger Jahre, S. 389.
5 Nerdinger, Winfried, Eisen, Markus, Strobl, Hilde (2012): Manifeste zur Veränderung der Gesellschaft, S. 204.
6 Möbius (2012): Russische Sozialutopien von Peter I. bis Stalin, Historische Konstellationen und Bezüge, S. 537.

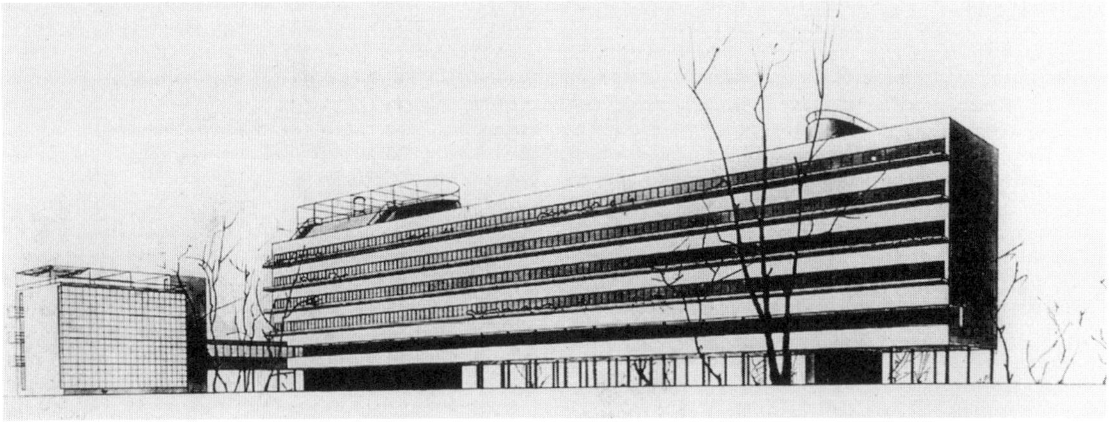

Darstellung Narkomfin mit Wohntrakt und Gebäude mit den gemeinschaftlichen Einrichtungen

Chan-Magomedow, Selim O., Pioniere der sowjetischen Architektur – Der Weg zur neuen sowjetischen Architektur in den zwanziger und zu Beginn der dreissiger Jahre, 1983

Organisationsform	staatliche Trägerschaft, Organisationsform während Betrieb nicht bekannt, Aneignung nicht bekannt, Initiierungsform top-down
Bewohnerstruktur	Anzahl Bewohnerinnen und Bewohner nicht bekannt, für Beamte des Volkskommissariat für Finanzen und deren Familien, mittleres Bildungsniveau
Betriebsstruktur	serviceorientierter Betrieb mit Angestellten, Mitwirkungsgrad nicht bekannt
Wohnungsspiegel	ca. 46 Wohneinheiten, 15 × Einzelzimmer, sogenannte Wohnzellen, 23 × 1-Zi- und 2-Zi-Wohnungen, 8 × Familienwohnungen
Flächen	Grundstücksfläche nicht bekannt, 6 Geschosse

Raumstruktur

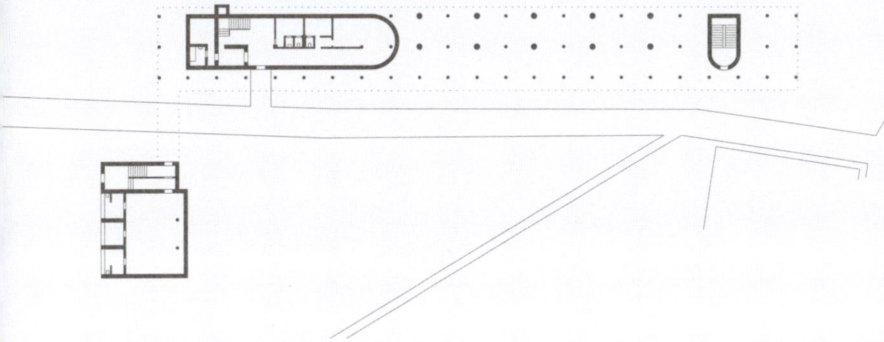

Umgebungsplan mit Erdgeschoss

Nicht verortete, kollektive Räume
Geschossküchen
Aufenthaltsräume
Kantine
Bibliothek
Sporthalle
Wäscherei
Dachterrasse

Nicht verortete, öffentliche Räume
Foyer
Versammlungssaal

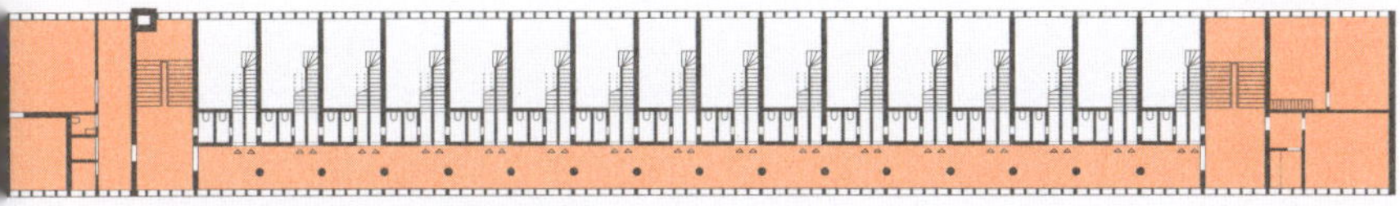

Regelgeschoss Typ F 1:750

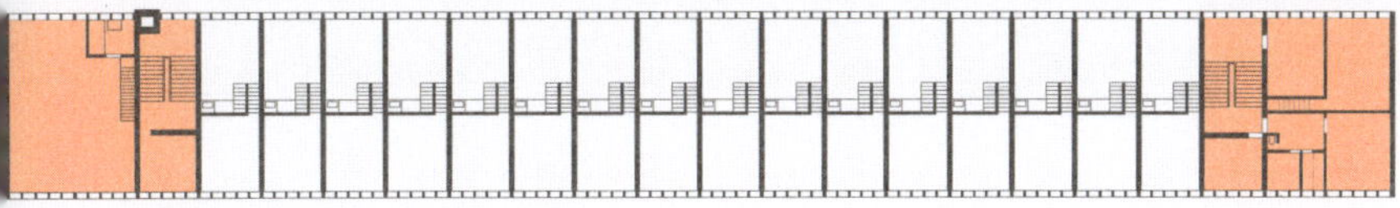

Regelgeschoss Typ F 1:750

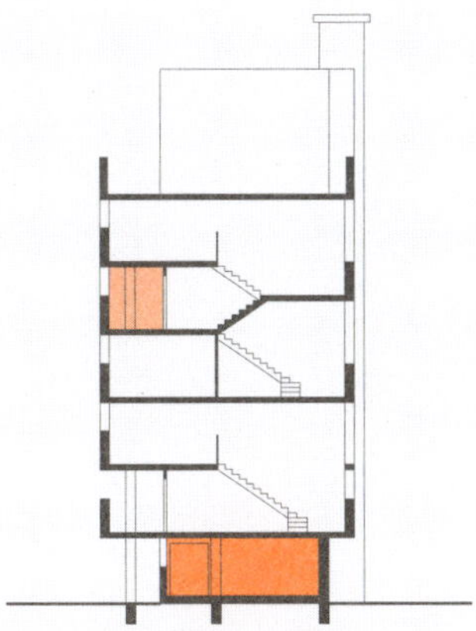

Schnitt

Außenraum: öffentlich kollektiv
Innenraum: öffentlich kollektiv

Teilen als politische Intention

Fortschritt und Stabilität: Teilen als politische Intention

«Das Wesentliche am neuen Wohnen sind um gemeinschaftliche Bereiche erweiterte und nach innen gerichtete Wohnhäuser.»
ERWIN MÜHLESTEIN[1]

Die drei Wohnmodelle – *Gartenstädte und Wohnhöfe* als sozial-reformerische Vision, *Gemeinschaftssiedlungen* als inszenierte Nachbarschaften sowie *Wohnkooperationen* mit dem Öffnen der Wohnräume – sind geprägt durch politische Intentionen der qualitativen Verbesserung des Wohnens und der gesellschaftlichen Stabilisierung. Trotz unterschiedlicher Ausprägung richten sich diese gemeinschaftlichen Wohnmodelle primär an die Kernfamilie als Nutzergruppe, für die guter und rationell geplanter Wohnraum zur Verfügung stehen soll. Neue Wohnformen mit gemeinschaftlichen Räumen für andere Nutzergruppen entstanden in dieser Phase nicht.

Der Bau von Gartenstädten und Wohnhöfen zwischen dem frühen 20. Jahrhundert bis zum Zweiten Weltkrieg gründete auf sozialdemokratischem Gedankengut. Neben Wohnbaugenossenschaften und Gewerkschaften entwickelten auch Kommunen eine rege Bautätigkeit. Architektur und Gestaltung dieser meist größeren Wohnsiedlungen waren zudem geprägt durch die Ideale des Neuen Bauens. Neben der Rationalisierung und Typisierung und dem Einsatz neuer Werkstoffe kam den Qualitäten Licht, Luft und Sonne große Bedeutung zu. Wichtigster gemeinschaftlicher Raum bei den Gartenstädten und Wohnhöfen war die Außenfläche, die als Vorgarten, Hof oder Platz erstmals Nutzungen für die Selbstversorgung und Freizeitgestaltung zuließ. Die in sich abgeschlossenen Familienwohnungen wurden oft ergänzt durch zahlreiche gemeinschaftliche Einrichtungen wie Gemeinschaftsbäder, Zentralwäschereien, Kinderkrippen, Schulen, Bibliotheken oder Versammlungshäuser und Gemeindezentren.

In der Nachkriegszeit entstand das Wohnmodell der Gemeinschaftssiedlungen, das teilweise bis in die 1970er-Jahre andauerte. Die erhoffte politische Stabilität nach dem Zweiten Weltkrieg, begleitet von Wirtschaftswachstum und der Idealisierung der Kleinfamilie mit traditioneller Rollenverteilung, förderte den Rückzug ins Private. Einzig in skandinavischen Ländern bezogen sich einige Initianten von Wohnobjekten noch auf die Visionen der Vorkriegsjahre und bauten weiterhin auch gemeinschaftliche Wohnräume wie

Gemeinschaftsküchen, Speiseräume, Kindergärten oder Aufenthaltsräume. Ansonsten beschränkten sich die Gemeinschaftsflächen oft auf Freigeschosse oder kollektive Erschließungen wie beispielsweise einer rue intérieur. In den Gemeinschaftssiedlungen etablierte sich der Mittelstand, der die Arbeiterklasse als Nutzergruppe gemeinschaftlicher Räumen ablöste.

Erst mit den Wohnkooperationen der 1970er- bis Mitte der 1980er-Jahre öffneten sich abgeschlossene Wohnräume wieder mehr zur Gemeinschaft hin. Die Experimente mit kollektiven Erschließungsflächen der Gemeinschaftssiedlungen wurden aufgegriffen und weiterentwickelt. So entstanden Stockwerkshallen und erweiterte Erschließungsbereiche mit größeren Aufenthaltsqualitäten, die den vorgelagerten Wohnungen angegliedert waren. Durch die räumliche Anbindung an das private Wohnen dienten diese gemeinschaftlichen Flächen nun als Interaktionsraum, den sich die Bewohnerschaft aneignen konnte. Zu dieser Entwicklung des gemeinschaftlichen Wohnens und der Öffnung des privaten Raums führte jedoch erst der gesellschaftliche Wandel gegen Ende der 1960er-Jahre, der, gekennzeichnet durch die Infragestellung traditioneller Hierarchien und Rollenbilder, zunehmend auch die private räumliche Abgrenzung erreichte.

Die ersten beiden Wohnmodelle dieser Zeitepoche blieben geprägt von eher paternalistischen und fürsorglichen Organisationsformen, top-down geplant und finanziert durch gemeinnützige, kommunale oder teils private Bauträger. Mit den Wohnkooperationen der 1970er- bis hin zu den 1980er-Jahren entstanden erste Versuche, Bewohnerinnen und Bewohner durch partizipative Prozesse in die Planung, Realisierung und den Betrieb dieser Wohnobjekte einzubeziehen. Treibende Kraft hinter diesen Entwicklungen war jedoch noch nicht die Nutzerschaft selbst, sondern meist die Bauträgerschaft oder die Architekten. Dennoch stieg der Mitwirkungsgrad stetig, viele der Wohnobjekte waren denn auch selbstverwaltet. Mit dem politischen Wandel und der Emanzipation der Frauen entstand ein neues Verständnis von Wohnen als gemeinsame, nachbarschaftliche Lebensgestaltung. Der Versorgungsaspekt trat in den Hintergrund. Dies wirkte sich auf die Vielfalt gemeinschaftlicher Wohnräume aus. Während bei den Gartenstädten und Wohnhöfen die gemeinschaftlichen Räume auf Folgeeinrichtungen und den Außenraum beschränkt blieben und der Fokus bei den Gemeinschaftssiedlungen auf den kollektiven Erschließungsflächen lag, etablierten sich in den Wohnkooperationen neuere Formen und Nutzungen gemeinschaftlicher Räume. Gemeinschaftsküchen und kollektive Aufenthaltsbereiche wurden ergänzt mit gemeinschaftlichen Räumen für die Freizeitgestaltung wie Werk- und Bastelräume, Fotolabors oder Saunen. Erweiterte Erschließungsbereiche dienten als Begegnungs- und Kommunikationsflächen.

Gemeinsam war allen drei Wohnmodellen, dass die Familie nach wie vor das Zentrum der Gemeinschaft bildete und als soziale Einheit noch nicht infrage gestellt wurde. So blieb die eigenständig funktionierende Familienwohnung mit funktionalen Arbeitsräumen für eine gut organisierte Hauswirtschaft typisches Merkmal der gemeinschaftlichen Wohnobjekte dieser Zeit. Auf Serviceleistungen und Angestellte zur Bewirtschaftung gemeinschaftlicher Wohnräume wurde größtenteils verzichtet. Allerdings zeigten sich in den Wohnkooperationen, mit den sich ändernden Ansprüchen der Frauen und dem Wertewandel der 1970er-Jahre, Risse im traditionellen Familienbild und bei der Akzeptanz der herkömmlichen Rollenverteilung. Ihren strukturellen und räumlichen Niederschlag bezüglich gemeinschaftlicher Wohnformen fanden diese Entwicklungen allerding erst in den nachfolgenden Jahren.

---

1 Zitiert nach Museum für Gestaltung Zürich (Hrsg.) (1986): Das andere Neue Wohnen, Neue Wohn(bau)formen, S. 7.

Kollektive Wohnräume und Nutzungsoptionen

«Das Leben in einem Gebäude ändert sich und der Raumbedarf nimmt periodisch zu und ab. Das Gebäude muss imstande sein, sich diesem ungleichmäßigen Zu- und Abnehmen des Raumbedarfs anzupassen.»

HERMANN CZECH[1]

Mit den vielfältigen Formen des Zusammenwohnens ergaben sich im Verlauf der Zeit facettenreiche gemeinschaftliche Wohnräume. Deren Nutzungen und Funktionen veränderten sich immer wieder, da Wohnbedürfnisse und Lebensformen einer stetigen Entwicklung ausgesetzt sind. Unter gemeinschaftlichen Wohnräumen werden grundsätzlich Wohnflächen verstanden, die nicht ausschließlich und langfristig der individuellen Nutzung einer spezifischen Bewohnerschaft zugeordnet sind, sondern einer definierten Gemeinschaft zur Verfügung gestellt und von dieser getragen werden. Dabei kann Wohnraum auf vielseitige Art geteilt werden.[2] Eine kollektive Nutzung kann wohnungsintern, haus- oder siedlungsgemeinschaftlich erfolgen oder sich auf ein ganzes Quartier beziehen. Gemeinschaftliche Räume sind Möglichkeitsräume für kollektive Praktiken, die wiederum gesellschaftliche Verhaltensmuster und Wohnweisen widerspiegeln. So entstehen räumliche Ausformulierungen, die mit ihren ökonomischen, politischen und sozialen Bezügen dem jeweiligen Zeitgeist entsprechen.

Bestenfalls begünstigen die baulich-räumlichen Eigenschaften gemeinschaftlicher Räume den interaktiven Austausch innerhalb der Nutzerschaft, da die Kommunikation beim kollektiven Wohnen unerlässlich scheint.[3] Gemeinschaftlich genutzte Räume sind immer an Erschließungsflächen gebunden. Um diese gemeinschaftlich nutzbar zu machen, müssen sie großzügiger bemessen sein und über eine höhere räumliche Aufenthaltsqualität als herkömmliche Erschließungsflächen verfügen. Viele gemeinschaftliche Wohnobjekte nutzen denn auch Eingangshallen, Innenhöfe, Laubengänge, terrasses communes oder rues intérieurs als erweiterte Erschließungsflächen. Sie fördern eine angemessene räumliche Anbindung der Zugangsflächen an die gemeinschaftlichen und privaten Wohnräume und können idealerweise zu Interaktionsräumen werden, welche die Verweildauer begünstigen und Möglichkeiten bieten zu spielen, sich auszuruhen oder auszutauschen.

Kollektiv genutzte Räume, die über das gemeinschaftliche Wohnen hinaus Flächen für Freizeitaktivitäten, Arbeit und kulturelle sowie soziale Tätigkeiten bieten und den Charakter des Nachbarschaftlichen haben, können Zusammenleben und Austausch innerhalb eines Quartiers fördern. Diese sogenannten gemeinschaftlichen Folgeeinrichtungen, die nicht grundsätzlich einer Wohnfunktion dienen, haben eine hohe Bedeutung, da sie den individuellen Raum erweitern, den sozialen Raum öffnen und sich im Sinne einer Nutzungs- und deshalb Nutzermischung verstehen. Bei gemeinschaftlichen Folgeeinrichtungen spielt denn auch der Funktionsverlust der individuellen Wohnung und das Auslagern von Wohntätigkeiten wie der Kinderbetreuung, der Pflege oder der Nahrungszubereitung im nachbarschaftlichen städtischen Kontext eine immer wichtigere Rolle. Dieser Auslagerungsprozess ist sogleich ein Prozess der Entlastung der Haushalte von ihrer Arbeit und Verpflichtung.[4] Die individuelle Wohnung als momentaner Ort der Nichterwerbsarbeit wird sich zukünftig durch die Digitalisierung und die Anpassung von Mobilität und Arbeitszeiten weiter verändern und sich auch auf das wohnungsgemeinschaftliche Zusammenleben und auf baulich-räumliche Faktoren wie die Grundrissgestaltung auswirken.

Neue Lebens- und Arbeitsweisen können dezentrales Wohnen begünstigen, mit dem ein räumlich verteiltes Wohnen gemeint ist und das bei einigen Wohnobjekten mit Großhaushalten und Clusterwohnungen sowie beim Co-Living schon sichtbar wird. Beim dezentralen Wohnen werden die einzelnen Wohnfunktionen und -tätigkeiten auf unterschiedliche Orte verteilt oder ausgelagert, wobei nach wie vor ein fester Wohnsitz als Basis vorhanden ist.[5] So ist beispielsweise die kleine Wohneinheit mit eigener individueller Nasszelle und einer Teeküche erst mit den angrenzenden gemeinschaftlichen Wohnflächen und Folgeeinrichtungen voll und ganz funktionsfähig. Diese ergänzenden gemeinschaftlichen Wohnräume, gegeben durch die Funktionsverteilung des Wohnens, müssen nicht zwingend im selben Gebäude sein, sondern können sich in die Siedlung, ins Quartier und gar in die Stadt ausdehnen. So kann ein gemeinschaftlicher Arbeitsplatz, ein Gästezimmer oder ein Ruheraum auch in einem angrenzenden Wohngebäude Platz finden. Dezentrales Wohnen kann so als Nutzungs- oder Funktionsverteilung des Wohnens verstanden werden und ist nicht zu verwechseln mit dem multilokalen Wohnen. Mit multilokalem Wohnen wird ein Wohnen verteilt über mehrere Standorte beziehungsweise Wohnsitze verstanden. Dieses Phänomen wurde nicht erst durch die Globalisierung und der damit einhergehenden Personenfreizügigkeit und Mobilität hervorgerufen. Schon vor der Industrialisierung führten Wanderarbeiterinnen und -arbeiter ein mobiles Leben, das durch mehrere Wohnsitze oder Behausungen geprägt war.[6] Eine typische Eigenschaft des multilokalen Wohnens ist denn auch die Nichtsesshaftigkeit, das heißt, es gibt entweder keinen permanenten oder dann mehrere Wohnsitze. Dies im Gegensatz zum dezentralen Wohnen, bei dem der grundsätzliche Wohnsitz sich auf den individuellen und oft reduzierten Raum bezieht, diesen jedoch durch ergänzende Nutzungsoptionen erweitert und optimiert ist. Ein dynamischer Charakter des Wohnens und der räumlichen Nutzung ist beiden Wohnphänomenen eigen.

Wohnraum zu teilen bedingt kein zeitgleiches Nutzen, sondern kann sowohl kollektiv als auch individuell stattfinden.
Als kollektive Nutzung wird beispielsweise

---

1 Czech (Hrsg.) (1995): Eine Muster-Sprache, S. 782.
2 Laut Karin Frick steht der englische Begriff *Sharing* für eine gemeinsame Nutzung. Daraus entstehen Verbindungen zwischen Menschen und somit ein Miteinander. Auf Deutsch enthält der Begriff *Teilen* zwei gegensätzliche Bedeutungen, neben Gemeinschaft auch Trennung, entsprechend dem englischen Begriff *divide*. *Teilen* ist eine grundlegende Form des Verhaltens, welches die Beziehung der Menschen untereinander regelt. *Teilen* bildet gewissermaßen die Grundlage des Zusammenlebens und gilt als die ursprünglichste Form des sozialen Austauschs. Anders als beim *Tauschen* steht beim *Teilen* die soziale Beziehung im Vordergrund und nicht der ökonomische Vorteil. *Teilen* hat in der westlichen Konsumgesellschaft kontinuierlich an Bedeutung verloren. Frick meint, es wird immer mehr zu etwas Besonderem, das man bewusst ausführt und zum Ausdruck eines neuen sozialen Lebensstils wird. Vgl. Frick, Hauser, Gürtler (2008): Sharity, Die Zukunft des Teilens, S. 5 ff.
3 Krosse (2005): Wohnen ist mehr, S. 55.
4 Häußermann, Siebel (2000): Soziologie des Wohnens, Eine Einführung in Wandel und Ausdifferenzierung des Wohnens, S. 28.
5 Baumgartner spricht vom dezentralen Wohnen als zunehmende Thematik im Wohnen und bemerkt, dass diese Entwicklung kleine Wohneinheiten befördern kann. Vgl. Baumgartner (2013): Zukunft des Wohnens, S. 6.
6 Hilti (2013): Lebenswelten multilokal Wohnender, S. 18 f., S. 30.

der gemeinsame, zeitgleiche Gebrauch eines Aufenthaltsraums oder einer Werkstatt durch mehrere Personen verstanden. Im Gegensatz dazu wird ein gemeinschaftlich verfügbares Gästezimmer zeitweise individuell und nicht gleichzeitig mit anderen genutzt. Die Aneignung gemeinschaftlicher Wohnräume ermöglicht zudem Mehrfachnutzungen und sogenannte Nutzungsüberlagerungen. Mehrfachnutzungen bedeuten, dass dem Wohnraum eine gewisse Funktion und Ausstattung zugeteilt wird und mehrere Personen sich diesen nicht zeitgleich aneignen können, wie beispielsweise beim oben beschriebenen Gästezimmer oder einem Musikraum. Nutzungsüberlagerung heißt, dass ein Raum unterschiedliche Funktionen erfüllen und die Nutzung je nach Ziel und Aneignung anders sein kann. So kann ein Jokerzimmer unter anderem als Yoga-Übungsraum, für einen Lesezirkel oder als Spielzimmer für Kinder genutzt werden. Wie bei der Mehrfachnutzung ist auch bei der Nutzungsüberlagerung die zeitlich begrenzte, zu vereinbarende Nutzung sowie ein angemessener Zugang im Sinne einer Verfügbarkeit relevant. Diese mögliche Nutzung solcher gemeinschaftlichen Räume kann als Option definiert werden. Gut durchdachte Nutzungsoptionen als Erweiterung des privaten Raums spielen eine Schlüsselrolle beim gemeinschaftlichen Wohnen, da bei dieser Wohnform ein optimaler Zugang im Vordergrund steht. Der Begriff Nutzungsoption bedeutet zudem, dass nicht nur eine gewisse Anzahl und Bandbreite gemeinschaftlich genutzter Wohnräume vorhanden ist, sondern ebenso eine bestimmte Anzahl von Personen, die diese Wohnräume bespielen. Dieses System an gemeinschaftlichen Räumen in unterschiedlicher Funktion und Ausstattung sowie diversen Nutzerinnen und Nutzer sorgt idealerweise für ein ausgewogenes Verhältnis zwischen Aneignung und Auslastung.

ESSAY

Die Stadt und das gemeinschaftliche Wohnen. Versuch einer Annäherung an eine widersprüchliche Beziehung

DR. HABIL ANGELUS EISINGER,
Planungsdachverband Region Zürich und Umgebung RZU

Wie so oft präsentiert sich im vorliegenden Falle aus der Distanz alles klar und aufgeräumt: Denkt man an die Geschichte der Stadt und die Geschichte des Wohnens, scheinen beide gleichsam naturgemäß eng miteinander verwoben. Keine der beiden Geschichten lässt sich, so der erste Eindruck, sinnvoll nachvollziehen, ohne die jeweils andere Geschichte mitzudenken. Die Frage nach dem gemeinschaftlichen Wohnen und seinen Beziehungen zur Stadt, der dieser Essay nachgehen möchte, wirkt vor diesem Hintergrund wie ein Vertiefungskapitel einer Geschichte des Wohnens, das mit dem Aspekt der Gemeinschaft den Bezug und die Auseinandersetzung zur Stadt beziehungsweise mit ihr sogar noch explizit einfordert. Sichten wir aber Realisierungen des gemeinschaftlichen Wohnens, legen sie ihre Bezüge zur Stadt nur selten frei. Was erzählen denn solche Realisierungen über die Transformationsprozesse der Stadt und wie wirken sie auf die Stadt? Die Suche nach einer Antwort kann dabei beginnen, dass Wohnen wie Dichte oder die Scheidung von Privatheit und Öffentlichkeit zu den Konstituenten der Stadt schlechthin gehört. Der gesellschaftliche Wandel in den Städten über die letzten gut 200 Jahre mag sich von der Industrialisierung Manchesters, dem Haußmannschen Paris, den Bombardierungen von Coventry, Dresden oder Rotterdam bis hin zu den europaweiten Slum Clearances immer wieder mit großer Gewalt in konkrete Stadträume eingeschrieben, Wohnungen und Wohnumfelder zerstört oder fundamental umgewälzt haben. Doch scheint die dadurch ausgelöschte Vergangenheit die lokalen Entwicklungspfade auch weiterhin zu prägen. Dafür stehen nicht nur viele Wiederaufbaudebatten nach dem Zweiten Weltkrieg. Darauf hat auch Pierre Bourdieu mit Blick auf die unter Haußmann vollzogene Wiedergeburt des Pariser Zentrums verwiesen, indem er in den Ansammlungen von rudimentären Hütten am Rande der Faubourgs, in denen die Arbeiter der innenstädtischen Baustellen hausten, den Nukleus der urbanen Problemlagen des Pariser Großraums der Gegenwart ausmachte.

Wohnen als gesellschaftlicher Beobachtungspunkt

Aldo Rossi hat in den 1960er-Jahren seine *L'Architettura della Città* auf einem ähnlichen Grundgedanken erheblicher, aber nicht unmittelbar augenfälliger Kontinuitäten in einer *longue durée* aufgebaut und damit nach der auf Optimierung funktionaler Teiloperationen setzenden Geschichtslosigkeit funktionalistischer Ansätze das konzeptionelle Verhältnis von Gebäude und Stadt im Architekturentwurf fundamental neu bestimmt. In diesem Essay sollen nun aber nicht Architektur und die Frage ihrer konzeptionellen Fundamente im Zentrum stehen, sondern eine stadt- und städtebauhistorisch angeleitete Reflexion des Wechselverhältnisses beziehungsweise der gegenseitigen Bedingtheiten der räumlich-materiellen Konfigurationen des gemeinschaftlichen Wohnens mit dem städtischen Kontext. Die Ausgangssituation präsentiert sich wie folgt: Das gemeinschaftliche Wohnen thematisiert das Verhältnis von Individuum, Gemeinschaft und Stadt und bestimmt es neu. Damit aber nicht genug: Für das gemeinschaftliche Wohnen gilt in akzentuierter Form, was für das Wohnen schlechthin gilt: Es bildet, um mit dem französischen Soziologen Marcel Maus zu sprechen, ein *fait social total*, in dem sich die Komplexität und der Facettenreichtum der Welt im Kleinen bündeln. Wohnen ist somit notwendigerweise immer eine ästhetische und ökonomische, juristische und moralische, technische und sozio-morphologische Dimension und gleichzeitig inhärent. Das heißt auch: Wohnen hört auf, ein feinsäuberlich abgrenzbarer Untersuchungsgegenstand zu sein, der sich zum Beispiel über die Auseinandersetzung mit Grundrissen und kompositorischen Verhältnissen von privaten, teilöffentlichen und öffentlichen Räumen erfassen ließe. Erst in der Zusammenschau der verschiedenen gerade angesprochenen Dimensionen lässt es sich korrekt bestimmen. Damit wird es aber auch zu einem umfassenden Beobachtungspunkt gesellschaftlichen Wandels.

Das gemeinschaftliche Wohnen als Reflektor der Stadt

Sichten wir vor diesem Hintergrund die weitläufige Galerie zur Geschichte des gemeinschaftlichen Wohnens, die uns die vorliegende Publikation von Susanne Schmid zugänglich macht, bestätigt sich wieder einmal die Richtigkeit einer Beobachtung, die Hans Jürgen Teuteberg in seinen wegweisenden *Betrachtungen zu einer Geschichte des Wohnens* schon vor vielen Jahren formuliert hat: Wohnen – und in akzentuierter Form gilt dies für das gemeinschaftliche Wohnen – ist immer Folge wie Prämisse sozialen Wandels. Die Geschichte des gemeinschaftlichen Wohnens formt deshalb ein Archiv urbaner Zustandsbeschreibungen und der zeitgebundenen Antworten darauf. Sie eröffnet umfassende Einblicke in das Wechselspiel von Stadtalltagen, ihrer diskursiven Codierungen, deren Übersetzung in Entwürfe von Gebäuden und Räumen und schließlich deren physisch-materielle Umsetzung unter den technischen und ökonomischen Bedingungen der Zeit. Eine so verstandene Geschichte erhebt keinen Anspruch mehr auf Linearität ihres Narrativs. Sie will erst recht nicht als Botschafterin eines evolutiven Pfades auf ein Mehr und eine wachsende Perfektion des Gemeinschaftlichen in der Stadt fungieren. Das Narrativ, das sie uns stattdessen bereithält, zeigt sich sprunghafter, anarchischer. Es ist dafür aber immer lokal, triftig, spezifisch und bewahrt uns dadurch davor, unsere heutigen Vorstellungen von Gemeinschaft auf frühere Phasen zu projizieren.

Nun lässt sich das gemeinschaftliche Wohnen, wie dies Susanne Schmid vorschlägt, als bewusstes Teilen von Räumlichkeiten, Infrastrukturen und Alltagen verstehen. Durch die gerade skizzierte Herangehensweise weitet sich in einer so verstandenen Geschichte gegenüber gängigen wohnbaulichen Untersuchungen das Feld der Akteure und Produzentinnen des Gemeinschaftlichen erheblich. Die Einstiegsfrage lautet dabei: Welche Ansprüche an gemeinschaftliches Wohnen werden wo, wann, wie und durch wen artikuliert? Rasch zeigt sich, dass das gemeinschaftliche Wohnen in Allianzen von unterschiedlichen Akteuren entsteht, die sich über die Zeit und von Fall zu Fall teilweise markant verändern: Gerade frühe Realisierungen waren oft unmittelbarer Ausfluss von Reformdiskursen oder Reaktionen auf akute Notsituationen und Mangellagen. Die Vorhaben waren meist philanthropisch motiviert, was auch heißt: Zugunsten einer ausgewählten Gruppe von Betroffenen – seien dies nun Arbeiterfamilien, Ledige oder alleinstehende Mütter. Der Architekturentwurf wurde dabei zu einem *inscription device* (Hans-Jörg Rheinberger), über den diese Angebote einer anderen, gemeinsam geteilten Welt zu Sequenzen von Räumen mit unterschiedlichen Konnotationen wurden. Dieses elitäre Netzwerk von Akteuren stellte den Bewohnerinnen und Bewohnern räumliche Konglomerate zur Verfügung, die die Problemlagen zu überwinden versprachen. Aktuelle Ansätze wie die Sargfabrik in Wien oder die Zürcher Kalkbreite unterscheiden sich von solchen Akteurskonstellationen und ihren Machtgefällen fundamental. Sie haben die Definitionsmacht über Inhalte und räumliche Konfigurationen neu bestimmt, indem in ihren Projekten die intensiven Interaktionen zwischen künftigen Nutzerinnen und den Architektinnen und Planern die Genese von Programm und Entwurf formten.

Fragen wir explizit nach den Stadtbildern gemeinschaftlicher Wohnungsangebote, so fällt auf, dass viele Projekte Gemeinschaft vor dem Hintergrund einer tiefen Stadtskepsis formuliert haben. Von Charles Fouriers Phalanstère als neuer gesellschaftlicher Zelle nach der Zerstörung der Gesellschaft durch die Industrialisierung über Ebenezer Howards Hybridisierung von Stadt und Land bis hin zu P.M.' s bolo'bolo und seinen autarken, aber untereinander vernetzten Gebilden strebten viele Projekte nach der Schaffung einer dezidierten Gegenwelt zur bestehenden Stadt. Interessanterweise hat sich aber dieses Moment einer räumlich isolierten Utopie in jüngeren Vorhaben gemeinschaftlichen Wohnens verflüchtigt. Die Ambition aktueller Trends von gemeinsam mit den künftigen Nutzerinnen und Nutzern entwickelten Vorhaben wie Großhaushalten und Co-Living besteht im Schaffen von sozial und funktional, baulich wie räumlich als Stadtbausteine in enger Interaktion mit ihrem Kontext verstandenen Projekten.

Impulse

Nachdem wir nun skizziert haben, wie sich Stadt und Stadtgesellschaft in die Konzepte gemeinschaftlichen Wohnens einschreiben, bleibt umgekehrt die Frage, welche Impulse von Realisierungen des gemeinschaftlichen Wohnens auf die Stadt ausgehen. Interessanterweise präsentieren sich viele der Standardwerke der Städtebau- und Architekturgeschichte als skizzenhafte Kompendien der Geschichte des gemeinschaftlichen Wohnens und erheben es zu einem festen Bestandteil der Narration ihrer jeweiligen disziplinären Geschichte. Die faktische Wohnungsproduktion allerdings geschieht im toten Winkel dieser Abfolgen von leuchtenden Sternen der Architekturproduktion. Deshalb muss sich ein Gedankenmodell, das bei der Suche nach den Wirkungen des gemeinschaftlichen Wohnens auf die städtische Wohnproduktion dem gängigen Dreisprung von Invention, Innovation und Diffusion folgt, notgedrungen im Leeren verlaufen. Die Impulse, die die Dynamiken des gemeinschaftlichen Wohnens für neue Architekturen, Gebäudetypologien, städtebauliche Ensembles und Freiräume liefern könnten, verflüchtigen sich in Anbetracht der ungemeinen Lethargie des Wohnungsmarktes gegenüber Neuerungen. Gerade in Städten, wo die Nachfrage nach Wohnraum das Angebot über längere Zeit überschreitet, gibt es für Entwickler und Bauherren keinen Anlass, aus vertrauten Schemata auszubrechen – abgesehen von oberflächlichen Zugeständnissen an modische Launen. Vielmehr zeigt sich, dass dort, wo Wohnungsknappheit oder gar Wohnungsnot herrschen, nachfrageseitig stillschweigend akzeptiert und somit absorbiert werden muss, was, wie gerne gesagt wird, der Markt hergibt. Ein Blick auf Immobilienportale in aktuell boomenden Städten wie Wien, Hamburg, London oder Zürich liefert in ein paar Klicks Bestätigung für diese Einschätzung. Wer auf dem Wohnungsmarkt dieser Städte nach Innovationen im Sinne des Überwindens banaler Konventionen bezüglich Grundrisskonzeptionen, Gebäudeorganisation, Freiräumen und erst recht in den Bezügen zu den umliegenden Quartieren sucht, der wird kaum fündig werden.

An diesen profanen Realitäten des Marktes dürfte sich so schnell kaum etwas ändern. Allerdings lenkt die jüngste Generation gemeinschaftlicher Wohnmodelle in der Stadt, wie sie sich in Großhaushalten, Clusterwohnungen oder Co-Living-Angeboten zeigen, die Aufmerksamkeit auf eine andere Herausforderung, die in boomenden Städten besonders augenfällig wird: Das Stichwort lautet Erhalt urbaner Möglichkeitsräume. Diese Thematik hat viele Städte über die letzten Jahre unter dem Vorzeichen der Kreativwirtschaft intensiv beschäftigt. Bei dieser Auseinandersetzung ging es darum, für einen durch die Preissteigerungen auf dem Immobilienmarkt akut bedrohten Sektor Strategien zu finden, damit er die Rolle spielen konnte, die man ihm stadtentwicklungspolitisch im Standortwettbewerb zugedacht hatte. Um die Kreativwirtschaft ist es in der Zwischenzeit recht ruhig geworden. Es scheint aber, als dränge sich die Notwendigkeit, Möglichkeitsräume zu sichern, im Angesicht der demografischen Veränderungen in den Städten – jünger, unabhängiger und gleichzeitig älter und bedürftiger – noch viel entschiedener für die Belange des Wohnens auf. Gleichzeitig ereignet sich heute Wohnen soziologisch betrachtet im Plural. Paternalistische Ansätze – vorgegeben von großen Visionären oder philanthropischen Unternehmern – dürften bei der Entwicklung eines entsprechenden Angebotes kaum mehr eine Rolle spielen. Auch die wohnpolitischen Agenden bieten bislang kaum Platz für solche Vorstellungen. Viele der auf diese stadtgesellschaftlichen Bedürfnislagen reagierenden Angebote sind in den letzten Jahren in Selbsthilfe oder in Bottom-up-Prozessen entstanden. Dafür steht zum Beispiel das Berliner R50 wie auch andere Baugruppen. Das Motto dabei lautet: Wir definieren und schaffen uns unser gemeinsames Wohnen selbst. In solchen von der Zivilgesellschaft formulierten Ansprüchen an die Ausgestaltung und Realisierung von konkreten Räumen werden neue Allianzen und Formen des Gemeinsamen sichtbar, die an die etablierten Förderungen von Genossenschaften durch die Politik erinnern. Das Rotterdamer Klushuizen-Projekt verleiht dem gemeinschaftlichen Wohnen und dem gemeinschaftlichen Agieren noch einmal einen zusätzlichen Aspekt, der für die künftige Stadtentwicklung bedeutend sein könnte: Die Sanierung heruntergekommener Wohnbauten durch künftige Bewohnerinnen gemeinsam mit von den Behörden finanzierten Architekten schafft attraktiven Wohnraum für junge Menschen in prekären Stadtteilen. Solche urbanen Pioniere betreiben nicht mehr den Aufbau einer Gegenwelt, sondern arbeiten an der Transformation der bestehenden Stadt vor Ort mit. In solchen Momenten finden das Gemeinschaftliche und die Stadt explizit zusammen, die sich sonst in der Geschichte des gemeinschaftlichen Wohnens oft nur am Rande begegneten.

Literatur

Benevolo (1983): Die Geschichte der Stadt.

Bourdieu (2016): Sozialer Raum und «Klassen», Leçon sur la leçon, Zwei Vorlesungen.

Posener (2014): Vorlesungen zur Geschichte der Neueren Architektur.

Teuteberg (1985): Betrachtungen über das Wohnen. In Homo habitans, Zur Sozialgeschichte des ländlichen und städtischen Wohnens in der Neuzeit, S. 1–23.

Gartenstädte und Wohnhöfe als sozial-reformerische Vision

«Es geht (...) nicht darum, die Restutopien abzuklopfen und womöglich wiederzubeleben. Nein, es geht um die Erfassung der Wirkungsweise und der Neuinterpretation unter den gegenwärtigen Bedingungen.»
GÜNTHER UHLIG[1]

Erst nach der Widerrufung des Sozialistengesetzes und dem Ende der Repressionen gegen das sozialistische und sozialdemokratische Gedankengut ab den 1890er-Jahren konnte das Wohnmodell der Gartenstädte und Wohnhöfe eingeführt werden.[2] Dies erklärt das Ausbleiben von Wohnobjekten mit gemeinschaftlichen Wohnräumen nach den Frühsozialisten und die Lücke in der zweiten Hälfte des 19. Jahrhunderts. Die Idee der Gartenstädte und Wohnhöfe wurde weitgehend geprägt durch die 1898 verfasste Schrift *To-morrow: A Peaceful Path to Real Reform* von Ebenezer Howard, einem englischen Stadtplaner und Visionär.[3] Absicht war es nach wie vor, die Wohnsituation für die Familien der arbeitenden Klasse zu verbessern und infolge der Industrialisierungsprozesse alternative Antworten für den Wohnungsbau zu finden. Neben neu aufkommenden kommunalen Bauträgern waren die Wohnobjekte ähnlich den Frühsozialisten initiiert und beeinflusst von einem Patron aus einer höheren sozialen Schicht.

Die Gartenstadt von Ebenezer Howard umfasste nicht nur eine städtebauliche, sondern ebenso sehr ein sozial-reformerische Vision, die sich aus den damaligen beengten und unhygienischen städtischen Wohnumständen ergab. Howard übernahm nicht bloß die Utopien der Frühsozialisten und ergänzte diese, sondern stellte mit dem Modell der Gartenstadt ein Siedlungskonzept vor, das Stadt und Land als zwei Magnete sah und diese vereinte.[4] In der genossenschaftlich organisierten dezentral-zentralen Gartenstadt sah er eine ideale Stadt für etwa 58.000 Einwohnerinnen und Einwohner, die ringartig umgeben war von peripheren kleineren und durchgrünten Städten mit je etwa 32.000 Bewohnern. Howards Absicht war es einerseits die Bodenpolitik zu verändern, indem Grundstücke und Kapitaleinträge der Spekulation entzogen werden konnten und in den gemeinschaftlichen Besitz übergingen. Anderseits versuchte er eine breite Bevölkerungsschicht am Wohlstand der industriellen Revolution teilhaben zu lassen. Es lag ihm fern, das Gartenstadtmodell als Agrarromantik oder Landfluchtbewegung zu verstehen, denn er bevorzugte die Annehmlichkeiten des städtischen Lebens, die er in sein Modell implementierte.[5]

Daneben wurden zu Beginn des 20. Jahrhunderts diverse neue Verbände und Institutionen wie der Werkbund in den deutschsprachigen Ländern, der aus der britischen Arts-and-Crafts-Bewegung entstand, sowie das Bauhaus in Deutschland gegründet.[6] Diese Verbände und Institutionen führten zu einer breit abgestützten Auseinandersetzung mit dem Thema Wohnen, das in Fachkreisen intensiv diskutiert und einer breiten Bevölkerungsschicht jeweils durch Ausstellungen oder anhand von Mustersiedlungen aufgezeigt wurde. Im Weiteren führten politische Veränderungen um die Jahrhundertwende in ganz Europa vielerorts zu einer starken sozialdemokratischen Kraft, beflügelten Genossenschaften ebenso wie Gewerkschaften und stärkten somit auch die Arbeiterschaft.[7] Unzählige Gesetze und Erlasse erhöhten die Standards im Wohnungswesen und verbesserten die Situation vor allem für die unteren Schichten. Das politische Klima blieb dennoch stark von der Klassengesellschaft und somit der bürgerlichen Schicht geprägt. Ziel des neuen Wohnungsbaus war die Entproletarisierung und zugleich auch eine Entpolitisierung der Arbeiterschaft. Die Privatisierung der Familie sollte zu ihrer besseren Kontrollierbarkeit führen.[8]

Der Untergang der großen Monarchien und Vielvölkerstaaten Europas, der durch den Ersten Weltkrieg erfolgte, führte zu grundlegenden Veränderungen der politischen Konstellationen. So waren es unter anderem die ab 1918 durch eine sozialdemokratische Mehrheit geprägte Weimarer Republik sowie das Rote Wien, die durch einen kommunalen Wohnungsbau in dieser Zeit deutliche Verbesserungen bewirkten. Die Weimarer Republik beispielsweise führte nach der Novemberrevolution mehrere Gesetze und Verordnungen ein, um an den Maßnahmen, die vor oder während des Ersten Weltkriegs ergriffen wurden, anzuknüpfen. Die Verteilung des vorhandenen Wohnraums, die Höhe der Miete, die Rechte der Mieterschaft und der Mieterschutz wurden grundlegend geregelt. Diese Maßnahmen führten zu einer staatlich kontrollierten Wohnungszwangswirtschaft, da das Privatkapital nach dem Krieg vorwiegend im Bereich der Produktionsmittelindustrie investiert wurde.[9] Noch weiter als die Weimarer Republik ging das Rote Wien. Der Begriff Rotes Wien bezieht sich auf die sozialdemokratische Regierung der österreichischen Hauptstadt zwischen 1918 und 1934, bevor diese durch einen Bürgerkrieg und den Anschluss ans Dritte Reich entmachtet wurde. Das Rote Wien war geprägt durch umfassende Neubauten und kommunale Wohnanlagen, ergänzt durch zahlreiche Reformen in Sozial-, Gesundheit-, und Erziehungspolitik.[10] Eine breite Förderung des Wohnungsbaus bildete denn auch den Rahmen für die Gartenstädte und Wohnhöfe und stärkte das gemeinschaftliche Wohnen in dieser Phase. Durch günstige

1 Uhlig: Siedeln in Gemeinschaften. In Schneider, Nerdinger, Wand (2000): Deutschland, Architektur im 20. Jahrhundert, S. 43.

2 Sozialdemokratische Parteien waren durch das Sozialistengesetz grundsätzlich nicht verboten, sondern in ihren Handlungen eingeschränkt. Die damalige sozialistische oder sozialdemokratische Besinnung wurde stark von Friedrich Engels und Karl Marx geprägt, welche die Situation für die Arbeiterklasse verbessern und letztlich die kapitalistischen Herrschaftsstrukturen auflösen wollten. Vgl. Engels (1872, Berliner Ausgabe 2013): Zur Wohnungsfrage, S. 40.

3 Das Buch war schnell vergriffen und wurde 1902 unter dem Titel *Garden Cities of Tomorrow* neu aufgelegt.

4 Bertels (1990): Gemeinschaftsformen in der modernen Stadt, S. 63.

5 Uhlig: Siedeln in Gemeinschaften. In Schneider, Nerdinger, Wand (2000): Deutschland, Architektur im 20. Jahrhundert, S. 44 sowie Uhlig (1981): Kollektivmodell Einküchenhaus, Wohnreform und Architekturdebatte zwischen Frauenbewegung und Funktionalismus, S. 13.

6 Insbesondere im 1907 in München gegründeten Werkbund galt das Wohnen, die Wohnung und das Wohnumfeld als vorherrschendes Thema. Mit dem Beginn des Bauhauses um 1919, einer Kunstschule, die Kunst und Handwerk zusammenführen wollte, etablierte sich die Diskussion um das Wohnen in Fachkreisen. Mustersiedlungen konnten in Zusammenarbeit mit dem Werkbund realisiert werden. Vgl. Hanak, in Tec 21 (3–4|2017): Wie wohnen?, S. 21 ff.

7 Mersmann, Novy (1991): Gewerkschaften, Genossenschaften, Gemeinwirtschaft, Hat eine Ökonomie der Solidarität eine Chance?, S. 25 f., S. 56.

8 Die Arbeiter wurden angehalten, ihre Freizeit zu Hause oder im Garten, das heißt in der Familie zu verbringen. Zudem führten sozialistische Zeitungen mancherorts nach wie vor zur sofortigen Beendigung des Mietverhältnisses. Vgl. Petsch (1989): Eigenheim und gute Stube, Zur Geschichte des bürgerlichen Wohnens, S. 80.

9 Stratmann, Wohnungsbaupolitik in der Weimarer Republik. In Neue Gesellschaft für Bildende Kunst (Hrsg.) (1977): Wem gehört die Welt, Kunst und Gesellschaft in der Weimarer Republik, S. 41.

10 Aigner (2015): Gemeinschaftliches Wohnen, eine Typologie und ihre Vielfalt, S. 41 ff.

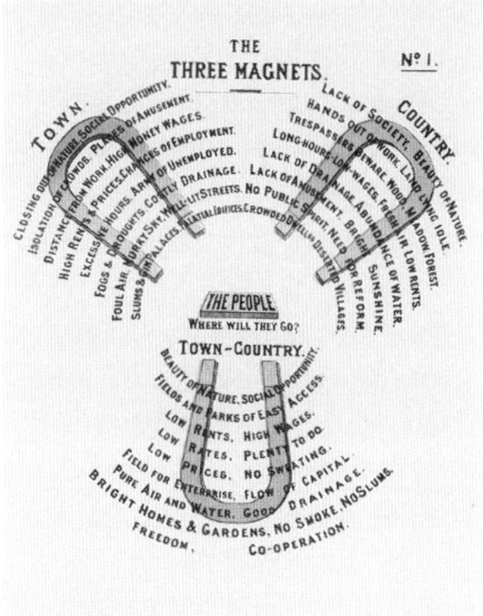

Das Drei-Magneten-Modell von Howard
Howard Ebenezer, To-morrow: A Peaceful Path to Real Reform, 1898

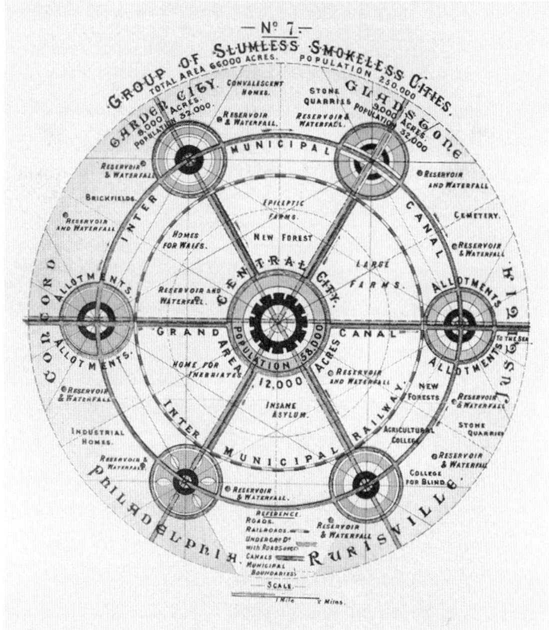

Konzeptskizze einer Gartenstadt, ringförmig angeordnete Wohnstädte um eine Kernstadt
Howard Ebenezer, To-morrow: A Peaceful Path to Real Reform, 1898

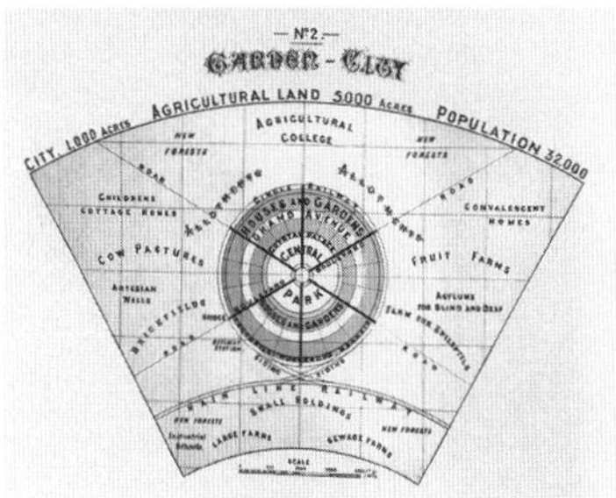

Wohnstadt mit Umland
Howard Ebenezer, To-morrow: A Peaceful Path to Real Reform, 1898

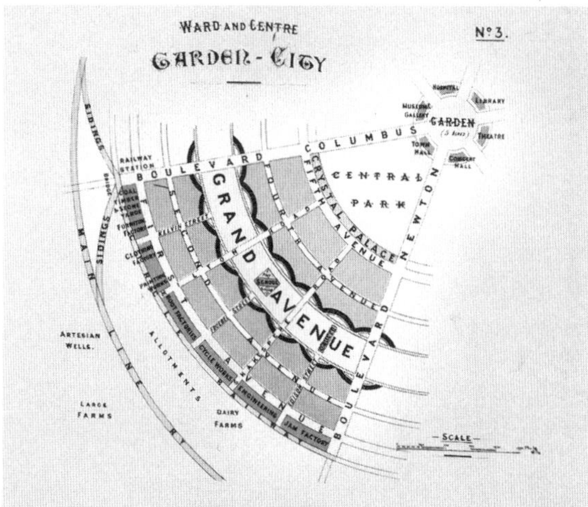

Darstellung eines Wohnstadt-Segments, in dem wiederum ringförmig die einzelnen Funktionen angeordnet sind
Howard Ebenezer, To-morrow: A Peaceful Path to Real Reform, 1898

Kredite, Steuererlässe oder Übergabe von Boden im Baurecht konnten nun Baugenossenschaften sowie Gewerkschaften nicht nur mehr Wohnraum schaffen, sondern auch den Wohnbaustandard erhöhen.[11] Zusätzliche Begünstigungen für Baugenossenschaften führte das Rote Wien ein, indem es nach dem Ersten Weltkrieg eine zweckgebundene Wohnbausteuer verlangte.[12] Mit diesen Einnahmen konnten fast ein Drittel der Kosten des kommunalen Wohnungsbaus gedeckt werden. Neben den Baugenossenschaften und Kommunen traten vielerorts Patrons von großen industriellen Betrieben als Bauherren auf, um angemessenen Wohnraum für ihre Arbeiterschaft werknah anzubieten. Ziel war es aber auch, wie bereits oben erwähnt, die Arbeiterschaft zu entpolitisieren und der sozialistischen Bewegung entgegenzuwirken.

So entstanden in den Anfängen des 20. Jahrhundert zahllose Siedlungen, welche die Grundzüge einer Gartenstadt in sich trugen. Um Bauspekulanten zu umgehen, traten Kommunen oder Wohnbaugenossenschaften als Bauträger auf, aber auch die erstarkten Gewerkschaften taten dies, wie beispielsweise bei den Eisenbahner-Siedlungen. In der wirtschaftlich unsicheren Zeit nach dem Ersten Weltkrieg war es sinnvoller, günstigen Wohnraum für die Arbeiter und Beamten zu schaffen als Lohnerhöhungen zu gewähren, die durch die Inflation jeweils wieder nichtig wurden. So entstand vielerorts eine rege Zusammenarbeit zwischen Kommunen und gemeinnützigen Wohnbauträgern.[13] Dabei wurde stets darauf geachtet, dass Reihenhäuser und Wohnungen in unterschiedlichen Preisklassen angeboten wurden, um den Hierarchien der Arbeitswelt baulich gerecht zu werden und eine heterogene Bewohnerschaft zu erhalten. Solche Wohnobjekte waren neben Gärten für die Selbstversorgung oft auch mit gemeinschaftlichen Folgeeinrichtungen wie Versammlungsräumen, Bibliotheken oder einem Marktplatz ausgestattet. Selten jedoch wurden, wie beim Wohnmodell der Frühsozialisten, wesentliche Grundausstattungen geteilt, die in die Familienstrukturen eingegriffen hätten. Im Verlauf der Zeit wurden zudem immer mehr gemeinschaftliche Wohneinrichtungen in die individuellen Räume verlagert. Insbesondere das Bad beziehungsweise gemeinschaftliche Bade- und Waschanstalten verloren ihre Daseinsberechtigung, als die Toilette mit privater Waschstelle zunehmend Einzug in die Arbeiterwohnung fand.[14]

Umfassende Gemeinschaftseinrichtungen oder zentrales Hauswirtschaften schienen den Patrons, den Gewerkschaften und Genossenschaften als zu sozialistisch.[15] Die Ablehnung wurde damit begründet, dass sämtliche Funktionen des Wohnens im Kern der Familie geschehen sollten. Es bildete sich eine häusliche Autonomie der Familie.[16] So entwickelte sich, fast zeitgleich mit dem Wohnmodell der Einküchenhäuser ab 1905, ein Reformmodell zur Emanzipation, um der Isolierung der Hausfrau in der Wohnung entgegenzuwirken. Zudem führten die Gartenstädte und Wohnhöfe durch ihre Idealisierung der Familie zur Entwicklung der Ledigenheime und Boardinghäuser, die sich ebenfalls anfangs des 20. Jahrhunderts als Gegenmodell etablierten. Dabei wurden Wohnformen realisiert, die nicht die Familie als gesellschaftsbildend sahen. Der Beginn der Wirtschaftskrise um 1929 führte nicht nur zu einer Schwächung der Wohnbautätigkeit bezüglich Gartenstädten und Wohnhöfen, sondern zu einer politisch rechtsideologischen Radikalisierung, einer hohen Arbeitslosigkeit und zu unkontrollierbaren politischen Umwälzungen. Die Blütezeit des gemeinnützigen und kommunalen Wohnungsbaus war vorerst beendet.

Der Einfluss der Gartenstädte und Wohnblöcke in die Stadt- sowie Wohnbauplanung bleibt jedoch unbestritten. Die seit dem Beginn der Industrialisierung langsam erfolgte Verbesserung der Wohnverhältnisse in den Mietshäusern ist auch auf die Bautätigkeit der Genossenschaften zurückzuführen, die den Wohnungsbau von den spekulativen Zwängen befreiten.[17] Beispielsweise konnte die Baudichte markant gesenkt werden. Erstmals entstanden Arbeiterwohnhäuser mit grünen Innenhöfen, Nutzgärten und genügend Ausstattung für ein humanes Wohnen. Baugenossenschaften wurden zu Pionieren des Städte- und Wohnungsbaus. Eine grundsätzlich sozialdemokratische Ausprägung im Wohnungsbau konnte jedoch nicht flächendeckend entwickelt werden. Als weitere bedeutende Entwicklung dieses Wohnmodells gilt die häusliche Intimität. Das private Heim wurde zum Ideal, das Familienleben konzentrierte sich aufs Private.[18]

11 Mersmann und Novy schreiben dazu, dass spätestens Mitte 1919 klar war, dass weder von der Privatwirtschaft noch vom Staat oder der Kommune eine Neubautätigkeit für die Masse von Wohnungssuchenden zu erwarten war. Es setzte eine Selbsthilfebewegung in der Bauwirtschaft ein. Mersmann, Novy (1991): Gewerkschaften, Genossenschaften, Gemeinwirtschaft, Hat eine Ökonomie der Solidarität eine Chance?, S. 56, S. 58.

12 Jahn (2014): Das Wunder des Roten Wien, Zwischen Wirtschaftskrise und Art Deco, S. 15.

13 Stratmann, Wohnungsbaupolitik in der Weimarer Republik. In Neue Gesellschaft für Bildende Kunst (Hrsg.) (1977): Wem gehört die Welt, Kunst und Gesellschaft in der Weimarer Republik, S. 40, S. 44.

14 Häußermann spricht von einer Affektmauer, die sich im Zuge des Zivilisationsprozesses kontinuierlich zwischen die Menschen schob. Je schärfer Scham- und Peinlichkeitsgrenzen gezogen wurden, desto mehr wurden Bäder und Waschanstalten privatisiert. Dies hatte zur Folge, dass die Wohnungsgrundrisse immer spezialisierter und hierarchisierter wurden. Vgl. Häußermann, Für sich sein. In Schneider, Nerdinger, Wand (2000): Deutschland, Architektur im 20. Jahrhundert, S. 70.

15 Petsch (1989): Eigenheim und gute Stube, Zur Geschichte des bürgerlichen Wohnens, S. 80.

16 Barbey (1984): Wohnhaft, Essay über die innere Geschichte der Massenwohnung, Sozialgeschichte, Wohnungsgeschichte, S. 89.

17 Mersmann, Novy (1991): Gewerkschaften, Genossenschaften, Gemeinwirtschaft, Hat eine Ökonomie der Solidarität eine Chance?, S. 55.

18 Bahrdt, (1998): Die moderne Großstadt, Soziologische Überlegungen zum Städtebau, S. 140.

Ausgewählte Vertreter von Gartenstädten und Wohnhöfen

	Bezug	Stadt	Lage	Bautyp	Architektur	Trägerschaft
Wohnanlage Proskauer Straße	1894	Berlin GER	Stadtquartier	Neubau	Alfred Messel	Berliner Spar- und Bauverein
→ Seite 129 ***Homesgarth House***	**1903**	**Letchworth GRB**	**Stadtzentrum**	**Neubau**	**Clapham Lander**	**First Garden City Ltd.**
→ Seite 133 ***Arbeiterwohnsiedlungen Margarethenhöhe***	**1912**	**Essen GER**	**Stadtrand**	**Neubau**	**Georg Metzendorf**	**Margarethe Krupp Stiftung für Wohnungsfürsorge**
Eisenbahner-Siedlung Wedau	1915	Duisburg GER	Siedlungsrand	Neubau	Caspar Maria Grod	Beamtenwohnungsverein der preußischen Eisenbahnen
Metzleinstaler Hof	1920	Wien AUT	Stadtquartier	Neubau	Robert Kalesa	Stadt Wien
Habitation bon marché des Amiraux	1923	Paris FRA	Stadtzentrum	Neubau	Frédéric Savage, Charles Sarrazin	Stadt Paris
Eisenbahner-Siedlung Weissensteingut	1925	Bern CH	Stadtrand	Neubau	Franz Trachsel, Otto Ingold	Eisenbahner-Baugenossenschaft Bern
→ Seite 136 ***Karl-Marx-Hof***	**1927**	**Wien AUT**	**Stadtrand**	**Neubau**	**Karl Ehn**	**Stadt Wien**
→ Seite 140 ***Hufeisensiedlung Britz***	**1930**	**Berlin GER**	**Stadtrand**	**Neubau**	**Bruno Taut, Martin Wagner**	**Gemeinnützige Heimstätten Aktiengesellschaft GEHAG**

Pläne, wenn nicht anders vermerkt

Schwarzplan	1:20.000
Umgebungsplan	1:10.000
Geschosse	1:500
Schnitt	1:500

Homesgarth House

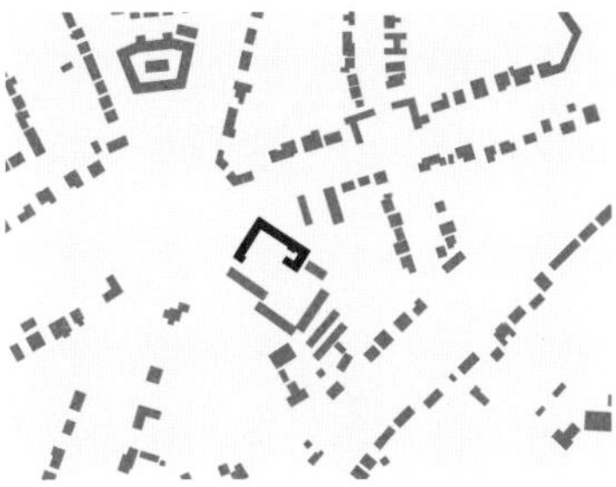

1 : 12.000

Der Visionär Ebenezer Howard selbst gehörte zu den Gründern der ersten Gartenstadt namens Letchworth Garden City, die in der Nähe von London im Jahr 1903 genossenschaftlich konstituiert wurde. In dieser Gartenstadt entstand 1909 auch das Homesgarth House (heute Sollershot House genannt) des Architekten Clapham Lander mit insgesamt 48 Wohnungen, die sich eine zentrale Küche, einen Speisesaal sowie weitere gemeinschaftliche Aufenthaltsräume teilten.[1] Zudem beinhaltet das Homesgarth House eine Kinderkrippe sowie eine kollektive Erschließung mittels einer Kolonnade, die als Aufenthalts- und Kommunikationsraum diente. Mit diesen gemeinschaftlichen Wohnräumen zeigte das um einen Innenhof angelegte Wohnobjekt denn auch Anzeichen eines Einküchenhauses, blieb aber in seiner Verwirklichung unvollendet. So wurde das Essen beispielsweise nicht mittels Speiseaufzügen in die individuellen Wohnräume geführt, was ein typisches Merkmal der Einküchenhäuser war.[2]

Das Homesgarth House galt in der ersten europäischen Gartenstadt als sehr experimentell. Die einzelnen Wohnungen funktionierten dennoch relativ selbstständig und waren im Vergleich zu den Wohnmodellen der Großwohneinheiten oder Ledigenheime und Boardinghäuser sowie Einküchenhäuser weniger von den gemeinschaftlichen Räumen abhängig. Ebenezer Howard, der selber bis ins Jahr 1920 im Homesgarth House wohnte, musste dennoch einsehen, dass die Bewohnerinnen und Bewohner der Arbeiterschicht die Reihenhäuser im Sinne der Gartenstadt bevorzugten. Es wollten nur gut 24 Familien einziehen. Die zentralisierte Organisation der Hauswirtschaft wie im Homesgarth House und das dezentralisierte Stadtgebilde der Letchworther Garden City schienen im Widerspruch zu stehen.[3] Einigen Quellen zufolge wurde das Homesgarth House denn auch nie fertig realisiert. So liegen auch nur wenige Unterlagen und Pläne des Wohnobjekts vor.[4]

1 Es gibt unterschiedliche Angaben zu der Wohnungsanzahl. Laut weiteren Quellen waren es 32. Vgl. Miller (1989): Letchworth, The First Garden City, S. 74 oder aber Muscheler (2007): Das Haus ohne Augenbrauen, Architekturgeschichte aus dem 20. Jahrhundert, S. 31.

2 Muscheler (2007): Haus ohne Augenbrauen, Architekturgeschichte aus dem 20. Jahrhundert, S. 29 f.

3 Uhlig (1981): Kollektivmodell Einküchenhaus, Wohnreform und Architekturdebatte zwischen Frauenbewegung und Funktionalismus, S. 12.

4 Muscheler (2007): Haus ohne Augenbrauen, Architekturgeschichte aus dem 20. Jahrhundert, S. 32.

Überdeckter Gehweg (Kolonnade) beim Innenhof
© Garden City Collection

Fassadenansicht des zwei- bis dreigeschossigen Homesgarth House
© Garden City Collection

Gemeinschaftlicher Speisesaal
© Garden City Collection

Innenhof mit Garten
© Garden City Collection

Privater Wohnbereich in der küchenlosen Wohnung
© Garden City Collection

Raumstruktur

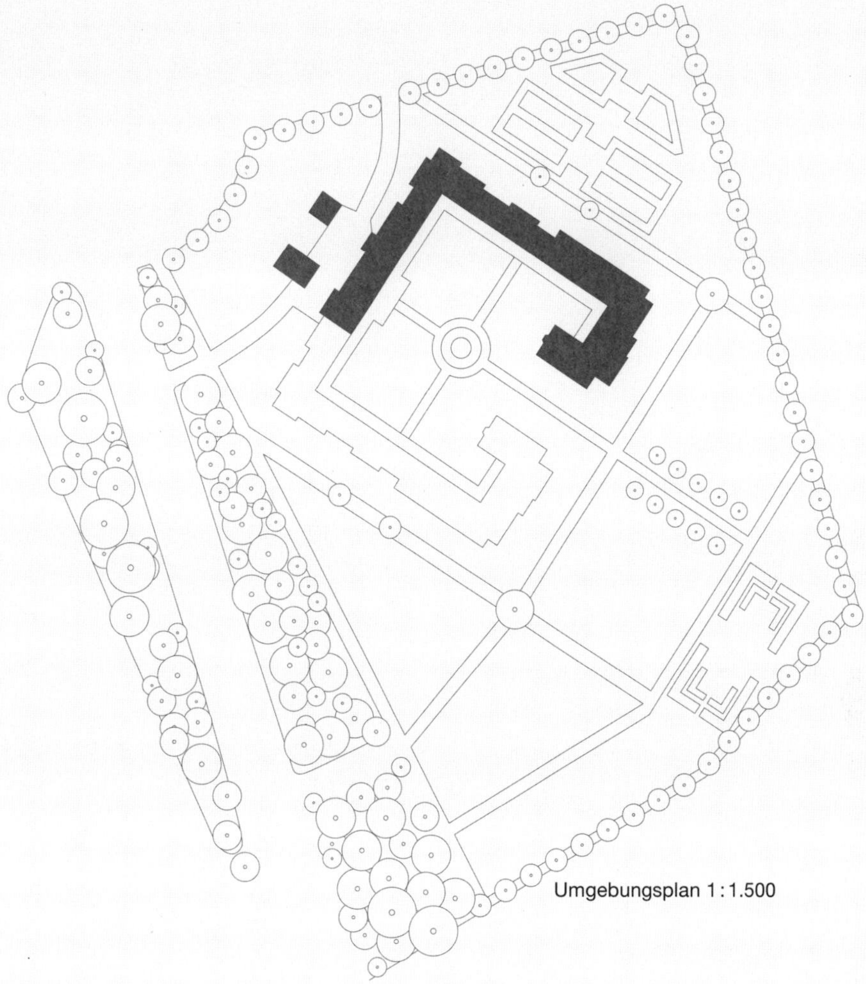

Umgebungsplan 1:1.500

Raumstruktur

Speisesaal
zentrale Küche
Aufenthaltsräume

Innenhof mit Kolonnade

Weiterer, nicht verorteter öffentlicher Raum
Kinderkrippe

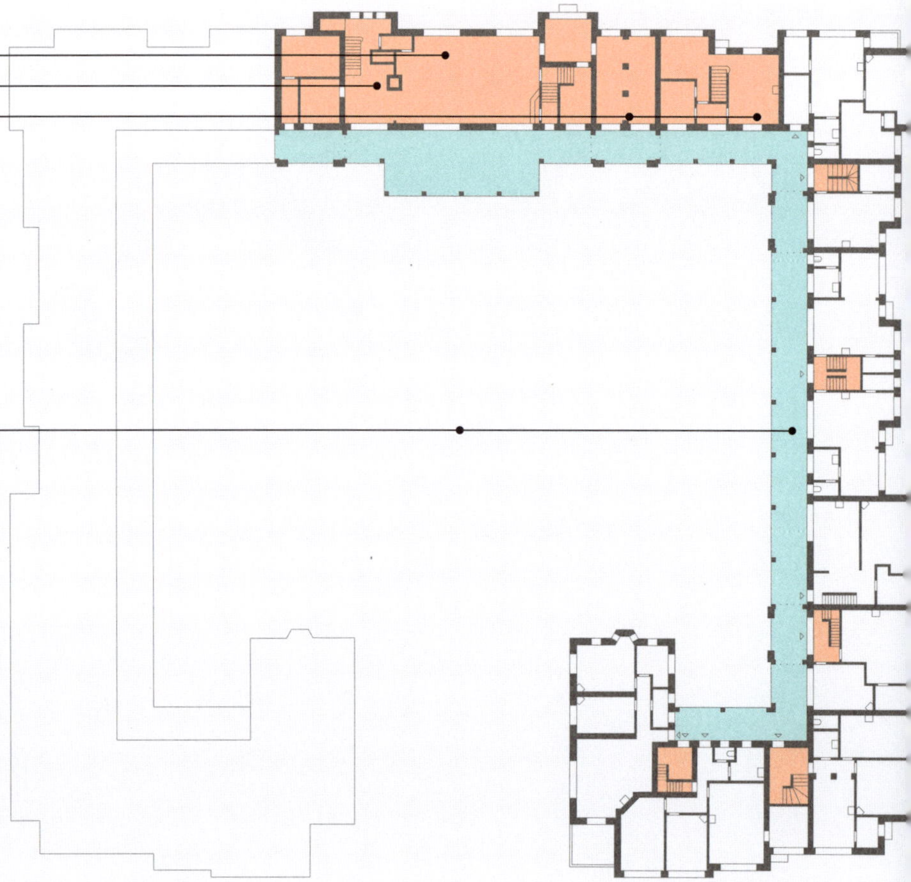

Erdgeschoss (nur partiell)

Außenraum: öffentlich kollektiv
Innenraum: öffentlich kollektiv

Organisationsform	kooperative Trägerschaft in Form einer Gesellschaft, Aneignung durch mieten, Initiierungsform top-down
Bewohnerstruktur	24 Familien, Arbeiterklasse mit eher niedrigem Bildungsniveau
Betriebsstruktur	Land und Gebäude wurden als gemeinsames Gut verwaltet, eher serviceorientierter Betrieb, Lebensmittel und weitere alltägliche Dinge sowie Kosten für Dienstpersonal in Miete inbegriffen, Mitwirkungsgrad nicht bekannt
Wohnungsspiegel	48 Wohneinheiten
Flächen	Grundstücksfläche nicht bekannt, 2 bis 3 Geschosse

Arbeiterwohnsiedlungen Margarethenhöhe

1:28.000

Mit der Margarethenhöhe entstand in Deutschland eine der ersten Arbeiterwohnsiedlungen mit gartenstadtähnlichem Charakter. Anlässlich der Hochzeit ihrer Tochter stiftete Margarethe Krupp, Witwe des Unternehmers Friedrich Alfred Krupp, der Stadt Essen eine Million Mark sowie das Bauland, auf dem die neue Siedlung erstellt werden sollte.[1] So entstanden zwischen 1909 und 1932 in über zwanzig Bauphasen rund 776 Häuser mit insgesamt 1.390 Wohnungen.[2] Die Arbeiterwohnsiedlung bot nicht nur Beschäftigten der Gussstahlfabrik von Krupp werknahen Wohnraum, sondern sollte auch der Bevölkerung von Essen offenstehen. Mit einer Einkommensgrenze bei der Vergabe für Wohnungen stellte die Stiftung sicher, dass Arbeiterfamilien aus unterschiedlichen Berufsgruppen den zweckmäßigen und dennoch modernen Wohnraum mieten konnten.[3] Margarethe Krupp nahm überdies hinaus auch bei der städtebaulichen Konzeption sowie der Baudichte Einfluss und wählte den Architekten, der die Arbeiterwohnsiedlung sozusagen als Lebenswerk realisieren sollte. Ihre Wahl fiel auf den jungen Georg Metzendorf, der Mitglied beim Deutschen Werkbund war und schon bei der Gartenstadt Hellerau in Dresden erste Erfahrungen sammeln konnte. Metzendorf wurde jedoch nicht von der Stiftung, sondern von der Stadt Essen angestellt, was die damalige Verflechtung von Stadt und Unternehmen aufzeigt.[4]

Die Arbeiterwohnsiedlung wurde von Georg Metzendorf durch ihre Planmäßigkeit, eine begrenzte Ausdehnung und Auflockerung der Bebauung und Durchgrünung sowie durch Bildung mittels Kultur mit deutlichen Merkmalen einer Gartenstadt angelegt. So gab es denn auch gemeinschaftliche Folgeeinrichtungen wie Schulen, Kindergärten, Gemeindezentren, Konsumläden und Gaststätten, die für eine autarke Siedlungsgemeinschaft sorgten.[5] Metzendorf entwarf zwei unterschiedliche Regelgrundrisse, die er entweder ein- oder zweigeschossig auf die unterschiedlichen Gebäudetypen wie das Einfamilienhaus, das Doppelhaus, eine Gebäudereihe oder gestapelt im Geschosswohnungsbau anwendete.[6] Umfassendere Gemeinschaftseinrichtungen oder zentrale Hauswirtschaften waren in der Margarethenhöhe nicht vorgesehen, die Familienwohnungen blieben in sich abgeschlossen. Es galt, genügend lebenswerten Wohnraum für die Arbeiterfamilien zur Verfügung zu stellen. Zudem sollte die Familie als Kern der Gemeinschaft gestärkt und auch kontrolliert werden, um so die Arbeiter an das Unternehmen zu binden.[7]

---

1 Grütter, Heinrich Theodor (2014): Die Gartenstadt Margarethenhöhe, Architektur und Geschichte, S. 18.

2 Andere Quellen sprechen von 700 oder auch 3.090 Wohneinheiten. Die unterschiedlichen Angaben weisen vermutlich auf diverse Bauetappen hin, die je nach Betrachtungsweise anders interpretiert werden. Nach einer ersten Bauetappe bis 1932 folgten bis gut 1970 weitere. Vgl. auch Grütter, Heinrich Theodor (2014): Die Gartenstadt Margarethenhöhe, Architektur und Geschichte, S. 49.

3 Grütter, Heinrich Theodor (2014): Die Gartenstadt Margarethenhöhe, Architektur und Geschichte, S. 98.

4 Ebd., S. 28.

5 Ebd., S. 29.

6 Ebd., S. 34.

7 Petsch (1989): Eigenheim und gute Stube, Zur Geschichte des bürgerlichen Wohnens, S. 54, S. 80.

Torbogenhaus als Eingangstor zur Margarethenhöhe
© Anton Meinholz / Fotoarchiv Ruhr Museum

Marktplatz mit Gasthaus
© Anton Meinholz / Fotoarchiv Ruhr Museum

Geschosswohnungen um 1921
Rainer Metzendorf, Georg Metzendorf, 1874–1934: Siedlungen und Bauten, 1994

Kruppscher Konsum
© Anton Meinholz / Fotoarchiv Ruhr Museum

Volksschule in der Margarethenhöhe
© Anton Meinholz / Fotoarchiv Ruhr Museum

Raumstruktur

Nicht verortete, öffentliche Räume
Schule
Kindergarten
Gemeindezentrum
Konsumläden
Gaststätten

Umgebungsplan

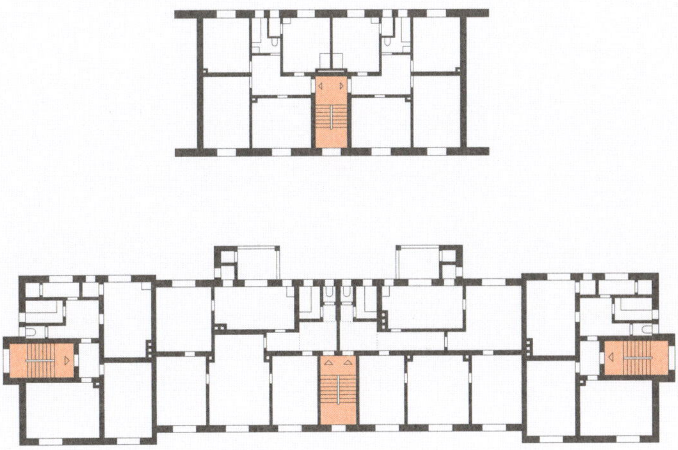

Regelgrundriss Geschosswohnungen

Außenraum: öffentlich kollektiv
Innenraum: öffentlich kollektiv

Organisationsform	auf gemeinnütziger Basis ohne Gewinnabschöpfung, Aneignung durch mieten, Initiierungsform top-down
Bewohnerstruktur	Anzahl Personen nicht bekannt, für Arbeiterfamilien, eher niedriges Bildungsniveau
Betriebsstruktur	fremdverwaltet durch Stiftung, ab den 1980er-Jahren teilweise privatisiert, Mitwirkungsgrad gering
Wohnungsspiegel	1.390 Wohneinheiten, in Form von Einfamilien- und Doppelhäusern, Gebäudereihen und Geschosswohnungen

Karl-Marx-Hof

Die Anfänge der sozialdemokratischen Regierung ab dem Jahr 1918 in Wien waren geprägt durch Kriegsheimkehrer, die dringend Obdach benötigten, eine knappe Lebensmittelversorgung sowie eine hohe Arbeitslosigkeit. Als Kriegsverlierer war Wien hoch verschuldet.[1] Aus Not wurden anfänglich städtische Brachflächen besetzt und zu sogenannten Bretteldörfern hergerichtet, notdürftige Hütten und Nutzgärten, die der hungernden Bevölkerung Dach und Nahrung boten.[2] Dennoch konnte das Rote Wien während 15 Jahren seine kommunale Wohnbaupolitik äußerst umfangreich umsetzen. Zur Finanzierung dieser Wohnbauten wurde ein System der indirekten Besteuerung von alltäglichen Gütern eingeführt und dieses dann 1923 in eine zweckgebundene Wohnbausteuer überführt. Die Steuer war stark gestaffelt, indem der Großteil der Bevölkerung mit 2 % sehr gering belastet wurde, die Bewohnerschaft der teuersten Wohnungen jedoch fast für die Hälfte der gesamten Steuerleistung aufkam. Als zweckgebundene Steuer flossen sämtliche finanziellen Mittel in den kommunalen Wohnungsbau, der sich zum Ziel gesetzt hatte, jährlich 5.000 neue moderne, helle und hygienisch adäquate Wohnungen mit eigenem Wasseranschluss und Toilette zu verwirklichen.[3] Die Wohnungen wurden nicht in allen Bereichen nach dem von der damaligen Architekturavantgarde bevorzugten Modell der Gartenstadt angelegt, sondern als Blockrandbebauungen oder eben Wohnhöfe innerhalb des Stadtgebietes realisiert. Typisches Merkmal der Wohnhöfe ist der Zugang zu den Häusern über den Hof.[4]

Eine der markantesten Bebauungen ist der Karl-Marx-Hof, der 1927 vom Architekten Karl Ehn, einem Schüler Otto Wagners, realisiert wurde. Wie bei sämtlichen kommunalen Wohngebäuden erfolgte der Zugang über einen Hof, der Ausdrucksform von Zusammenhalt und Gemeinschaft war. Der Karl-Marx-Hof umfasste bei Erstbezug ganze 1.382 Ein- bis Fünfzimmerwohnungen für ungefähr 5.000 Bewohner.[5] Er wurde mit umfangreichen kollektiven Einrichtungen wie gemeinschaftlichen Bädern, einer Zentralwäscherei mit 62 Waschständen, zwei Kindergärten, einer Mütterberatungsstelle, einer Bibliothek und diversen Kliniken sowie Arztpraxen, einer Tuberkulosefürsorgestelle und einer Apotheke ausgestattet.[6] Auch gab es ein Postamt, eine Gaststätte, Kaffeehäuser, Geschäftslokale sowie Versammlungssäle, die teilweise für politische Veranstaltungen genutzt wurden. Die gemeinschaftlichen Wohneinrichtungen und vor allem die Folgeeinrichtungen waren zentral angeordnet, sodass diese als Treffpunkte innerhalb des Quartiers dienten und auch von der Nachbarschaft benutzt werden konnten. Obwohl die gemeinschaftlichen Wohnräume weitgreifend und vielfältig waren, stand bei der Ausgestaltung der Wohnungen die Privatsphäre der Familien im Vordergrund.[7] Die Wohnungen waren in ihrer Ausstattung nicht reduziert, sondern mit den damals üblichen Einrichtungen sowie einem Vorraum als Zwischenzone und Schwelle zum Privaten ausgestaltet.

Flugansicht des Karl-Marx-Hofes gegen die Donau um 1930
© ÖNB

Fassadenansicht der Front des Haupttraktes
© ÖNB

1 Jahn (2014): Das Wunder des Roten Wien, Zwischen Wirtschaftskrise und Art Deco, S. 10.
2 Ebd., S. 24.
3 Ebd., S. 15.
4 Wie Franz Musil, der damalige Leiter des Stadtbauamtes, erklärte, galt die Gartenstadt als Satellitenstadt, mit zusätzlichen Kosten für die Infrastruktur, Schulen und öffentlichen Gebäuden sowie Verkehrs- und Wohnstraßen, als nicht bezahlbar. Vgl. Jahn (2014): Das Wunder des Roten Wien, Zwischen Wirtschaftskrise und Art Deco, S. 20.
5 Reppé (1993): Der Karl-Marx-Hof, S. 34.
6 Die Tuberkulose galt damals als weit verbreitete Krankheit, die durch das erhöhte Aufkommen in Wien sogar als *Wiener Krankheit* betitelt wurde. Durch verbesserte gesundheitliche Umstände, auch im Wohnungsbau, konnte die Krankheit um die Hälfte eingedämmt werden.
7 Reppé (1993): Der Karl-Marx-Hof, S. 35 f.

Hof mit Kindergarten

© ullstein bild – Imagno / Austrian Archives

Bibliothek

Gemeinschaftsbäder
Zentralwäscherei

Gaststätte
Kaffeehäuser

Spielen in einem der beiden Kindergarten

© Bezirksmuseum Döbling

Postamt

Konsumgeschäfte
Apotheke

Konsumgeschäfte

Raumstruktur

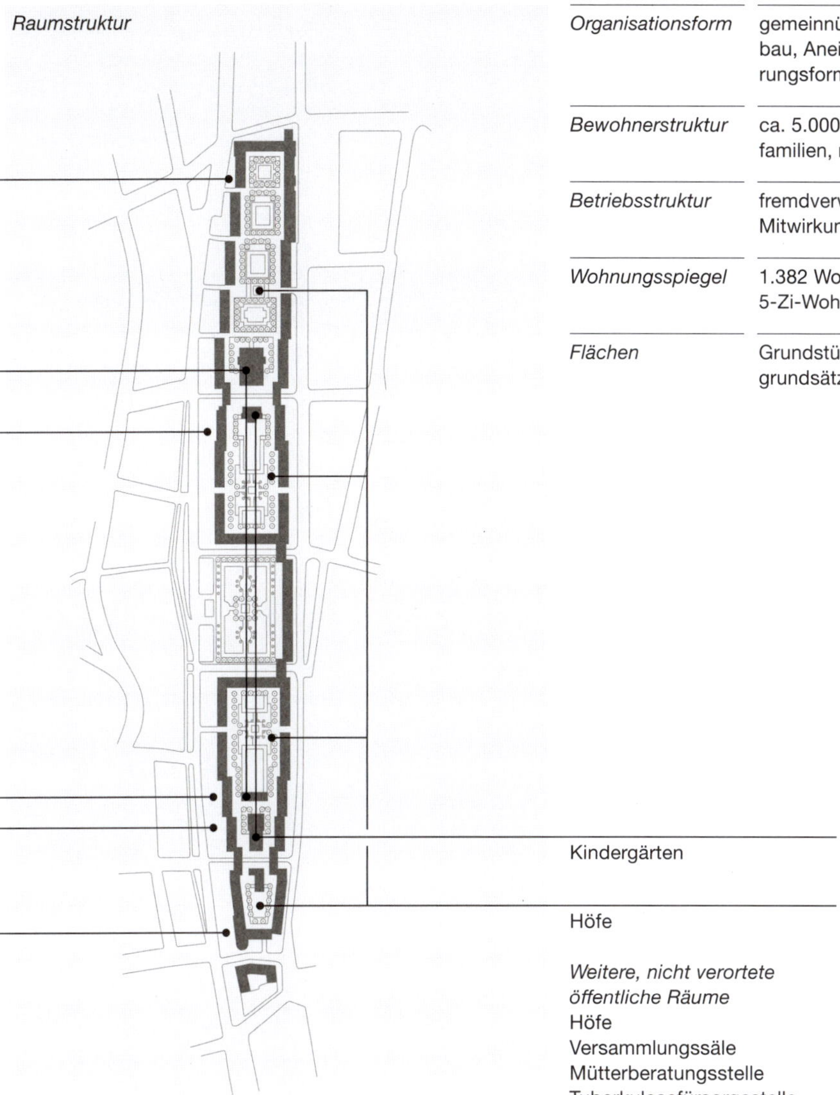

Umgebungsplan

Organisationsform	gemeinnützig verwalteter Gemeindebau, Aneignung durch mieten, Initiierungsform top-down
Bewohnerstruktur	ca. 5.000 Personen, für Arbeiterfamilien, niedriges Bildungsniveau
Betriebsstruktur	fremdverwaltet durch die Gemeinde, Mitwirkungsgrad gering
Wohnungsspiegel	1.382 Wohneinheiten, 1-Zi- bis 5-Zi-Wohnungen
Flächen	Grundstücksfläche 156.000 m², grundsätzlich 4 Geschosse

Weitere, nicht verortete öffentliche Räume
Höfe
Versammlungssäle
Mütterberatungsstelle
Tuberkulosefürsorgestelle
Kliniken und Arztpraxen

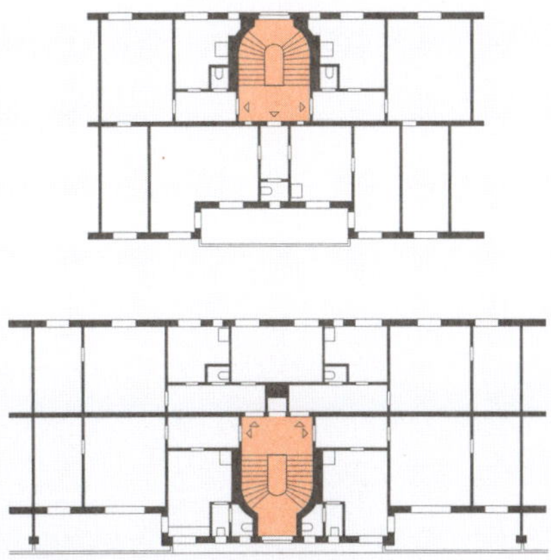

Regelgeschosse (Ausschnitte)

Außenraum: öffentlich kollektiv
Innenraum: öffentlich kollektiv

Hufeisensiedlung Britz

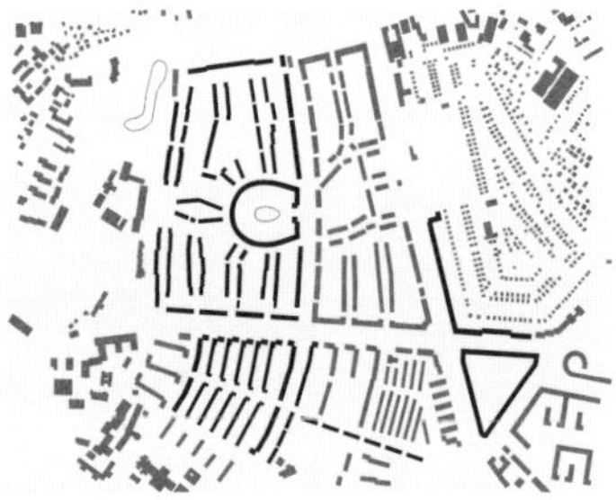

Die in mehreren Etappen zwischen 1925 und 1930 entstandene Hufeisensiedlung in Berlin, die eigentlich den Namen Großsiedlung Britz trug, sollte symbolhaft den damals herrschenden Kollektiv- und Genossenschaftsgeist aufzeigen und Wohnraum für gut 3.500 bis 4.000 Menschen anbieten. So schufen die Architekten Bruno Taut und Martin Wagner, der später auch Stadtbaurat in Berlin war, mit der Hufeisensiedlung einen Ort, der Zusammengehörigkeit und Solidarität verkörpern sollte. Dabei war der öffentliche Raum in der Großsiedlung von hoher Bedeutung, da dieser als Außenwohnraum durch Hof und Platz die Gemeinschaft bilden sollte.[1] Nichts anderes als eine Genossenschaftsarchitektur sollte die Hufeisensiedlung sein, mit gesellschaftspolitischer Identifikation der Bewohnerschaft aus der Arbeiterklasse.[2] Die Bauträgerin Gemeinnützige Heimstätten AG entstand denn auch durch deutsche Gewerkschaften.[3] Diese Idee ging einher mit der Vorstellung von Bruno Taut, in der er die Frau als Schöpferin des Heims sah und ihr Erleichterungen durch Effizienzsteigerung der Hausarbeit zusprach.[4]

Neben 679 Reihenhäuser mit eigenen Nutzgärten entstanden im Hufeisengebäude sowie weiteren Geschosswohnungsbauten insgesamt 1.285 Wohneinheiten. Sämtliche Wohneinheiten in Form von Eineinhalbzimmer- bis Viereinhalbzimmerwohnungen basierten auf vier Grundrisstypologien, die im Sinne der Moderne technisch und organisatorisch rationell gestaltet wurden und ohne gemeinschaftliche Räume eigenständig funktionierten.[5] Das Gemeinschaftliche lag neben Folgeeinrichtungen wie Schulen, Kindergärten und einem Café in dem sogenannten Außenwohnraum im Hof des Hufeisengebäudes. Dieser konnte mittels einer großen Treppe vom Straßenraum her oder durch das Kellergeschoss betreten werden. Obstbäume säumten den Rand, in der Mitte war ein Teich angelegt. Anfänglich kam es nur vereinzelt zur Aneignung dieses Außenwohnraums. Für die Arbeiterfamilien war wohnungsnahes Grün unbekannt, zudem verhinderte die symbolische Bedeutung des Hofes um das Hufeisengebäude eine gemeinschaftliche Nutzung.[6] Einzig durch organisierte Aktivitäten wurde der Außenwohnraum wirksam.

---

1 Nerdinger, Winfried, Eisen, Markus, Strobl, Hilde (2012): Manifeste zur Veränderung der Gesellschaft, S. 252.

2 Technische Universität Berlin (Hrsg.) (1980): Hufeisensiedlung Britz 1926–1980, Ein alternativer Siedlungsbau der 20er Jahre als Studienobjekt, S. 24 f.

3 Nerdinger, Winfried, Eisen, Markus, Strobl, Hilde (2012): Manifeste zur Veränderung der Gesellschaft, S. 253.

4 Laut der Schrift *Die neue Wohnung, die Frau als Schöpferin* von Bruno Taut war die Siedlung für die Frau Lebens- und Arbeitsbereich zugleich. Vgl. auch Technische Universität Berlin (Hrsg.) (1980): Hufeisensiedlung Britz 1926–1980, Ein alternativer Siedlungsbau der 20er Jahre als Studienobjekt, S. 27.

5 Nerdinger, Winfried, Eisen, Markus, Strobl, Hilde (2012): Manifeste zur Veränderung der Gesellschaft, S. 259.

6 Technische Universität Berlin (Hrsg.) (1980): Hufeisensiedlung Britz 1926–1980, Ein alternativer Siedlungsbau der 20er Jahre als Studienobjekt, S. 79.

Flugaufnahme der Siedlung von ca. 1930
© bpk

Hof als Außenwohnraum
© ullstein bild – Schnellbacher

Funktional eingerichtete Küche
© ullstein bild – Lambert

Zugang zum Hof mittels großer Treppe vom Straßenraum oder Kellergeschoss
© ullstein bild – ullstein bild

Wohnhaus mit Geschosswohnungen
© ullstein bild – CARO / Christoph Eckelt

Raumstruktur

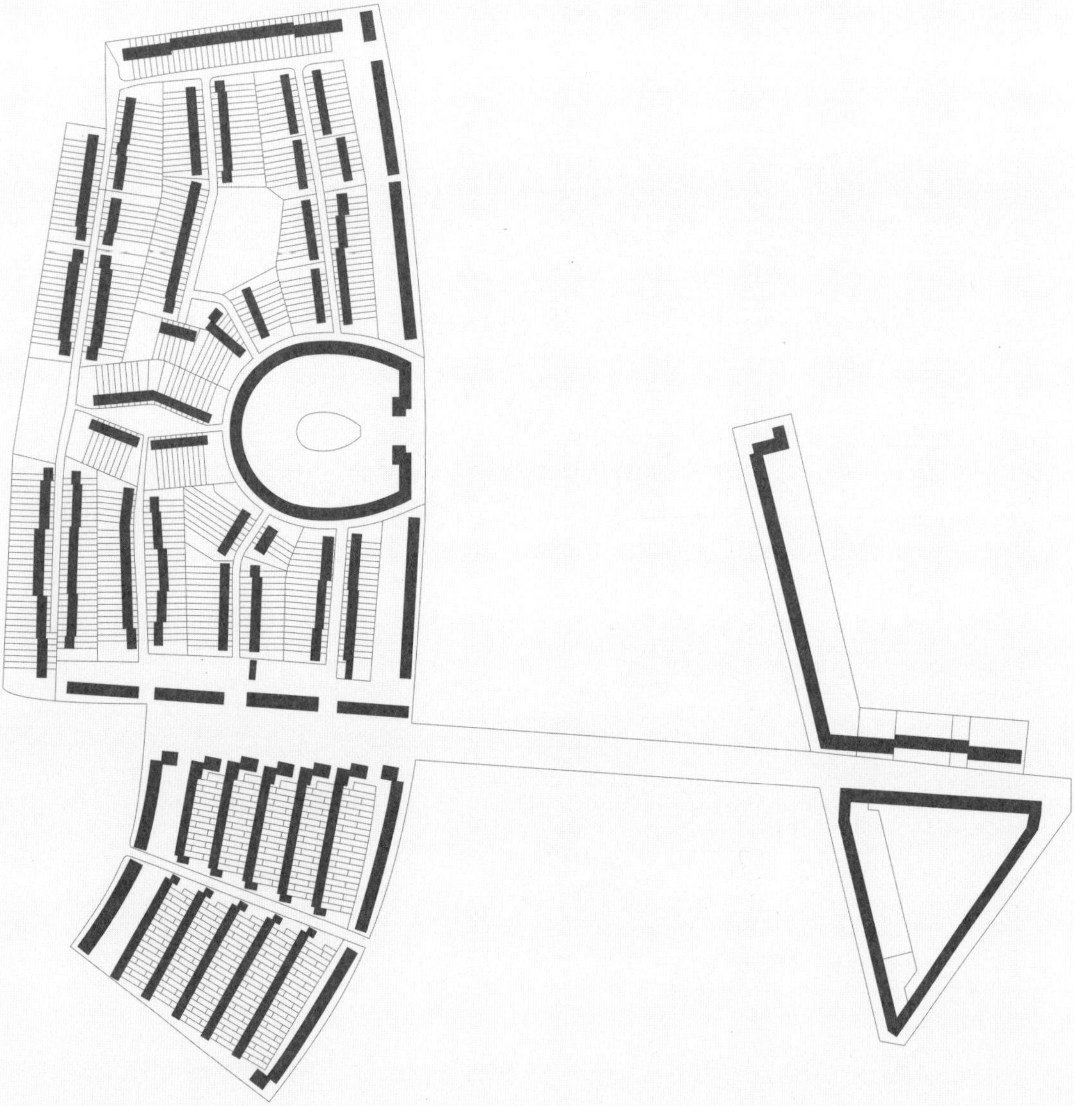

Umgebungsplan 1:5.000

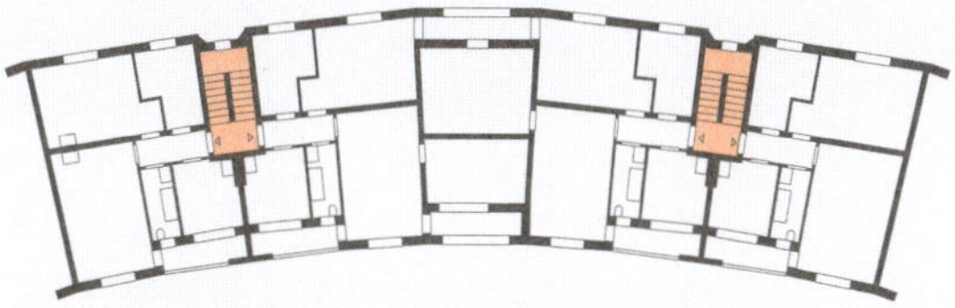

Regelgeschoss
Geschosswohnung
Hufeisengebäude

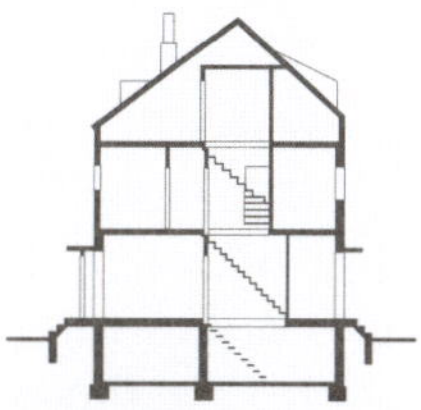

Schnitt
Reihenhaus

Nicht verorteter, kollektiver Raum
Waschküche

Nicht verortete, öffentliche Räume
Außenwohnraum im Hof
Schulgebäude
Kindergarten
Café

Außenraum: öffentlich, kollektiv
Innenraum: öffentlich, kollektiv

Organisationsform	gemeinnützig verwalteter sozialer Wohnungsbau, Aneignung durch mieten, Reihenhauseinheiten heute privat, Initiierungsform top-down
Bewohnerstruktur	ca. 3.500 bis 4.000 Personen, für Arbeiterfamilien und junge Facharbeiter, niedriges bis mittleres Bildungsniveau
Betriebsstruktur	fremdverwaltet durch Bauträgerin, Mitwirkungsgrad gering
Wohnungsspiegel	1.285 Wohneinheiten und 679 Reihenhäuser mit 49 bis 124 m², 1,5-Zi- bis 4,5-Zi-Wohnungen
Flächen	Grundstücksfläche 290.000 m², 2 bis 3 Geschosse

Gemeinschafts-siedlungen als inszenierte Nachbarschaften

«Es muss also auch an der Geschichte der Wohnungen eine Geschichte der Familie ablesbar sein. Allerdings hat jede Architektur durch die relativ lange Lebensdauer, die ihr eigen ist, die Tendenz bestimmte einmal entwickelte menschliche Lebensformen weiter zu verlangen, obwohl diese sich möglicherweise in einem viel kürzeren Zeitraum verändern als die Architekturen»

GISELA STAHL[1]

Die Gemeinschaftssiedlungen waren geprägt durch den Wiederaufbau in den Nachkriegsjahren und wurden in Mitteleuropa bestimmt durch gesellschaftliche Kontinuität und Beständigkeit. Mit der Beendigung des Zweiten Weltkriegs setzte eine Phase der politischen Neuordnung ein. Neu gegründete Organisationen wie der Völkerbund der Vereinten Nationen (UNO) oder die Europäische Wirtschaftsgemeinschaft (als Fundament der Europäischen Union) sorgten unter anderem für politische Stabilität und Sicherheit. Die Nachkriegsordnung führte jedoch zu einer Teilung des europäischen Kontinents, deren Grenzen insbesondere in Deutschland deutlich spürbar wurden und mit der Errichtung der Berliner Mauer ihren Höhepunkt fanden. Womöglich gerade deshalb bildete sich in Westeuropa ein parteiübergreifender politischer Konsens, der breit abgestützte gesellschaftliche Leitbilder und Grundvorstellungen über die Gestaltung von Staat und Gesellschaft definierte.[2]

Diese politischen Strömungen förderten einen gesellschaftlichen Rückzug in familiäre Strukturen und in die Privatheit der Familienwohnung. Die Tendenz hin zur Privatisierung des individuellen sowie familiären Lebens verstärkte sich in den folgenden Jahrzehnten.[3] Die Familienwohnung galt als Gegenpol zum städtischen Leben, das durch die Folgen der Wachstumsprozesse in den Nachkriegsjahren unwirtlich geworden war.[4] In den 1950er- und 1960er-Jahren waren beispielsweise mehr als 95 % der Erwachsenen in Deutschland verheiratet und mehr als 90 % dieser Ehepaare hatten Kinder.[5] Anders als in den vorherigen Jahrzehnten gehörte die Heirat zum gesellschaftlichen Standard. Die Auflösung der Ehe hin zu einem freieren Bund zwischen zwei geistig und wirtschaftlich selbstständigen Menschen, wie sie in den Zwischenkriegsjahren teils gelebt wurde, galt es durch eine konservative Familienpolitik zu verhindern.[6] Speziell für Frauen war die Eheschließung in der Nachkriegszeit ein Garant für eine eigene Wohnung, da sich Wohnformen für ledige Frauen (wie Männer) nicht flächendeckend durchsetzen konnten. Das Konkubinatsverbot erschwerte es zudem unverheirateten Paaren Wohnraum zu finden.[7]

In den ersten Nachkriegsjahren war Wohnraum weiterhin knapp. Europaweit wurden während des Krieges kaum Wohnungen gebaut, viel Wohnraum war zerstört worden. Nach dem Zweiten Weltkrieg gab es in den Niederlanden beispielsweise weniger Wohnungen als in den 1930er-Jahren, und diese waren zudem von schlechterer Qualität.[8] Erst mit dem Wiederaufbauprogramm des Marshallplans setzte ein intensives Wachstum ein, das sich auch in einer regen Bautätigkeit zeigte, die fast ungebrochen bis etwa 1970 anhielt.[9] Obschon in dieser Zeit enorm viele neue Wohnungen entstanden, wurde das gemeinschaftliche Wohnen in diesen Jahrzehnten kaum thematisiert. Das erwähnte politische Klima der Nachkriegsjahre führte zu einer Wohnbaupolitik, die vorwiegend funktionale Drei- und Vierzimmerwohnungen für Familien schuf. Die wenigen Wohnobjekte, die in dieser Zeit als Gemeinschaftssiedlung realisiert wurden, bedienten sich vorerst den architektonischen Ideologien der Zwischenkriegsjahre. Dabei galt das CIAM-Manifest *Charta von Athen* als richtungsweisend. Es bezog sich inhaltlich vorwiegend auf die funktionelle Entflechtung von Wohnen, Arbeiten, Freizeit und Verkehr.[10] Auch blieben die gemeinschaftlichen Wohnobjekte grundsätzlich weiterhin paternalistisch geplant und organisiert. Bewohnerinnen und Bewohner stammten jedoch, im Gegensatz zu den Gartenstädten und Wohnhöfen, immer weniger aus der Arbeiterschaft, sondern gehörten dem in den Nachkriegsjahren neu entstehenden Mittelstand an.

Das Wohnmodell der Gemeinschaftssiedlungen entwickelte sich direkt aus den Gartenstädten und Wohnhöfen. Sämtliche Funktionen des Wohnens fanden in der eigenständigen und abgeschlossenen Wohnung Platz, sodass die häusliche Autonomie der Familie gewährleistet blieb, wie im Wohnmodell der Gartenstädte und Wohnhöfe schon postuliert. Aus den befreiten und sich selbst entfaltenden neuen Menschen im modernen Sinne wurden angepasste Bürgerinnen und Bürger.[11] Dies wurde verstärkt durch die Trennung von Arbeit und Wohnen sowie klar zugeteilten räumlichen Funktionen, aus denen Proportion, Größe, Orientierung und Möblierung abgeleitet wurden.[12] Zudem veränderte und erleichterte der technische Fortschritt die Hausarbeit. So wurde beispielsweise das Wäschewaschen durch die Waschmaschine wieder zurück in die Wohnung verlagert.[13] Reformmodelle des gemeinschaftlichen Wohnens wie Einküchenhäuser oder Ledigenheime und Boardinghäuser waren durch die Umwälzungen des Zweiten Weltkrieges in Vergessenheit geraten.[14] Die Diversität des gemeinschaftlichen Wohnens flachte weitgehend ab.

---

1 Zitiert nach Neue Gesellschaft für Bildende Kunst (1977): Wem gehört die Welt – Kunst und Gesellschaft in der Weimarer Republik, S. 89.

2 Stahel (2006): Wo-Wo-Wonige!, S. 17.

3 Bahrdt (1998): Die moderne Großstadt – Soziologische Überlegungen zum Städtebau, S. 161. Bahrdt schreibt weiter, dass sich die Wechselwirkung von Öffentlichkeit und Privatheit in der modernen Stadt verschoben hätte. Dieselben Rückschlüsse ziehen Häußermann und Siebel, indem sie von der Intimisierung und Entöffentlichung der Wohnung sprechen, welche die Frau in die soziale Isolation führe. Vgl. Häußermann, Siebel (2000): Soziologie des Wohnens, Eine Einführung in Wandel und Ausdifferenzierung des Wohnens, S. 39.

4 Damit sind insbesondere die Städte gemeint, die durch die Verwüstungen des Zweiten Weltkrieges wieder aufgebaut werden mussten. Stahel (2006): Wo-Wo-Wonige!, S. 9.

5 Schader-Stiftung (2001): wohn:wandel, Szenarien, Prognosen, Optionen zur Zukunft des Wohnens, S. 16.

6 Ackerknecht beschreibt, dass aus konservativer Sicht die zunehmende Emanzipation der Frau die Sozialisationsfunktion der Familie bedrohe. Auch der Nationalsozialismus war auf eine konservative Familienpolitik ausgerichtet. Der genossenschaftliche Gedanke wurde in dieser Zeit mittels Gleichschaltung, Zwangszusammenschluss oder gar Auflösung zurückgebunden. Das politische Selbstverständnis der Selbsthilfe und Selbstversorgung ging verloren. Vgl. dazu Ackerknecht, (1972): Kommune und Grossfamilie, Dokumente – Programme – Probleme, S. 24. Vgl. zudem Mersmann, Novy (1991): Gewerkschaften, Genossenschaften, Gemeinwirtschaft, Hat eine Ökonomie der Solidarität eine Chance?, S. 31.

7 Stahel (2006): Wo-Wo-Wonige!, S. 7.

8 Bertlein (unbekannt): Sieg und Untergang des Sozialen Wohnungsbaus in Holland, S. 6.

9 Stahel (2006): Wo-Wo-Wonige!, S. 16.

10 Die Charta von Athen bildet ein Architekturmanifest des CIAM (Congrès International d'Architecture Moderne), das am vierten Kongress mit dem Thema *Die funktionale Stadt* zwischen Marseille und Athen 1933 verfasst wurde. Vgl. Leggewie (2015): Wie tot ist die Charta von Athen?, S. 361 f.

11 Eisen (2012): Vom Ledigenheim zum Boardinghouse, Bautypologie und Gesellschaftstheorie bis zum Ende der Weimarer Republik, S. 352.

12 Krosse (2005): Wohnen ist mehr, S. 9.

13 Der Ausstattungsstandard der Wohnungen stieg in den 1950er-Jahren aufgrund neuer und bezahlbarer Konsumgüter wie Staubsauger, Kühlschrank oder Waschmaschine stark an. Vgl. auch Schuh (1989): Kollektives Wohnen, Eine vergleichende Untersuchung in- und ausländischer Beispiele, S. 31.

14 Altenstraßer schreibt, dass es dem Nationalsozialismus gelang, durch Gleichschaltung der Frauenverbände mittels Propagierung der Intimität der Familie das kollektive Wohnen zu diskreditieren. Vgl. Altenstraßer, Hauch, Kepplinger (2007): gender housing – geschlechtergerechtes bauen, wohnen, leben, S. 155.

4. CIAM Kongress unterwegs zwischen Marseille und Athen
© gta Archiv / ETH Zürich, CIAM

Ausstellung der Resultate des 4. CIAM Kongresses zum Thema *Die funktionale Stadt*
© gta Archiv / ETH Zürich, CIAM

Das gemeinschaftliche Zusammenleben bei den Wohnobjekten der Gemeinschaftssiedlungen fand durch diese Entwicklung vorwiegend in den kollektiven Erschließungsflächen statt, ein typisches Merkmal dieses Wohnmodells. Mit Freigeschossen oder erweiterten Erschließungsbereichen wurden Freiräume zur Interaktion für die Bewohnerinnen und Bewohner gesucht, die in den abgeschlossenen Familienwohnungen fehlten. Doch trotz diesen Experimenten verstärkte sich die Isolation der Frau weitgehend. Experten schreiben gar von einer dreifachen Isolation: Diejenige am Stadtrand in einem Neubauquartier, diejenige in der Familienwohnung und schließlich die Isolation in der kleinen, funktional eingerichteten Arbeitsküche.[15] Die Arbeitsräume der Wohnungen sowie die Räume für Repräsentation und Erholung orientierten sich am damaligen Rollen- und Familienbild, in dem sich die von der Berufstätigkeit befreite Hausfrau und Mutter ganz der Erziehung und Pflege des Haushaltes widmen konnte und der Mann auswärts tätig war.[16] Die Architektur widerspiegelte die gesellschaftliche Zuordnung der Geschlechterrollen.[17] Dies führte dazu, dass die (Haus-)Frau, wie übrigens auch die Kinder, wenig in den öffentlichen Raum integriert war.[18]

Ein weiterer Aspekt der Gemeinschaftssiedlungen ist der Versuch einer inszenierten Nachbarschaft, der einige Wohnobjekte mit gemeinschaftlichen Wohnräumen scheitern ließ. Im Rahmen des Wiederaufbaus und der Stadterweiterung wurde von den Trägerschaften teils die Idee verfolgt, das gemeinschaftliche Leben mittels räumlicher Strukturen zu konstruieren, um der Anonymität und Isolation entgegenzuwirken.[19] Diese Bestrebungen verfehlten jedoch weitgehend ihre Wirkung und stießen oft auf Desinteresse der Bewohnerschaft. Die Einflüsse der Gemeinschaftssiedlungen auf die nachkommenden Entwicklungen des gemeinschaftlichen Wohnens waren dennoch gegeben. So wurde bei den Gemeinschaftssiedlungen mit Räumen als kommunikativen Zonen experimentiert. Diese beeinflussten die darauf folgende Entwicklungsphase der Wohnkooperationen. Im Wohnmodell der Wohnkooperationen wurde sorgfältiger auf die kommunikativen Zonen geachtet und die Übergänge unterschiedlicher Öffentlichkeitsgrade entsprechend qualitätsvoller gestaltet, was bei den Gemeinschaftssiedlungen oft noch vernachlässigt wurde. Zudem führte das häufig angewendete Top-down-Prinzip bei den Gemeinschaftssiedlungen dazu, dass bei den folgenden Wohnmodellen das Thema der Partizipation thematisiert und ausgeprägter gelebt wurde.

---

15 Altenstraßer, Hauch, Kepplinger (2007): gender housing – geschlechtergerechtes bauen, wohnen, leben, S. 51.

16 Der funktional eingerichteten Arbeitsküche stand die Gute Stube als Erholungsraum für die Repräsentation an speziellen Tagen gegenüber, die jedoch werktags verschlossen blieb. So beschränkte sich der Bewegungsraum der Frau während des Tags hauptmehrheitlich auf die Arbeitsküche und die Nasszonen. Vgl. dazu Stahel (2006): Wo-Wo-Wonige!, S. 10.

17 Altenstraßer, Hauch, Kepplinger (2007): gender housing – geschlechtergerechtes bauen, wohnen, leben, S. 48.

18 Ackerknecht (1972): Kommune und Grossfamilie, Dokumente – Programme – Probleme, S. 25.

19 Philippsen (2014): Soziale Netzwerke in gemeinschaftlichen Wohnprojekten, S. 33 f.

Ausgewählte Vertreter von Gemeinschaftssiedlungen

Projekt	Bezug	Stadt	Lage	Bautyp	Architektur	Trägerschaft
Kollektivhaus Klintegården	1937	Aarhus DEN	Stadtrand	Neubau	Ove Christensen	nicht bekannt
→ Seite 149 ***Kollektivhaus YK-Huset***	**1939**	**Stockholm SWE**	**Stadtquartier**	**Neubau**	**Hillevi Svedberg, Albin Stark**	**Yrkeskvinnors Klubb YK**
Kollektivwohnhaus Zlin	1950	Gottwaldov CSK	Stadtquartier	Neubau	J. Wosenilek	nicht bekannt
→ Seite 152 ***Kollektivwohnhaus Høje Søborg***	**1952**	**Kopenhagen DEN**	**Stadtquartier**	**Neubau**	**Poul Ernst Hoff, Bennet Windinge**	**Dansk Almennyttigt Boligselskab DAB**
Unité d'Habitation	1952	Marseille FRA	Stadtquartier	Neubau	Le Corbusier	Stadt Marseille
Familienhotel Hässelby	1956	Stockholm SWE	Stadtrand	Neubau	Carl-Axel Acking	Olle Engkvist
→ Seite 157 ***Wohnhochhaus Conjunto***	**1957**	**Berlin GER**	**Stadtzentrum**	**Neubau**	**Oscar Niemeyer**	**privater Eigentümer**
Kollektivwohnhaus Carlsro	1958	Kopenhagen DEN	Stadtrand	Neubau	Stephensen Thorball, Alex Poulsen, Arne Jacobsen	Dansk Almennyttigt Boligselskab DAB
Siedlung Halen	1961	Bern CH	Siedlungsrand	Neubau	Atelier 5	private Eigentümer
Torres Blancas	1962	Madrid SPA	Stadtquartier	Neubau	Francisco Javier Saenz de Oiza	Juan Huarte
→ Seite 160 ***Wohnüberbauung Neuwil***	**1965**	**Wohlen CH**	**Siedlungsrand**	**Neubau**	**Metron Architekten AG**	**Plurima Verwaltung AG**
Tour Raspail	1970	Paris FRA	Stadtquartier	Neubau	Renée Gailhoustet, Roland Dubrulle	Stadt Paris
Wohnkomplex Robin Hood Gardens	1972	London GRB	Stadtquartier	Neubau	Alison und Peter Smithson	Greater London Council GLC
Wohnüberbauung Garvergården	1977	Kopenhagen DEN	Stadtquartier	Neubau	Hauge & Kornerup-Bang	Foreningen Socialt Boligbyggeri FSB
Wohnpark Alt-Erlaa	1985	Wien AUT	Stadtrand	Neubau	Harry Glück, Kurt Hlaweniczka, Requat & Reinthaller & Partner	Gemeinnützige Siedlungs- und Bauaktiengesellschaft GESIBA

Pläne, wenn nicht anders vermerkt

Schwarzplan	1:12.000
Umgebungsplan	1:2.000
Geschosse	1:500
Schnitt	1:500

Kollektivhaus YK-Huset

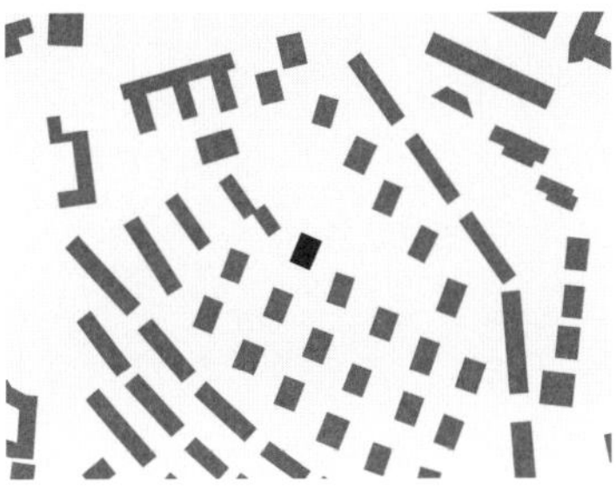

Das Kollektivhaus YK-Huset, 1939 von der Architektin Hillevi Svedberg und dem Architekten Albin Stark in Stockholm erstellt, bildet den Übergang vom Wohnmodell des Einküchenhauses zu demjenigen der Gemeinschaftssiedlungen. Als Grundidee stand ähnlich dem Einküchenhaus John Ericsonsgatan eine effizientere Haushaltsführung mithilfe von kollektiven Einrichtungen wie einer Zentralküche und einem Kindergarten im Fokus, um die lohnerwerbstätige Frau zu entlasten. Beim Kollektivhaus YK-Huset hingegen wurde nicht mehr ein Speiseaufzug in jede einzelne Wohnung geführt, stattdessen verbanden zwei kleine Aufzüge die Zentralküche direkt mit dem Korridor der einzelnen Geschosse, wo die Mahlzeiten abgeholt werden konnten. Das typische Merkmal eines Einküchenhauses existierte nicht mehr, die einzelnen Wohnungen wiesen denn auch voll ausgestattete Küchen auf.[1]

Das Kollektivhaus wurde vom Yrkeskvinnors Klubb YK, einem Klub berufstätiger Frauen, initiiert und sollte wiederum eine Wohnalternative für gut ausgebildete Paare mit Kindern bieten, bei denen beide Ehepartner beruflich tätig waren und neben einer kollektiven Haushaltsführung auf gewisse Dienstleistungen wie Wäsche- und Putzservice angewiesen waren.[2] Die Architektin selbst wohnte eine Zeit lang im Kollektivhaus. Im Erdgeschoss waren vielseitige gemeinschaftliche Einrichtungen wie ein Kindergarten und eine Zentralküche mit einem Restaurant angegliedert. Wobei das Restaurant im Kollektivhaus YK-Huset einen sehr öffentlichen Charakter erhielt, da die Bewohnerinnen und Bewohner eine private und voll ausgestattete Küche zur Verfügung hatten. Weiters wurden ein Kinderspielzimmer, in einigen Quellen wird von einem gemeinschaftlichen Wickelraum gesprochen, sowie ein kollektives Turnzimmer für die Bewohnerschaft der insgesamt 49 Zwei- bis Vierzimmerwohnungen angeboten.[3] Das Kollektivhaus besteht noch heute, jedoch mit reduzierten gemeinschaftlichen Einrichtungen. Wobei die Möglichkeit, sich das Essen ins Geschoss zu liefern, anscheinend immer noch genutzt wird.

1 Lindegren Westerman (2010): Arkitekterna Albin Stark och Erik Stark, Stockholm i förvandling 1909–2009, S. 90.
2 Vestbro (nicht bekannt): From Central kitchen to community co-operation. Development of Collective Housing in Sweden, S. 2.
3 Lindegren Westerman (2010): Arkitekterna Albin Stark och Erik Stark, Stockholm i förvandling 1909–2009, S. 90.

Außenansicht von der Furusundsgatan mit Kindergarten im Erdgeschoss
Foto: Okänd / Arkitektur-och designcentrum

Außenansicht von der Hangseite
Foto: Okänd / Arkitektur-och designcentrum

Raumstruktur

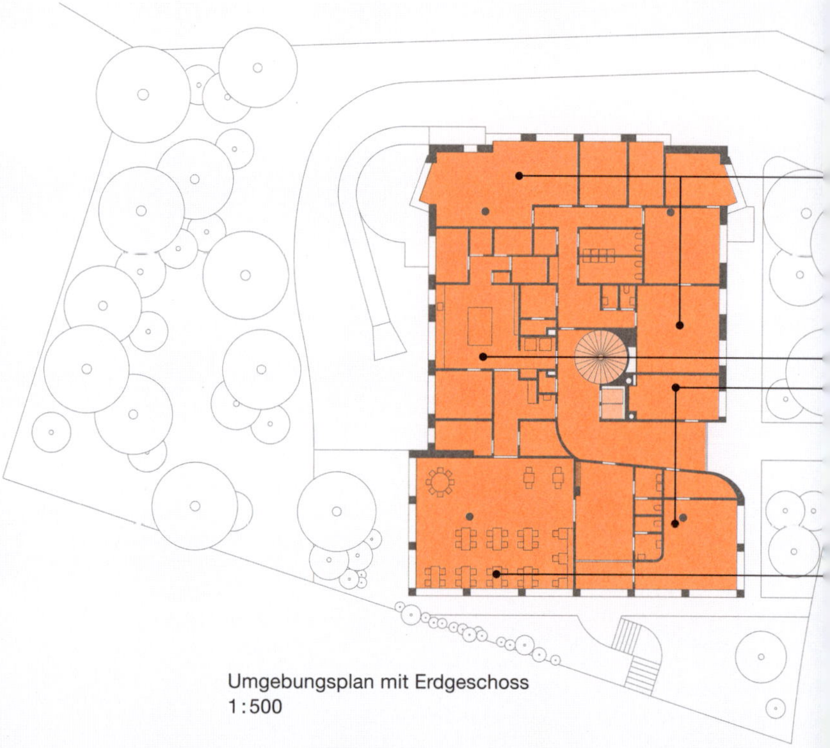

Umgebungsplan mit Erdgeschoss
1:500

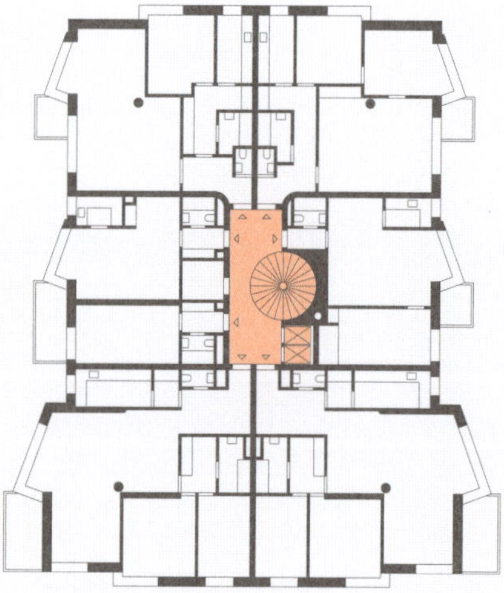

Regelgeschoss

Kindergarten

Zentralküche

Konsumgeschäft

Restaurant

Weitere, nicht verortete kollektive Räume
Kinderzimmer
Wickelraum
Turnzimmer
Dachterrasse

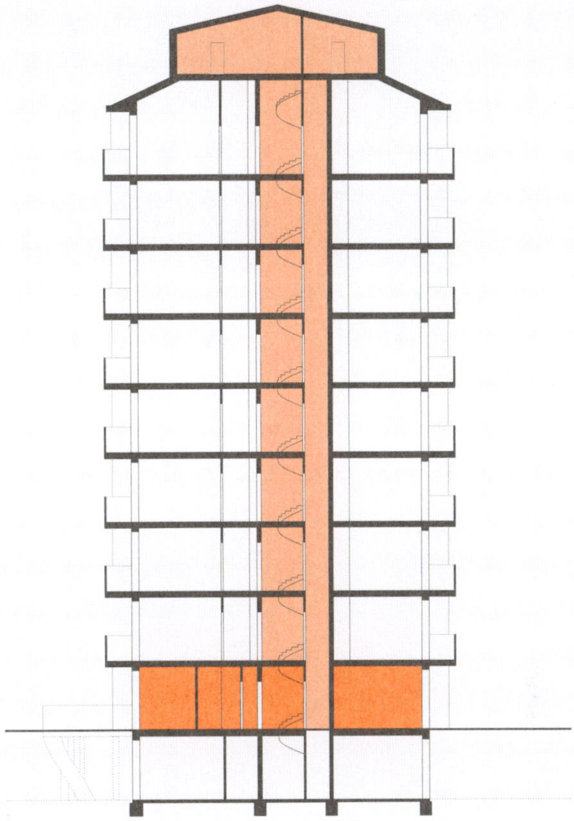

Schnitt

Außenraum: öffentlich kollektiv
Innenraum: öffentlich kollektiv

Organisationsform	selbstinitiiert durch einen Klub von berufstätigen Frauen, Aneignung durch mieten, später als Eigentum, Initiierungsform bottom-up sowie top-down
Bewohnerstruktur	Anzahl Personen nicht bekannt, für Familien mit berufstätigen Ehepartner, hohes Bildungsniveau
Betriebsstruktur	durch Trägerschaft verwaltetes Gebäude, serviceorientierter Betrieb, mit Angestellte im Restaurantbetrieb sowie der Kinderabteilung und für die Serviceleistungen, Mitwirkungsgrad mittel
Wohnungsspiegel	49 Wohneinheiten, 2-Zi- bis 4-Zi-Wohnungen mit 19 bis 83 m², Einzelzimmer für das Personal
Flächen	Grundstücksfläche 2.125 m², 9 Geschosse

	Fläche m²	in %	m² / Pers.
	Außenraum		
gesamt	1740	100	–
öffentlich	1485	85	–
kollektiv	0	0	–
privat	255	15	–
	Nutzfläche		
gesamt	5020	100	–
öffentlich	545	11	–
kollektiv[1]	450	9	–
privat	4025	80	–

1 exkl. 10 % Verkehrsfläche

Kollektivwohnhaus Høje Søborg

Gemeinschaftliches Wohnen wurde in der Nachkriegszeit vor allem im skandinavischen Raum weiterentwickelt. So realisierte beispielsweise die gemeinnützige Wohnbaugesellschaft Dansk Almennyttigt Boligselskab DAB diverse Gemeinschaftssiedlungen, die sich an den schwedischen Kollektivhäusern der Vorkriegszeit orientierten und auf berufstätige Mütter und Alleinerziehende ausgerichtet waren.[1] Eines der erfolgreichsten umgesetzten Wohnobjekte der DAB ist das Kollektivwohnhaus Høje Søborg, das 1952 in Kopenhagen von den Architekten Poul Ernst Hoff und Bennet Windinge fertiggestellt wurde. Mit seinen 124 Ein- bis Vierzimmerwohnungen erreichte das Kollektivwohnhaus eine Größendimension, in der sich nicht nur umfangreiche gemeinschaftliche Räume anordnen, sondern gemäß dem Programm der DAB auch soziale und kulturelle Anlässe anbieten ließen.[2]

Die voll ausgestatteten Wohneinheiten waren zwar mit 28 m² bis 82 m² knapp bemessen, dafür stand gut die Hälfte der Fläche des Gebäudes für gemeinschaftliche Räume zur Verfügung. Das Erdgeschoss, als verbindendes räumliches Element, erschloss die vier winkelförmig abgehenden Gebäudeteile des fünfgeschossigen Kollektivwohnhauses.[3]

Dort fanden sich auch gemeinschaftliche Räume wie das Restaurant, die Großküche, die Kindertagesstätte oder diverse Bastelräume. Für die Bewohnerinnen und Bewohner gab es eine Rezeption mit Telefonzentrale und Hauskiosk. Der Hausportier nahm dort auch Bestellungen für Serviceleistungen in den privaten Räumen oder für den Babysitter-Dienst entgegen. Als eines der ersten Wohnobjekte in der Geschichte des gemeinschaftlichen Wohnens verfügte das Kollektivwohnhaus Høje Søborg über ein Freizeitzentrum für die gesamte Quartierbevölkerung. Dort fanden Musikanlässe, aber auch Bankette oder Versammlungen statt. Des Weiteren gab es einen Fitnessraum, einen Raucherraum sowie Dachgärten und Ateliers.[4] In den ersten 20 Betriebsjahren wurde die Serviceleistungen und gemeinschaftlichen Räume in ihrer ursprünglichen Form beibehalten und demzufolge auch genutzt. Im Jahr 1973 wurde dann die Großküche geschlossen, die Mahlzeiten brachte nun ein Lieferdienst.[5] Die Verpflichtung zum gemeinsamen Essen jedoch scheint immer noch eine Voraussetzung für den Einzug ins Kollektivwohnhaus zu sein.[6]

Gesamtansicht von der Søborg Hovedgade aus gesehen
zürcher hochschule der künste, archiv-zhdk, Fotograf: Erwin Mühlestein

Restaurant mit Speisesaal für die Bewohnerschaft
zürcher hochschule der künste, archiv-zhdk, Fotograf: Erwin Mühlestein

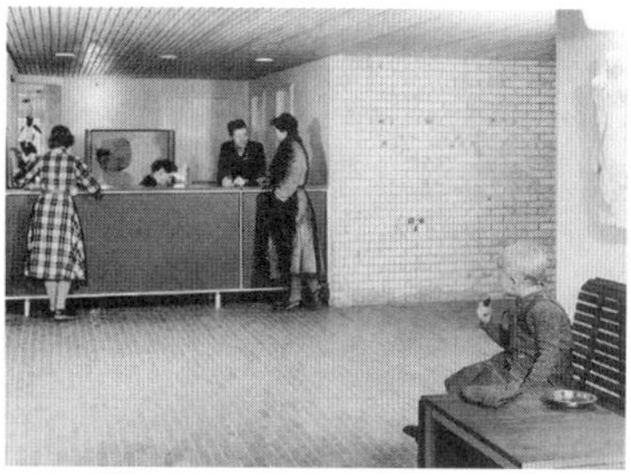

Rezeption mit Hauskiosk und Telefonzentrale
Skodborg Lene, Kollektivhuset Høje Søborg, kollektive islæt, undatiert

Die Kindertagesstätte in einem der Gebäudeflügel
zürcher hochschule der künste, archiv-zhdk, Fotograf: Erwin Mühlestein

1 wohnbund e.V. (Hrsg.) (2015): Europa, gemeinsam wohnen, S. 82.
2 Skodborg (unbekannt): Kollektivhuset Høje Søborg, kollektive islaet, S. 98.
3 Museum für Gestaltung Zürich (Hrsg.) (1986): Das andere neue Wohnen, Neue Wohn(bau)formen, S. 44.
4 Skodborg (unbekannt): Kollektivhuset Høje Søborg, kollektive islaet, S. 100.
5 Ebd., S. 102 f.
6 wohnbund e.V. (Hrsg.) (2015): Europa, gemeinsam wohnen, S. 82.

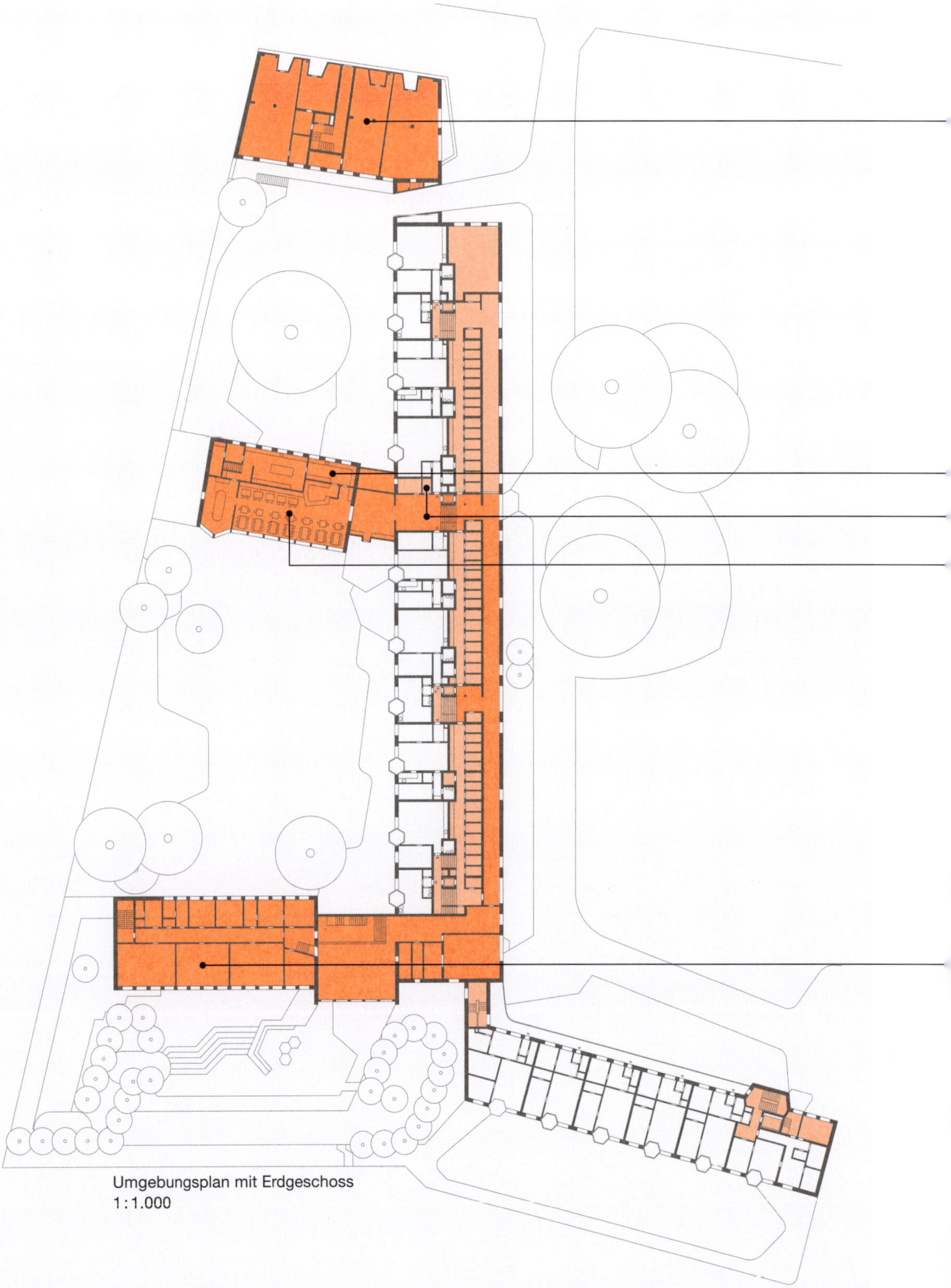

Umgebungsplan mit Erdgeschoss
1:1.000

Freizeitzentrum

Großküche

Rezeption mit Hauskiosk und Telefonzentrale

Restaurant (Speisesaal)

Kindertagesstätte

Weitere, nicht verortete kollektive Räume
Raucherzimmer
Gästewohnung
Bastelräume
Ateliers
Fitnessstudio
Waschküche
Dachterrassen

Weitere, nicht verortete öffentliche Räume
Lebensmittelladen
Gartenterrassen

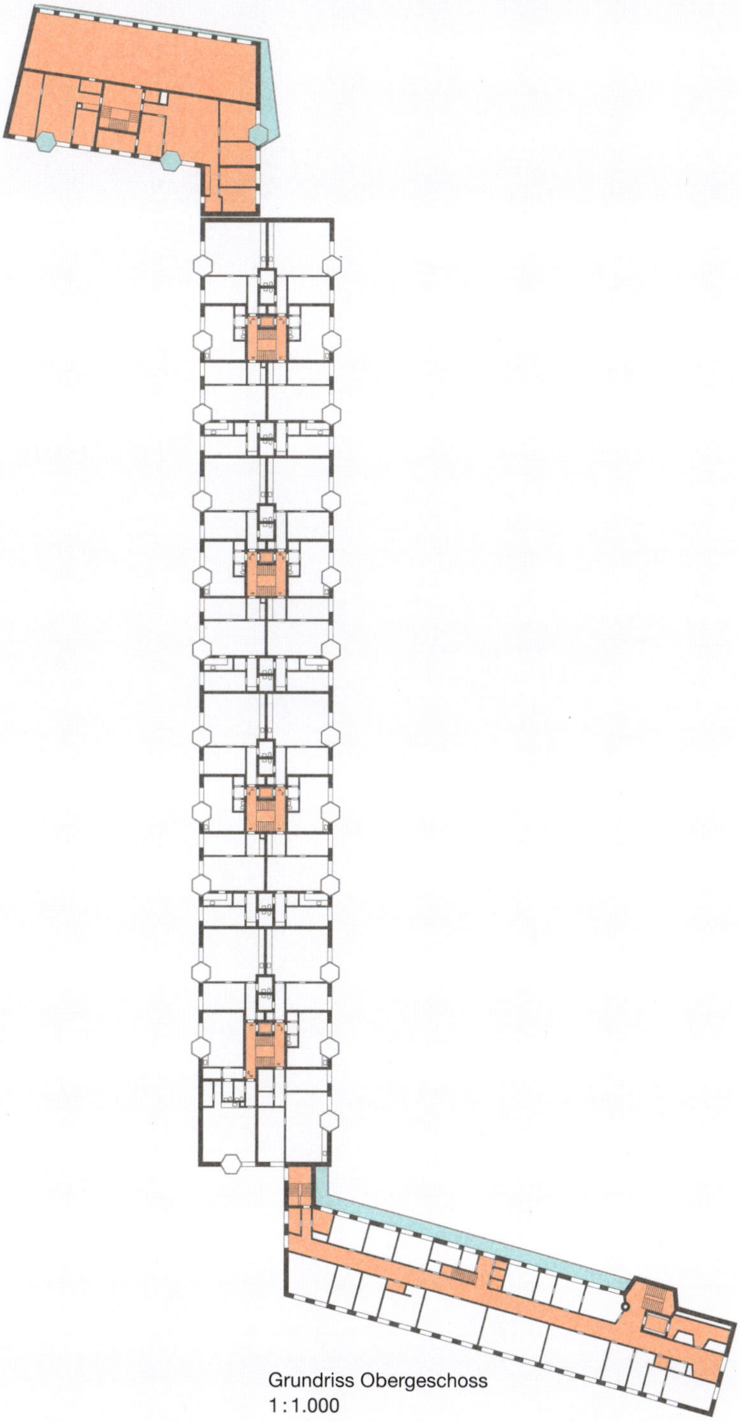

Grundriss Obergeschoss
1 : 1.000

Außenraum: öffentlich kollektiv
Innenraum: öffentlich kollektiv

Raumstruktur

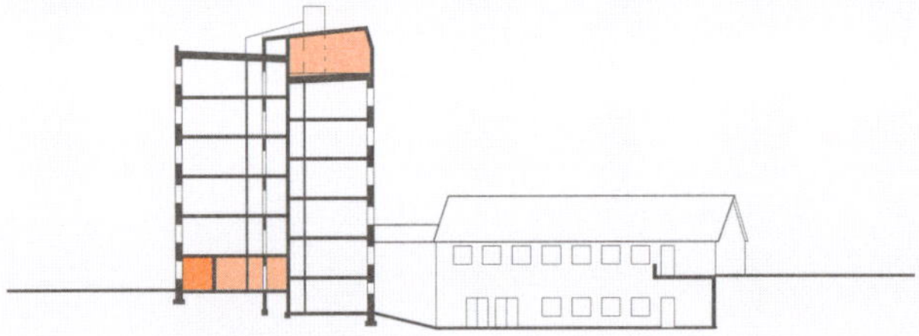

Schnitt 1:1.000

Außenraum: öffentlich kollektiv
Innenraum: öffentlich kollektiv

Organisationsform	gemeinnützige Wohnbaugesellschaft, nach Bestimmungen des sozialen Wohnungsbaus, Aneignung durch mieten, Initiierungsform top-down
Bewohnerstruktur	ca. 223 Personen, hohes Bildungsniveau
Betriebsstruktur	durch Trägerschaft verwaltetes Gebäude, Mietervereinigung organisiert kollektiven Räume und Anlässe, Kollektivzuschlag bei der Miete für die gemeinschaftlichen Einrichtungen, serviceorientierter Betrieb mit 21 Angestellten, Mitwirkungsgrad mittel
Wohnungsspiegel	124 Wohneinheiten, 1-Zi- bis 4-Zi-Wohnungen zwischen 28 bis 82 m²
Flächen	Grundstücksfläche 13.690 m², 5 Geschosse

	Fläche m²	in %	m² / Pers.
	Außenraum		
gesamt	10 660	100	47.8
öffentlich	8 815	83	39.5
kollektiv	1 110	10	5.0
privat	735	7	3.3
	Nutzfläche		
gesamt	14 805	100	66.4
öffentlich	1 985	13	8.9
kollektiv[1]	3 440	23	15.4
privat	9 380	64	42.1

1 exkl. 10 % Verkehrsfläche

Wohnhochhaus Conjunto

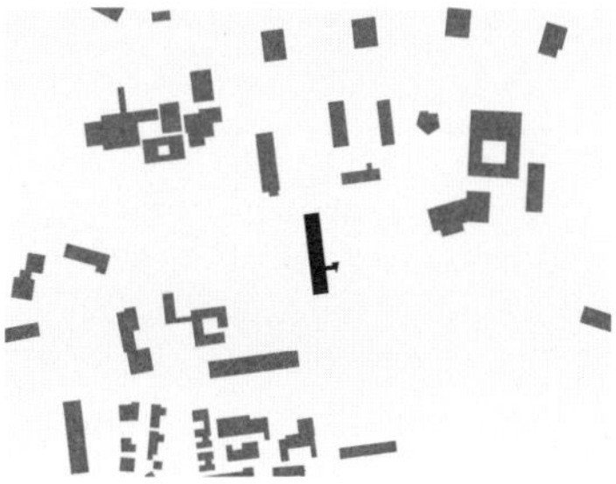

Das Wohnhochhaus Conjunto mit 78 Zwei- bis Vierzimmerwohnungen zwischen 38 und 91 m² wurde von Oscar Niemeyer 1957 im Rahmen der Internationalen Bauausstellung Berlin (IBA 57) entwickelt, einer Ausstellung im praktisch komplett zerstörten Hansaviertel mitten in Berlin. Der Wiederaufbau des Viertels sollte einen städtebaulichen und architektonischen Neubeginn verdeutlichen.[1] Dabei wurden Wohnkonzepte für das Zusammenleben einer modernen Familie konzipiert, in denen Eingangsbereiche, Küchen und Nasszellen zugunsten der eigentlichen Wohnfläche klein und funktional gehalten wurden.[2] Das achtgeschossige Wohnhochhaus Conjunto ruht auf zwei Reihen von je sechs Doppelstützen, sogenannten Pilotis. Nicht nur dieses Luftgeschoss verweist auf die Unité d'Habitation von Le Corbusier, sondern auch die restliche Erschließung. Nur das fünfte und achte Geschoss sind durch einen Aufzug erreichbar, alle weiteren Obergeschosse werden durch innenliegende Treppenhäuser erschlossen.[3] Die Überlegungen von Oscar Niemeyer wie auch von Le Corbusier zu dieser kollektiven Erschließungsfläche gehen auf die Kommunehäuser der Russischen Avantgarde zurück. Rue intérieures, Laubengänge oder Dachterrassen sollen die Privatwohnung mit dem Gemeinschaftsleben, ähnlich Straßen und Plätzen einer Stadt, als kollektive Notwendigkeit kombinieren und verbinden.[4]

Der Gestaltung dieser gemeinschaftsfördernden Erschließung im Wohnhochhaus Conjunto wurde jedoch zu wenig Beachtung geschenkt. Die fensterlosen und beengend wirkenden Treppenhäuser erscheinen eher abweisend und trist. An ebendiese Erschließung gliederte Oscar Niemeyer ein Freigeschoss an, ähnlich einem Verteilergeschoss, als gemeinschaftlicher Raum. Dieses Freigeschoss galt als Namensgeber des Objektes: Conjunto bedeutet im brasilianischen Sprachgebrauch Freigeschoss und heißt übersetzt Sammlung, Verbindung oder Kombination. Im fünften Obergeschoss blieb die Westseite also frei, auf der Ostseite wurden Wohnungen angeordnet. Grundsätzlich lag das Freigeschoss günstig, da es von sämtlichen Bewohnern von drei Geschossen aus begangen werden musste. Doch trotz dieser baulichen Vorkehrung entwickelte sich von Anfang an nie ein Gemeinschaftsleben.[5] Die Gründe dafür liegen unter anderem in der fehlenden Möblierung, da die Verwaltung nach der Bauausstellung die Einrichtung wieder entfernen ließ. Somit war zwar ein halbes Geschoss zur gemeinschaftlichen Nutzung frei, die Funktion dieses undefinierten Raums war gleichwohl unklar, da nie eine Aneignung durch die Bewohnerschaft erfolgte. Die Bewohnerschaft sah diesen leeren Raum nicht als Erweiterung ihres individuellen Wohnraums. Um die Jahrtausendwende wurden die Wohnungen im Wohnhochhaus Conjunto in Eigentumswohnungen überführt, das Freigeschoss ist gemäß Aussagen des Bürgervereins Hansaviertel immer noch unbenutzt.[6]

---

1 Die Bauausstellung IBA 57 im Hansaviertel sollte der Bewohnerschaft und der ganzen Welt außerdem die freie und demokratische Zukunft Westberlins zeigen und war somit hoch politisch. Sie war zudem ein großer Erfolg, mit Hunderttausenden von Besuchern auch aus dem Osten und dem Ausland. Vgl. dazu Bürgerverein Hansaviertel e.V. (2015): Hansaviertel Berlin, Architekturführer zur Interbau 57, S. 13 sowie Schulz, Schulz (2008): Das Hansaviertel, Ikone der Moderne, S. 22.

2 Bürgerverein Hansaviertel e.V. (2015): Hansaviertel Berlin, Architekturführer zur Interbau 57, S. 16.

3 Schulz, Schulz (2008): Das Hansaviertel, Ikone der Moderne, S. 76 f.

4 Muscheler (2007): Das Haus ohne Augenbrauen, Architekturgeschichte aus dem 20. Jahrhundert, S. 170.

5 Schulz, Schulz (2008): Das Hansaviertel, Ikone der Moderne, S. 77.

6 Carsten Bauer vom Bürgerverein Hansaviertel bemerkt, dass das Freigeschoss auch deshalb ungenutzt bleibt, weil zu wenig akustische Maßnahmen für die angrenzenden Wohnungen vorgenommen wurden. Weiter scheint weder heute noch in früheren Zeiten die Bewohnerschaft ein Interesse an einem gemeinschaftlichen Zusammenleben zu haben.

Abgelöster Erschließungskern mit Zugängen im 5. und 8. Geschoss
© Ulrich Greiner

Fassadenansicht mit dem Freigeschoss im 5. Obergeschoss
Landesarchiv Berlin, F Rep. 290 (01)
© Ulrich Greiner

Treppenaufgang zu den Wohnungen
© Ulrich Greiner

Leerstehendes Freigeschoss
© Ulrich Greiner

Das Freigeschoss war nur während der IBA 1957 möbliert
© Ulrich Greiner

Freigeschoss

Raumstruktur

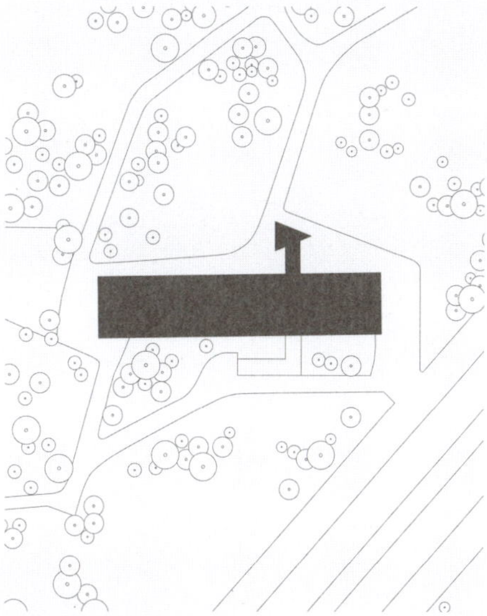

Umgebungsplan

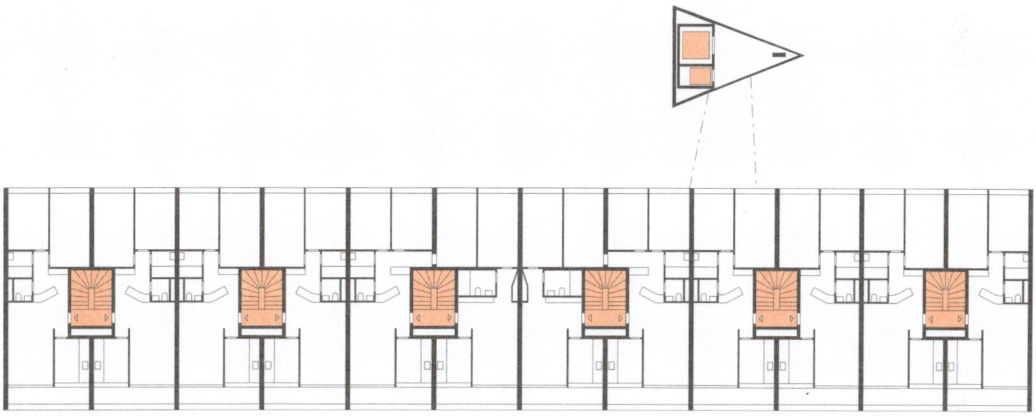

Regelgeschoss

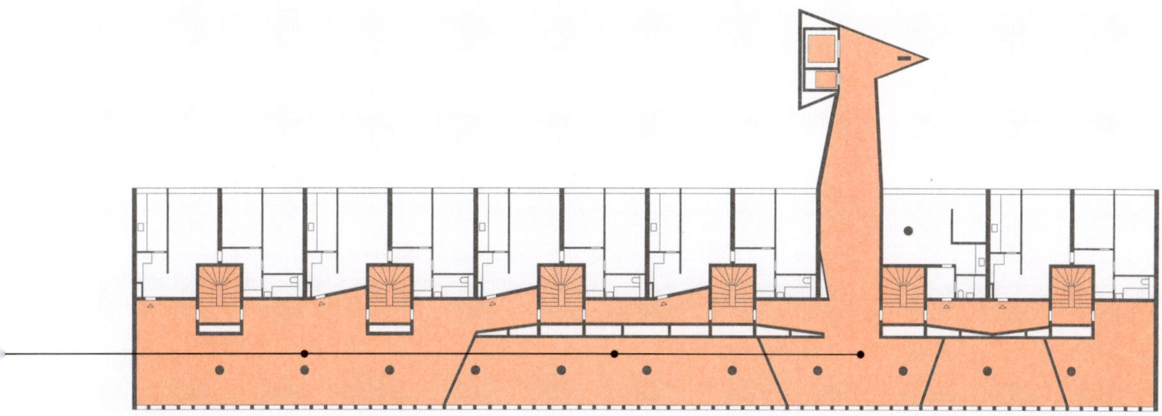

Freigeschoss

Außenraum: öffentlich kollektiv
Innenraum: öffentlich kollektiv

Raumstruktur

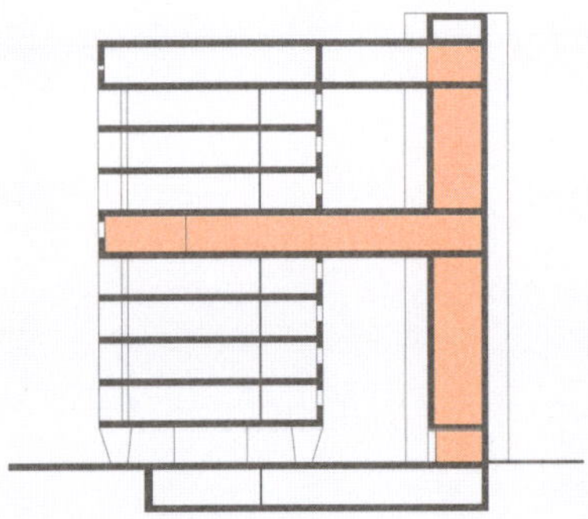

Schnitt 1:750

Außenraum: ● öffentlich ● kollektiv
Innenraum: ● öffentlich ● kollektiv

Organisationsform	nach Bestimmungen des sozialen Wohnungsbaus, da öffentlich gefördert, Aneignung durch mieten, später als Eigentum, Initiierungsform top-down
Bewohnerstruktur	ca. 220 Personen, Familien aus dem Mittelstand, mittleres Bildungsniveau
Betriebsstruktur	keine Bestrebungen der Hausverwaltung zur Beteiligung und Aneignung, Mitwirkungsgrad gering
Wohnungsspiegel	78 Wohneinheiten, 2-Zi- bis 4-Zi-Wohnungen zwischen 38 und 91 m²
Flächen	Grundstücksfläche nicht bekannt, 7 Geschosse

	Fläche m²	in %	m² / Pers.
	Außenraum		
gesamt	–	–	–
öffentlich	–	–	–
kollektiv	0	–	0
privat	450	–	2.0
	Nutzfläche		
gesamt	5680	100	25.8
öffentlich	0	0	0
kollektiv[1]	850	15	3.9
privat	4830	85	21.9

1 exkl. 10 % Verkehrsfläche

Wohnüberbauung Neuwil

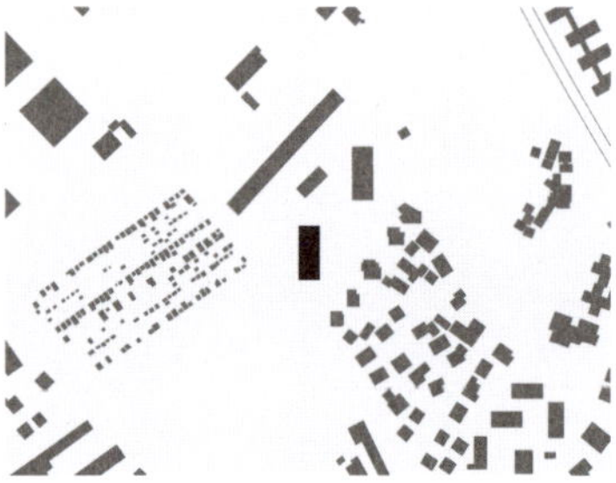

Mit der Wohnüberbauung Neuwil in Wohlen, bei der das erste Gebäude 1965 realisiert wurde, verfolgten Metron Architekten ein typisches Merkmal der Gemeinschaftssiedlungen. Sie initiierten eine innere Straße, oft auch rue intérieur genannt, die als kollektive Erschließungsfläche genutzt werden konnte. Das Scheibenhaus erhielt so auf jedem dritten Geschoss eine großzügig dimensionierte Erschließung, an der weitere gemeinschaftliche Räume angegliedert wurden.[1] So befindet sich im Erdgeschoss eine Eingangshalle, der durch die Bereitstellung von Sitznischen, einem WC, einer Telefonkabine sowie einem Warenautomat Aufenthaltsqualitäten zugewiesen wurden.[2] Neben der Eingangshalle befindet sich zudem ein Bastelraum. In den beiden Ganggeschossen wurde eine Spielnische an die innere Straße angeordnet. Im Dachgeschoss fanden ein Aufenthaltsraum mit Kamin und Teeküche, eine Waschküche sowie eine Sonnenterrasse mit einem Solarium und gemeinschaftlichen Duschen sowie Toiletten ihren Platz.

Diese Ausgestaltung der Korridorflächen diente nicht nur zur Aktivierung der oft unbelebten Erschließungszonen, sondern auch zu dessen Minimierung, da nur jedes dritte Geschoss als Ganggeschoss figurierte. Die jeweiligen beiden anderen Geschosse wurden durch Stichtreppen erschlossen. So konnte die eingesparte Erschließungsfläche den gemeinschaftlichen Räumen zugeschlagen werden.[3] Zudem konnten so die Wohnungen in den restlichen Geschossen ganztägig belichtet werden. In der Wohnüberbauung Neuwil wurden insgesamt 49 Ein- bis Vierzimmerwohnungen angeboten, in denen der Versuch für einen flexiblen Grundriss unternommen wurde. Einzig die Installationszonen und Funktionen wie Küche, Bad und WC sowie der Eingangsbereiche galten als gegeben, die restliche Wohnungseinteilung konnte von der Bewohnerschaft vorgenommen werden.[4] Gemäß diversen Quellen wurden jedoch die frei unterteilbaren Grundrisse wenig bespielt und die Möglichkeiten, Grundrisse durch die Umstellung von Trennelementen zu verändern, kaum genutzt.[5] Auch blieben die gemeinschaftlichen Einrichtungen ungebraucht oder waren gar durch Vandalismus betroffen. Bei einer ersten Auswertung nach fünf Betriebsjahren wurde erkannt, dass der Gemeinschaftssinn bei der Bewohnerschaft fehlte.[6]

Außenansicht vom Scheibenhaus
© Metron Architekten AG

Parking in geschwungener Form als typisches Merkmal von Neuwil
© Metron Architekten AG

Privater Wohnraum mit Installationszone
© Metron Architekten AG

Eingangshalle mit Sitznische, Telefon, WC und Warenautomat
© Metron Architekten AG

1 Wobei nur das südlich orientierte und als erstes realisierte Scheibenhaus von Metron Architekten geplant und mit der inneren Straße angelegt war. Das später realisierte zweite Scheibenhaus wurde konventionell gebaut. Vgl. dazu Kurz, Maurer, Oechslin, Weidmann (2003): Metron, Planen und Bauen 1965–2003, S. 132.
2 Das Werk (53|1966): Überbauung «Neuwil» in Wohlen AG, S. 43.
3 Kurz, Maurer, Oechslin, Weidmann (2003): Metron, Planen und Bauen 1965–2003, S. 65.
4 Das Werk (53|1966): Überbauung «Neuwil» in Wohlen AG, S. 45.
5 In einer Broschüre *Meine Wohnung ist mein Schloss* wurden die Bewohnerinnen und Bewohner dazu eingeladen, mitzuwirken und die Gestaltungsmöglichkeiten im Grundriss wahrzunehmen. Vgl. dazu auch Pestalozzi (29.08.2016): Flexibilitätsexperiment im Freiamt, auf swiss-architects.ch.
6 Kurz, Maurer, Oechslin, Weidmann (2003): Metron, Planen und Bauen 1965–2003, S. 65.

Raumstruktur

Eingangshalle
Bastelraum

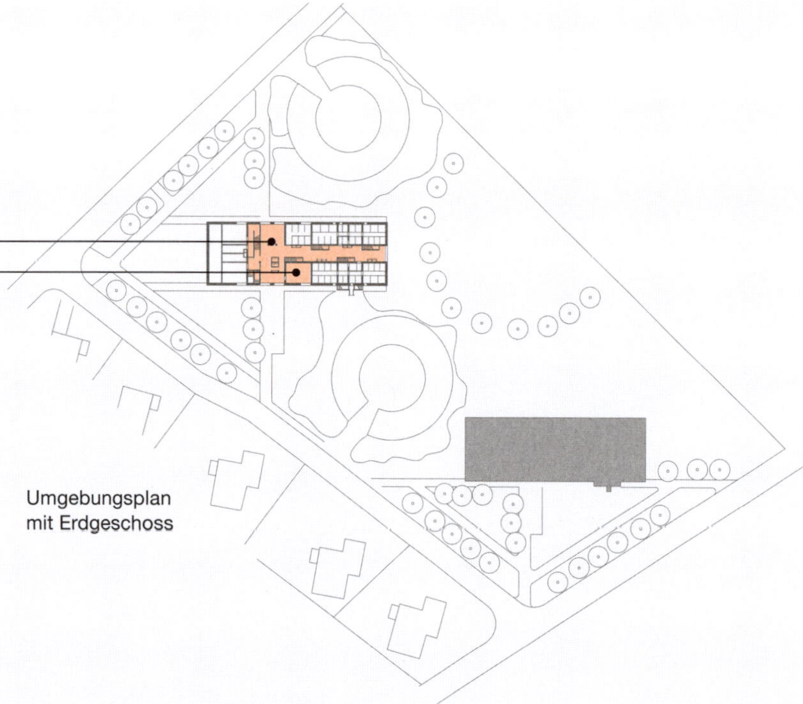

Umgebungsplan
mit Erdgeschoss

Spielnische

innere Straße

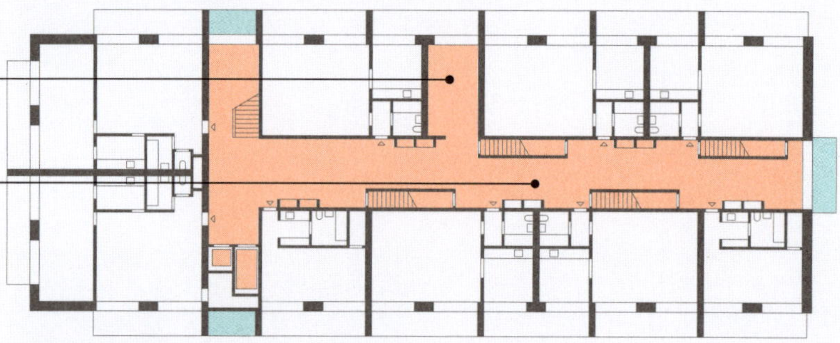

Ganggeschoss

Waschküche
Aufenthaltsraum mit
Teeküche und Kamin

Weitere, nicht verortete
kollektive Räume
Sonnenterrasse mit Solarium,
Duschen und Toiletten

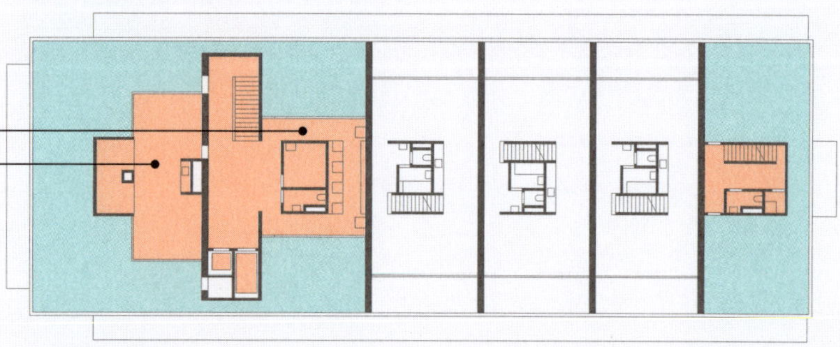

Dachgeschoss

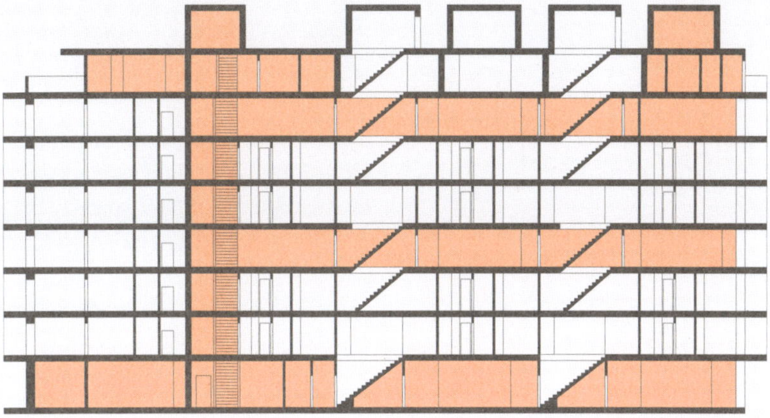

Schnitt

Außenraum: öffentlich kollektiv
Innenraum: öffentlich kollektiv

Organisationsform	private Trägerschaft mit konventionellen Organisationsformen, Aneignung durch mieten, Initiierungsform top-down
Bewohnerstruktur	ca. 140 Personen, meist Familien, mittleres Bildungsniveau
Betriebsstruktur	fremdverwaltet durch Trägerschaft, Mitwirkungsgrad gering
Wohnungsspiegel	49 Wohneinheiten, 1-Zi- bis 4-Zi-Wohnungen
Flächen	Grundstücksfläche nicht bekannt, 8 Geschosse

	Fläche m²	in %	m² / Pers.
	Außenraum		
gesamt	–	–	–
öffentlich	–	–	–
kollektiv	330	–	2.4
privat	770	–	5.5
	Nutzfläche		
gesamt	4340	100	31.0
öffentlich	0	0	0
kollektiv[1]	1135	26	8.1
privat	3205	74	22.9

1 exkl. 10 % Verkehrsfläche

Wohnkooperationen und die Öffnung von Wohnräumen

«Viele Wohnungen ergeben noch keine Siedlung, auch wenn für manches gesorgt ist, was woanders fehlt.»
REINHART KRAFT[1]

Aus der Kritik an den Gemeinschaftssiedlungen sowie dem Geist des Aufbruchs und der Emanzipation der späten 1960er-Jahre entwickelte sich ab den 1970er-Jahren das gemeinschaftliche Wohnmodell der Wohnkooperationen. Mit ihm festigte sich eine Nutzerschaft, die im Bildungsmilieu anzusiedeln war.[2] Gemeinschaftliches Wohnen etablierte sich als eine mögliche Wohnform des intellektuellen Mittelstandes. Erstmals wurden das gemeinschaftliche Zusammenleben und die Partizipation als Intention des kollektiven Wohnens ebenfalls ins Zentrum gestellt. Wichtiger als ökonomische Gründe war der Wunsch nach Gemeinschaft und Austausch.[3] Doch erst politische Umwälzungen ermöglichten neue gesellschaftliche Strukturen, die auch zur Weiterentwicklung des gemeinschaftlichen Wohnens führten. Zu den wichtigsten Kritikern an den uniformen Wohnüberbauungen der 1950er- und 1960er-Jahre zählte der niederländische Architekt John Habraken. In seinem 1967 erschienen Buch *Die Träger und die Menschen* stellt er fest, dass in solchen Überbauungen Bemühungen und Engagements des Individuums unerwünscht waren und die persönliche Initiative der Bewohnerschaft ausgeschaltet wurde.[4]

Der Wertewandel zeigte sich auch in der Entstehung eines divergierenden Begriffsverständnisses. Es wurde von alternativen und neuen Wohnformen gesprochen oder aber vom kollektiven und kommunikativen Wohnen sowie von Co-Housing.[5] Keine andere gesellschaftliche Bewegung wählte unpräzisere Begriffe. Dies erschwerte es, einen empirischen Überblick der Entwicklungsphasen zu gewinnen.[6] Eines hatten die Wohnkooperationen jedoch gemeinsam: Sie richteten sich nach wie vor auf Familienwohnen aus. Gemeinschaftliches Wohnen wurde nicht als neue Grundorganisation menschlicher Beziehungen verstanden. Die Kernfamilie wurde anfänglich nicht infrage gestellt, vielmehr öffnete sie sich hin zur Gemeinschaft.[7] Die Wohnobjekte gründeten zudem auf der Verwirklichung von gemeinsamen Lebensgrundsätzen und waren erstmals in der Geschichte des gemeinschaftlichen Wohnens selbstinitiiert sowie selbstorganisiert. Die gegenseitige

Unterstützung im Alltag bildete dabei die Grundlage.[8] Die Nutzerschaft brachte eine hohe Kommunikationsbereitschaft und den Willen zu Mitgestaltung und Organisation durch demokratische Entscheidungsprozesse mit und verfügte über die nötigen ökonomischen und zeitlichen Ressourcen.

Die Familien-Wohnidylle der 1950er und 1960er schien zu verschwinden. Ungeschriebene und geschriebene Gesetze einer Hierarchie aufgrund sozialer Schichten und Geschlechter lösten sich in dieser Zeit durch diverse gesellschaftliche Entwicklungen sukzessive auf.[9] So führte 1971 als eines der letzten Länder Europas auch die Schweiz das Stimmrecht der Frauen ein. Auch das Konkubinatsverbot in Deutschland und der Schweiz wurde in diesen Jahren großmehrheitlich aufgehoben. Familienplanung und Lebensweisen jenseits der Vorstellungen von Staat und Kirche führten zu neuen Haushaltsformen. Zudem entstand eine feministische Kritik an der Wohnarchitektur mit ihren zwar funktionalen, jedoch zu kleinen und abgeschlossenen Arbeitsräumen.[10] Die Emanzipation der Frau sollte nicht nur ihren gesellschaftlichen Bewegungs- und Handlungsspielraum vergrößern, sondern sich auch im Wohnbereich auswirken. Mehr als die Versorgung mit Wohnraum wurde Wohnen neu als gemeinsame Lebensgestaltung gesehen.[11] Der Wunsch entstand, sich möglichst weitgehend an der Planung, Realisierung und Nutzung von Wohnung und Wohnanlage als Lebensraum der Familie zu beteiligen. Der gesellschaftliche Wandel ging einher mit der zunehmenden Erwerbstätigkeit der Frauen. Der Dienstleistungs-, Bildungs- und Pflegesektor dehnte sich aus und Teilzeit-Arbeitsplätze nahmen zu.[12] Der Wohnungsmarkt hingegen blieb durch traditionelle Vorstellungen geprägt. Dies zeigte sich bei den Finanzierungsbestimmungen, Förderrichtlinien oder Wohnbaugesetzen, die sich als äußerst träge Instrumente erwiesen und sich weiterhin am Idealtypus der Kernfamilie ausrichteten.[13] Die Ölpreiskrise im Jahr 1973 und der nachfolgende Konjunktureinbruch prägten das konservative Klima im Wohnungsbau zusätzlich.

Dennoch wirkten sich die gesellschaftlichen Veränderungen im gemeinschaftlichen Wohnen auf vielfältige Weise aus. Anhand von Beteiligungsprozessen wurden erstmals partizipative Vorgehensweisen erprobt und bis anhin private Wohnräume öffneten sich hin zur Gemeinschaft. Dabei wurde beispielsweise mit Gemeinschaftsküchen oder auch mit sogenannten Stockwerkhallen experimentiert, die jeweils als erweiterte Erschließungsflächen mit Aufenthaltscharakter mehreren Wohnungen vorgelagert wurden. Die Stockwerkshallen wiesen keine Grundausstattung wie Küche oder sanitäre Einrichtungen auf, konnten jedoch von den Familien der angrenzenden Wohnungen frei eingerichtet beziehungsweise einer gemeinschaftlichen Nutzung zugeführt werden. Im Gegensatz zu den Freigeschossen des Wohnmodells der Gemeinschaftssiedlungen

---

1 Kraft (1993): Mit den Pfunden wuchern, S. 39.

2 Der Begriff Bildungsmilieu löst hier den Begriff Bildungsbürgertum ab, da dieser stark mit einer sich neu gebildeten bürgerlichen Schicht des 19. und frühen 20. Jahrhunderts behaftet ist.

3 Schuh (1989): Kollektives Wohnen, Eine vergleichende Untersuchung in- und ausländischer Beispiele, S. 8.

4 Habraken geht zudem davon aus, dass Identifikation mit dem eigenen Wohnumfeld nur dann möglich ist, wenn daran etwas getan und gemacht werden kann, wofür man selbst verantwortlich ist. Auch müsse man sein Wohnumfeld in Besitz nehmen können. Dabei unterscheidet er zwischen Besitz und Eigentum. Mit Besitz meint er die Aneignung als Handlung zusammen mit einer Tat. Vgl. dazu Habraken (1961): Die Träger und die Menschen, S. 11.

5 Die Idee des Co-Housings entstand in den späten 1960er-Jahren in Dänemark und hat sich mittlerweile als etabliertes Netzwerk weltweit ausgebreitet. Co-Housing-Objekte zielen auf eine selbstorganisierte Siedlungsentwicklung ab, die neben vielseitigen kollektiven Wohnräumen auch gemeinsame Aktivitäten, alternative Mobilität, erneuerbare Energien oder eine verträglichere Wohn- und Bodenpolitik thematisieren und versuchen, die soziale Stabilität in den Siedlungen zu stärken. Vgl. Id22: Institut für kreative Nachhaltigkeit Berlin (2012): CoHousing Cultures, Handbuch für selbstorganisiertes, gemeinschaftliches und nachhaltiges Wohnen, S. 16, S. 20.

6 Müschen (1982): Lieber lebendig als normal! Selbstorganisation, kollektive Lebensformen und alternative Ökonomie, S. 33.

7 Brech (1989): Neue Wohnformen in Europa, Berichte des 4. Internationalen Wohnbund Kongresses, S. 105.

8 Pätzold, Seidel-Schulze, Jekel, (2014): Neues Wohnen – gemeinschaftliche Wohnformen bei Genossenschaften, S. 17.

9 Stahel (2006): Wo-Wo-Wonige!, S. 10.

10 Altenstraßer, Hauch, Kepplinger (2007): gender housing – geschlechtergerechtes bauen, wohnen, leben, S. 51.

11 Brech: Ein Wandel im Wohnen in der Zeit des Umbruchs. In Wüstenrot Stiftung (1999): Neue Wohnformen, S. 60.

12 Altenstraßer, Hauch, Kepplinger (2007): gender housing – geschlechtergerechtes bauen, wohnen, leben, S. 55.

13 Brech: Ein Wandel im Wohnen in der Zeit des Umbruchs. In Wüstenrot Stiftung (1999): Neue Wohnformen, S. 86.

14 Altenstraßer, Hauch, Kepplinger (2007): gender housing – geschlechtergerechtes bauen, wohnen, leben, S. 71.

hatten die Stockwerkhallen nun eine direkte Anbindung an die Wohnungen. Dies führte zu einem unmittelbaren räumlichen Bezug, sodass sich die Bewohnerschaft diesen gemeinschaftlichen Raum aneignen und ihn bespielen konnte.

Veränderungen in der Grundrissgestaltung wie die Anordnung der Küche in eine Nische des Wohnraums oder neue Öffnungsmöglichkeiten wie Schiebetüren führten zu flexibleren Verbindungen zwischen Wohn- und Arbeitsräumen. Die sich partiell öffnende Küche entwickelte sich anschließend Richtung Wohnküche, indem die Funktionen Kochen und Wohnen stärker räumlich miteinander verbunden wurden. Die Abkehr von der funktionalen und abgeschlossenen Einbauküche hin zur Wohnküche entsprach der Forderung nach einem zentralen Wohnungsmittelpunkt und Lebensraum für die Familie, aber auch dem Wunsch nach einem offenen Raum für die Hausfrau.[14] Bei den Wohnkooperationen blieben zwar die individuellen Küchen voll ausgestattet und dadurch eigenständig. Die Haushaltsführung war weiterhin privat organisiert. Die gemeinschaftlichen Räume ermöglichten jedoch gemeinsames Kinderhüten oder Kochen in den Gemeinschaftsküchen sowie alltägliche Hilfestellungen untereinander. Diese gemeinschaftlichen Tätigkeiten wurden, trotz steigender Erwerbstätigkeit, nach wie vor zu 80% von den Frauen getragen.[15]

Die Phase der Wohnkooperationen ist insofern sehr bedeutend, weil sie paternalistisch organisiertes gemeinschaftliches Wohnen definitiv beendete. Nutzergruppen realisierten selbstorganisiertes Wohnen in aufwendigen partizipativen Prozessen zusammen mit Planerinnen und teilweise mit Soziologen. Der Einbezug dieser Fachperspektiven war für die damalige Zeit sehr innovativ. Nicht ökonomische Gründe standen im Vordergrund, sondern das Zusammenwohnen, die Verbesserung der menschlichen Kontakte und der wohnlichen Geborgenheit.[16] Ein Mehraufwand an Hausarbeit oder der Organisation des Alltags wurde von der Bewohnerschaft akzeptiert. Im Gegensatz zu früheren Wohnmodellen des gemeinschaftlichen Wohnens, wie zum Beispiel beim Einküchenhaus, dem Ledigenheim oder dem Boardinghaus, war nicht vorgesehen, Personal für die Arbeiten in den gemeinschaftlichen Wohnräumen anzustellen.[17] Die lange Planungszeit der Wohnobjekte und die Teilnahme an demokratischen Prozessen führte hingehen oft zu unrealistischen Zielvorstellungen oder ideologisch aufgeladenen Erwartungshaltungen, die in einer ersten Phase des Einlebens korrigiert werden mussten.[18] Diese Prozesse führten nicht immer zu großer Stabilität und äußerten sich mittelfristig in einer äußerst homogenen Bewohnerschaft. Obschon anfänglich die soziale Mischung als Projektziel deklariert wurde, schien sich Homogenität in Lebensweise, Bildungsniveau, politischer Einstellung, Alter und Haushaltsform durchzusetzen.[19] Dabei wurde die Kernfamilie nicht grundlegend infrage gestellt, sondern vielmehr als sozial verarmt angesehen. Wohnkooperationen sollten dabei helfen, autoritäre Familienstrukturen abzubauen und soziale sowie kooperative Verhaltensweisen zu fördern.[20]

Die ideale Größe einer Wohnkooperation umfasste ein Wohnobjekt mit 20 bis 40 Wohneinheiten, das eine übersichtliche Gemeinschaft bildete.[21] Als problematischer wurden kleinere Wohnobjekte eingestuft, da sich ändernde Bedürfnisse oder Fluktuationen die Gemeinschaft empfindlich stören könnten. Die Anzahl der Wohneinheiten hatte dabei erheblichen Einfluss auf die Grenze zwischen Privatheit und Öffentlichkeit. Die Tendenz, die Nachbarschaft sorgfältig auszuwählen, führte bei den Wohnkooperationen zu einer bewussten Organisation des sozialen Netzwerks. Je mehr Privates in diesem nachbarschaftlichen Netzwerk geteilt wurde, desto mehr verschob sich die Öffentlichkeit an die Siedlungsgrenze.[22]

Die Auswirkungen der Wohnkooperationen auf spätere Wohnmodelle des gemeinschaftlichen Wohnens zeigten sich vor allem in der Öffnung des Wohnraums und der Familie hin zur Gemeinschaft. Nachfolgende gesellschaftliche Veränderungen und erste Erfahrungen mit selbstorganisierten gemeinschaftlichen Wohnobjekten durch eine homogene Bewohnerschaft förderten die Verbreitung des gemeinschaftlichen Wohnens. Ab den 1990er-

Jahren entstand eine neue Vielfalt von Wohnobjekten, die deutlich einer sozialen Intention zugeordnet werden konnten. Dabei wird ab dem Wohnmodell der Wohn- und Kulturprojekte, die als Ausdruck der Gemeinschaft initiiert wurden, nicht nur haushaltsübergreifend Wohnraum geteilt, sondern ausstattungsübergreifend sowie durch gemeinschaftliche Folgeeinrichtungen der Einbezug des ganzen Quartiers gestärkt. Auch Nutzergruppen verändern und verschieben sich. Zwar ist es weiterhin das Bildungsmilieu, das für das Interesse an gemeinschaftlichem Wohnen und die Initiierung von Wohnobjekten ausschlaggebend ist. Die Angebote richten sich jedoch nicht mehr primär an Familien, sondern sprechen eine breitere Bewohnerschaft und teils explizit nicht familiäres Wohnen oder mehrere Generationen an.

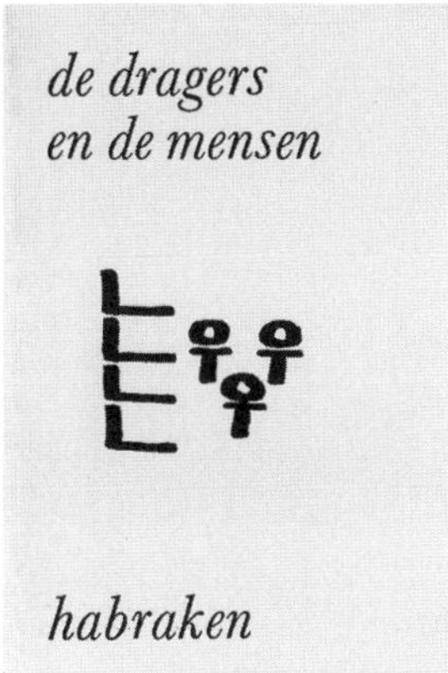

Titelblatt der Publikation von John Habraken
Habraken John, Die Träger und die Menschen, 1961

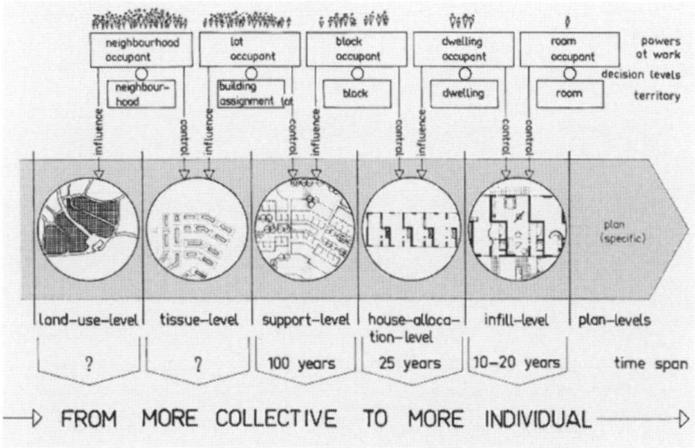

Die Publikation *Die Träger und die Menschen* erschien ohne Abbildungen, erste Umsetzungsideen wurden in der Konzeptskizze zu einem *open building* gezeigt
Cuperus Ype, An Introduction to Open Building, undatiert

15 Schneider: Wohnbauexperimente, ein besseres Wohnen für Frauen? In Brech (1989): Neue Wohnformen in Europa, Berichte des 4. Internationalen Wohnbund Kongresses, S. 114, S. 120.
16 Schuh (1989): Kollektives Wohnen, Eine vergleichende Untersuchung in- und ausländischer Beispiele, S. 24.
17 Brech (1989): Neue Wohnformen in Europa, Berichte des 4. Internationalen Wohnbund Kongresses, S. 310.
18 Schuh (1989): Kollektives Wohnen, Eine vergleichende Untersuchung in- und ausländischer Beispiele, S. 154.
19 Wüstenrot Stiftung (1999): Neue Wohnformen, S. 136.
20 Gerheuser, Schumann (1981): Kommunikatives Wohnen, S. 6. Dennoch schreibt Schneider, dass das Familienleben tendenziell an den Abenden und Wochenenden abgeschlossen stattfand und das Gemeinschaftliche eher im alltäglichen Leben vollzogen wurde. Vgl. dazu Schneider: Wohnbauexperimente, ein besseres Wohnen für Frauen? In Brech (1989): Neue Wohnformen in Europa, Berichte des 4. Internationalen Wohnbund Kongresses S. 121.
21 Jürgen Schuh schreibt gar von 10–20 Wohneinheiten, bemerkt jedoch, dass in 10 Wohneinheiten 17 Personen leben würden. Vgl. dazu Schuh (1989): Kollektives Wohnen, Eine vergleichende Untersuchung in- und ausländischer Beispiele, S. 155 sowie Wüstenrot Stiftung (1999): Neue Wohnformen, S. 127.
22 Brech (1989): Neue Wohnformen in Europa, Berichte des 4. Internationalen Wohnbund Kongresses, S. 37.

Ausgewählte Vertreter von Wohnkooperationen

Verweis	Projekt	Bezug	Stadt	Lage	Bautyp	Architektur	Trägerschaft
→ Seite 169	***Siedlung Overvecht-Noord***	**1971**	**Utrecht NLD**	**Stadtrand**	**Neubau**	**H. W. M. Janssen**	**Bau- und Wohnungsdienst der Stadt Utrecht**
	Kollegiet Sofiegården	1972	Kopenhagen DEN	Stadtzentrum	Umbau, Neubau	Box 25	Stadt Kopenhagen
→ Seite 172	***Wohnmodell Steilshoop***	**1973**	**Hamburg GER**	**Stadtrand**	**Neubau**	**Rolf Spille, Dieter Bortels**	**Neues Hamburg GmbH**
	Familien-Wohnetagen Lichtenrade	1977	Berlin GER	Stadtrand	Neubau	Günther Behrmann, Fried Schnabel	Kirchgemeinde Berlin-Lichtenrade
	Gemeinschaftssiedlung De Hilversums Meent	1977	Hilversum NLD	Siedlungsrand	Neubau	Leo de Jonge, Pieter Weeda	Verein Centraal Wonen
→ Seite 176	***Gemeinschaftssiedlung Jernstoberiet***	**1980**	**Roskilde DEN**	**Siedlungsrand**	**Umnutzung**	**Jan Gudmand-Hoyer, Jes Edvars**	**private Bauträgerschaft**
	Kollektiv- und Servicehaus Stolplyckan	1980	Linköping SWE	Siedlungsrand	Neubau	Höjer & Ljungquist	Kollektivhusföreningen Stolplyckan
	Sozialwohnungen Beaulieu	1980	Poitiers FRA	Stadtquartier	Neubau	Galmiche, Robain, Laval	Stadt Poitiers
	Gemeinschaftswohnhaus Bijvanck	1982	Huizen NLD	Siedlungsrand	Neubau	Luzia Hartsuyker-Curjel	Verein Centraal Wonen
→ Seite 179	***Kollektivhaus Stacken***	**1982**	**Göteborg SWE**	**Stadtrand**	**Umbau**	**Lars Agren**	**gemeinnützige Wohnbaugesellschaft Göteborgshem**
	Siedlung Fuglsangpark	1983	Farum DEN	Siedlungsrand	Neubau	Tegnestuen Vandkunsten	Boligfonden Bikuben Lægeforeningens Boligers Byggeselskab
	Zukunftsviertel Gårdsåkra	1983	Eslöv SWE	Siedlungsrand	Neubau	Landskronagruppen	nicht bekannt
→ Seite 183	***Gemeinschaftswohnhaus Houtwijk***	**1984**	**Den Haag NLD**	**Stadtzentrum**	**Neubau**	**Andries Van Wijngaarden**	**Verein Centraal Wonen**
	Wohnen mit Kindern	1984	Wien AUT	Stadtrand	Neubau	Ottokar Uhl, Franz Kuzmich, Martin Wurnig	Verein Wohnen mit Kindern

Pläne, wenn nicht anders vermerkt

Schwarzplan	1:12.000
Umgebungsplan	1:2.000
Geschosse	1:500
Schnitt	1:500

Siedlung Overvecht-Noord

In der 1971 fertiggestellten Siedlung Overvecht-Noord in Utrecht wurden als erweiterte und gemeinschaftlich nutzbare Erschließungsfläche sogenannte Stockwerkhallen initiiert, denen jeweils vier Familienwohnungen vorgelagert waren. Diese hatten durch die räumliche Anbindung einen persönlichen Bezug zur Bewohnerschaft und bildeten eine Zone zwischen Treppenhaus und privater Wohnung. Die individuellen Wohnungseingänge wiesen zudem eine zusätzliche Vorzone mit Garderobe und Nasszelle auf, die wie ein Filter zwischen den gemeinschaftlichen Räumen und der privaten Wohnung wirkten. Durch die Angliederung der Stockwerkhallen an jeweils vier Wohnungen waren die gemeinschaftlichen Räume deutlich einer Nutzerschaft zugeordnet und standen der Bewohnerschaft als nutzungsneutrale Räume zur Verfügung, die je nach Bedürfnis entsprechend möbliert werden konnten.

Die Siedlung Overvecht-Noord mit ihren 168 Wohnungen wurde vom Architekten H. W. M. Janssen geplant und realisiert und von der Stadtverwaltung Utrecht durch den Bau- und Wohnungsdienst gefördert. Dabei blieben die Wohnungsgrößen standardgemäß bei Drei- bis Vierzimmerwohnungen und entsprachen den damaligen Vorstellungen einer Familienwohnung.[1] Die Stockwerkhallen von rund 60 m^2 waren in der Planung nur als überbreite Korridore vorgesehen. Erst bei der Bauausführung wurden die Korridore durch eine Projektänderung der Fassadenrücksprünge zu großzügigen gemeinschaftlichen Räumen. Das Gemeinschaftsleben war somit in der Projektierung des Objektes nicht geplant und musste von der Bewohnerschaft selber organisiert werden.[2] Die Auswirkungen auf das Wohnverhalten in den unkonventionell entstandenen gemeinschaftlichen Räumen konnte zum Zeitpunkt der Realisierung noch nicht abgeschätzt werden. Die Stadtverwaltung sorgte sich gar, die Wohnungen nur schwer vermieten zu können.[3] Deshalb wurden das Wohnobjekt in breit organisierter Öffentlichkeitsarbeit in der lokalen Presse und an Informationsveranstaltungen vorgestellt. Der Auswahlprozess der zukünftigen Bewohnerinnen und Bewohner wurde durch einen Fragebogen gesteuert, in dem Interessierte ihre Vorstellungen und Wünsche zum gemeinschaftlichen Wohnen kundtun und die Bewohnerschaft dementsprechend zusammengesetzt werden konnte. Dieses Auswahlverfahren führte zu einer überwiegend homogenen Gruppe höherer Angestellter und Akademikerinnen. Personen aus Arbeiterkreisen interessierten sich, trotz günstigen Mietpreisen, wenig für diese Wohnform. Schon zu Beginn der Nutzungsphase entwickelte sich die Selbstorganisation der Bewohnerschaft. Ausgewählte Personen aus je vier Wohnungen und einer dazugehörigen Stockwerkhalle formierten sich in einer Bewohnergruppe, die sich um Administratives, die Organisation des Zusammenlebens, um Konfliktlösungen oder die Auswahl von Neumietern kümmerte.[4] In Absprache mit dieser Bewohnergruppe bildeten sich diverse etagenübergreifende Nutzungen in den Stockwerkhallen wie Caféstuben oder Werkstätten. Im Weiteren dienten die Stockwerkhallen beispielsweise als Kinderspielzimmer, gemeinschaftliches Wohn- und Esszimmer oder als Bibliothek.

1 Bauen + Wohnen (27|1973): Experimentelles Bauen und Wohnen in Utrecht Niederlande, S. 229.

2 Museum für Gestaltung Zürich (Hrsg.) (1986): Das andere Neue Wohnen, Neue Wohn(bau)formen, S. 72.

3 Archithese (14|1975): Grosshaushalte, S. 19.

4 Hartmann (1978): Selber & gemeinsam planen, bauen, wohnen, S. 7 ff.

Die Siedlung Overvecht-Noord umfasst neun Gebäude

© Erwin Mühlestein

Gemeinschaftlicher Wohnraum in der Stockwerkhalle

© Erwin Mühlestein

Stockwerkhallen bilden ein zentrales Element der einzelnen Gebäude

© Erwin Mühlestein

Zentrale Lage der Stockwerkhallen fördert die Gemeinschaft

© Erwin Mühlestein

Stockwerkhallen als Freiraum zum Spielen

© Erwin Mühlestein

Raumstruktur

Umgebungsplan (Ausschnitt)

Regelgeschoss

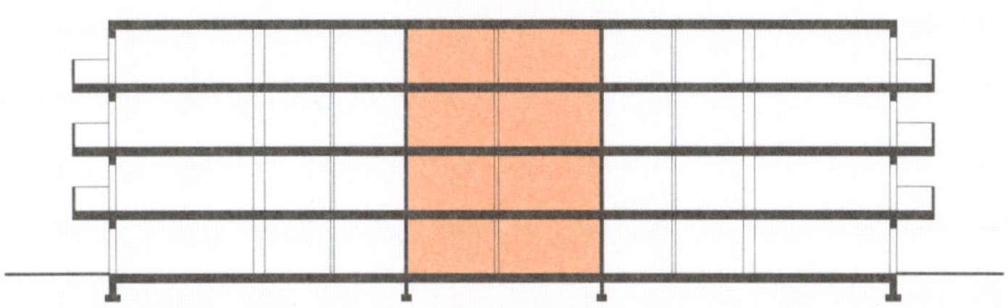

Schnitt

Außenraum: öffentlich kollektiv
Innenraum: öffentlich kollektiv

Wohnmodell Steilshoop

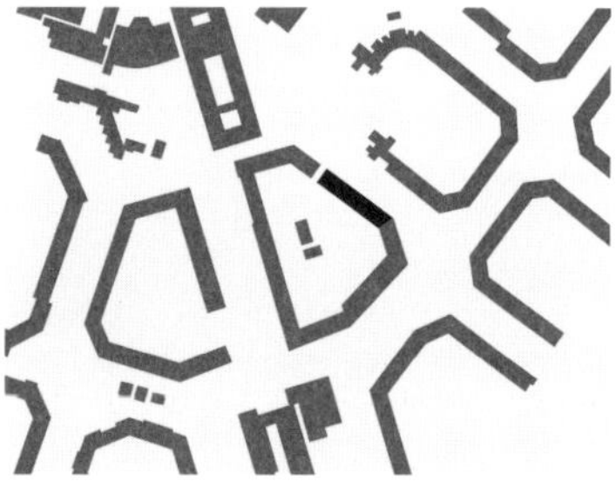

Organisationsform	nach Bestimmungen des sozialen Wohnungsbaus, Aneignung durch mieten, Initiierungsform top-down
Bewohnerstruktur	ca. 650 Personen, Familien aus Akademiker- und Intellektuellenkreisen, hohes Bildungsniveau
Betriebsstruktur	selbstverwaltete Stockwerkhallen durch mietergewähltes Gremium «Centrale Groep», Mitwirkungsgrad hoch
Wohnungsspiegel	168 Wohneinheiten, 3-Zi- bis 4-Zi-Wohnungen
Flächen	Grundstücksfläche nicht bekannt, 4 bis 8 Geschosse

	Fläche m^2	in %	m^2 / Pers.
	Außenraum		
gesamt	–	–	–
öffentlich	–	–	–
kollektiv	–	–	–
privat	1595	–	2.4
	Nutzfläche		
gesamt	24090	100	37.1
öffentlich	0	0	0
kollektiv[1]	4210	17	6.5
privat	19880	83	30.6

1 exkl. 10 % Verkehrsfläche

Treibende Kraft hinter dem Wohnmodell Steilshoop in Hamburg aus dem Jahr 1973 war der Architekt Rolf Spille zusammen mit dem Verein Urbanes Wohnen, der mit dem Ziel gegründet wurde, einen wohnkulturellen Prozess anzustoßen.[1] Im Wohnmodell Steilshoop ging es um die Emanzipation der Bewohnerschaft. Den Bewohnerinnen und Bewohnern wurde die Möglichkeit geboten, ihre Wohnweise durch Partizipation schon während der Planungsphase selber zu bestimmen. Das gemeinschaftliche Wohnen galt als Experiment und sollte eine Alternative zum Familienwohnen darstellen, um individuelle wie auch familiäre Probleme zu lösen. Obwohl sich die Bewohnerschaft mehrheitlich aus jungen berufstätigen Akademikern und nicht erwerbstätigen, aber gut ausgebildeten Ehefrauen mit durchschnittlich zwei Kindern bildete, suchte man bewusst eine soziale Mischung aus unterschiedlichen Milieus.[2] So waren Familien aus der Arbeiterklasse, kinderreiche Familien, Migranten, Studierende, aber auch frühere Strafgefangene und Sozialfälle am Wohnmodell Steilshoop beteiligt. Für die Ausgestaltung der gemeinschaftlichen Wohnräume und individuellen Wohneinheiten gab es keine Orientierung an historischen Vorbildern. Die zukünftige

Bewohnerschaft traf sich wöchentlich in ihren noch angestammten konventionellen Wohnungen, um die Wohnwünsche gemeinsam zu entwickeln. In einem nächsten Schritt bildeten sich Arbeitsgruppen, die sich um Themen wie Kinderspielplätze und Jugendarbeit, Intensivierung der Nachbarschaft oder Planung von Bewohnertreffen sowie Bewirtschaftung der Gemeinschaftseinrichtungen sorgten. Weitere Gruppen erarbeiteten die vertraglichen Grundlagen des Zusammenlebens oder das Grundrisslayout der Wohneinheiten.[3]

Das gegenseitige Kennenlernen der Bewohnerschaft lange vor dem Bezug sorgte denn auch anfänglich für eine intensive soziale Interaktion. Das Wohnmodell Steilshoop fand zudem beträchtliche politische Unterstützung und wurde durch öffentliche Mittel gefördert.[4] Um die gemeinschaftlichen Flächen zu kompensieren, wurde auf private Außenräume wie Balkone verzichtet. Im Dachgeschoss gab es dafür eine großzügige Terrasse mit einem Versammlungssaal und einer Teeküche. Im Erdgeschoss befanden sich Kindergarten, Spielräume für Kinder, ein Schularbeitsraum, Werk- und Sporträume sowie eine gemeinschaftliche Waschküche.[5] Für die Bewohnerschaft, über gut 220 Personen, blieben die selbstgeplanten Wohneinheiten jedoch Zentrum des gemeinschaftlichen Wohnens. Durch den partizipativen Prozess entstanden diverse individuelle Wohneinheiten, die an Gemeinschaftsküchen und -räume angegliedert waren, aber auch solche, die als herkömmliche Familienwohnungen gesehen werden konnten. Die größte Wohneinheit war 400 m² groß und bot Platz für sechs Familien. Nach nur gut elf Betriebsjahren wurden sämtliche Wohneinheiten jedoch zu konventionellen Wohnungen zurückgebaut.[6] Die Bewohnerschaft veränderte sich schon im Verlauf der ersten Nutzungsjahre, finanziell Bessergestellte verließen das Wohnmodell Steilshoop. Daraus entwickelte sich eine Mischung aus überdurchschnittlich vielen Studierenden sowie Problemfamilien. Die gemeinschaftlich genutzten Räume wurden zu wenig bewirtschaftet, wirkten bald verwohnt und ungepflegt. Außerdem erwies sich die Anordnung der gemeinschaftlichen Räume als nicht kommunikationsfördernd. Die Wohnungen waren trotz Wohneinheiten mit kollektiven Küchen, Wohn- und Essbereichen räumlich zu stark voneinander getrennt, um die Gemeinschaft im siebengeschossigen Wohnhaus zu festigen. Die gemeinschaftlichen Räume für die ganze Hausgemeinschaft lagen separiert im Dach- oder Erdgeschoss. So verlor die gemeinschaftliche Nutzung ihren selbstverständlichen und spontanen Charakter.[7]

---

1 Wüstenrot Stiftung (Hrsg.) (1999): Neue Wohnformen, S. 23 sowie Archithese (14|1975): Grosshaushalte S. 21.

2 Gerheuser, Schumann (1981): Kommunikatives Wohnen, S. 5 f.

3 Hartmann (1978): Selber & gemeinsam planen, bauen, wohnen, S. 15.

4 Museum für Gestaltung Zürich (Hrsg.) (1986): Das andere neue Wohnen, Neue Wohn(bau)formen, S. 90.

5 Hartmann (1978): Selber & gemeinsam planen, bauen, wohnen, S. 19.

6 Dabei bewährte sich die nach der SAR-Baumethode erstellte Gebäudestruktur, die Änderungen und Anpassungen im Grundriss leicht zuließ. So konnten nach Abbruch des Wohnexperimentes einfach und kostengünstig traditionelle Kleinwohnungen eingebaut werden. Die SAR-Baumethode wurde von niederländischen Architekten John Habraken im Sinne einer Gebraucherpartizipation entwickelt. Vgl. dazu auch Lüchinger (2000): 2-Komponenten-Bauweise, S. 12 und Museum für Gestaltung Zürich (Hrsg.) (1986): Das andere neue Wohnen, Neue Wohn(bau)formen, S. 90.

7 Hartmann (1978): Selber & gemeinsam planen, bauen, wohnen, S. 19.

Hoffassade, auf Balkone wurde zugunsten der gemeinschaftlichen Räume verzichtet
© Erwin Mühlestein

Gemeinschaftliche Küche, angrenzend an die individuellen Wohneinheiten
zürcher hochschule der künste, archiv-zhdk, Fotograf: Erwin Mühlestein

Einer der Spielräume für die Kinder
zürcher hochschule der künste, archiv-zhdk, Fotograf: Erwin Mühlestein

Raumstruktur

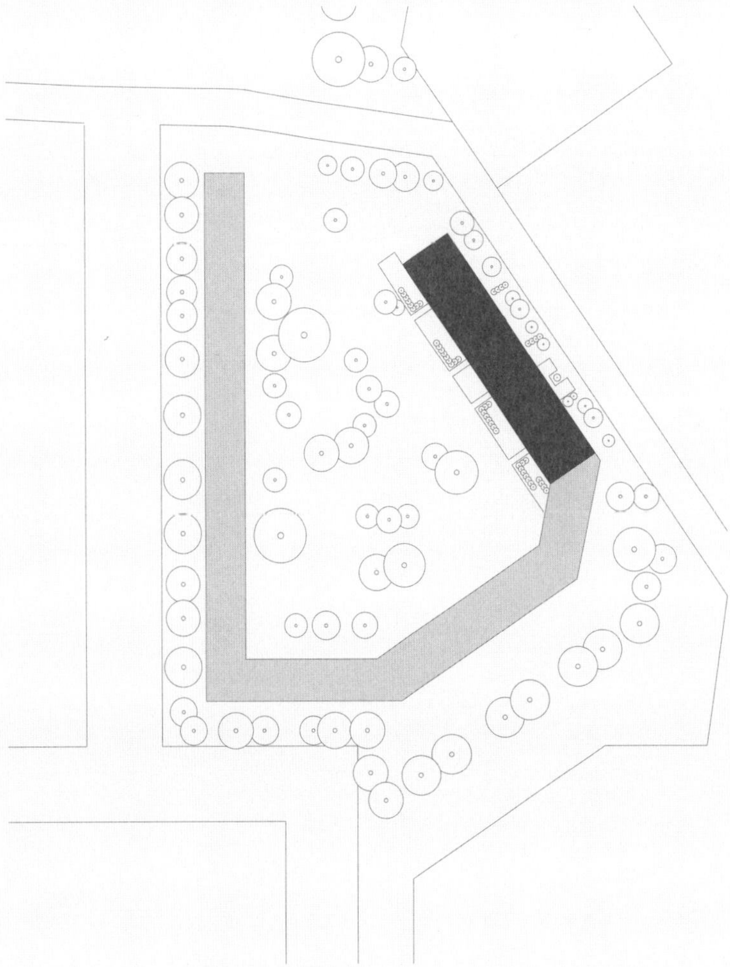

Umgebungsplan

Kindergarten

Essbereich

Wohnbereich

Gemeinschaftsküchen

Weitere, nicht verortete kollektive Räume
Spielräume für Kinder
Schularbeitsraum
Werkräume
Sporträume
Versammlungssaal mit Teeküche
Waschküche
Dachterrasse

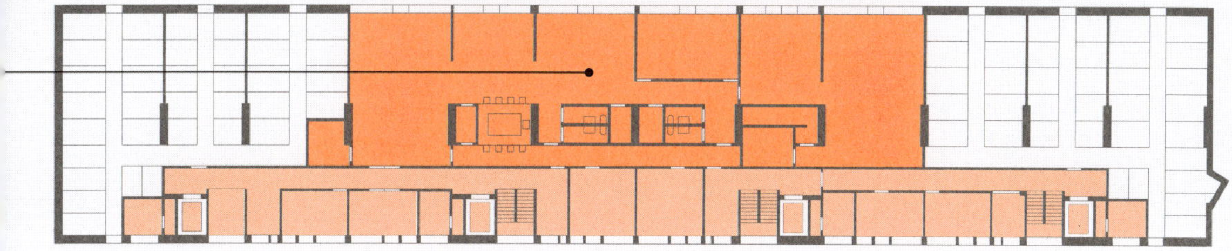

Erdgeschoss

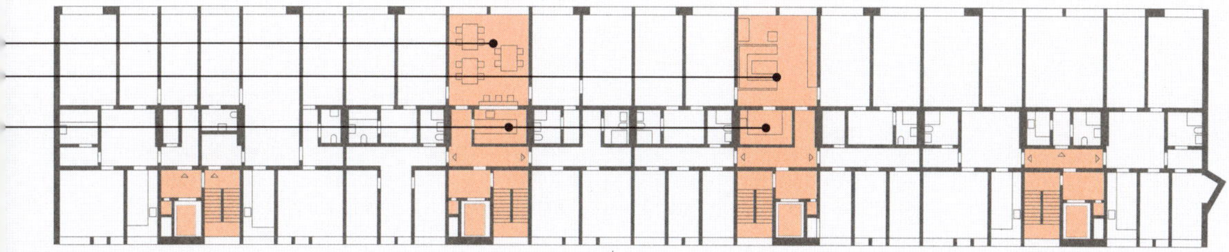

Regelgeschoss

Außenraum: ● öffentlich ● kollektiv
Innenraum: ● öffentlich ● kollektiv

Organisationsform	organisiert durch die Genossenschaft Urbanes Wohnen Hamburg E. V., Aneignung durch mieten, Initiierungsform bottom-up
Bewohnerstruktur	ca. 220 Personen, für Mittelstandfamilien wie auch kinderreiche oder finanzschwache Familien und Studierende, auch Integration von Migranten, Strafgefangen und Sozialfällen, sehr heterogenes Bildungsniveau
Betriebsstruktur	selbstverwaltet, Partizipation schon während Planungsphasen, betriebliche Organisation durch Arbeitsgruppen, Mitwirkungsgrad sehr hoch
Wohnungsspiegel	35 Wohneinheiten, 17 Gruppen- und 18 Familienwohnungen

Flächen

Grundstücksfläche nicht bekannt, 7 Geschosse

	Fläche m²	in %	m² / Pers.
	Außenraum		
gesamt	–	–	–
öffentlich	–	–	–
kollektiv	355	–	1.6
privat	0	–	0
	Nutzfläche		
gesamt	6 060	100	27.5
öffentlich	320	5	1.5
kollektiv[1]	1 555	26	7.0
privat	4 185	69	19.0

1 exkl. 10 % Verkehrsfläche

Gemeinschaftssiedlung Jernstoberiet

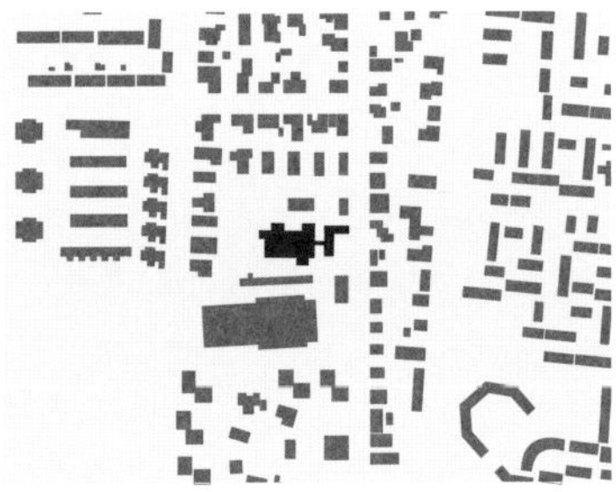

Die Gemeinschaftssiedlung Jernstoberiet, auf Deutsch Gießerei, entstand 1980 in Roskilde als Erweiterung einer stillgelegten Fabrikhalle aus dem Jahr 1946, die anfänglich abgerissen werden sollte.[1] Die hohen Kosten und eine Co-Housing-Initiative von Ortsansässigen führten jedoch dazu, die alte Fabrikhalle umzunutzen und zu ergänzen. Erste Co-Housing Projekte entstanden in Skandinavien schon in den 1970er-Jahren. Die Idee hinter Co-Housing sind zweckbestimmte Gemeinschaften, die ihre privaten Haushalte (meist in Form eines Reihenhauses oder Einfamilienhauses, aber selten in Form von Geschosswohnungen) mit einem Gemeinschaftshaus ergänzten.[2] Co-Housing Projekte wurden je nach lokalen Gegebenheiten staatlich gefördert oder privat finanziert. Die Gemeinschaftssiedlung Jernstoberiet war eines der ersten Wohnobjekte, das von den Initiantinnen und Initianten privat getragen wurde.[3] Bei der Ausarbeitung des Projekts wurden diese zusätzlich von einer Studierendengruppe und später von den beiden Architekten Jan Gudmand-Hoyer und Jes Edvars unterstützt. Die Planung erfolgte in einem partizipativen Prozess, in dem noch weitere zukünftige Bewohnerinnen und Bewohner miteinbezogen wurden, die später in der Realisierung auch einiges im Selbstbau umsetzten.[4]

Insgesamt wurden 21 Wohnungen zwischen 38 und 127 m² realisiert.[5] So sollten die unterschiedlich großen Wohneinheiten eine Durchmischung an Einkommensklassen sowie Haushaltsformen für die rund 50 Bewohnerinnen und Bewohner ergeben.[6] Die finanzielle Belastung war jedoch am Ende so hoch, dass nur gut ausgebildete Personen in die Gemeinschaftssiedlung Jernstoberiet einzogen.[7] Die privaten Wohneinheiten waren ähnlich Reihenhäusern an die gemeinschaftliche Fabrikhalle angeschlossen. Dabei wurden die Küchen zum gemeinschaftlichen Raum hin ausgerichtet und die Wohnbereiche mit Zugang zu den privaten Gärten davon abgewandt. So wurde die bestehende Fabrikhalle zur zentralen Halle und zum erweiterten Erschließungsbereich, der als gedeckter Innenhof ebenso Raum zum Spielen und sich Austauschen bot, wie auch als erweiterter Wohnraum oder als Raum für größere Anlässe wie Festivals diente. Im hinteren Teil der Halle wurde das doppelgeschossige Gemeinschaftshaus als Raum im Raum angelegt, in dem die Gemeinschaftsküche, der Speisesaal und im oberen Bereich weitere Aufenthaltsräume wie Kinderspiel- und Fernsehzimmer, Werk- und Nähräume sowie die Waschküche angeordnet waren.[8] Die Schnittlösung ist denn auch bei diesem Wohnobjekt besonders interessant, weil die Ausgangslage mit der alten Fabrikhalle nach einer sehr spezifischen Antwort verlangte.

Die Gemeinschaftssiedlung mit der alten Fabrikhalle
© Erwin Mühlestein

Die privaten Wohneinheiten grenzen an die Fabrikhalle
© Erwin Mühlestein

Erschließungskorridor zwischen Gemeinschaftshaus und privaten Wohneinheiten
© Erwin Mühlestein

1 Museum für Gestaltung Zürich (Hrsg.) (1986): Das andere neue Wohnen, Neue Wohn(bau)-formen, S. 63.
2 wohnbund e. V. (Hrsg.) (2015): Europa, gemeinsam wohnen, S. 41.
3 Durret, McCamant (1995): Cohousing: A Contemporary Approach to Housing Ourselves, S. 98.
4 Museum für Gestaltung Zürich (Hrsg.) (1986): Das andere neue Wohnen, Neue Wohn(bau)-formen, S. 63.
5 Es gibt unterschiedliche Angaben bezüglich den Wohneinheiten und ihren Größen. Andere Quellen sprechen von 20 Wohneinheiten in der Größe von 21 bis 120 m². Vgl. auch Schuh (1989): Kollektives Wohnen, Eine vergleichende Untersuchung in- und ausländischer Beispiele, S. 106 sowie Durret, McCamant (1995): Cohousing: A Contemporary Approach to Housing Ourselves, S. 98.
6 Museum für Gestaltung Zürich (Hrsg.) (1986): Das andere neue Wohnen, Neue Wohn(bau)-formen, S. 63.
7 Schuh (1989): Kollektives Wohnen, Eine vergleichende Untersuchung in- und ausländischer Beispiele, S. 106.
8 Durret, McCamant (1995): Cohousing: A Contemporary Approach to Housing Ourselves, S. 93 ff.

Raumstruktur

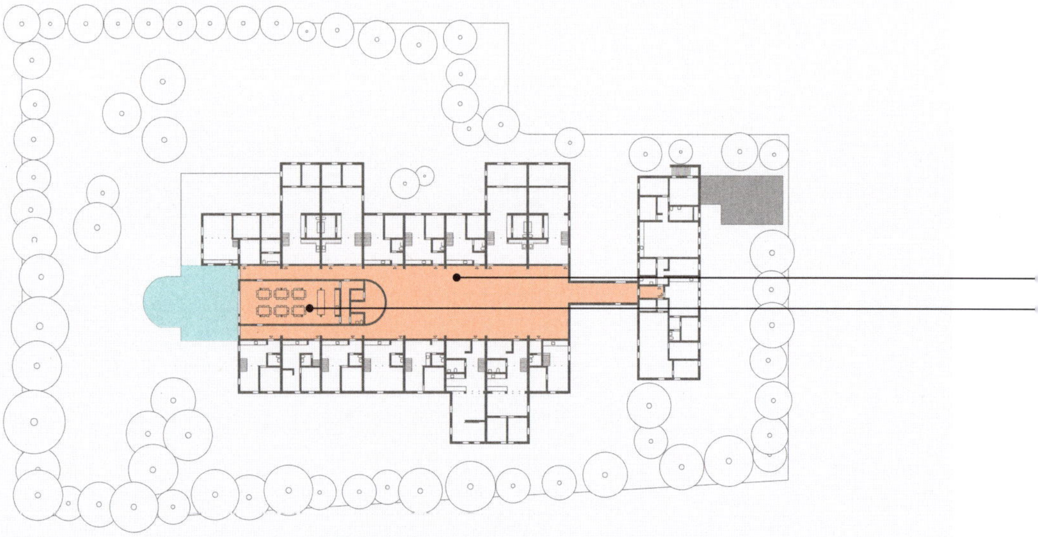

Umgebungsplan mit Erdgeschoss
1:500

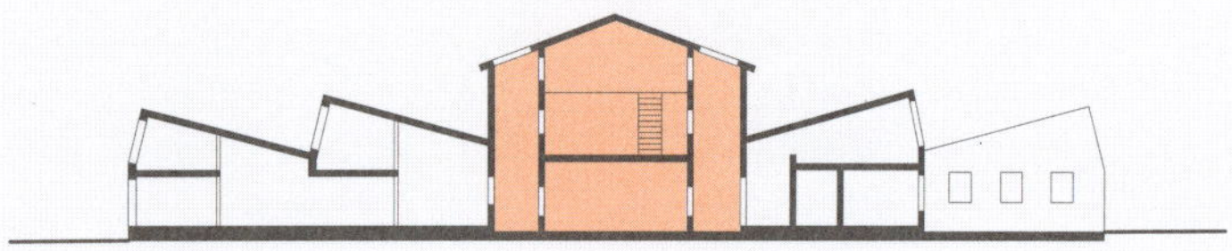

Schnitt

Außenraum: öffentlich, kollektiv
Innenraum: öffentlich, kollektiv

Organisationsform	private Eigentümerschaft in Selbstinitiative, Aneignung durch Eigentum, Initiierungsform bottom-up
Bewohnerstruktur	ca. 50 Personen, durchmischte Haushaltsformen, hohes Bildungsniveau
Betriebsstruktur	selbstverwaltete Siedlung, Mitwirkungsgrad hoch
Wohnungsspiegel	21 Wohneinheiten, zwischen 38 und 172 m²

Flächen: Grundstücksfläche 6.055 m², 2 Geschosse

	Fläche m²	in %	m² / Pers.
	Außenraum		
gesamt	4390	100	87.8
öffentlich	3670	83	73.4
kollektiv	200	5	4.0
privat	520	12	10.4
	Nutzfläche		
gesamt	1775	100	35.5
öffentlich	0	0	0
kollektiv[1]	490	28	9.8
privat	1285	72	25.7

1 exkl. 10 % Verkehrsfläche

Kollektivhaus Stacken

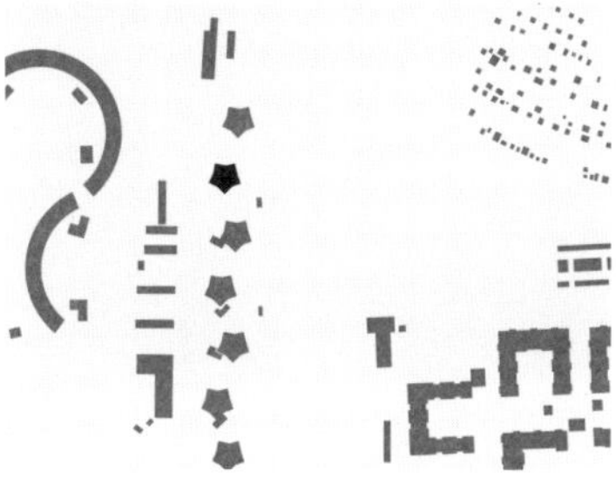

zentrale Halle
Gemeinschaftsküche mit Speisesaal
Kinderspielzimmer
Fernsehzimmer
Werk- und Nähräume

Weiterer, nicht verorteter kollektiver Raum
Waschküche

Bezeichnend für den gesellschaftlichen Wertewandel dieser Epoche steht das Wohnobjekt Stacken in Göteborg. Als konventionelles neungeschossiges Wohnhochhaus mit zentralem Treppenhaus in der Hochkonjunktur der 1960er-Jahre am Stadtrand erbaut, stand es in den 1970er-Jahren praktisch leer. Durch die Initiative des Architekturprofessors Lars Agren erfuhr das Wohnobjekt Stacken eine Neuausrichtung als selbstverwaltetes Kollektivhaus und gilt neben der Gemeinschaftssiedlung Jernstoberiet als eines der ersten Umbauprojekte des gemeinschaftlichen Wohnens.[1] Die vorher identischen Dreizimmerwohnungen wurden zu 33 Wohnungen mit Zwei- bis Vierzimmer für ungefähr 100 Personen umgebaut und mit umfangreichen gemeinschaftlichen Wohnräumen ergänzt.[2] Im Erdgeschoss finden beispielsweise ein Café, diverse Werkstätten, ein Fotolabor sowie die Waschküche und eine Sauna Platz. Weitere Gemeinschaftseinrichtungen wurden im fünften Obergeschoss angeordnet, weil die gegebenen statischen Verhältnisse wenig Spielraum für erforderliche Durchbrüche zuließen.[3] Dabei wurde das Geschoss jedoch nicht als funktionsfreie Etage ähnlich den Wohnobjekten des Wohnmodells der Gemeinschaftssiedlungen konzipiert, sondern durch Ausstattungen und Einrichtungen einer Nutzung zugeordnet. Wichtigster gemeinschaftlicher Raum war die Großküche, die für die Versorgung des ganzen Kollektivhauses ausgelegt war, sowie der dazugehörige Speiseraum. Neben einer Kinderkrippe, die für das ganze Quartier nutzbar war, gab es verschiedene weitere Freizeiträume wie beispielsweise ein Nähzimmer.

Das Kollektivhaus Stacken wurde von einem Mieterverein geführt, der nicht nur Wartungs- und Pflegearbeiten, sondern auch Verwaltungsarbeiten und den Küchendienst übernahm. In verschiedenen Arbeitsgruppen wurden die anstehenden Arbeiten ehrenamtlich und selbstorganisiert erledigt. Mit Ausnahme der Kinderkrippe wurden sämtliche gemeinschaftlich organisierten Räume über die Miete der Bewohnerschaft abgegolten. Diesem baulichen und organisatorischen Resultat war ein partizipativer Prozess vorgelagert, in dem die zukünftige Bewohnerschaft zusammen mit den Architekten über zwei Jahre das Umbaukonzept entwickelte. Ebenfalls vorgängig geklärt wurde die Finanzierung des Umbaus durch die Eigentümerin, einer gemeinnützigen Wohnbaugesellschaft sowie mit der Stadt Utrecht, welche die Planungskosten für das Vorhaben übernahm. Die Mitbestimmung der zukünftigen Bewohnerinnen und Bewohner war weitreichend, von der Ausarbeitung der Umbaupläne bis hin zur detaillierten Aufstellung der Hausordnung. Durch eine Qualitätssteigerung der Wohnungen, auch dank den gemeinschaftlichen Wohnräumen, konnte die Fluktuation der Bewohnerschaft

1 Schuh (1989): Kollektives Wohnen, Eine vergleichende Untersuchung in- und ausländischer Beispiele, S. 111.
2 Jürgen Schuh erwähnt 50 Kinder sowie 47 Erwachsene, während hingegen bei Mühlestein von 77 Personen die Rede ist. Vgl. Museum für Gestaltung Zürich (Hrsg.) (1986): Das andere neue Wohnen, Neue Wohn(bau)formen, S. 92.
3 Schuh (1989): Kollektives Wohnen, Eine vergleichende Untersuchung in- und ausländischer Beispiele, S. 112.

verringert werden.[4] Gemäß Aussage einer Studie aus dem Jahr 1989 nahm jedoch nach etwa achtjährigem Bestehen nur jeweils 20 % der Bewohnerschaft das Essen im gemeinschaftlichen Speisesaal ein. Zudem wird erwähnt, dass in den ersten Betriebsjahren viel ideologischer Ballast abgebaut werden musste und einige Erstbewohner das Kollektivhaus Stacken wieder verließen.[5]

Bestehendes Punkthochhaus, in dem das Kollektivhaus integriert wurde
zürcher hochschule der künste, archiv-zhdk, Fotograf: Erwin Mühlestein

Gemeinschaftliche Großküche im 5. Obergeschoss
zürcher hochschule der künste archiv-zhdk, Fotograf: Erwin Mühlestein

Zur Großküche angrenzender Speiseraum
zürcher hochschule der künste, archiv-zhdk, Fotograf: Erwin Mühlestein

Öffentliche Kinderkrippe, ebenfalls im 5. Obergeschoss angegliedert
zürcher hochschule der künste, archiv-zhdk, Fotograf: Erwin Mühlestein

4 Museum für Gestaltung Zürich (Hrsg.) (1986): Das andere neue Wohnen, Neue Wohn(bau)formen, S. 92.
5 Schuh (1989): Kollektives Wohnen, Eine vergleichende Untersuchung in- und ausländischer Beispiele, S. 112 f.

Raumstruktur

Freigeschoss

Großküche

Speiseraum

Kinderkrippe

Nähzimmer

Weitere, nicht verortete kollektive Räume
Werkstätte
Fotolabor
Sauna
Waschküche

Weiterer, nicht verorteter öffentlicher Raum
Café

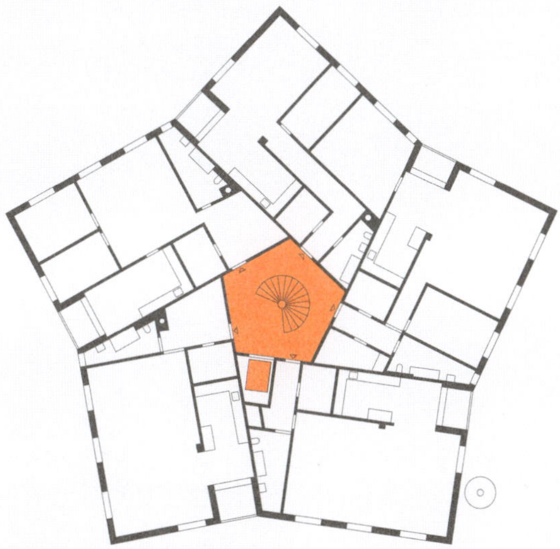

Regelgeschoss

Außenraum: öffentlich kollektiv
Innenraum: öffentlich kollektiv

Raumstruktur

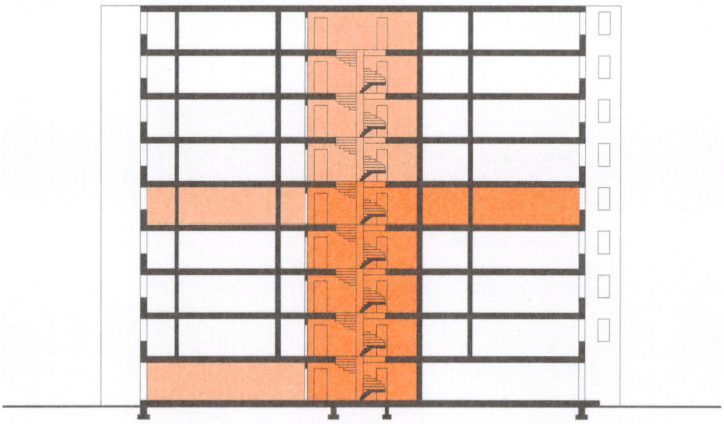

Schnitt

Außenraum: öffentlich kollektiv
Innenraum: öffentlich kollektiv

Organisationsform	gemeinnützige Wohnbaugesellschaft als Trägerin, durch Mietverein geführt, Aneignung durch mieten, Initiierungsform top-down
Bewohnerstruktur	ca. 100 Personen, Familien aus der Mittelschicht, Bildungsniveau mittel bis hoch
Betriebsstruktur	Mieterverein übernimmt Wartungs-, Pflege- sowie Verwaltungsarbeiten, 12 ehrenamtliche Arbeitsgruppen übernehmen Küchendienst, Gartendienst etc., sämtliche Bewohnerinnen und Bewohner alternieren in Arbeitsgruppen, Mietsenkung durch Selbstverwaltung von 20 %, Mitwirkungsgrad hoch
Wohnungsspiegel	33 Wohneinheiten, 2-Zi- bis 4-Zi-Wohnungen

Flächen — Grundstücksfläche nicht bekannt, 9 Geschosse

	Fläche m²	in %	m² / Pers.
	Außenraum		
gesamt	–	–	–
öffentlich	–	–	–
kollektiv	95	–	1.0
privat	150	–	1.5
	Nutzfläche		
gesamt	5 495	100	54.9
öffentlich	620	11	6.2
kollektiv[1]	865	16	8.6
privat	4 015	73	40.1

1 exkl. 10 % Verkehrsfläche

Gemeinschafts-wohnhaus Houtwijk

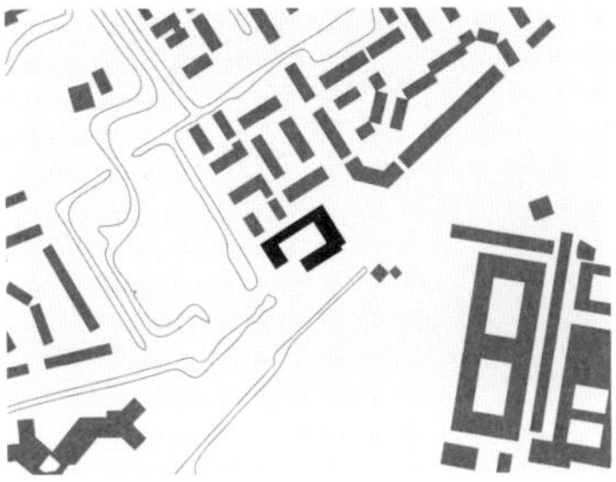

Mithilfe des gemeinnützigen Vereins Centraal Wonen wurde 1984 das Gemeinschaftswohnhaus Houtwijk in Den Haag initiiert. Der Anstoß dazu kam von einer Gruppe Interessentinnen und Interessenten, die sich bereits von einem früheren Projekt kannten, das jedoch nicht zustande gekommen war. Als die Interessentengruppe auf rund 20 Personen anwuchs und ein Grundstück im Fokus hatte, trat man in Verhandlungen mit der Stadt Den Haag bezüglich des Baurechtsvertrags.[1] In einer nächsten Phase erfolgte die Ausarbeitung des Projektes in enger Zusammenarbeit mit der Architekturgruppe um Andries Van Wijngaarden sowie der zukünftigen Bewohnerschaft. Vieles wurde in einem partizipativen Prozess entschieden und bei der Realisierung gar im Selbstbau umgesetzt.

Das viergeschossige Gebäude wurde so angelegt, dass es sich hofartig um den gemeinsamen Garten formierte. Als tragendes räumliches Element galt die innere Erschließung, als kollektive Hauptfläche angelegt, die weit mehr war als eine rue intérieur. Sie erschloss nicht nur diverse Gemeinschaftsküchen und gemeinschaftliche Wohnräume, sondern auch drei Gästezimmer, einen Stillen Raum, einen Hobbyraum, ein Musikzimmer sowie eine Sauna. Sämtliche gemeinschaftlichen Räume wie auch die 42 Wohneinheiten im Gemeinschaftswohnhaus Houtwijk waren durch Fenster visuell mit der inneren Erschließung verbunden. Diese hohe Transparenz stärkte die Verbindung zur kollektiven Erschließungsfläche, was durch diverse Lichthöfe in den Korridoren noch unterstützt wurde.[2] Um diese großzügige gemeinschaftliche Fläche zu realisieren, reduzierte die Bewohnerschaft ihren privaten Wohnbereich. Der aktive Zusammenschluss kommt in diesem Wohnobjekt sehr stark zum Tragen, und auch heute noch findet im Gemeinschaftswohnhaus Houtwijk ein reges gemeinschaftliches Wohnen statt.[3]

1 Museum für Gestaltung Zürich (Hrsg.) (1986): Das andere neue Wohnen, Neue Wohn(bau)-formen, S. 84.
2 Ebd., S. 84.
3 https://www.cwhoutwijk.nl, aufgerufen am 17.03.19.

Straßenansicht des hofartigen Gemeinschaftswohnhauses
zürcher hochschule der künste, archiv-zhdk, Fotograf: Erwin Mühlestein

Rue intérieur als innere Verbindung
zürcher hochschule der künste, archiv-zhdk, Fotograf: Erwin Mühlestein

Innenhof mit gemeinschaftlichen Außenräumen
zürcher hochschule der künste, archiv-zhdk, Fotograf: Erwin Mühlestein

Korridorerweiterung mit Gemeinschaftsfläche an der rue intérieur
zürcher hochschule der künste, archiv-zhdk, Fotograf: Erwin Mühlestein

Gemeinschaftsküche, angrenzend an die rue intérieur
zürcher hochschule der künste, archiv-zhdk, Fotograf: Erwin Mühlestein

Gemeinschaftsküche

kollektive Erschließungsfläche

Weitere, nicht verortete kollektive Räume
gemeinschaftliche Wohnräume
Gästezimmer
Stiller Raum
Hobbyraum
Musikzimmer
Sauna
Garten

Raumstruktur

Außenraum: öffentlich kollektiv
Innenraum: öffentlich kollektiv

Organisationsform	selbstinitiiert durch gemeinnützigen Bauträger, Aneignung durch mieten, Initiierungsform bottom-up
Bewohnerstruktur	Anzahl Personen nicht bekannt, durchmischte Haushaltsformen, mittleres Bildungsniveau
Betriebsstruktur	selbstverwaltete in Form einer Hausvereinigung für die gemeinschaftlichen Räume und einer Mieterorganisation, Arbeitsgruppen organisieren diverse Themen wie Finanzen und Gebäudemanagement, Plenarsitzungen ungefähr sieben Mal pro Jahr, Mitwirkungsgrad hoch
Wohnungsspiegel	42 Wohneinheiten, zwischen 32 m² und 52 m²
Flächen	Grundstücksfläche nicht bekannt, 4 Geschosse

	Fläche m²	in %	m² / Pers.
	Außenraum		
gesamt	–	–	–
öffentlich	–	–	–
kollektiv	130	–	–
privat	340	–	–
	Nutzfläche		
gesamt	4060	100	–
öffentlich	0	0	–
kollektiv[1]	1580	39	–
privat	2480	61	–

1 exkl. 10 % Verkehrsfläche

EXKURS

Kollektives Wohnen in der DDR

Mit der Nachkriegsordnung und der Teilung Europas wurde in der neu gegründeten Deutschen Demokratischen Republik (DDR) die realsozialistische Lebensweise eingeführt, die in ihrer endgültigen Form in eine klassenlose Gesellschaft münden sollte. Im sozialistischen Verständnis sollte dabei zwischen Individualität und Kollektivität ein dialektischer Zusammenhang entstehen.[1] Grundlage war die Vorstellung, dass der sozialistische Mensch bewusst in der Gemeinschaft tätig sein wolle und erst in ihr seine Individualität weiter ausprägen könne. Eine egalitäre Ansicht, wonach alle Menschen gleich sind und die Klassen und Schichten sich mit den Komponenten Einkommen, Bildung sowie Wohnen zunehmend einander annähern und ausnivellieren sollten, bildete ein weiteres Grundprinzip. Obschon über die Auflösung der Familie in der DDR debattiert und die bürgerliche Familie abgelehnt wurde, galt die Kernfamilie als kleinste Zelle der Gesellschaft und bildete das Grundkollektiv, das mit anderen Kollektiven wie dem Partei- oder Arbeiterkollektiv verbunden war.[2] Die Grundrisse der Wohnungen waren gleich dem Westen auf diese Kernfamilie zugeschnitten, wobei in der DDR politisch sehr restriktive familienzentrierte Verteilungskriterien festgelegt wurden.[3] Die Wohnungsverwaltung achtete darauf, dass pro Raum eine Person sowie pro Wohnung eine Familie einzog. Alternativ dazu waren für Alleinstehende Einraumwohnungen vorgesehen.[4] Offensichtlich gab es in der DDR keine gemeinschaftlichen Organisationsformen von Wohnen, Arbeiten und Leben jenseits der abgeschotteten Kernfamilie.[5]

Die Wohnung in der DDR war keine Ware, sondern eine vom Staat erbrachte soziale Leistung. Anknüpfend an die Konzeption der Wohnung für das Existenzminimum aus den 1920er-Jahren etablierte sich ein Baukastenprinzip mit Grundrissvarianten für das Familienwohnen, bei dem die Wohnungsgröße variiert werden konnte.[6] Bezeichnend dafür war die sogenannte Wohnbauserie, die Anfang der 1970er-Jahre das Erscheinungsbild der neu errichteten Wohnblocks bestimmte. Dabei wurden vorgefertigte Außenwandteile oder Montageteile wie Küchen- und Nasszellenräume

weitgehend minimiert und auf voll lohnerwerbstätige Eltern zugeschnitten.[7]

Obschon in der DDR nicht mit Kommunehäusern ähnlich der Sowjetunion als Wohnmodell experimentiert wurde, entsprach die Wohnform doch am ehesten den Prämissen der marxistisch-leninistischen Theorie.[8] So wurden aufgrund der hohen Erwerbsarbeitsquote der Frau gewisse Haushaltsfunktionen vergesellschaftet. Die Erwerbsbeteiligung der Frau ist als Ausdruck der Gleichberechtigung zu verstehen, die dazu führte, dass Funktionen wie Verpflegung oder Kinderbetreuung kollektiv organisiert wurden.[9] Im sozialistischen Verständnis der DDR lag beispielsweise die Erziehung der Kinder nicht allein bei der Mutter, der Familie oder bei staatlichen Organisationen wie der Schule. Sie wurde als ganzheitlicher Prozess innerhalb der gesamten Gesellschaft verstanden.[10] So gab es gemeinschaftliche Räume wie Kinderkrippen oder sogenannte Schulspeisungen und Betriebsküchen. Ein praktisch flächendeckendes Netz an Betreuungsstätten für Kinder und die relativ soziale sowie ökonomische Unabhängigkeit der Frau führten dazu, dass in den 1980er-Jahren praktisch jedes dritte Kind von einer alleinerziehenden Mutter geboren wurde.[11]

---

1 Hunger (2003): Sozialistisches Wohnkonzept und Wohnungsbau in der DRR – Das Beispiel Halle-Neustadt, S. 71 f.
2 Ebd., S. 107 f.
3 Harlander, Kuhn (2012): Soziale Mischung in der Stadt, Case Studies, Wohnungspolitik in Europa, Historische Analyse, S. 92.
4 Häußermann, Siebel (2000): Soziologie des Wohnens, Eine Einführung in Wandel und Ausdifferenzierung des Wohnens, S. 171.
5 Siebel (5|2006): Zukunft des Wohnen, in ARCH+, S. 45.
6 Hunger bemerkt dazu, dass eine Bodenreform den Baugrund unabhängig von den Gesetzen des Marktes machen und dadurch für den Menschen gesunde und bezahlbare Wohnsituationen herbeiführen sollte. Vgl. Hunger (2003): Sozialistisches Wohnkonzept und Wohnungsbau in der DRR – Das Beispiel Halle-Neustadt, S. 101.
7 Harlander, Kuhn (2012): Soziale Mischung in der Stadt, Case Studies, Wohnungspolitik in Europa, Historische Analyse, S. 95 f.
8 Hunger (2003): Sozialistisches Wohnkonzept und Wohnungsbau in der DRR – Das Beispiel Halle-Neustadt, S. 107.
9 Die Gleichberechtigung muss jedoch relativiert werden, da Frauen überdurchschnittlich häufig in den unteren Lohngruppen zu finden waren. Vgl. Hunger (2003): Sozialistisches Wohnkonzept und Wohnungsbau in der DRR – Das Beispiel Halle-Neustadt, S. 104.
10 Ebd., S. 19.
11 Ebd., S. 102.

Teilen als soziale Intention

Suffizienz und Partizipation: Teilen als soziale Intention

«Eigeninitiative entsteht aus zwei Hauptmotivationen heraus, aus dem Mangel an passenden Alternativen und aus dem Wunsch, selbst etwas nach eigenen Vorstellungen zu gestalten.»

KRISTIEN RING[1]

Bei den neuesten drei gemeinschaftlichen Wohnmodellen – *Wohn- und Kulturprojekte* als Ausdruck der Gemeinschaft, *Großhaushalte und Clusterwohnungen* mit Service sowie *Co-Living* als vernetztes und dezentrales Wohnen – stehen soziale Intentionen im Vordergrund. Wohnen wird in dieser sich weiterhin diversifizierenden Entwicklungsphase kommunikativer, vernetzter und vielfältiger. Nicht nur Nutzergruppen des gemeinschaftlichen Wohnens werden breiter und bunter, sondern auch die angebotenen privaten wie auch gemeinschaftlichen Wohnräume und Ausstattungen. Im Gegensatz zu den Wohnmodellen der Vergangenheit ist damit zu rechnen, dass diese aktuellen Wohnmodelle sich in unterschiedlichen Variationen weiter verbreiten und entwickeln werden.

Mit der Bezeichnung Wohn- und Kulturprojekte werden ab Mitte 1980er-Jahre entstandene, meist selbstinitiierte Wohnobjekte einem Wohnmodell zugeordnet, das stark auf das gemeinschaftliche Zusammenleben fokussiert und je nach beabsichtigten Nutzergruppen spezifisch ausgelegt ist. Der demografische Wandel sowie sich verändernde Familienstrukturen spiegeln sich bei jedem dieser Wohn- und Kulturprojekte in je eigener Art und Weise wider. Neu sind die starke Gewichtung des sozialen Austausches und die Abkehr von der Kernfamilie als dominierender Haushalts- und damit Wohnform. So wird neben familiärem, neu auch mehrfamiliäres, nachfamiliäres und nichtfamiliäres Zusammenwohnen bei der Grundrissgestaltung und der Planung gemeinschaftlicher Räume mitgedacht. Die Vereinbarkeit von Familien- und Berufsleben spielt beim gemeinschaftlichen Wohnen nach wie vor eine wichtige Rolle, bezieht sich aber zunehmend auf beide Elternteile. Wohn- und Arbeitsräume werden wieder vermehrt kombiniert. Ateliers, Gemeinschaftsbüros und Seminarräume halten Einzug in die Wohnbauten und -siedlungen.

Großhaushalte und Clusterwohnungen repräsentieren ein nächstes Wohnmodell, das sich teilweise als logische Weiterentwicklung der ab den 1970er-Jahren beliebten Wohngemeinschaften erklären lässt. Es trägt einem neu erwachten Interesse an gemeinschaftlichen Wohn- und Austauschformen Rechnung.

Das Wohnmodell beruht auf stark reduzierten individuellen Wohnräumen, verbunden mit anschließenden gemeinschaftlichen Räumen, die erst in Kombination als Wohneinheit funktionieren können. Bei den Clusterwohnungen gehören eine individuelle Nasszelle und manchmal eine kleine Kochgelegenheit zur Ausstattung des privaten Bereichs. Diese Grundrisslayouts bringen wieder vermehrt Serviceleistungen zurück in den Wohnbereich. In den ergänzenden Räumen sorgen oft Angestellte für den Koch- oder Putzservice. Wohn- und Lebensraum zu teilen bedeutet so für die hedonistische Nutzergruppe der Generation X, aber auch für jüngere Generationen nicht mehr Verzicht, sondern Mehrwert. Die Bewohnerinnen und Bewohner suchen neben Individualisierung und Selbstverantwortung die Möglichkeit, in einer Wahlverwandtschaft mitbestimmend zu wohnen.

Wie die Wohn- und Kulturprojekte sind die Großhaushalte und Clusterwohnungen auf partizipative Prozesse ausgelegt, die oft bereits in der Konzeptions- und Umsetzungsphase einsetzen. In großen Wohnobjekten respektive Siedlungen finden sich zunehmend Großhaushalte und Clusterwohnungen in Kombination mit traditionelleren Wohnungen unterschiedlicher Größe. Diese Wohnmodelle werden mehrheitlich durch gemeinnützige Wohnbauträger oder teils auch durch Kommunen gefördert und organisiert. An der Planung und Umsetzung des neuesten gemeinschaftlichen Wohnmodells des Co-Living, das um die 2010er-Jahre entstand, sind hingegen auch private Bauträger beteiligt. Beim Co-Living beschränkt sich die Nutzergruppe primär auf junge, gut ausgebildete, berufstätige Personen. Dabei werden Erwerbsarbeit und Wohnen wieder eng miteinander verknüpft, denn durch die Digitalisierung verbinden sich Wohn- und Arbeitsweisen kontinuierlich. So geht denn Co-Living praktisch immer einher mit Co-Working. Die knapp bemessenen und hotelähnlichen privaten Wohnräume beim Co-Living weisen, ähnlich den Clusterwohnungen, eine individuelle Nasszelle sowie meist eine Kleinküche auf und werden erst zusammen mit den gemeinschaftlichen Wohnräumen eine funktionstüchtige Wohneinheit. Co-Living findet jedoch als Abgrenzung zu den anderen beiden Wohnmodellen sehr separiert statt. Es gibt keine Verbindung zu anderen gemeinschaftlichen oder konventionellen Wohnformen.

Die gemeinschaftlichen Räume in den drei Wohnmodellen dienen mehrheitlich der Freizeitgestaltung, außer die gemeinschaftlichen Koch-, Ess- und Aufenthaltsräume der Großhaushalte und Clusterwohnungen sowie beim Co-Living, in denen Grundfunktionen des Wohnens geteilt werden. Neben kulturellen Einrichtungen wie Musikzimmer, Kulturräume und Veranstaltungssäle finden Werkräume, Fotolabore, Velowerkstätten und andere Nutzungen Platz. Auch Schwimmbäder, Saunen und Fitnessräume werden als sportliche Einrichtungen realisiert. Kollektive Räume, in denen gekocht und gemeinsam gegessen wird, bleiben weiterhin äußerst beliebt. Dazu gehören beispielsweise Gemeinschaftsküchen, Cafeterias, Gartenküchen, Grillplätze oder Hausbars. Gemeinschaftlich genutzte Waschräume werden aufgewertet, indem sie als Waschsalons oder Waschcafés neue Begegnungsqualitäten erhalten. Erstmals werden beim gemeinschaftlichen Wohnen auch nutzungsneutrale Räume geplant. Sogenannte Weiße Zimmer oder Flexräume können von Bewohnergruppen oder Einzelpersonen spezifisch angeeignet und bei Bedarf temporär oder längerfristig dazugemietet und -genutzt werden. Auch Jokerzimmer, beispielsweise für junge Erwachsene, zwischen Familienwohnen und eigenständigem Wohnen helfen, zu- oder abnehmenden Platzbedarf bei den privaten Wohnräumen besser zu koordinieren. So können auch für wenige Nächte zumietbare Gästezimmer die Zahl privater Wohnräume reduzieren und deren Nutzung maximieren. Auch in große Wohnsiedlungen integrierte Hotels respektive Gästehäuser finden zunehmend Verbreitung. All diese gemeinschaftlichen Einrichtungen bedingen in größeren Siedlungen eine professionelle Betriebsstruktur.

---

1 Ring (Hrsg.) (2013): Self Made City, Berlin, Stadtgestaltung und Wohnprojekte in Eigeninitiative, S. 15.

Oft dient ein Desk oder eine Rezeption als Anlaufstelle und Drehscheibe für die Vermietung sämtlicher kollektiv verfügbarer Räume, Serviceleistungen sowie die Koordination von Partizipationsprozessen.

Zusätzlich zu den sozialen Intentionen gewinnt das Prinzip der Suffizienz und der ökologischen Nachhaltigkeit bei den Trägern und der Bewohnerschaft dieser Wohnmodelle oft an Bedeutung. Absicht ist es, den sich in der Wohlstandsgesellschaft ständig vergrößernden Wohnflächenkonsum pro Kopf und letztlich auch die steigenden Wohnkosten zu reduzieren. Dazu tragen unter anderem auch Belegungsvorschriften gemeinnütziger und kommunaler Wohnbauträger bei, welche die Anzahl Personen pro Wohnung in Relation zur Zimmerzahl festlegen. Wohnraum zu teilen dient auch aufgrund des Siedlungsdrucks in den städtischen Ballungszentren dazu, unterschiedlichen Bevölkerungsschichten weiterhin erschwinglichen Wohnraum zur Verfügung zu stellen. Zentrales Merkmal gemeinschaftlicher Wohnmodelle mit sozialen Intentionen ist Teilen im Sinne von Teilhabe und Teilnahme. Der Nutzen der Synergien endet denn bei allen drei Wohnmodellen nicht bei den baulich-räumlichen Aspekten. Neben dem Wunsch nach Austausch, sozialer Zugehörigkeit, Sicherheit und den gesellschaftlichen Veränderungen entsprechenden Wohnformen wird der Quartierbezug wichtiger. So richten sich viele gemeinschaftlichen Räume und Serviceangebote wie Kinderbetreuung, Gästehotels oder Restaurants auch an die Nachbarschaft oder das Quartier. In Sockelgeschossen richten sich immer mehr unterschiedliche Angebote aus dem Dienstleistungs- und Kleingewerbesektor in fußläufiger Distanz ans umliegende Quartier oder darüber hinaus. Dies wertet nicht nur die Wohnobjekte mit gemeinschaftlichen Räumen auf, vielmehr profitiert die gesamte Nachbarschaft von den verschiedenen gesellschaftlichen Austauschbezügen.

Entwicklungen des Wohnraums und veränderte Lebensformen

«Künftige Generationen dürften eine positive Grundeinstellung gegenüber bescheideneren Wohnformen zeigen und sich vermehrt mit immateriellen Gütern identifizieren. Dazu kommt, dass die Wohnung den Charakter eines Konsumguts annimmt.»

DAVID STROHM[1]

Wohnraum lässt sich grundsätzlich in drei Formen aneignen: Kauf, Miete oder Teilbesitz im genossenschaftlichen oder Baugruppenmodell. Dabei sind Wohnbaugenossenschaften beispielsweise in der Schweiz oder Baugruppen in Deutschland und Österreich in der Regel nicht profit-orientierte Organisationsformen, die Wohnbauten gemeinnützig und selbstbestimmt realisieren. Sie verstehen sich als Gegenmodell oder auch als notwendige Ergänzung zum renditeorientierten institutionellen und privaten Wohnungsbau. Oft wird dabei vom dritten Weg gesprochen, einer Besitz- und Verfügbarkeitsform zwischen rein kommerziell verwertetem Wohneigentum und Wohnungsmiete. Als gemeinnützige Bauträger treten neben Genossenschaften oder Baugruppen auch Vereine, Stiftungen oder Kommunen auf, Letztere vor allem in den skandinavischen Ländern, in Österreich und teils auch in der Schweiz. Während bei Wohneigentum oft Einfluss auf Typologie und Grundrisslayouts genommen werden kann, bedeutet Wohnraum zu mieten meist, sich bezüglich Flächen, Raumgestaltung, Materialisierung und Ausstattung mit dem verfügbaren Angebot abzufinden. Diese Wohnflächen entsprechen oft nicht aktuellen oder sich ändernden Wohnsituationen, Wohnnutzungen und Lebensformen. Gewisse Räume werden häufig nur zu bestimmten Tageszeiten und Wochentagen genutzt, wie beispielsweise Arbeits- und Werkräume oder Gästezimmer. Damit liegt ein beträchtlicher Teil an Wohnflächen brach, ein knappes Gut im mitteleuropäischen urbanen Kontext.

Der wachsende Wohlstand in den vergangenen Jahrzehnten führte zu einem stark steigenden Wohnraumkonsum, der weit über den Bedarf an notwendiger und angemessener Wohnfläche hinausgeht. Gemäß Bundesamt für Statistik lag die durchschnittliche Wohnfläche 2016 gesamtschweizerisch bei 45 m^2 pro Person. Dies bedeutet eine Zunahme von 15 m^2

1 Strohm: planen. In NZZ am Sonntag (13.12.2015).

Häufigste Haushaltstypen in der Schweiz, 1970–2017

	Index 1970=100
●	Einpersonenhaushalte
●	Paare ohne Kinder
●	Paare mit Kind(ern) unter 25 Jahren
●	Einelternhaushalte mit Kind(ern) unter 25 Jahren
	Quelle: Bundesamt für Statistik Schweiz BFS, 2019

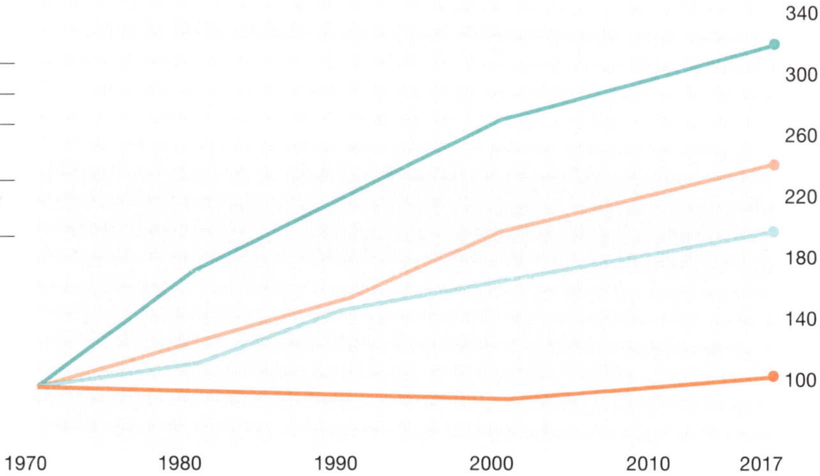

Haushaltstypen in Schweizer Städten, in Prozent

	Nichtfamilien	
●	38.1 %	Einpersonenhaushalte
●	2.8 %	Haushalte mit mehreren Personen
	Einfamilien	
●	27.4 %	Paare ohne Kinder
●	25.3 %	Paare mit Kind(ern)
●	5.7 %	Einelternhaushalte
	Mehrfamilien	
●	0.7 %	Haushalte mit mindestens zwei unabhängigen Familienkernen
	Quelle: Bundesamt für Statistik Schweiz BFS, 2013	

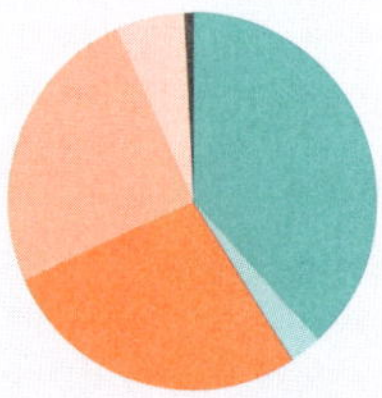

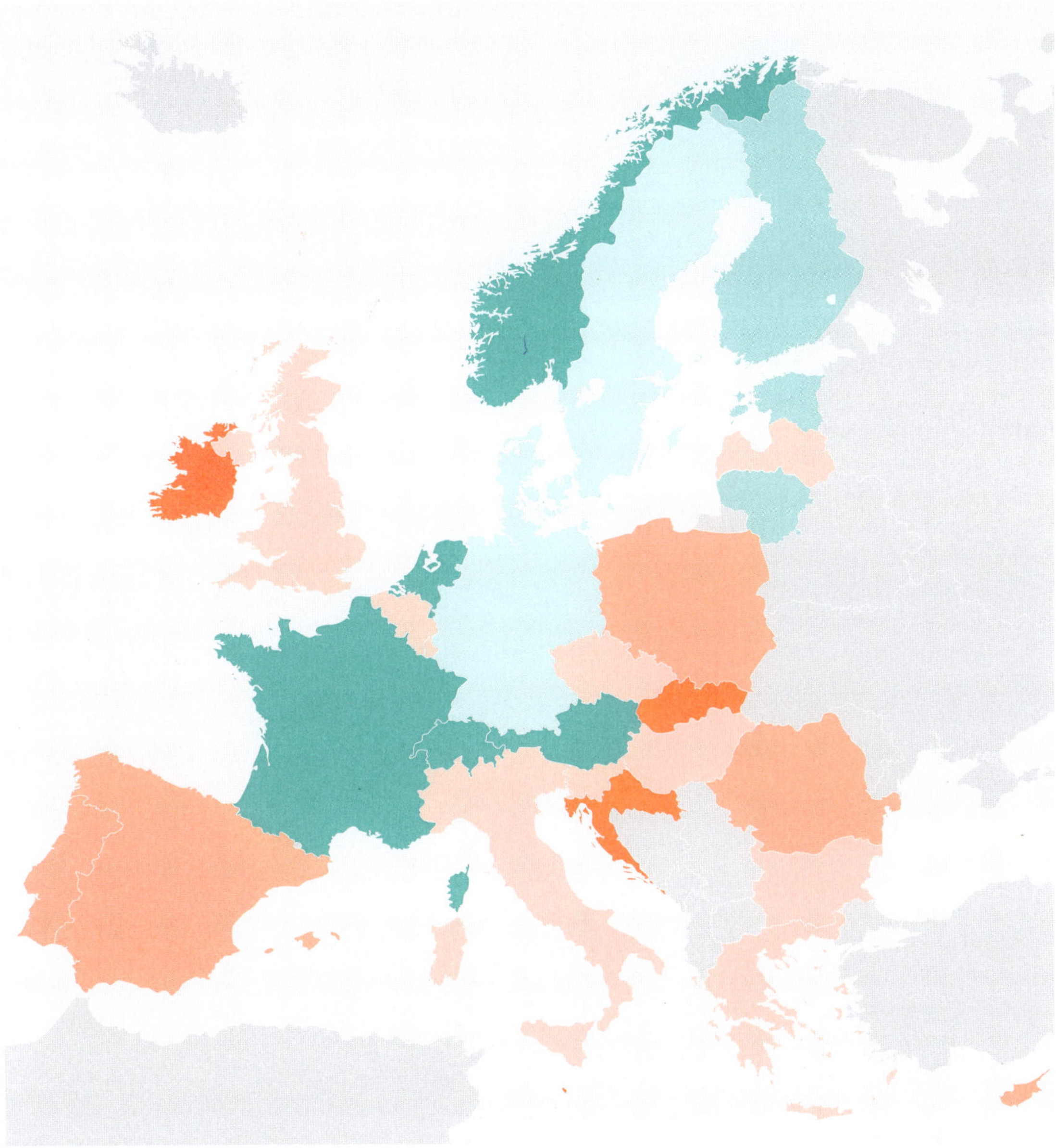

Durchschnittliche Haushaltsgröße in Europa, in Personen pro Haushalt im Jahr 2017

- 1.9 bis unter 2.1
- 2.1 bis unter 2.2
- 2.2 bis unter 2.3
- 2.3 bis unter 2.5
- 2.5 bis unter 2.7
- 2.7 bis unter 2.9

Quelle: eurostat, Statista 2019

pro Person seit 1970.[2] Damit liegt die Schweiz im europäischen Durchschnitt. Dänemark weist dabei mit 52 m^2 pro Person den höchsten Wert auf, Deutschland findet sich mit 47 m^2 ebenfalls im Mittelfeld, während Schweden mit 41 m^2 pro Kopf im unteren Bereich liegt.[3] Vergleicht man diese landesweiten Zahlen mit denen von europäischen Städten, zeigt sich, dass im urbanen Kontext weniger Wohnraum pro Person beansprucht wird. Die Gründe dafür liegen in der städtebaulichen Dichte, den kompakteren Gebäudestrukturen sowie den höheren Bodenpreisen und damit auch Wohnkosten, beziehungsweise den Einkommensverhältnissen der Bewohnerschaft.[4] Die verfügbaren finanziellen Ressourcen gelten als treibende Kraft für den Wohnflächenverbrauch. Lassen es Wohnungsmarkt und Einkommen in Relation zu Wohnkosten zu, wird mehr Wohnfläche konsumiert.

Bemühungen, die Ressource Wohnraum suffizienter zu nutzen, werden vorangetrieben, wenn Kulturland knapp wird oder ein Verdrängungsprozess einsetzt. Raumplanungsgesetze und Bauordnungen sind dabei nur beschränkt geeignete Instrumente, da zudem erfolgreiche Strategien für eine höhere Belegung und eine intensivere Nutzung der Wohnflächen gefunden werden müssen. Die im Jahr 2014 erfolgte Revision des schweizerischen Raumplanungsgesetzes (RPG) hatte zum Ziel, die Siedlungsentwicklung räumlich zu begrenzen und in bestehenden Bauzonen zu verdichten. Wenn der Wohnflächenkonsum pro Person allerding gleichzeitig steigt, bleiben laut Bundesamt für Wohnungswesen diese Verdichtungsbemühungen möglicherweise wirkungslos.[5] Die kontinuierliche Zunahme kleiner Haushalte ist einer der Hauptgründe für den erhöhten Flächenverbrauch. Demografische Entwicklungen und veränderte Lebensweisen haben vor allem die Zahl der Einpersonenhaushalte in den letzten Jahrzehnten stark erhöht.[6] In der Schweiz betrug deren Anteil im Jahr 2017 landesweit 35 %.[7] In der Stadt Zürich gar 45 % oder in Basel 46 %.[8] Im europäischen Städtevergleich liegt der Anteil in Berlin mit 52 % und in Amsterdam mit 55 % noch deutlich höher.[9] Diese Verschiebung der Haushaltsformen lässt die durchschnittliche Haushaltsgröße in Europa wie auch in der Schweiz 2017 auf 2,2 Personen pro Haushalt sinken, ein Phänomen, das sich vor allem in mittel- und nordeuropäischen Städten zeigt. Berlin beispielsweise weist nur noch eine durchschnittliche Haushaltsgröße von 1,7 Personen auf.[10]

Aufgrund der weiteren Ausdifferenzierung von Wohn- und Lebensweisen und der fortschreitenden Alterung der europäischen Gesellschaft wird erwartet, dass sich die durchschnittliche Haushaltsgröße nochmals etwas reduziert und der Wohnflächenkonsum pro Person weiterhin leicht ansteigt.[11] Die Entwicklungen verlangen nach baulich-räumlichen, aber auch sozialen Konzepten, die dynamischer auf den fortschreitenden strukturellen Wandel reagieren. Raumbedarf verändert sich je nach Wohn- und Lebensform sowie nach Lebensphase, wobei die Zyklen immer kürzer werden, da Menschen in der postindustriellen Gesellschaft häufiger als bisher mehrere Wohnformen durchlaufen.[12] Diese dynamisierten Wohnbiografien spiegeln sich in neuen Formen des inter-, nach- und nichtfamiliären Zusammenlebens. Erfordernisse des Arbeitsmarktes, Rückgang der Kinderzahl, schwierigere Vereinbarkeit von Familien- und Erwerbstätigkeit, Partnerschaften ohne gemeinsamen Haushalt oder wechselnde Partnerschaften, Verkürzung der klassischen Familienzeit und vielfältige Formen multilokalen Wohnens sind nur einige Faktoren, die diesen Prozess weiter verdeutlichen.[13]

Dennoch scheint die Familie als dominierendes gesellschaftliches Bild des Haushalts auch in der Statistik vorläufig fest verankert zu bleiben. So zählt das Bundesamt für Statistik der Schweiz beispielsweise seit einigen Jahren auch Nichtfamilien und Mehrfamilien zu den Haushaltstypen mit steigendem Anteil, während derjenige der klassischen Kernfamilie proportional zurückgeht, Einelternhaushalte ausgenommen.[14] Dass hier auch für andere Haushaltsformen der Familienbegriff in der Negation verwendet wird, zeigt, wie stark Wohnen und Haushaltstypen noch immer mit einem Familienbild verknüpft werden, obschon die soziale Einheit des Wohnens, der Haushalt, immer seltener eine Kernfamilie ist.[15] Soziologisch betrachtet ist die Familie eine öffentlich-rechtlich anerkannte Lebensform zur Gestaltung des Verhältnisses zwischen Kindern und ihren Eltern. Die Familie ist somit nicht nur Lebensgemeinschaft, sondern auch eine gesellschaftliche Institution, die sich aus der industriellen Gesellschaft heraus als abgeschlossener Kern entwickelte.[16] Der starke Einfluss der Kleinfamilie auf den Wohnungsbau zeigt sich nicht nur soziologisch, sondern ebenso städtebaulich, beziehungsweise architektonisch. Seit Beginn des 20. Jahrhunderts wurden fast ausschließlich Familienwohnungen für den Idealtypus der Kernfamilie gebaut.[17] Der vorhandene Wohnungsbestand entspricht nun nicht mehr den sich verändernden Familien- und Haushaltsstrukturen und neuen Lebens- sowie Wohnweisen. So werden in städtischen Gesellschaften mit einem hohen Anteil an Einpersonenhaushalten diese Familienwohnungen oft umgenutzt.[18]

Wohn- und Lebensweisen, die vom gesellschaftlichen Grundmuster der Kernfamilie abweichen, sind längst keine Randerscheinung mehr. Die Vielfalt und Pluralisierung der Lebensformen wie beispielsweise Alleinlebende mit Kind(ern), Fortsetzungsfamilien, Living-apart-together-Paare, DINKS (double income no kids) oder Yuppies (young urban professionals) verändern die Art und Weise des Zusammenwohnens und die Nutzung von Wohnraum. Die sozialen und funktionalen Rollen innerhalb und zwischen Haushalten werden neu ausgehandelt und definiert. Diese Entwicklungen verändern die Anforderungen an das Wohnen, die Wohnraumgestaltung und das Wohnumfeld. Zudem können sich Bedürfnisse nach Rückzug oder Integration, nach Wahlfreiheit der Aufenthaltsorte und nach Kontakten zu anderen Personen als Chance herausstellen, um neue Qualitätskriterien für die Gestaltung, Planung und Realisierung von Wohnobjekten zu entwickeln.[19]

---

2 Bundesamt für Statistik Schweiz BFS: Gebäude- und Wohnungsstatistik, Strukturerhebung, Bau- und Wohnungsstatistik.
3 eurostat, scb.se, destatis.de und statbank.dk (25.10.2018).
4 Strohm: Etwas mehr Platz muss sein. In NZZ am Sonntag (19.07.2015).
5 Wohnforschung 2016–2019 (2016): Forschungsprogramm des Bundesamtes für Wohnungswesen BWO, S. 16.
6 Häußermann, Siebel (2000): Soziologie des Wohnens, Eine Einführung in Wandel und Ausdifferenzierung des Wohnens, S. 288.
7 Bundesamt für Statistik Schweiz BFS: Haushalte und Personen nach Haushaltsgrösse, 2017.
8 Haushalte 2015 in der Stadt Zürich sowie statistik.bs (25.10.18).
9 statistik-berlin-brandenburg.de sowie urbannext.net (25.10.18).
10 statista.com (25.10.18).
11 Wohnforschung 2016–2019 (2016): Forschungsprogramm des Bundesamtes für Wohnungswesen BWO, S. 10.
12 Krosse (2005): Wohnen ist mehr, S. 11.
13 Fedrowitz, Gailing (2003): Zusammen Wohnen, Gemeinschaftliche Wohnprojekte als Strategie sozialer und ökologischer Stadtentwicklung, S. 27.
14 Strohm: Gemeinsam statt einsam. In NZZ am Sonntag (27.09.2015).
15 Häußermann, Siebel (2000): Soziologie des Wohnens, Eine Einführung in Wandel und Ausdifferenzierung des Wohnens, S. 322.
16 Bertels (1990): Gemeinschaftsformen in der modernen Stadt, S. 77.
17 Fedrowitz, Gailing (2003): Zusammen Wohnen, Gemeinschaftliche Wohnprojekte als Strategie sozialer, ökologischer Stadtentwicklung, S. 30.
18 Hofer: Von der Familienwohnung zum Cluster-Grundriss. In TEC21 (07|2011).
19 Krosse (2005): Wohnen ist mehr, S. 10.

ESSAY

Differenzierungsprozesse auf europäischen Wohnungsmärkten im 21. Jahrhundert

PROF. DR. INGRID BRECKNER
HafenCity Universität Hamburg

Europäische Wohnungsmärkte des 21. Jahrhunderts spiegeln jeweils unterschiedliche gesellschaftliche Entwicklungsprozesse von Bildung und Beschäftigung, Mobilität, Vermögensverteilung, soziokulturellen Praktiken und politisch-administrativen Regulationsweisen. Daraus resultieren mehr oder weniger attraktive Wohnstandorte, unterschiedliche Zeitstrukturen und Nutzungstypologien einer oder mehrerer Wohnungen, ein breites Spektrum von Wohnkosten sowie verschiedene Konzepte und Praktiken der Selbst- und Fremdregulation des Wohnens.

Unabhängig von aktuellen Differenzierungsprozessen bleibt das Wohnen jedoch überall eine Tätigkeit, die sich in biografischen und sozialen Prozessen unter verschiedenen gesellschaftlichen Rahmenbedingungen entfaltet und auch in der rasant sich verändernden Gegenwart seine existenzielle Bedeutung behält: Wohnen kann nicht substituiert werden, auch wenn einige Menschen es sich nur *unter dem Dach der Welt* (Heidegger) auf Straßen und Plätzen, in Unterkünften, provisorischen Hütten, Fahrzeugen oder Zelten wohnlich machen können, weil ein Recht auf Wohnen selbst in den reichsten europäischen Ländern bisher nicht einklagbar ist. Mehrheitlich findet das Wohnen in Europa aber immer noch in Gebäuden statt: Ihr Spektrum reicht von Villen, Einfamilien- und

Reihenhäusern über unterschiedliche Varianten von Geschosswohnungsbauten bis hin zu ehemaligen gewerblichen Liegenschaften. Der Zugang zu Wohnraum ist bei Nachfragenden abhängig von deren Aufenthaltsstatus, Einkommensverhältnissen und ihrer Bereitschaft, sich an jeweils geltende Wohnregeln anzupassen und erfordert Offenheit sowie Toleranz seitens der Vermieter bzw. Verkäufer. Der Flächenverbrauch für das Wohnen sowie die Gestaltung der Wohnpraxis variieren nicht nur nach den Kosten des Wohnraums und der Zahlungsfähigkeit von Nutzenden, sondern unterscheiden sich auch nach Haushaltsgrößen, Lebensphasen, Wohnerfahrungen sowie sozialen, ökologischen und ästhetischen Präferenzen. Deshalb findet man in den meisten Gemeinwesen Europas sehr unterschiedliche Wohntypologien:

— Einpersonenhaushalte, die in vielen europäischen Großstädten mehr als die Hälfte der Wohnenden repräsentieren, leben in großen wie in kleinen Wohnungen, entweder allein oder ab und zu auch mit jeweiligen Partnern. Viele dieser Haushalte sehnen sich – ebenso wie kinderlose Paare, unterschiedliche Familientypen mit Kindern und Erwachsene in der nachfamiliären Phase – nach mehr Gemeinschaft. Solche Wünsche werden mit unterschiedlichen Konzepten gemeinschaftlichen Wohnens – häufig im Rahmen von Baugemeinschaften und Genossenschaften neuen Typs – oder mit verstärkten Nachbarschaftsaktivitäten befriedigt, sobald individuelle Selbstoptimierung nicht mehr im Vordergrund steht.

— Ältere Menschen verbleiben nach dem Auszug von Kindern oder infolge von Scheidungen oft in Räumen, die sie nicht mehr angemessen bewohnen und pflegen können, weil kleinere, aber dennoch teurere Wohnungen mit dem reduzierten Alterseinkommen nicht bezahlbar sind. Bei steigender Lebenserwartung gewinnt jedoch auch der Betreuungsbedarf im Wohnen an Bedeutung, der mit ambulanten oder stationären, informellen oder institutionalisierten Hilfen und Pflegekonzepten zu befriedigen versucht wird, die viele Betroffene kaum aus eigener Kraft finanzieren können. Niedrigeinkommen, diskontinuierliche Erwerbsbiografien, Scheidungen und altersbedingte gesundheitliche Einschränkungen manifestieren sich aktuell in einem Anstieg vor allem weiblicher Altersarmut, die langfristig auch mit Wohnungsnöten einhergeht.

— Zugewanderte Menschen mit einer tradierten kollektiven Wohnpraxis mehrerer Generationen haben vielfach zwangsläufig gelernt, Wohnfläche zu reduzieren und durch kreative tageszeitlich und/oder räumlich flexible Gestaltung des Wohnens dennoch eine hohe Lebensqualität zu verwirklichen. Administrative Vorschriften zur Vermeidung einer Überbelegung von Wohnraum erschweren oder verhindern solche flächensparenden Wohnpraktiken in einigen Ländern und werden nicht selten dazu genutzt, anders geartete Wohnkulturen zu stigmatisieren.

— Die soziale Wohnpraxis beschränkt sich auch heute nicht ausschließlich auf Wohnungen, sondern bezieht das Wohnumfeld mit seinen Freiräumen und der infrastrukturellen Ausstattung mit ein, sofern dieses ansprechend gestaltet ist: So wird beispielsweise selbst in kälteren Klimazonen draußen gegessen und getrunken; Arbeit verlagert sich in Ermangelung häuslicher Arbeitszimmer oder infolge sozialer Kontaktbedürfnisse zum Teil in die Gastronomie oder Co-Working-Räume; Spielplätze und Grünräume nutzen insbesondere Familien als Treffpunkte und alle Haushaltstypen zur Naherholung.

— Mobilitätsanforderungen im Kontext der Erwerbstätigkeit und selbst definierte Mobilitätsansprüche führen zu unterschiedlichen Varianten temporärer und multilokaler Wohnnutzung mit Auswirkungen auf Nachbarschaften. Eher sesshafte Nachbarn reagieren oft kritisch auf temporäre Präsenz, wenn soziale Kontrolle dadurch eingeschränkt ist oder wechselnde Untervermietung sich zum Störfaktor entwickelt. Akzeptanz multilokaler Wohnpraktiken entsteht eher unter Nachbarn, die – aus welchen Gründen auch immer – selbst mobil leben und nachbarschaftliche Unterstützung – sei es für den Empfang der Post oder die Pflanzenpflege – zu schätzen wissen.

Wohnverhältnisse und Wohnpraktiken unterscheiden sich in Europa weniger nach städtischen und ländlichen Gebieten als nach der Wirtschaftskraft von Regionen und Gemeindetypen. Wo die Wirtschaft floriert, werden höhere Einkommen generiert, die sich als zahlungskräftige Nachfrage auf den jeweiligen Wohnungsmärkten manifestieren. Da viele Großstädte einen höheren Differenzierungsgrad ihrer lokalen Ökonomie aufweisen und oft auch noch produktiv mit ihrem regionalen Umland und dessen Ressourcen vernetzt sind, hat sich hier seit Ende der 1990er-Jahre der Wanderungstrend von der Sub- zur Reurbanisierung verändert. Das teurere städtische Wohnen ist selbst für Familien wieder attraktiv, wenn es sich mit interessanter und gut bezahlter Erwerbsarbeit und verlässlicher Kinderbetreuung verbinden lässt. Höhere soziale und bauliche Dichte sowie steigende Wohnkosten werden dabei ebenso in Kauf genommen wie Lärm- und Geruchsbelastungen, weil Präferenzen für kurze Wege, vielfältige soziokulturelle und berufliche Netzwerke sowie das breite Spektrum von Infrastruktur für Bildung, Mobilität, Kultur und Gesundheit im Vordergrund stehen. Dem Zuzug in die sogenannten Schwarmstädte steht in ganz Europa aber auch eine ökonomische und demografische Schrumpfung vieler Kleinstädte und ländlicher Regionen gegenüber, die vom globalisierungsbedingten Wachstum abgekoppelt wurden. Dort stagnieren oder sinken die Wohnkosten und Immobilienpreise und die Infrastruktur erodiert sukzessive infolge geringerer Steuereinnahmen. Länger anhaltende Schrumpfungsprozesse beflügeln in mehreren europäischen Regionen zudem einen politischen Mentalitätswandel zugunsten eines radikalen Konservatismus und Nationalismus, die demokratische politische Strukturen gefährden.

Als neue und soziologisch relevante Entwicklung der Wohnungsmärkte erweist sich im 21. Jahrhundert die zunehmende Gestaltungsmacht internationaler Akteure in der Finanzierung, Produktion und Verwertung von Wohnraum. Spätestens seit der Finanzkrise im Jahr 2008 sind nationale wie internationale Investitionen in Wohnimmobilien überall dort interessant, wo vergleichsweise niedrige Kaufpreise hohe Verwertungsrenditen versprechen. Investitionen in «Betongold» sind häufig mit der Erwartung einer schnellen Revenue verbunden, die dann erneut spekulativ auf Boden-, Wohnungs- und Kapitalmärkten eingesetzt werden kann. Dies hat zur Folge, dass Gebautes nach Fertigstellung häufig gleich wieder verkauft wird. Die Verantwortung für spätere Nutzungen und qualitative Entwicklungsmöglichkeiten städtischer Wohnstandorte spielt dabei keine vergleichbare Rolle, wie sie für langfristige Bestandshalter charakteristisch und für die Gestalt europäischer Städte und Dörfer prägend ist. Manchmal werden Grundstücke und Bestandgebäude auch nur mit der Perspektive einer Wertsteigerung erworben, die realisiert wird, sobald sich das nur zu Spekulationszwecken erworbene ungenutzte Eigentum lohnend wieder veräußern lässt. Auch solche Investoren lassen Verantwortung ihres Handelns für stadträumliche Konsequenzen in der Regel vermissen und können von Kommunen nur mühsam mit Vorkaufsrechten, Baugeboten oder sozialen Erhaltungsverordnungen an ihren egoistischen marktwirtschaftlichen Praktiken gehindert werden. Internationalisierung und zunehmende wirtschaftlich bedingte Standardisierung des Wohnungsbaus beeinflussen neben den Nutzungsstrukturen auch die Ästhetik der Stadtgestalt in Richtung einer Vereinheitlichung der gebauten Umwelt, die der wachsenden Differenz von Bedürfnissen und der Strukturen von Angebot und Nachfrage auf europäischen Wohnungsmärkten nicht mehr gerecht wird.

Überfluss und Nöte kennzeichnen europäische Wohnungsmärkte zu Beginn des 21. Jahrhunderts gleichermaßen. Sie lösen erneut Protestbewegungen gegen steigende Mieten, Besetzungen und Praktiken einer kollektiven oder individuellen Reduzierung des Wohnflächenkonsums in Wohnprojekten oder unterschiedlichen Varianten von «tiny houses» aus. Für den inzwischen in vielen Großstädten auf 50 % der Bevölkerung angewachsenen Personenkreis, der auf bezahlbaren Wohnraum angewiesen ist, besteht die Herausforderung einer langfristigen Absicherung entsprechender Angebote. Neben gefördertem Wohnraum im sogenannten Drittelmix – möglichst ohne zeitliche Belegungsbindungen – bleiben genossenschaftlicher und kommunaler Wohnungsneubau sowie die Pflege bezahlbarer Wohnungsbestände von zentraler Bedeutung. Auch der Zweckentfremdung von Wohnraum durch lukrative touristische Nutzungen müssen vor allem Kommunen Einhalt gebieten, in denen Stadtbesucherinnen und Stadtbesucher Wohnende aus ihrem Lebensraum zu verdrängen drohen. Es bleibt zu hoffen, dass der historische Rückblick in diesem Band sowie die bis zum Jahr 2022 laufende Internationale Bauausstellung in Wien, dem historischen Mekka des kommunalen Wohnbaus, interessante Ansätze für «Neues soziales Wohnen» präsentieren, von denen auch andere europäische Städte lernen können.

Literatur

Bourdieu, Steinrücke (1998): Der Einzige und sein Eigenheim.

Brede, Dietrich, Kohaupt (1976): Politische Ökonomie des Bodens und Wohnungsfrage.

Häußermann, Siebel (1996): Soziologie des Wohnens. Eine Einführung in Wandel und Ausdifferenzierung des Wohnens.

Hilti (2013): Lebenswelten multilokal Wohnender. Eine Betrachtung des Spannungsverhältnisses von Bewegung und Verankerung.

IBA Wien: Neues soziales Wohnen. https://www.iba-wien.at/ (Zugriff: 19.04.2019).

Klus (2013): Die europäische Stadt unter Privatisierungsdruck.

Lang, Carriou, Czischke (2018): Collaborative Housing Research (1990–2017): A Systematic Review and Thematic Analysis of the Field. In Housing, Theory and Society (Online First).

Wohn- und Kulturprojekte als Ausdruck der Gemeinschaft

«Eine soziale Aushandlung wird materialisiert, versteinert.»
CHRISTIAN SCHMID[1]

Mit den Wohn- und Kulturprojekten kommt das erste Wohnmodell auf, bei dem die sozialen Intentionen des Teilens deutlich in den Vordergrund treten. Wohn- und Kulturprojekte beruhen mehrheitlich auf dem gesellschaftlichen Wertewandel der 1970er-Jahre, in dem traditionelle Familienmuster zunehmend durch ein plurales, egalitäres und stärker kommunikativ ausgerichtetes System ersetzt wurden.[2] Begleitet wird dieser Wertewandel durch die Entstehung einer Alternativ- und Ökologiebewegung, die ein breites Spektrum an Aktionsformen von direkter Demokratie bis hin zu militantem Widerstand hervorbringt.[3] Öffentliche Diskussionen, Bürgerinitiativen und Aktionsformen zu jahrzehntelang vernachlässigten Themen wie der Gleichstellung von Mann und Frau als auch zwischen den Generationen sowie das aufkommende Interesse an ökologischen Anliegen prägen das soziale Klima. Die politische Stabilität der vorherigen Jahrzehnte schwindet, es kommt vielerorts zu Jugendunruhen wie beispielsweise die Opernhauskrawalle in Zürich, in denen mehr bezahlbarer Wohnraum, aber auch mehr Frei- und Kulturraum gefordert und erkämpft wird.[4]
Die Wohn- und Kulturprojekte werden vor diesem Hintergrund ab den 1980er-Jahren realisiert. Als ideologischer Ideengeber in den deutschsprachigen Ländern kann die Utopie *bolo'bolo* von P. M. angesehen werden. In der 1983 veröffentlichten, leicht ironischen Analyse der kapitalistischen Gesellschaft zeichnete Hans Widmer, der unter dem Pseudonym P. M. agiert, ein autonomes Leben in einer Wohn- und Arbeitsgemeinschaft. Obschon auch landwirtschaftliche Selbstversorgung angedacht wurde, kann *bolo'bolo* als Stadtutopie verstanden werden.[5] Aufgrund des Gesellschaftsentwurfs einer Wohn- und Arbeitsgemeinschaft ist ein Bezug zu den Frühsozialisten und durch die angedachte Selbstversorgung in der Umgebung auch zu den Ideen von Ebenezer Howard erkennbar.

Ein Aufschwung in den 1980er-Jahren entspannt die wirtschaftliche Lage nach der Ölpreiskrise. Europa scheint sich nach dem Ende des Kalten Krieges sowie dem Mauerfall in Berlin im Jahr 1989 zu öffnen, es kann gar von einer Aufbruchsstimmung gesprochen

Möglicher Gartengürtel um Stadtrand
P. M., Bolo'bolo, 1983

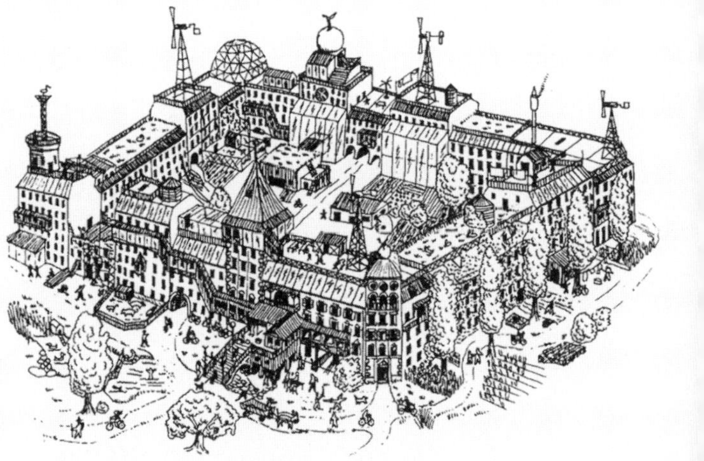

Konzeptskizze einer möglichen Form von bolo
P. M., Bolo'bolo, 1983

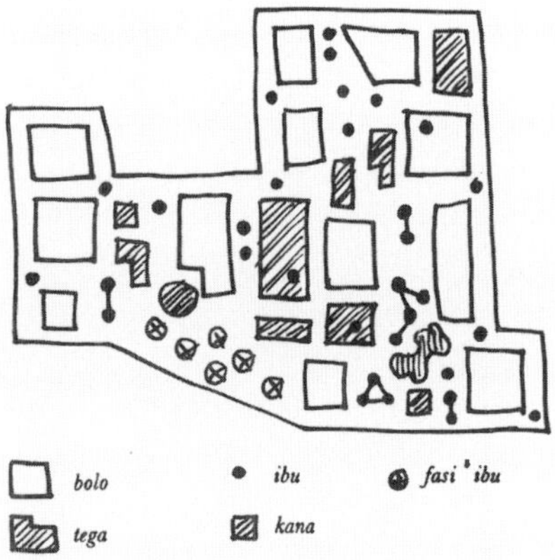

Verbände von bolos im Sinne eines Quartiers oder einer Nachbarschaft
P. M., Bolo'bolo, 1983

werden.[6] Zudem erfahren die europäischen Städte nach einer in den 1970er-Jahren einsetzenden Stadtflucht ab den 1990er-Jahren eine Wiederbelebung.[7] Mit der Einführung der Personenfreizügigkeit in den meisten europäischen Ländern verstärkt sich der Druck denn auch auf die begehrten städtischen Ballungszentren. Vor allem gut ausgebildete Fachpersonen drängen auf den Wohnungsmarkt.[8] Die Wohnbedingungen, ob mit gemeinschaftlichen Räumen oder konventionell, verändern sich zusätzlich durch die neuen individuellen Lebensweisen und sorgen für wachsende Raumansprüche. Zum einen steigt die Zahl der Ein- und Zweipersonenhaushalte zwischen 1970 und 1990 deutlich an, zum anderen nimmt der Wohnflächenverbrauch pro Person signifikant zu. Ebenfalls in den späten 1980er-Jahren setzt mit der New Right eine Deregulierung und Privatisierung des Marktes ein, die auch für den Wohnungsmarkt weitreichende Folgen haben. Der Staat zieht sich immer mehr aus dem Wohnungsmarkt zurück, während Baugenossenschaften und weitere gemeinnützige Bauträger in das Vakuum treten und sich mit ihren Wohn- und Kulturprojekten für mehr Solidarität und Gemeinschaftlichkeit einsetzen.[9] Diese Wohn- und Kulturprojekte entstehen oft an ungewohnten Orten wie auf peripher gelegenen Industriebrachen oder kommen als Umnutzungen bestehender Gebäude, in der Schweiz beispielsweise in Bürogebäude aufgrund einer Immobilienkrise in den 1990er-Jahren, zustande und haben vielseitige und neuartige gemeinschaftliche Räume hervorgebracht. In diesem angespannten Marktumfeld verstärkt sich zusehends die Forderung der gemeinnützigen Bauträger, Wohnraum dauerhaft dem Markt und somit den Spekulationen zu entziehen.

Die Veröffentlichung des Brundtland-Berichts *Our Common Future* im Jahr 1987 führt über dies hinaus das Thema Ökologie und Nachhaltigkeit weiter ins Bewusstsein der Gesellschaft.[10] Der Bericht stößt einen Prozess an, der die gesamte Gesellschaft bis heute massiv beschäftigt und auch den Wohnungsmarkt beeinflusst, denn der hohe Wohnflächenverbrauch pro Person wird immer stärker zur Diskussion gestellt.[11] So öffnet sich in dieser Zeit nicht nur weiterhin der soziale Raum, sondern ideologische Ansprüche der vorherigen Wohnmodelle ändern sich mit den Wohn- und Kulturprojekten vielmehr in moralische, da die Intention des Teilens nicht mehr nur vom gemeinsamen Zusammenleben ausgeht.[12] Neben dem Verlust traditioneller Sicherheiten und der daraus entstehenden Individualisierung stärken auch ökologische Überlegungen die Entwicklung gemeinschaftlicher Wohnformen.

Neben den sozialen Werteverschiebungen und dem partiellen Wegfallen der traditionellen Rollen- und Klassenbilder ab den 1980er-Jahren sind besonders zwei weitere Faktoren erwähnenswert, die prägend für die Diversifizierung der Haushaltsformen dieser Zeit sind. Beide Faktoren beziehen sich weitgehend auf die Rolle der Frau in der Gesellschaft und im Familiengefüge. Durch die erhöhte Erwerbsarbeit der Frau und ihre daraus folgende

---

1 Aussage von Christian Schmid, Titularprofessor für Soziologie am Departement Architektur der ETH Zürich und Forscher am ETH Studio Basel am Workshop MAS ETH Wohnforum vom 26.11.15.
2 Reichardt (2014): Authentizität und Gemeinschaft, S. 359.
3 Stahel (2006): Wo-Wo-Wonige!, S. 1. Die Ökologiebewegung wird maßgeblich von der Veröffentlichung des Berichts *Die Grenzen des Wachstums* vom Club of Rome im Jahr 1972 geprägt. Der Club of Rome ist keine politische Instanz, sondern sieht sich als internationaler Think Tank mit unterschiedlichen Expertinnen und Experten.
4 Ebd., S. 18 f.
5 Ebd., S. 63 f.
6 Ebd., S. 21 f.
7 Dabei wurde oft von den sogenannten A-Städten gesprochen, in denen nur noch Arme, Alte, Arbeitslose, Auszubildende und Alkoholiker lebten. Vgl. dazu auch Hofer, Schmid, Sonderegger (2008): Wohnen morgen, Standortbestimmung und Perspektiven des gemeinnützigen Wohnungsbaus, S. 20 und Museum für Gestaltung Zürich (Hrsg.) (1986): Das andere neue Wohnen, Neue Wohn(bau)formen, S. 116.
8 Vester, Von Oertzen, Geiling, Hermann, Müller (2001): Soziale Milieus im gesellschaftlichen Strukturwandel, Zwischen Integration und Ausgrenzung, S. 40.
9 Mersmann, Novy (1991): Gewerkschaften, Genossenschaften, Gemeinwirtschaft, Hat eine Ökonomie der Solidarität eine Chance?, S. 19 f.
10 Der Brundtland-Bericht wurde von der Weltkommission für Umwelt und Entwicklung der Vereinigten Nationen (UNO) in Auftrag gegeben. Der Bericht führte zur heute noch gängigen Auslegung der Nachhaltigkeit, die als soziale, ökonomische und ökologische Nachhaltigkeit verstanden wird.
11 So werden beispielsweise beim Wohnungs-Bewertungs-System WBS vom Bundesamt für Wohnungswesen weniger Punkte vergeben, wenn die Nettowohnfläche eine gewisse Größe übersteigt. Bundesamt für Wohnungswesen BWO (2015): Wohnbauten planen, beurteilen und bewerten, S. 57.
12 Vester, Von Oertzen, Geiling, Hermann, Müller (2001): Soziale Milieus im gesellschaftlichen Strukturwandel, Zwischen Integration und Ausgrenzung, S. 396.

ökonomische Unabhängigkeit steigt die Scheidungsrate in praktisch allen mitteleuropäischen Ländern stark an.[13] Ebenso wird die Rolle des Mannes als alleiniger Ernährer und als Autoritätsperson zunehmend infrage gestellt. Gegenläufig zur steigenden Scheidungsrate sinkt die Heiratsziffer.[14] Die Familie als gesellschaftlicher Kern gilt nicht mehr als ökonomisch aneinander gebundene Lebensgemeinschaft, sondern erhält vielmehr das Motiv eines symbiotischen Geschlechterverhältnisses und emotionalen Mittelpunkts zwischen Frau, Mann und Kindern.[15] Hinzu kommt, dass gesellschaftlich nicht mehr die Ehe als Grundlage für eine Familie dienen muss. Die rechtlichen Belange können auch mittels Konkubinatsvertrag oder Adoption geregelt werden.[16] Als zweiter Faktor für die Diversifizierung der Haushaltsformen bildet sich der deutliche Geburtenrückgang heraus, da ab den frühen 1970er-Jahren die Geburtenkontrolle ihren Anfang nahm. Die Familienplanung kann nun aufgrund diverser medizinischen Errungenschaften individueller gestaltet werden. Auf die jahrgangsstarke Generation der Baby Boomer folgen geburtenschwache Jahrgänge.

Ab den 1990er-Jahren konsolidiert sich denn auch das gemeinschaftliche Wohnen bemerkbar. Divergierende Lebensentwürfe und uneinheitlichen Haushaltsformen werden selbstverständlicher. Das gemeinschaftliche Wohnen wird zum Angebot, beziehungsweise zur ergänzenden Nutzungsoption, die je nach Belieben dem privaten Raum zugeschaltet werden kann. Zudem entspannt sich der soziale Druck des Mitmachens, da Wohn- und Kulturprojekte immer professioneller abgestützt und koordiniert werden.[17] Der demografische Wandel, sich verändernde Familienstrukturen sowie eine verstärkte Individualisierung und Mobilität, auch als Resultat des steigenden Wohlstands, sorgen zusätzlich dafür, dass Personen in ihrem Leben häufiger an verschiedenen Lebens- und Wohnformen partizipieren und sogenannte Wohnkarrieren durchleben. Im nach wie vor traditionell ausgerichteten und angespannten Wohnungsmarkt fehlen Angebote, die auf solche gesellschaftliche Veränderungen eingehen. So wird diese Lücke zunehmend von einer vielfältigen Initiatorenschaft wie beispielsweise Baugruppen in Deutschland, vereinzelten Genossenschaften in der Schweiz oder Vereinen in Österreich und Skandinavien, manchmal in Zusammenarbeit mit den kommunalen Behörden, geschlossen. Dabei wird nun bei den Wohn- und Kulturprojekten darauf geachtet, dass die Vereinbarkeit von Familien- und Erwerbstätigkeit für Frauen wie auch Männer verbessert und entsprechende Angebote mit gemeinschaftlichen Einrichtungen bereitgestellt werden. Die Nutzergruppe der Wohn- und Kulturprojekte kommt weiterhin großmehrheitlich aus dem Bildungsmilieu. Sie wird jedoch heterogener und vielfältiger. Traditionelle Familien, junge Studentinnen wie auch ältere Personen oder kinderlose Paare, also Menschen mit vielfältigen Lebensentwürfen in unterschiedlichen Lebensphasen, wohnen nun gemeinsam und gemeinschaftlich. In einzelnen Wohn- und Kulturprojekten wird Wert darauf gelegt, dass auf dem Wohnungsmarkt benachteiligte Bevölkerungsschichten wie beispielsweise alleinstehende Mütter integriert werden. Wohn- und Kulturprojekte weisen zudem neue betriebliche Strukturen auf. Die Abläufe bleiben zwar meist selbstorganisiert und selbstinitiiert, es findet jedoch eine kontinuierliche Professionalisierung in der Organisation des Betriebs statt. So wird teilweise ehrenamtliche Arbeit ab einem bestimmten Ausmaß in professionelle Hände gegeben.

Das Wohnmodell der Wohn- und Kulturprojekte zeugen bisher von einer hohen Beständigkeit, wobei diese Phase des gemeinschaftlichen Wohnens erst noch in eine nächste Generation überführt werden muss. Die Stabilität jedoch beruht sicherlich darauf, dass die Partizipation und Interaktion nicht nur unter der Bewohnerschaft, sondern viel weiter zwischen Bauträgern, Architektinnen, Soziologen und den Quartierbewohnerinnen gefasst wird. Der wohnpolitische Prozess wird mittels gegenseitiger Gespräche, Überlegungen zur eigenen Identität und über flexible Beziehungs- und Wohnzusammenhänge auch bei widersprüchlichen Interessen sorgfältig gestaltet. Die Funktionen und Nutzungen der gemeinschaftlichen Wohnräume vervielfältigten sich bei den Wohn- und Kulturprojekten beträchtlich. Es kann gar von einer Aufbruchsstimmung des gemeinschaftlichen Wohnens gesprochen werden, in dem Gemeinschaftsküchen, Essräume, Aufenthaltsräume aber auch Räume für Freizeit wie Werk- und Musikzimmer, Gästezimmer oder immer mehr auch wieder Ateliers, Sitzungszimmer und gemeinschaftliche Arbeitsplätze angeboten werden. Das Arbeiten rückt dadurch wieder näher ans Wohnen. Mit der Verbreitung und Kommerzialisierung des Internets um 1991 wird zudem ein Prozess angestoßen, der komplett neue Informationsübermittlungen und Kommunikationsmöglichkeiten schafft. Die fortschreitende Digitalisierung intensiviert und vereinfacht die Kommunikation der immer heterogener werdenden Bewohnerschaft. So prägen kommunikationswillige und flexible Personen aus dem Bildungsmilieu weiterhin das gemeinschaftliche Wohnen.

---

13 Die Scheidungsrate hat sich zwischen 1970 und 1985 in Belgien, Frankreich und den Niederlanden etwa verdreifacht. Vgl. Reichardt (2014): Authentizität und Gemeinschaft, S. 359 f.

14 Novy: Neue Haushaltsformen, neue Lebensstile und die Suche nach den neuen sozialen Bauherren. In Brech (1989): Neue Wohnformen in Europa, Berichte des 4. Internationalen Wohnbund Kongresses, S. 47.

15 Altenstraßer, Hauch, Kepplinger (2007): gender housing – geschlechtergerechtes bauen, wohnen, leben, S. 55.

16 1973 galt nur noch bei 41 % der deutschen Bevölkerung die Ehe als Ideal, während 27 % eine Partnerschaft ohne Trauschein bevorzugten und 17 % angaben, in einem Kollektiv leben zu wollen. Vgl. Reichardt (2014): Authentizität und Gemeinschaft, S. 357.

17 Van Wezemael, Huber (2004): Neue Wege im Genossenschaftlichen Wohnungsbau, Kurzfassung Siedlungsevaluation KraftWerk1 und Regina-Kägi-Hof in Zürich, S. 38.

Ausgewählte Vertreter von Wohn- und Kulturprojekten

	Kollektivhaus Blenda
Bezug	1983
Stadt	Uppsala SWE
Lage	Stadtrand
Bautyp	Neubau
Architektur	Noark AB
Trägerschaft	Uppsalahem AB

Borettslaget Friisgate 6
1987
Oslo NOR
Stadtquartier
Neubau
Asplan Prosjekt AS
Wohnungsgenossenschaft USBl

Brahmshof
1987
Zürich CH
Stadtquartier
Neubau
Kuhn, Fischer und Partner
Evangelischer Frauenbund Zürich

La Petite Maison
1987
Rennes FRA
Stadtquartier
Neubau
Sophie Laisne Architecte
Société Civile Coopérative de Construction, Verein PARASOL

→ Seite 212
Kollektivhaus Färdknäppen
1993
Stockholm SWE
Stadtzentrum
Neubau
Jan Lundqvist Arkitekter AB
Familjebostäder

→ Seite 216
Erneuerung Dreieck
1996
Zürich CH
Stadtquartier
Umbau, Neubau
arc Architekten AG, Fahrländer+Fries Arch, Albers+Cerliani
Genossenschaft Dreieck

→ Seite 220
Wohn- und Kulturprojekt Sargfabrik
1996
Wien AUT
Stadtquartier
Umnutzung
BKK-2 Architekten
Verein für integrative Lebensgestaltung

Siedlung Hardturm
2001
Zürich CH
Stadtquartier
Neubau
Stücheli Architekten, Bünzli Courvoisier Architekten
Bau- und Wohngenossenschaft Kraftwerk1

Wohnprojekt Aegidienhof
2001
Lübeck GER
Stadtzentrum
Umbau
smf Architekten
Aegidienhof e.V.

WohnSinn1
2003
Darmstadt GER
Stadtrand
Neubau
Planungsbüro faktor 10
Bau- und Wohngenossenschaft WohnSinn eG.

→ Seite 225
Beginenhof Kreuzberg
2007
Berlin GER
Stadtquartier
Neubau
Barbara Brakenhoff, Lutz Siebertz PPL
Verein Beginen Werk e.V.

→ Seite 228
Bofaellesskab Lange Eng
2008
Albertslund DEN
Siedlungsrand
Neubau
Dorte Mandrup A/S
Private Eigentümer

Wohn- und Arbeitskomplex Vrijburcht
2008
Amsterdam NLD
Stadtrand
Neubau
CASA architecten
Stichting Vrijburcht

*Frauenwohnprojekt ro*sa*
2009
Wien AUT
Stadtrand
Neubau
Köb & Pollak Architektur
Verein Frauenwohnprojekt ro*sa

Wohngebäude Tila
2009
Helsinki FIN
Stadtquartier
Neubau
Talli Oy, Pia Ilonen
Private Eigentümer

Mischen Possible
2010
Berlin GER
Stadtquartier
Neubau
BARarchitekten
Baugemeinschaft GbF,
private Eigentümer

Mehrgenerationenhaus Giesserei
2013
Winterthur CH
Stadtrand
Neubau
Galli Rudolf Architekten
Gesewo

Wohnprojekt Wien
2013
Wien AUT
Stadtquartier
Neubau
einszueins Architektur
Verein für nachhaltiges Leben

Older Women's Co-Housing
2016
London GBR
Stadtrand
Neubau
Pollard Thomas Edwards
Hanover Housing Association,
Older Women's Co-Housing
Group OWCH

Pläne,
wenn nicht anders vermerkt

Schwarzplan	1:12.000
Umgebungsplan	1:1.000
Geschosse	1:500
Schnitt	1:500

Kollektivhaus Färdknäppen

Das Kollektivhaus Färdknäppen in Stockholm, initiiert im Jahr 1993 in enger Zusammenarbeit zwischen den zukünftigen Bewohnerinnen und Bewohnern, dem Architekten Jan Lundqvist und dem städtischen Bauträger Familjebostäder, funktioniert heute noch in seiner ursprünglichen Auslegung und ist auf das gemeinschaftliche Wohnen in der zweiten Lebenshälfte ausgerichtet. Die Bewohnerschaft ist dennoch heterogen zusammengesetzt und umfasst um die 50 Personen im Alter von 45 bis 90 Jahren. Einzig der Anteil der Männer mit ungefähr 25 % wird selbst von der heutigen Bewohnerschaft als zu tief angesehen. Ein großer Teil der Bewohnerschaft befindet sich nach wie vor im Erwerbsleben. Die Motive des Teilens beruhen beim Kollektivhaus Färdknäppen vor allem auf den Fragen des Wohnens in der Nachfamilienphase, der Eigenständigkeit und Unabhängigkeit im Alter sowie der Möglichkeit, die großen Familienwohnungen und -häuser der nachkommenden Generation zu übergeben. Diese Überlegungen führen dazu, dass im Kollektivhaus Färdknäppen keine Kinder wohnen. Vor allem Enkelkinder sind als Gäste zwar willkommen, das gemeinschaftliche Wohnen richtet sich jedoch grundsätzlich an Personen ohne Kinder, beziehungsweise an Personen in der Nachfamilienphase. Das Haus umfasst 43 voll ausgestattete Ein-, Zwei- und Dreizimmerwohnungen von 37 bis 75 m², wobei die Flächen der Wohnungen um 10 % reduziert sind, um so die gemeinschaftlichen Wohnräume zu finanzieren.

Die gut 650 m² umfassenden gemeinschaftlichen Räume befinden sich hauptsächlich im Erdgeschoss.[1] Neben einer Gemeinschaftsküche werden ein Esszimmer, ein gemeinschaftliches Wohnzimmer mit Bibliothek, ein Arbeitsraum, ein Textil- sowie ein Werkraum und eine gemeinsame Waschküche angeboten. Auf jedem der sechs Regelgeschosse befindet sich zudem je ein Gästezimmer mit eigener Nasszelle. Auf dem Dachgeschoss gibt es einen weiteren Gemeinschaftsraum mit Kamin, Teeküche und Nasszelle. Ergänzt werden diese vielfältig geteilten Räume mit einem Fotolabor, einer Sauna mit Bad sowie einem Fitnessraum im Untergeschoss. Das Kollektivhaus Färdknäppen wird von einem Verein getragen, dem die gesamte Bewohnerschaft angehört. Dem Verein kann auch ohne Wohnsitz im Kollektivhaus beigetreten werden, um so auf eine Warteliste zu gelangen, auf der sich momentan etwa 70 Personen befinden. Obwohl die Bewohnerinnen und Bewohner nur Mieter im Kollektivhaus Färdknäppen sind, können sie bei einem Bewohnerwechsel alleinig über neue Mitbewohnerinnen befinden. Das Wohnobjekt funktioniert gänzlich selbstorganisiert. Im Turnus von sechs Wochen beteiligen sich die Personen in Koch- oder Putzgruppen. Dabei wird auf eine gute Durchmischung aus bereits pensionierten und noch erwerbstätigen Personen geachtet.[2]

1 Die 650 m² enthalten keine Verkehrsflächen.

2 Sämtliche Informationen zum Kollektivhaus Färdknäppen beruhen auf den Unterlagen, die der Autorin von der Bewohnerin Kerstin Kärnekull zugestellt wurden.

Gartenansicht mit privaten Balkonen und dem gemeinschaftlich genutzten Garten

© Kerstin Kärnekull

Straßenansicht des Kollektivhauses Färdknäppen

© Kerstin Kärnekull

Gemeinsames Kochen und Backen

© Kerstin Kärnekull

Gemeinschaftliches Wohnzimmer mit Bibliothek und Blick ins Esszimmer

© Kerstin Kärnekull

Gemeinsames Esszimmer in Feststimmung

© Kerstin Kärnekull

Raumstruktur

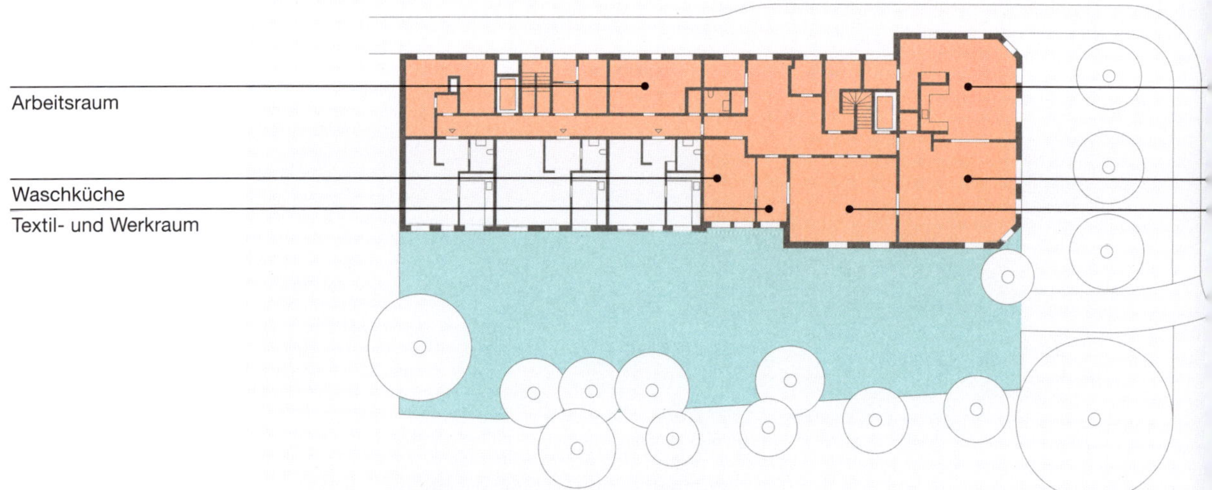

Umgebungsplan mit Erdgeschoss
1:500

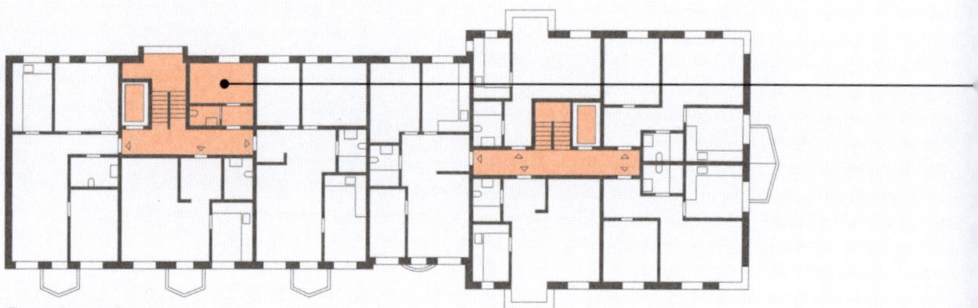

Regelgeschoss

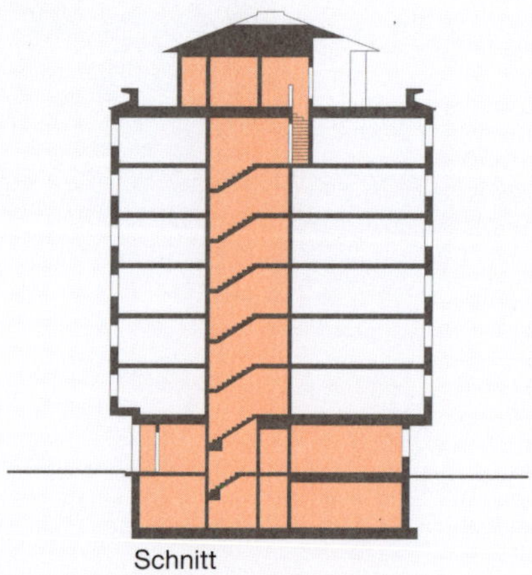

Schnitt

Außenraum: öffentlich kollektiv
Innenraum: öffentlich kollektiv

Gemeinschaftsküche

Esszimmer

Wohnzimmer mit Bibliothek

Gästezimmer

Weitere, nicht verortete kollektive Räume
Gemeinschaftsraum mit Teeküche
Fotolabor
Sauna
Fitnessraum

Organisationsform	kommunale Trägerschaft, durch Mietverein geführt, Aneignung durch mieten, Initiierungsform bottom-up
Bewohnerstruktur	ca. 50 Personen, Personen in Nachfamilienphase und zweiter Lebenshälfte, hohes Bildungsniveau
Betriebsstruktur	Mieterverein führt Kollektivhaus selbstverwaltet, sämtliche Bewohnerinnen und Bewohner sind in Arbeitsgruppen tätig, Einflussnahme bei Bewohnerwechsel möglich, Mitwirkungsgrad sehr hoch
Wohnungsspiegel	43 Wohneinheiten, 1-Zi bis 3-Zi-Wohnungen von 37 bis 75 m²
Flächen	Grundstücksfläche 1.275 m², 8 Geschosse

	Fläche m²	in %	m² / Pers.
	Außenraum		
gesamt	945	100	18.9
öffentlich	0	0	0
kollektiv	870	92	17.4
privat	75	8	1.5
	Nutzfläche		
gesamt	3 140	100	62.8
öffentlich	0	0	0
kollektiv[1]	650	21	13.0
privat	2 490	79	49.8

1 exkl. 10 % Verkehrsfläche

Erneuerung Dreieck

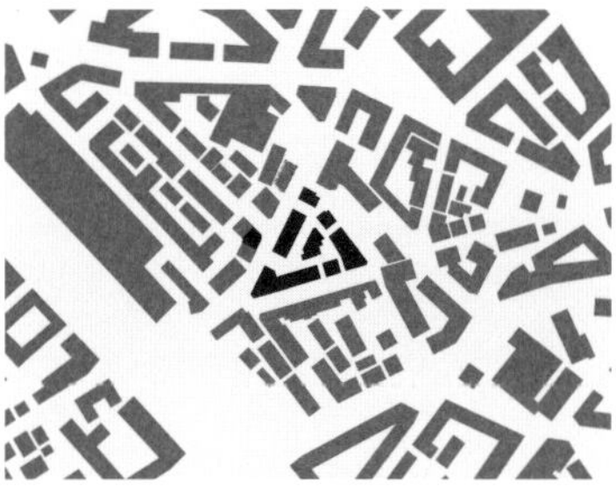

Die Erneuerung Dreieck in Zürich gilt als Pionierprojekt im Kampf um bezahlbaren Wohnraum durch Erhalt bestehender Bausubstanz.[1] Die Geschichte geht zurück auf ein gescheitertes Mobilitätskonzept der Stadt Zürich. Die dreizehn Gebäude, zentral gelegen an der Anker-, Zweier- und Gartenhofstrasse, wurden in den 1970er-Jahren von der Stadt als baufällige Substanz übernommen, um die Realisierung einer Schnellbahnstraße sowie einer U-Bahn zu ermöglichen. Nach einem negativen Volksentscheid besaß die Stadt nun Liegenschaften, die als Abbruchobjekte über Jahre nicht mehr unterhalten wurden.[2] In einem langjährigen Prozess, in dem sich die bestehende Bewohnerschaft der dreizehn Gebäude in einem hohen Engagement mit unterschiedlichen Protestmitteln gegen den Abbruch der Liegenschaften wehrte und sich für deren Erhalt einsetzte, konnten diese 1997 im Baurecht für sechzig Jahre übernommen werden.[3] Als Bauträgerin diente anfänglich die Stiftung zum Bau billiger Wohnungen ohne öffentliche Beiträge, nach wenigen Betriebsjahren wurde jedoch die Genossenschaft Dreieck gegründet, die bis heute die Trägerin der Wohnobjekte ist. Die hohe Beteiligung der bestehenden Mieterschaft während der Planungs- und Ausführungsphase der Renovationen blieb weiterhin bestehen und bildet noch heute die Grundlage der Erneuerung Dreieck.

Zu Beginn wurden die Gebäude nach ihrer Dringlichkeit instandgesetzt und sanft renoviert. Die vorhandene, hauptsächlich zwischen 1870 und 1890 entstandene Bausubstanz erwies sich dabei als äußerst robust und sollte grundsätzlich bestehen bleiben. Dennoch mussten zwei Gebäude aufgrund von Einsturzgefahr durch Neubauten ersetzt werden.[4] So entstanden insgesamt 58 Wohnungen, die mit einem Gemeinschaftsraum mit Küche, einem zentralen Waschsalon, einem Gästeappartement und gemeinsamem Außenraum im Hof mit Garten, Kinderspielplatz und Sitzgelegenheiten sowie diversen Dachterrassen ergänzt wurden. Zudem entstand ein Gewerbekonzept, um den Nutzungsmix von Wohnen und Kleinbetrieben sowie Quartierläden zu erhalten.[5] So bildete sich ein lebendiges Stück Quartier, das durch jüngst erworbene zusätzliche vier Gebäude weiter entwickelt werden kann.[6]

1 Stahel (2006): Wo-Wo-Wonige!, S. 239.
2 Genossenschaft Dreieck (Hrsg.) (1997): Das Dreieck 1997–2057, Erneuerung eines städtischen Lebensraumes in Zürich Aussersihl, S. 7.
3 Ebd., S. 9 f. sowie Stahel (2006): Wo-Wo-Wonige!, S. 235.
4 Ebd., S. 16 ff.
5 Stahel (2006): Wo-Wo-Wonige!, S. 74.
6 Wohnen (03|2019): Smart Wohnen, S. 28.

Perimeter der Erneuerung Dreieck von der Zweierstrasse Richtung Ankerstrasse
© Stéphanie Marie Couson

Sanierte Wohnung
© Stéphanie Marie Couson

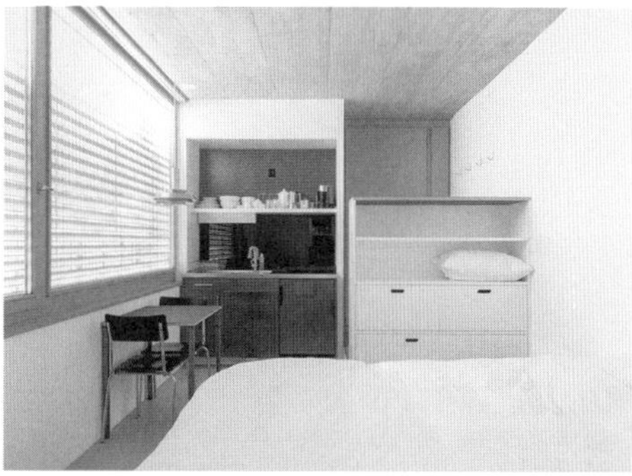

Gästezimmer mit Kleinküche und WC/Dusche
© Stéphanie Marie Couson

Straßenansicht von der Gartenhof-strasse aus
© Stéphanie Marie Couson

Sicht in den Innenhof mit dem Hofgebäude
© Stéphanie Marie Couson

Raumstruktur

Umgebungsplan

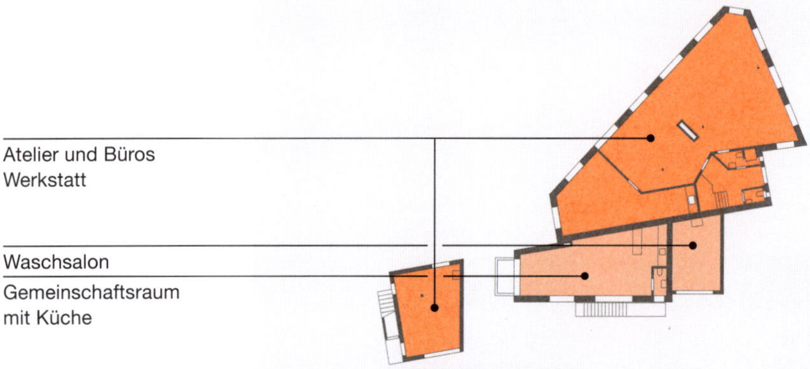

Grundriss Erdgeschoss
Zweierstrasse 48a/50a

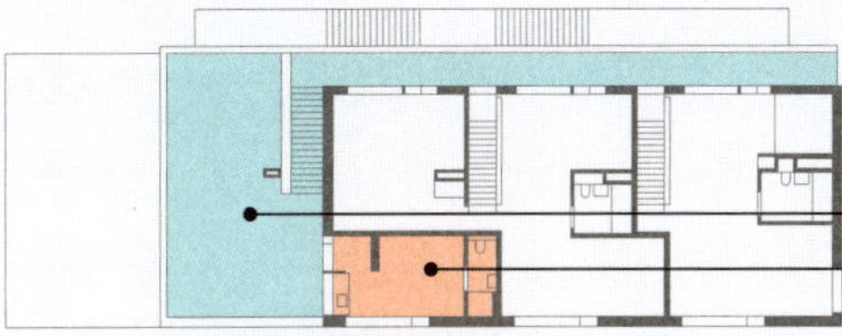

Dachterrassen

Gästeappartement

Grundriss 4. Obergeschoss
Zweierstrasse 50

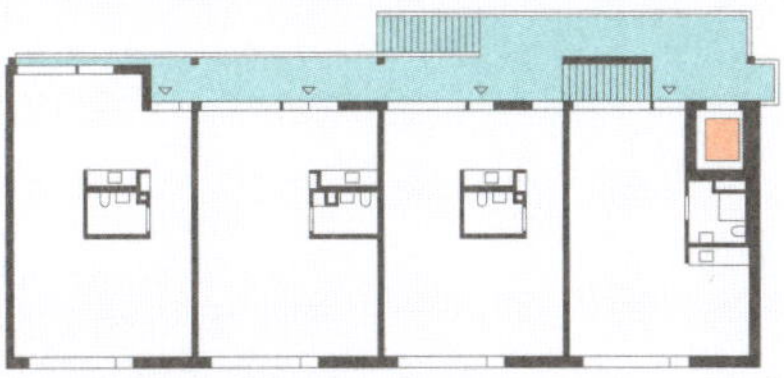

Grundriss 1. Obergeschoss
Zweierstrasse 50

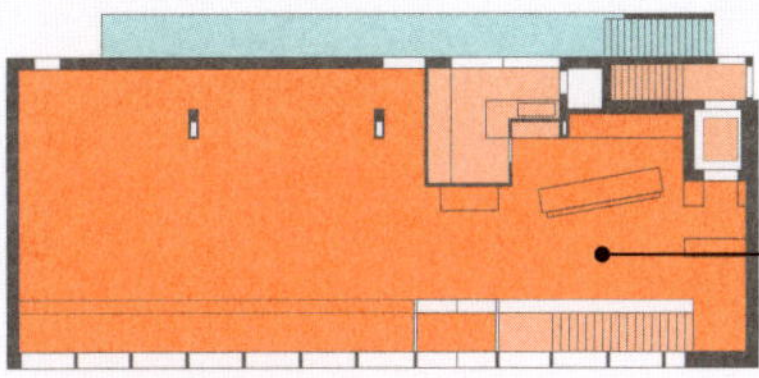

Bibliothek

Weitere, nicht verortete öffentliche Räume
Kantine
Bar
Läden
Hof

Grundriss Erdgeschoss
Zweierstrasse 50

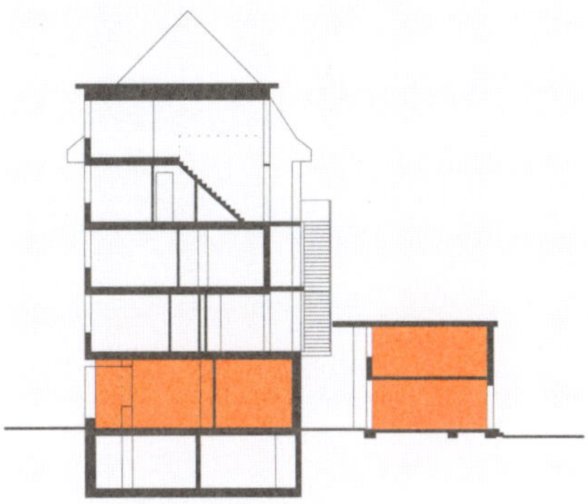

Schnitt Zweierstrasse 50
mit Ateliergebäude

Außenraum: öffentlich kollektiv
Innenraum: öffentlich kollektiv

Organisationsform	gemeinnützige Trägerschaft mit Kostenmiete, Aneignung durch Teilbesitz, Initiierungsform bottom-up
Bewohnerstruktur	ca. 142 Personen, heterogenes Bewohnerfeld, gemischtes Bildungsniveau
Betriebsstruktur	selbstverwaltet durch Genossenschaft, ein Solidaritätsfonds unterstützt Mitglieder, Gestaltungsrecht der privaten Räume gemäß Gesamtkonzept, Mitwirkungsgrad sehr hoch
Wohnungsspiegel	58 Wohneinheiten, 1,5-Zi- bis 6,5-Zi-Wohnungen
Flächen	Grundstücksfläche 2.470 m², 2 bis 5 Geschosse

	Fläche m²	in %	m² / Pers.
	Außenraum		
gesamt	1735	100	12.1
öffentlich	1255	72	8.8
kollektiv	425	25	2.9
privat	55	3	0.4
	Nutzfläche		
gesamt	4450	100	31.2
öffentlich	635	14	4.5
kollektiv[1]	850	19	5.9
privat	2965	67	20.8

1 exkl. 10 % Verkehrsfläche

Wohn- und Kulturprojekt Sargfabrik

Wie der Name andeutet, liegt das Wiener Wohn- und Kulturprojekt Sargfabrik auf dem ehemaligen Gelände einer Fabrik und sorgt für eine vielfältige und variable Dichte im gesamten Quartierumfeld, da bei diesem Projekt die meisten gemeinschaftlichen Räume öffentlich zugänglich sind. Nach einer zehnjähriger Planungsphase wurden im Jahr 1996 von BKK-2 Architektur 73 Wohneinheiten aus Wohnmodulen mit je 45 m² fertiggestellt. Nicht alle Module verfügen über eine Grundausstattung wie einer Küche oder Nasszelle. Sie lassen sich jedoch zu Wohneinheiten zusammensetzen, um so eine vollwertige Wohnung zu erhalten. Im momentanen Zustand sind vorwiegend zwei bis drei Module miteinander verbunden, einige gar über zwei Geschosse.[1] Es gibt allerdings auch eine Großwohneinheit bestehend aus sechs Modulen. Durch diese Konfiguration lassen sich relativ großzügige Wohneinheiten bilden, die insgesamt aber eine eher reduzierte Ausstattung aufweisen. So kann genügend Wohnraum auch für kinderreiche Familien oder Großhaushalte zur Verfügung gestellt werden. Erschlossen werden die einzelnen Wohneinheiten vorwiegend über einen Innenhof und Laubengänge. Eine Dachterrasse bildet unter anderem den gemeinschaftlichen Außenraum. Vielfältig sind mit einem Kulturhaus inklusive Veranstaltungssaal und Seminarräumen, einem Kindergarten, einem Gästeappartement, Werkstätten und einem Restaurant auch die zahlreichen gemeinschaftlichen Folgeeinrichtungen. Darüber hinaus gibt es ein Schwimmbad mit Sauna, ein türkisches Bad sowie einen Teleworkingraum, der anfänglich als Computerraum angedacht war, heute aber als Musikzimmer oder Proberaum genutzt wird. Aufgrund dieses vielfältigen Angebots wurde teilweise, wie oben schon angedeutet, auf Ausstattungsstandards wie beispielsweise eine Badewanne in den individuellen Wohneinheiten verzichtet.[2]

Insgesamt leben 210 Personen im Wohn- und Kulturprojekt Sargfabrik. Organisiert wird das Wohnobjekt durch den gemeinnützigen Verein für integrative Lebensgestaltung, der gleichzeitig Grundeigentümer, Bauherr, Betreiber und Vermieter ist. Sämtliche Bewohnerinnen und Bewohner sind Mitglied dieses Vereins.[3] Die Sargfabrik verwaltet sich in einer Kombination aus ehrenamtlicher und professioneller Arbeit selbst.[4] Dabei ist die Mitarbeit durch die Bewohnerschaft erwünscht, jedoch keine Voraussetzung für das Zusammenleben. In der Planungsphase wurde darüber diskutiert, ob eine Großküche mit Esssaal im Sinne eines Einküchenhauses eingerichtet werden sollte. Die Idee wurde allerdings verworfen, dafür wird der Bewohnerschaft 20 % Ermäßigung auf das vom Verein verpachtete Restaurant gewährt.[5] Fluktuation gibt es kaum, stattdessen konnte expandiert werden.[6] Schon nach vierjährigem Bestehen wurde der Erweiterungsbau MISS Sargfabrik in unmittelbarer Nähe zur Sargfabrik bezogen. Die MISS Sargfabrik bietet ein ergänzendes Angebot an gemeinschaftlichen Räumen. So wurden in der MISS bewusst noch ausstehende geteilte Nutzungen wie Wohnateliers, ein Gemeinschaftsraum mit Küche und ein Jugendclubraum realisiert. Das vielseitige Angebot an gemeinschaftlichen Räumen kommt darüber hinaus nicht nur der Bewohnerschaft der Sargfabrik und der MISS zugute, sondern bindet mittlerweile die gesamte Quartierbevölkerung mit ein, da beispielsweise auch Personen ohne Wohnsitz in einem der beiden Wohnobjekte Clubmitglied des Schwimmbads werden können.

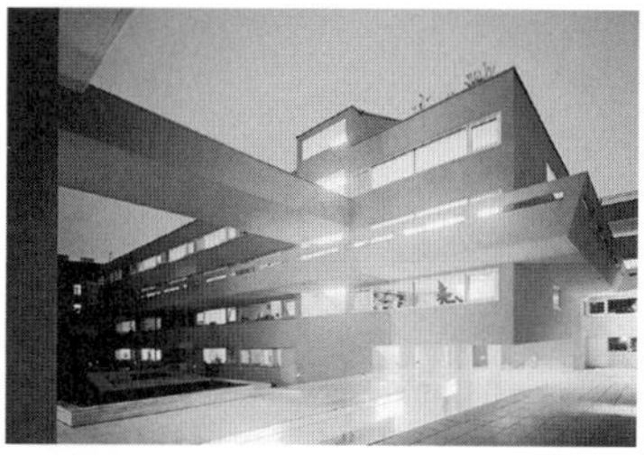

Innenhof mit Laubengang und Verbindungsbrücke

Zeitzeugen der vorherigen Nutzung

1 Krosse (2005): Wohnen ist mehr, S. 179.

2 Gemäß Aussage der Geschäftsführung der Sargfabrik.

3 Aigner, (2015): Gemeinschaftliches Wohnen,
eine Typologie und ihre Vielfalt, Graz: Technische Universität, S. 114.

4 Der Bademeister beispielsweise ist angestellt. Vgl. dazu Krosse (2005): Wohnen ist mehr, S. 188.

5 Krosse (2005): Wohnen ist mehr, S. 185.

6 Elser (2008): Wohnmodelle, Experiment und Alltag, S. 256.

Privater Wohnbereich aus zwei Modulen
© Hertha Hurnaus

Kulturhaus mit Restaurant
© Hertha Hurnaus

Schwimmbad, mit Sauna und türkischem Bad
© Hertha Hurnaus

Restaurant

Kulturhaus

Innenhof

Seminarräume

Nicht verortete, kollektive Räume
Gästeappartement
Laubengang
Dachterrasse
Musikzimmer

Weitere, nicht verortete öffentliche Räume
Veranstaltungssaal
Kindergarten
Werkstätte
Schwimmbad
Sauna
Türkisches Bad

Raumstruktur

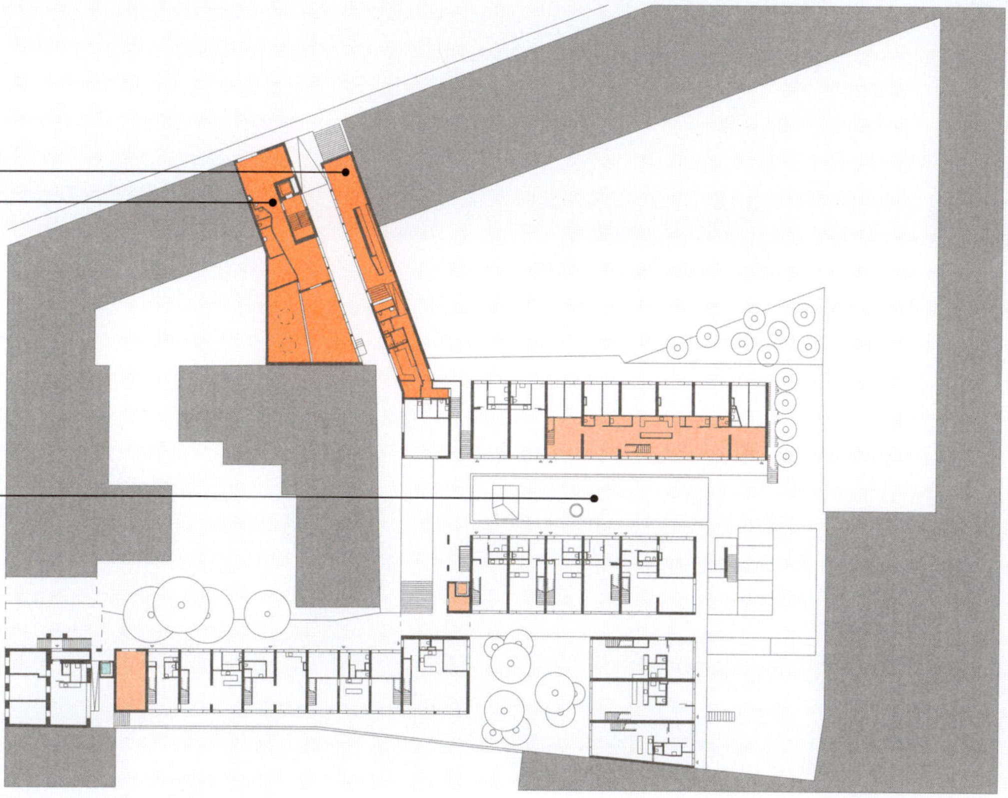

Umgebungsplan mit Erdgeschoss

Regelgeschoss 1:1.000

Außenraum: öffentlich kollektiv
Innenraum: öffentlich kollektiv

Raumstruktur

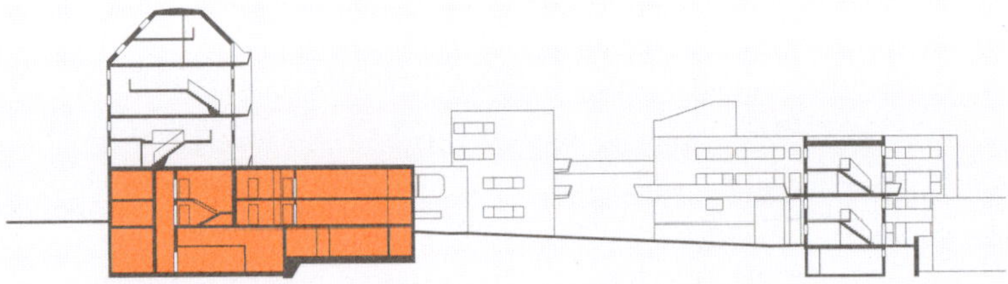

Schnitt 1 : 1.000

Außenraum: ● öffentlich ● kollektiv
Innenraum: ● öffentlich ● kollektiv

Organisationsform	gemeinnützig organisiert durch Verein, Aneignung durch mieten, Initiierungsform bottom-up
Bewohnerstruktur	ca. 210 Personen, heterogene Bewohnerstruktur, Bildungsniveau divers
Betriebsstruktur	selbstverwaltet durch Verein, in Kombination von ehrenamtlicher und professioneller Arbeit, mit Angestellten für die Folgeeinrichtungen, Bewohnerinnen und Bewohner erhalten 20 % Rabatt im eigenen Restaurant, Einflussnahme bei Bewohnerwechsel möglich, Mitwirkungsgrad hoch
Wohnungsspiegel	73 Wohneinheiten, bestehend aus Grundmodulen mit 45 m²

Flächen

Grundstücksfläche 4.650 m², 7 Geschosse

	Fläche m²	in %	m² / Pers.
	Außenraum		
gesamt	3 000	100	14.3
öffentlich	2 565	85	12.2
kollektiv	380	13	1.8
privat	55	2	0.3
	Nutzfläche		
gesamt	7 560	100	36.0
öffentlich	1 700	22	8.1
kollektiv[1]	350	5	1.7
privat	5 510	73	26.2

1 exkl. 10 % Verkehrsfläche

Beginenhof Kreuzberg

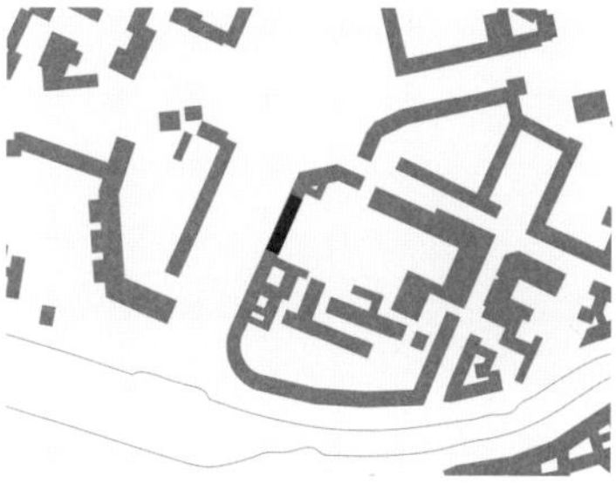

Aufgrund der Differenzierung von Wohn- und Lebensformen ist die Bewohnerschaft beim Wohnmodell der meisten Wohn- und Kulturprojekte sehr heterogen. Es finden sich jedoch auch Projekte, die sich ausschließlich an Frauen richten. Anfänglich in Wohngemeinschaften ab den 1970er-Jahren initiiert und erprobt, erfolgte später der Aufbau von eigenständigen Strukturen und die Entwicklung von selbstorganisierten Wohnobjekten.[1] Die Gründe für eine Separierung der Geschlechter sind vielseitig. Einige Wohnobjekte dienen dem Versuch, die teilweise immer noch konventionell organisierte Kernfamilie zu umgehen, andere richten sich auf eine starke (finanzielle) Eigenständigkeit aus und wiederum andere entstehen, indem sich alleinerziehende Mütter oder gleichgeschlechtliche Paare zusammenschließen. Nicht nur die gegenseitige Unterstützung ist dabei Basis für das Zusammenleben, sondern auch ein weites Netz an gemeinschaftlichen Wohnräumen und ergänzenden Nutzungen wie Arbeits- und Kulturräume oder Beratungsangebote.[2] Die Verbindung zu den mittelalterlichen Beginenhöfen scheint nicht nur inhaltlich gegeben, sondern findet auch bei einigen Wohnobjekten in der Namensgebung Eingang. So wurden beispielsweise ab den Nullerjahren vor allem in Deutschland diverse neue Beginenhöfe gebaut.

Einer davon ist der Beginenhof Kreuzberg in Berlin, der im Jahr 2007 von Barbara Brakenhoff und Lutz Siebertz realisiert wurde. Dabei handelt es sich um Frauenwohnen in der dritten Lebensphase. Das Durchschnittsalter der 56 Bewohnerinnen liegt bei 60 Jahren. Die insgesamt 53 Zwei- bis Dreizimmerwohnungen sind voll ausgestattet und mit einer Fläche zwischen 56 bis 76 m² großzügig bemessen. Mit Ausnahme von vier Maisonettewohnungen sind sämtliche Wohnungen und gemeinschaftliche Nutzungen barrierefrei zugänglich. Erschlossen werden die individuellen Wohnräume durch einen Laubengang, der auch als kollektive Erschließungsfläche dient. Weitere gemeinschaftliche Wohnräume sind ein Gemeinschaftsraum mit Nasszelle und Küche, zwei Gästeappartements, eine Dachterrasse, ein gemeinschaftlich geführter Garten sowie eine Waschküche.[3]

---

1 amantine (2011): Gender und Häuserkampf, S. 72.
2 Besser (2010): Zusammen ist man weniger allein – Alternative Wohnprojekte für Jung und Alt, S. 157 sowie Unger (2005): Die Beginen – Eine Geschichte von Aufbruch und Unterdrückung der Frauen, S. 167.
3 https://www.sieplcoatesstudio.weebly.com/beguinage, aufgerufen am 25.03.19.

Hofsicht mit den gemeinschaftlichen Aufenthaltsräumen im Erdgeschoss und Zugang zum Garten
Fotografen: Uwe Thesling, PPL-Barbara Brakenhoff

Gemeinschaftliche Terrasse mit Sicht auf die Stadt
Fotografen: Uwe Thesling, PPL-Barbara Brakenhoff

Gemeinschaftsraum mit Sitznische
Fotografen: Uwe Thesling, PPL-Barbara Brakenhoff

Private Maisonettewohnung
Fotografen: Uwe Thesling, PPL-Barbara Brakenhoff

Raumstruktur

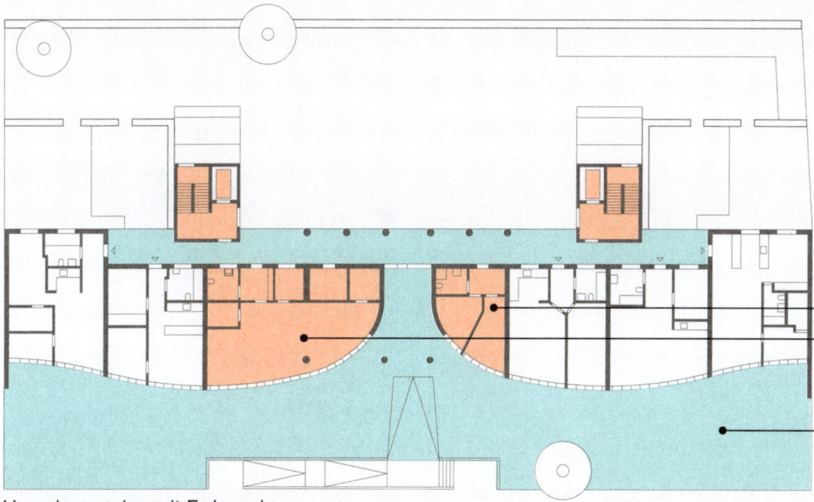

Gästeappartement

Gemeinschaftsraum mit Küche und Nasszelle

Garten

Umgebungsplan mit Erdgeschoss
1:500

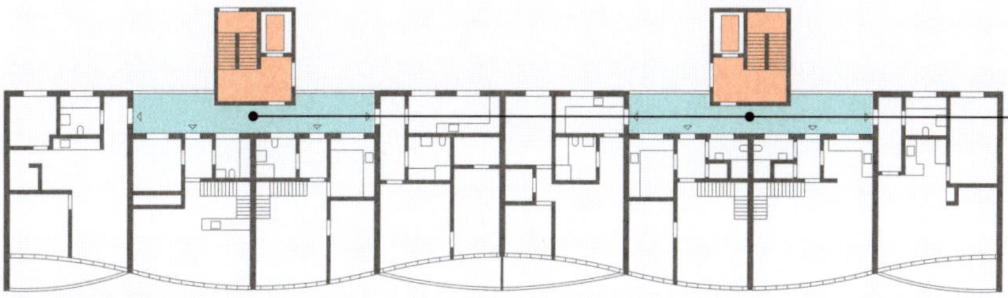

Laubengang

Weitere, nicht verortete kollektive Räume
Waschküche
Dachterrasse

Regelgeschoss

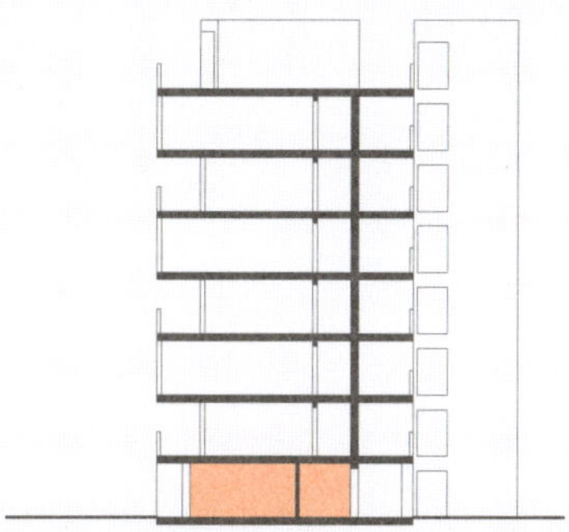

Schnitt

Außenraum: öffentlich kollektiv
Innenraum: öffentlich kollektiv

Organisationsform	privater Verein als Trägerschaft, Aneignung durch mieten, Initiierungsform bottom-up
Bewohnerstruktur	ca. 56 Bewohnerinnen, Frauenwohnen in der dritten Lebensphase, mittleres Bildungsniveau
Betriebsstruktur	Verein führt Beginenhof selbstverwaltet, sehr große Einflussnahme der Bewohnerinnen, Mitwirkungsgrad sehr hoch
Wohnungsspiegel	53 Wohneinheiten, 2-Zi- und 3-Zi-Wohnungen von 56 bis 76 m²
Flächen	Grundstücksfläche 1.660 m², 7 Geschosse

	Fläche m²	in %	m² / Pers.
	Außenraum		
gesamt	1930	100	34.5
öffentlich	0	0	0
kollektiv	1685	87	30.1
privat	245	13	4.4
	Nutzfläche		
gesamt	3060	100	54.6
öffentlich	0	0	0
kollektiv[1]	325	11	5.8
privat	2735	89	48.8

1 exkl. 10 % Verkehrsfläche

Bofaellesskabet Lange Eng

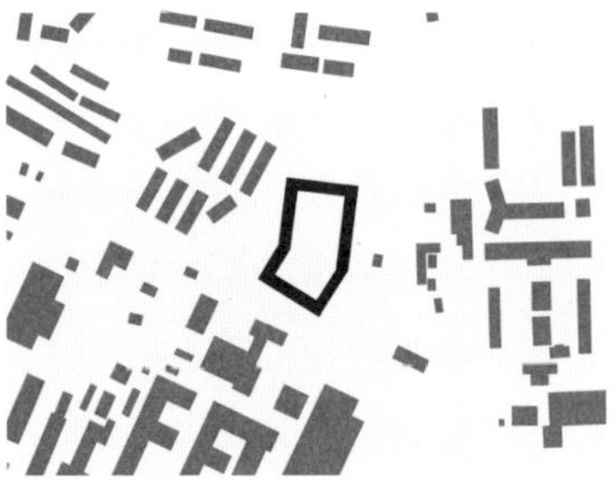

Das Bofaellesskabet Lange Eng entstand aus der Tradition des Co-Housings und wurde 2008 von der Architektin Dorte Mandrup fertiggestellt.[1] Eine Gruppe gegenwärtiger Bewohnerinnen und Bewohner formierte sich schon im Jahre 2004, um sich regelmäßig über das gemeinschaftliche Wohnen auszutauschen, andere Wohnobjekte zu besuchen und um über eine mögliche Realisierung eines eigenen Projekts zu diskutieren.[2] Dieses entstand schließlich in Albertslund, etwas außerhalb von Kopenhagen und inmitten weiterer Wohnentwicklungen am Siedlungsrand. Dabei wurden 54 Eigentumswohnungen für gut 200 Bewohnerinnen und Bewohner realisiert, die ähnlich einem Blockrand den grünen Hof mit gemeinschaftlichen Gärten, Obstbäumen, Spielplätzen und Sitzmöglichkeiten umschließen.[3] Jede einzelne Wohnung ist direkt mit dem Hof verbunden.

An einer Ecke des Blockrandgebäudes befindet sich das zweigeschossige Gemeinschaftshaus, das im Erdgeschoss neben einer Gemeinschaftsküche einen großen Speisesaal für rund 100 Personen und Toiletten anbietet. Im oberen Geschoss wurden verschiedene Werkstätten, ein Spielzimmer für die Kinder, ein Kino sowie einen Aufenthaltsbereich mit einer Teeküche sowie einer kleinen Bibliothek eingerichtet. Der Kern des Gemeinschaftlichen bildet das Kochen und Abendessen, das an sechs Abenden in der Woche im Gemeinschaftshaus angeboten wird.

Das Bofaellesskabet Lange Eng ist selbstverwaltet und -organisiert. Von den Eigentümerinnen und Eigentümer wird erwartet, dass sie sich in einer der Arbeitsgruppe engagieren.[4] Dadurch werden Arbeiten wie das tägliche Kochen oder das Pflegen des Hofes nicht von Angestellten ausgeführt, sondern im Sinne der Stärkung der Gemeinschaft von den Bewohnerinnen und Bewohnern übernommen.

Außenfassade mit einer eher geschlossenen Wirkung
© Laura Stamer

Belebter und gemeinschaftlicher Innenhof
© Laura Stamer

Direkte Anbindung jeder Wohneinheit zum Innenhof
© Laura Stamer

Die Innenräume wirken durch die Galerie sehr großzügig
© Laura Stamer

1 Wohnbund (Hrsg.) (2015): Europa, Gemeinsam Wohnen, S. 81
2 https://www.langeeng.dk, aufgerufen am 30.03.19.
3 Lauri (Hrsg.) (2015): Dorte Mandrup Arkitekter, S. 114
4 https://www.langeeng.dk, aufgerufen am 30.03.19.

Umgebungsplan
mit Erdgeschoss

Schnitt 1 : 1.000

Außenraum: öffentlich kollektiv
Innenraum: öffentlich kollektiv

Organisationsform	Bewohnerschaft trägt durch Wohneigentum, Aneignung durch Kaufen, Initiierungsform bottom-up
Bewohnerstruktur	ca. 200 Personen, meist Familien, aber auch Personen in der Nachfamilienphase, hohes Bildungsniveau
Betriebsstruktur	selbstverwaltet und -organisiert, Mitarbeit in Arbeitsgruppen wird vorausgesetzt, Mitwirkungsgrad sehr hoch
Wohnungsspiegel	54 Wohnungen, 10 Typen von 71 bis 128 m²

Flächen Grundstücksfläche nicht bekannt, 2 bis 3 Geschosse

	Fläche m²	in %	m² / Pers.
	Außenraum		
gesamt	–	–	–
öffentlich	–	–	–
kollektiv	3 490	–	17.5
privat	705	–	3.5
	Nutzfläche		
gesamt	6 695	100	33.5
öffentlich	0	0	0
kollektiv[1]	955	14	4.8
privat	5 740	86	28.7

1 exkl. 10 % Verkehrsfläche

Hof
Gemeinschaftsküche mit Speisesaal

Weitere, nicht verortete kollektive Räume
Aufenthaltsbereich mit Teeküche und Bibliothek
Spielzimmer
Kino
Werkstätte

Großhaushalte und Clusterwohnungen mit Service

«Erst jetzt deuten die ersten Cluster-Grundrisse an, wie Wohnhäuser aussehen könnten, die besser zur heutigen Gesellschaft und zur dichten Bebauung passen.»
ANDREAS HOFER[1]

Großhaushalte und Clusterwohnungen haben ihren Ursprung in den 1980er-Jahren und können als Folge und Weiterentwicklung von Wohngemeinschaften, die ab den 1970er-Jahren entstanden sind, interpretiert werden. Erste Experimente zeigen sich in den 1980er-Jahren. Das Wohnmodell wird allerdings erst ab den 2010er-Jahre in Fachkreisen wahrgenommen und überlagert sich zeitlich mit den beiden Wohnmodellen der Wohn- und Kulturprojekte sowie des Co-Livings. Die gemeinschaftlichen Wohnräume entwickeln sich jedoch bei den Großhaushalten und Clusterwohnungen viel ausgeprägter, da diese die stark reduzierte Ausstattung und Fläche der individuellen Wohneinheiten kompensieren. Erstmals seit den Zwischenkriegsjahren werden wieder Wohnungen ohne individuell nutzbare Küchen gebaut. Wobei der Begriff Wohnung in diesem Wohnmodell erweitert werden muss, da eher von Wohneinheiten oder eben Cluster gesprochen werden kann. Teilweise wird auch der Begriff von Satellitenwohnungen verwendet. Das Wohnmodell der Großhaushalte und Clusterwohnungen impliziert, dass die Zuschaltung von Wohnräumen möglich ist und versteht sich als eine Variante der Wohngemeinschaft mit mehr Komfort. Beim Prinzip der Großhaushalte werden dabei Funktionen wie Kochen, Essen und Aufenthalt in gemeinschaftliche Räume mit unterschiedlichen Öffentlichkeitsgraden ausgelagert, da der private Wohnraum nicht über diese Ausstattung verfügt. Bei Clusterwohnungen werden Teil-Wohneinheiten mit mehr Privatsphäre zur Verfügung gestellt, die mit Nasszelle und teils Kleinküche zwar eigenständig funktionieren, aber auf gemeinschaftliche Räume in einem erweiterten Wohnverbund angewiesen sind. So bildet jede Teil-Wohneinheit gemeinsam mit anderen Clusterwohnungen und zusammen mit den gemeinschaftlichen Räumen eine Einheit. Beide Wohnformen sind gewöhnlich auf Serviceleistungen wie Kochen oder Putzen angewiesen. Diese werden entweder von Angestellten oder je nach Interpretation der Ziele des gemeinschaftlichen Wohnens und der verfügbaren finanziellen Ressourcen von der Bewohnerschaft selber übernommen.

Der wohnpolitische Druck, der in vielen europäischen Städten zunimmt, fördert die Etablierung von Großhaushalten und Clusterwohnungen. Stetiger Wachstums- und Siedlungsdruck und steigende Bevölkerungszahlen führen zu deutlich sinkenden Leerstandsquoten und höheren Mietpreisen.[2] Einkommensstarke Schichten verdrängen oft Bevölkerungsschichten mit geringerem Einkommen an die Standränder oder in suburbane Lagen.[3] Bezahlbarer Wohnraum und die Bodenpolitik werden immer mehr zu gesellschaftlichen Themen. Basierend auf der New Economy ab 1989, verbreitet sich nicht nur die Möglichkeit, Waren und Dienstleistungen online zu handeln, auch Angebot und Nachfrage werden direkter zusammengeführt und die Verwertung von digitalen Gütern ebenso wie der Zugang zu Wissen beschleunigt. Die weiterführende Sharing Economy deutet darauf hin, dass sich Werte bezüglich des Besitzens wandeln. Postmaterielle Ziele wie Selbstverwirklichung, digitale Kommunikation sowie der erleichterte Zugang und die Verfügbarkeit analoger Güter anstatt deren Besitz stehen vermehrt im Vordergrund.[4] Die Überzeugung, dass Nutzen wichtiger als Besitzen ist, zeigt sich vor allem bei jungen Menschen.[5] Dieser Wertewandel dient auch als Intention des Teilens von Wohnraum. Suffizienz und gesellschaftliche Teilhabe werden höher gewichtet. Der private Raum dient oft nur noch als Rückzugsort, als repräsentativer Ort verliert er zunehmend an Priorität.

In Anlehnung an das vergangene Wohnmodell der Ledigenheime und Boardinghäuser wird bei Großhaushalten oder Clusterwohnungen Wohnraum für eine sich neu formierende Nutzerschaft bereitgestellt. Eine Festlegung auf Haushaltsformen, wie auch auf Alter, Herkunft, Einkommen oder Bildungsgrad der Bewohnerschaft kann kaum noch vorgenommen werden. Wohnen wird offener, kommunikativer und vernetzter.[6] Die Nutzerschaft bildet sich nicht nur aus der hedonistischen Generation X, sondern wird ebenso geprägt von der Generation Y, den Millennials. Eine mögliche Zielgruppe sind auch ältere Personen. Dieses neue Wohnmodell ist daher eine mögliche Antwort auf die demografische Entwicklung, gekennzeichnet durch die zunehmende Zahl an Einpersonenhaushalten. Mittels neuer digitaler Plattformen und Social Medias, die unmittelbares Kommunizieren ermöglichen, bilden sich Social Networks und Online-Communitys. Die Nutzung solcher Optionen greift tief in die Art der Kommunikation und Sozialisation einer Gruppe ein, mit bedeutenden Auswirkungen auf die Kultur des Zusammenwohnens.

Ein zentrales Element des Wohnmodells der Großhaushalte und der Clusterwohnungen ist zudem ein sich änderndes Verständnis des Wohnens. Die noch im letzten Jahrhundert propagierte Funktionsteilung zwischen Wohnen und Arbeiten löst sich zunehmend auf. Wohnen, vor allem im urbanen Kontext, verbindet sich erneut mit Arbeit, Dienstleistung, Freizeit und Kultur, bezieht die Stadtstruktur mit ein und verlässt fixe Ordnungsmuster.[7] Allerdings wird die Funktionsauswanderung nicht rückgängig gemacht, da Funktionen wie zum Beispiel Altersversorgung oder Kindererziehung nicht mehr in den privaten Haushalt zurückgeholt werden. Vielmehr werden diese in die Nachbarschaft oder beim gemeinschaftlichen Wohnen zunehmend ins erweiterte Wohnobjekt integriert und schon bei der Planung programmiert. Neben den oben beschriebenen gemeinschaftlichen Wohnräumen für Großhaushalte und Clusterwohnungen werden zusätzlich Gästezimmer, Werk- und Bastelräume, Waschsalons mit Cafés oder Fitnessräume und Schwimmbäder wie auch Kinderkrippen,

---

1 Hofer, im TEC21 (07|2011): Von der Familienwohnungen zum Cluster-Grundriss, S. 23.

2 Der deutsche CBRE-Empirica-Leerstandsindex des Jahres 2015 zeigt beispielsweise, dass sich bei marktaktiven Geschosswohnungen deutscher Städte der Leerstand in den letzten fünf Jahren um 125.000 Wohnungen erhöhte. München beispielsweise weist im Jahr 2015 gemäß dieser Studie eine Leerstandquote von 0,2 % auf. Hamburg liegt bei 0,6 %. Ähnliche Aussagen können in Zürich gemacht werden. Während sich gemäß Angaben von Statistik Zürich die Quote in den Jahren 2008 bis 2011 zwischen tiefen 0,03 % bis 0,06 % bewegte, stabilisierte sie sich in den letzten drei Jahren bei 0,22 %.

3 amantine (2011): Gender und Häuserkampf, S. 49 und Bahner, Böttger (Hrsg.) (2016): Neue Standards, zehn Thesen zum Wohnen, S. 13.

4 Schader-Stiftung (Hrsg.) (2001): wohn:wandel, Szenarien, Prognosen, Optionen zur Zukunft des Wohnens, S. 17.

5 Loske, in Forum, Raumentwicklung (02.2016): Sharing Economy – Gutes Teilen, schlechtes Teilen? S. 5.

6 Altenstraßer, Hauch, Kepplinger (2007): gender housing – geschlechtergerechtes bauen, wohnen, leben, S. 56.

7 Stahel (2006): Wo-Wo-Wonige!, S. 73.

Versammlungsräume, Kulturlokale oder gemeinschaftliche Arbeitsräume integriert. Das gemeinschaftliche Wohnen und Zusammenleben gewinnt so wiederum an inhaltlicher und funktionaler Substanz. Oft wird denn auch ein Service Desk eingerichtet, der als zentrale Schaltstelle die gemeinschaftlichen Räume und vor allem die angebotenen Serviceleistungen organisiert und Anlaufstelle für sämtliche Bewohnerinnen und Bewohner ist.

Vorherige Wohnmodelle, insbesondere Wohnkooperativen ab den 1970er-Jahren und Wohn- und Kulturprojekte ab den 1990er-Jahren, haben gezeigt, dass Erfolge nicht an einer gelungenen Planungs- und Umsetzungsphase, sondern an der Nutzungsphase gemessen werden sollen.[8] Es ist nicht die Architektur, die zum Erfolg oder Misserfolg des gemeinschaftlichen Wohnen verhilft, sondern der Mensch mit dessen Zutun und Beitragen. Scheitert ein Wohnkollektiv, bedeutet dies lediglich das Scheitern einer ganz bestimmten Konstellation von Personen mit widersprüchlichen Interessen und Vorstellungen.[9] Diese Erkenntnisse haben dazu geführt, dass heutige Initiatoren, Bauträgerinnen oder Genossenschaften oft Sozial- oder Gemeinwesenarbeitende in die Wohnobjekte integrieren.[10] Diese Fachpersonen kümmern sich um die sozialen Belange des Zusammenwohnens, steuern und stabilisieren die integrativen Prozesse und entlasten dadurch die Bewohnerschaft, wobei deren Mitwirkung sich durch die fachliche Unterstützung vergrößert.

Da neuere Formen von Großhaushalten und Clusterwohnungen noch in der breiten Umsetzungsphase sind, kann die Relevanz für weitere Entwicklungen des gemeinschaftlichen Wohnens kaum abgeschätzt werden. Es lässt sich jedoch erkennen, dass mit dieser Entwicklung das gemeinschaftliche Wohnen wieder vielfältiger interpretiert wird, ähnlich den Phasen der Vor- und Zwischenkriegsjahre, ergänzt allerdings durch ein reichhaltiges und räumlich flexibles Nutzungsangebot. Aneignungsformen von Wohnraum treten nun gemischter auf, da Miete und Eigentum oft im selben Wohnobjekt integriert werden. Auch Wohnungstypologien und -größen werden in den Wohnobjekten häufiger variiert. So finden Großhaushalte und Clusterwohnungen neben konventionellen und in sich abgeschlossenen funktionalen Wohnungen unterschiedlicher Größe Platz und werden dabei in größeren innovativen neuen Wohnsiedlungen oder Quartierentwicklungsprojekten in einzelne Gebäude eingestreut. Vielfältiger werden auch die Nutzergruppen, indem Personen in unterschiedlichen Lebensphasen räumlich zusammengeführt werden.

8 Brech weist schon im Jahr 1989 darauf hin, dass dies bis anhin kaum erkannt wurde. Eine falsche Prioritätssetzung könne für die Bewohnerschaft ernüchternd wirken oder aber Resignation hervorbringen. Es sei eine Korrektur der Akzente überfällig. Er benennt auch, dass eine Fokussierung auf die Wohn- und Nutzungsphase einen radikalen Wandel der Problemdefinition bedeute. Dabei ständen nicht Planungs- und Baufragen im Vordergrund, sondern die gesamte Sozialorganisation des Wohnens. Vgl. Brech (Hrsg.) (1989): Neue Wohnformen in Europa, Berichte des 4. Internationalen Wohnbund Kongresses, S. 56.

9 Korczak (1979): Neue Formen des Zusammenlebens, Erfolge und Schwierigkeiten des Experiments Wohngemeinschaft, S. 117.

10 Caduff, Kuster (2000): Wegweisend wohnen, Gemeinnütziger Wohnungsbau im Kanton Zürich an der Schwelle zum 21. Jahrhundert, S. 33.

Ausgewählte Vertreter von Großhaushalten und Clusterwohnungen

Projekt	Bezug	Stadt	Lage	Bautyp	Architektur	Trägerschaft
Entwurf Neue Stadt Köln	1961 (*Entwurf*)	–	–	–	Oswald Mathias Ungers	–
→ Seite 236 ***Gemeinschaftssiedlung Tanthof***	**1981**	**Delft NLD**	**Stadtrand**	**Neubau**	**Flip Krabbendam**	**Verein Centraal Wonen**
Gemeinschaftssiedlung Het Hallehuis	1984	Amersfoort NLD	Stadtquartier	Neubau	Dolf Floors	Verein Centraal Wonen
→ Seite 240 ***Großhaushalt Karthago***	**1997**	**Zürich CH**	**Stadtquartier**	**Umnutzung**	**Annette Spiro + Stefan Gantenbein**	**Genossenschaft Karthago**
Hausverein Kanzlei Seen	2010	Winterthur CH	Stadtrand	Neubau	Haerle Hubacher Architekten	Gesewo
→ Seite 243 ***Mehrgenerationenhaus Heizenholz***	**2011**	**Zürich CH**	**Stadtrand**	**Umbau**	**Adrian Streich**	**Genossenschaft Kraftwerk1**
Mehrfamilienhaus Neufrankengasse	2014	Zürich CH	Stadtzentrum	Neubau	Vera Gloor	private Eigentümer
→ Seite 248 ***VinziRast-mittendrin***	**2013**	**Wien AUT**	**Stadtzentrum**	**Umnutzung**	**gaupenraub+/-**	**Vinzenzgemeinschaft St. Stephan**
→ Seite 251 ***Siedlung Spreefeld***	**2014**	**Berlin GER**	**Stadtzentrum**	**Neubau**	**Silvia Carpaneto, fatkoehl architekten, BARarchitekten**	**Bau- und Wohngenossenschaft Spreefeld Berlin eG**
→ Seite 255 ***Wohn- und Gewerbehaus Kalkbreite***	**2014**	**Zürich CH**	**Stadtquartier**	**Neubau**	**Müller Sigrist Architekten**	**Genossenschaft Kalkbreite**
Hunziker Areal Haus A	2015	Zürich CH	Stadtrand	Neubau	Duplex Architekten	Baugenossenschaft mehr als wohnen
→ Seite 262 ***Siedlung Zwicky Süd***	**2015**	**Dübendorf CH**	**Stadtrand**	**Neubau**	**Schneider Studer Primas**	**Genossenschaft Kraftwerk1**
Wohn- und Geschäftshaus MIN MAX	2016	Opfikon CH	Stadtrand	Neubau	Edelaar Mosayebi Inderbitzin Architekten AG	UTO Real Estate Management AG
Wohnprojekt wagnisART	2016	München GER	Stadtquartier	Neubau	Rainer Hofmann, Ritz Ritzer	Wohnbaugenossenschaft wagnis eG
→ Seite 268 ***Wohn- und Gewerbehaus Zollhaus***	**2020 (*Fertigstellung*)**	**Zürich CH**	**Stadtzentrum**	**Neubau**	**Enzmann Fischer Partner**	**Genossenschaft Kalkbreite**

Pläne, wenn nicht anders vermerkt

Schwarzplan	1:12.000
Umgebungsplan	1:1.000
Geschosse	1:500
Schnitt	1:500

Gemeinschafts-siedlung Tanthof

Im Jahr 1969 startete der niederländische Verein für gemeinschaftliches Wohnen Centraal Wonen mit der Idee kollektive Wohnformen zu fördern respektive selber zu entwickeln.[1] Eines der ersten realisierten Projekte ist die Gemeinschaftssiedlung Tanthof in Delft. Das 1981 fertiggestellte Wohnobjekt bietet nicht nur gemeinsame Einrichtungen an, vielmehr greift das architektonische Konzept tief in das individuelle Wohnen ein, indem es nicht primär aus einzelnen Wohnungen oder Wohneinheiten besteht, sondern sogenannte Wohngruppen und Cluster beinhaltet, die rund um gemeinschaftliche Wohnräume angeordnet sind. Das Wohnkonzept entstand auf Initiative des Architekten Flip Krabbendam und in Zusammenarbeit mit der zukünftigen Bewohnerschaft. Dabei konnten die Bewohnerinnen und Bewohner in einem partizipativen Prozess Einfluss nehmen auf Raumaufteilung sowie Grundrissorganisation. Die Initiantinnen und Initianten verfolgten beim Tanthof nicht nur hedonistische Absichten, sondern zielten bewusst auf die Auflösung isolierender Familienstrukturen und entwickelten eine dazu passende Innenarchitektur.

Dabei ist die innere Struktur durch private Zimmer, Wohngruppen und Cluster in drei verschiedene räumliche und soziale Ebenen gegliedert. Die 171 privaten Zimmer als kleinste Einheit, teilweise mit eigener Kleinküche oder Nasszelle, werden in 13 Wohngruppen zusammengefasst und sind an der erweiterten Erschließungsfläche angeordnet, wo sich auch die dazugehörigen gemeinschaftlichen Räume wie Gemeinschaftsküchen, weitere Nasszellen sowie offene Ess- und Aufenthaltsbereiche befinden. So bildet sich um eine Gemeinschaftsküche jeweils eine der Wohngruppen. Diese Wohngruppen sind wiederum übergeordnet in vier Cluster zusammengefasst. Jeder Cluster verfügt über weitere gemeinschaftliche Räume wie ein Garten, eine Waschküche, ein Fahrradraum sowie ein Hobbyraum.[2]
So verteilen sich private und kollektiv genutzte Räume wie ein fein durchzogenes Netz über die gesamte Siedlung. Konzentriert in einem Gebäudeteil befinden sich weitere gemeinschaftliche Folgeeinrichtungen wie die Hausbar, ein Projektraum sowie gemeinschaftliche Arbeitsplätze, die allesamt eine hohe Öffentlichkeit aufweisen. Da der Zugang zu den individuellen Wohnräumen über die kollektive Erschließung und an den gemeinschaftlichen Wohnräumen vorbeiführt, ist eine hohe soziale Kontrolle bei der Gemeinschaftssiedlung Tanthof unumgänglich. Dafür ermöglichen die einzelnen Wohngruppen und Cluster, sich Wohnraum über die gesamte Siedlung anzueignen. Dies erlaubt beispielsweise, dass sich Jugendliche in einem etwas entfernteren Cluster zu ihrer Familie einrichten können. Wohnen in Wohngruppen und Clustern anstatt Wohnungen führt dazu, dass die Bewohnerschaft der Gemeinschaftssiedlung Tanthof dauernd in Bewegung ist. Zu Beginn wohnten etwa 30 Kinder und 100 Erwachsene im Tanthof. Die Familie als anfängliche Zielgruppe wurde in den letzten Jahren immer mehr durch junge Einzelpersonen zwischen 20 bis 45 Jahren abgelöst, wobei heute darauf geachtet wird, dass Studierende nicht in der Überzahl sind.

---

1 Schuh (1989): Kollektives Wohnen, Eine vergleichende Untersuchung in- und ausländischer Beispiele, S. 65.
2 Sämtliche Informationen zur Organisation der privaten Zimmer, Wohngruppen und Cluster beruhen auf den Angaben, die der Autorin von dem Architekten Flip Krabbendam zugestellt wurden.

Gemeinschafts-
siedlung von der
Kraanvogelstraat aus
© Flip Krabbendam

Innenhofseitige Fassade
© Flip Krabbendam

Gemeinschaftlicher Wohnbereich
zürcher hochschule der künste, archiv-zhdk, Fotograf: Erwin Mühlestein

Eingeschossige Gebäudeteile mit den gemeinschaftlichen Räumen
zürcher hochschule der künste, archiv-zhdk, Fotograf: Erwin Mühlestein

Essen in der Gemeinschaftsküche
© Flip Krabbendam

Raumstruktur

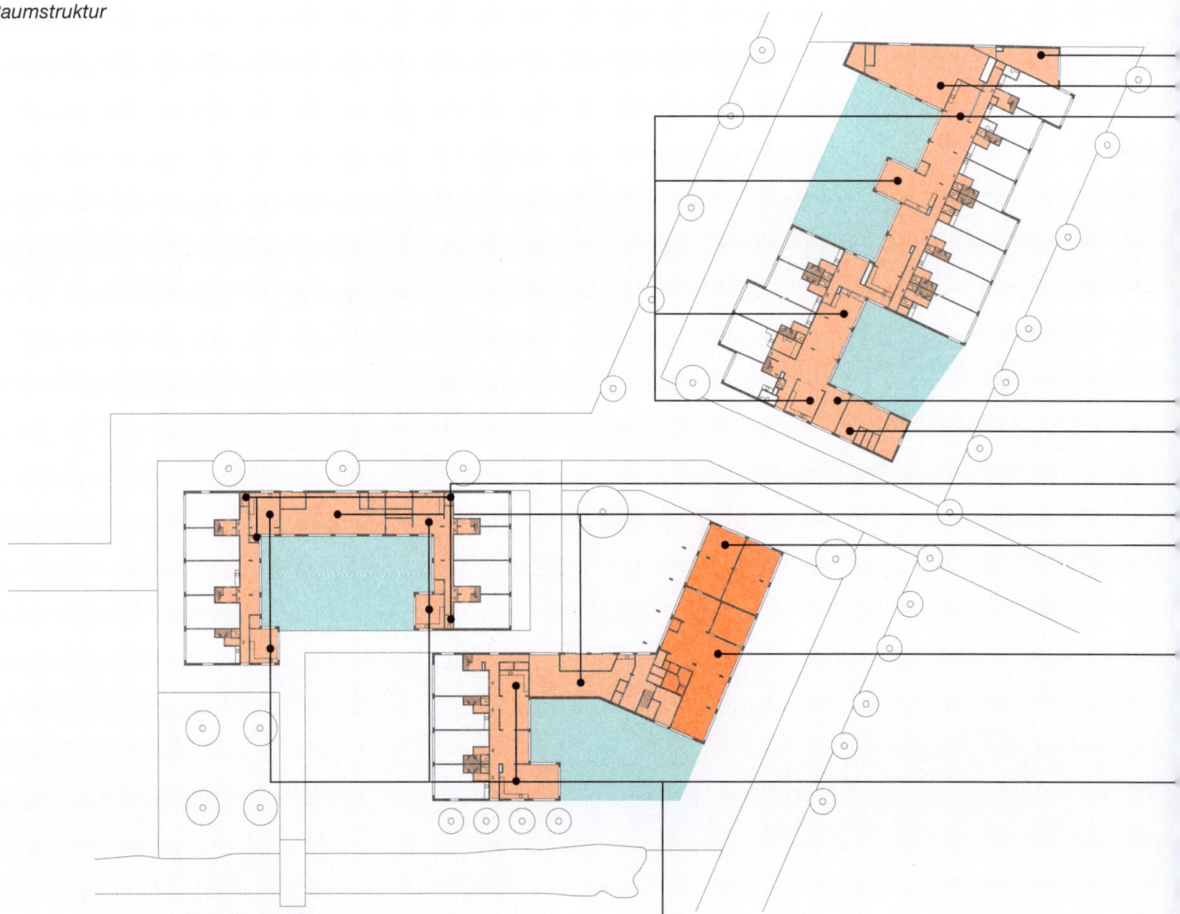

Umgebungsplan
mit Erdgeschoss

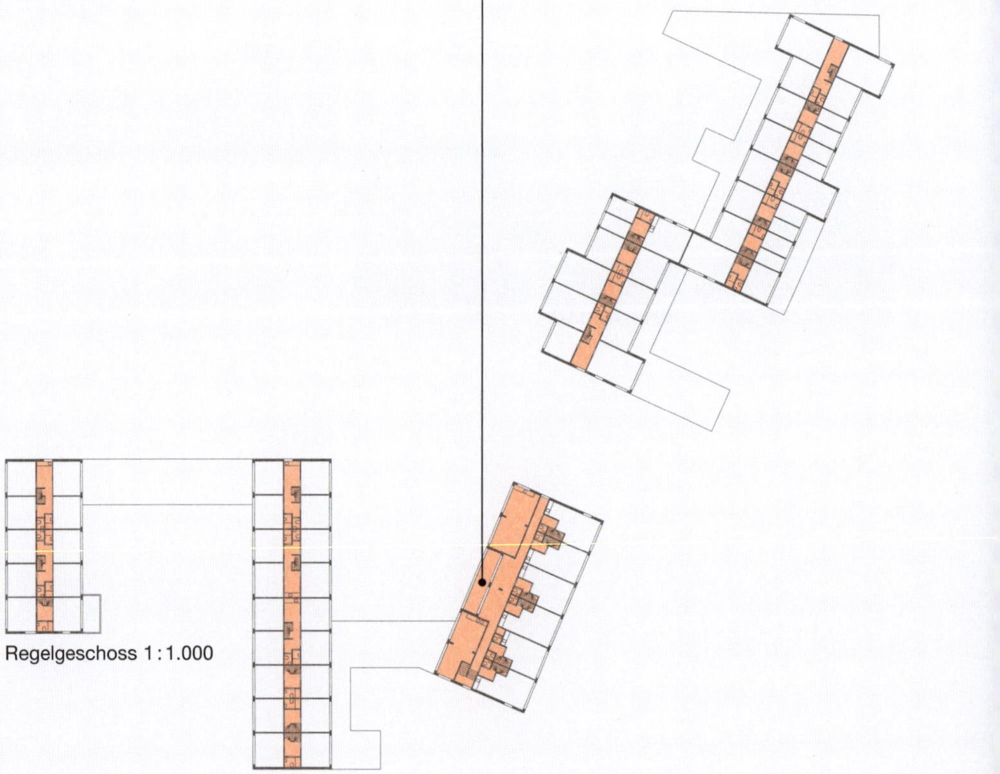

Regelgeschoss 1 : 1.000

Hobbyraum

Waschküche

Gemeinschaftsküchen
Ess- und Aufenthalts-
bereiche

Waschküche

Hobbyraum

Nasszellen

Waschküche

Hobbyraum

Projektraum

Gemeinschaftsküchen
Ess- und Aufenthalts-
bereiche

Weiterer, nicht verorteter kollektiver Raum
Hausbar

Weiterer, nicht verorteter öffentlicher Raum
Arbeitsplätze

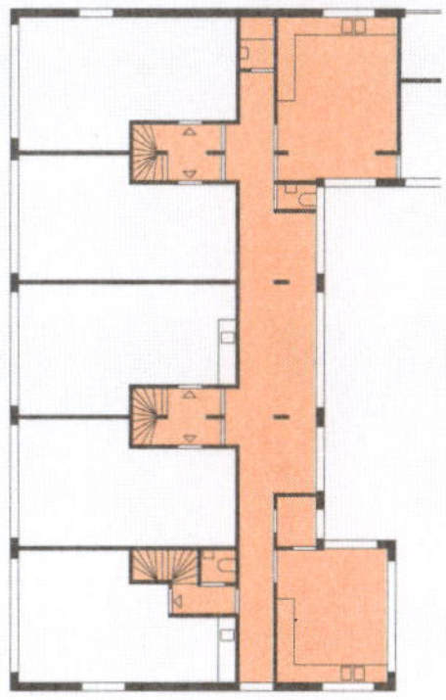

Regelwohnungen
Erdgeschoss (Ausschnitt)

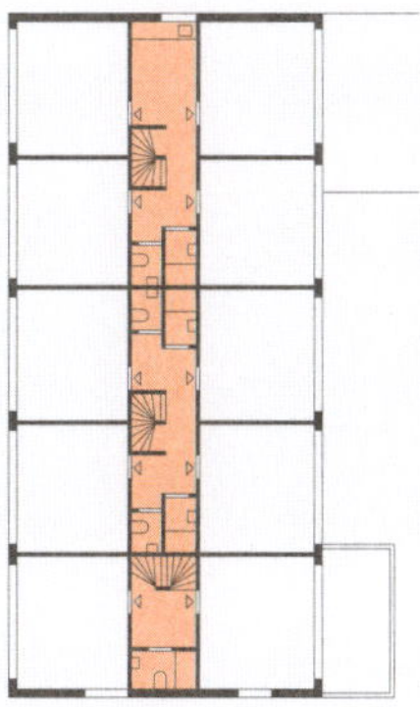

Regelwohnungen
Obergeschoss (Ausschnitt)

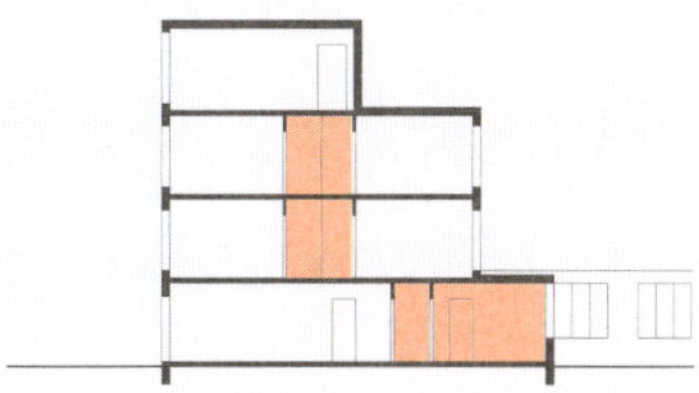

Schnitt

Außenraum: öffentlich kollektiv
Innenraum: öffentlich kollektiv

Organisationsform	privater Verein als Trägerschaft, Aneignung durch mieten, Initiierungsform bottom-up
Bewohnerstruktur	ca. 130 Personen, anfänglich für Familien, heute viele junge Einzelpersonen, hohes Bildungsniveau
Betriebsstruktur	selbstverwaltet durch Verein, sehr große Einflussnahme der Bewohnerinnen, Mitwirkungsgrad sehr hoch
Wohnungsspiegel	171 Wohneinheiten, geordnet in 13 Wohngruppen und 4 Cluster
Flächen	Grundstücksfläche 6.875 m^2, 1 bis 4 Geschosse

	Fläche m^2	in %	m^2 / Pers.
	Außenraum		
gesamt	4490	100	34.5
öffentlich	3540	79	27.2
kollektiv	925	20	7.1
privat	25	1	0.2
	Nutzfläche		
gesamt	5620	100	43.2
öffentlich	225	4	1.7
kollektiv[1]	1860	33	14.3
privat	3535	63	27.2

1 exkl. 10 % Verkehrsfläche

Großhaushalt Karthago

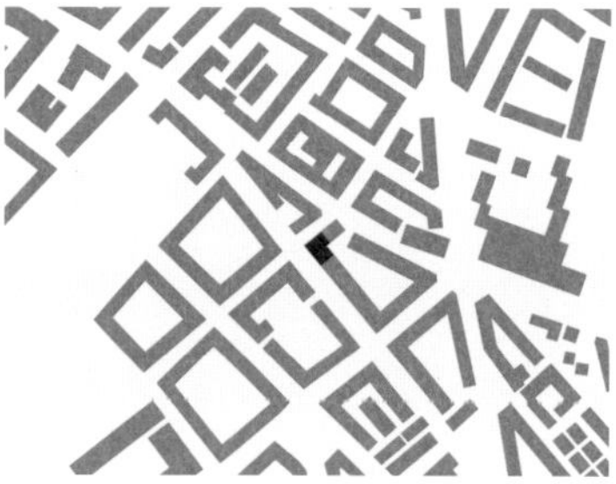

Die Initianten und ersten Bewohnerinnen des 1997 bezogenen Großhaushalts Karthago stammten teilweise aus der Besetzerszene, die sich in Zürich besonders ab 1980 formierte und vermehrt Freiraum sowie bezahlbaren Wohnraum forderte. Aus dieser Jugendbewegung heraus entwickelte sich im Großhaushalt Karthago eine Wohnform, die den individuellen Raum stark reduzierte und dafür ein gemeinschaftliches Wohnen mit mehr Austausch und Sozialbeziehungen suchte.[1] Als Bauträgerin dient die 1991 gegründete Genossenschaft Karthago. Organisationsstruktur sowie Wohnobjekt entstanden bottom-up, initiiert von der zukünftigen Bewohnerschaft. Dem schließlich realisierten Großhaushalt in einem ungenutzten Bürogebäude, von Anette Spiro und Stefan Gantenbein umgebaut, ging ein langer sozialer wie auch politischer Prozess voraus. Die Finanzierung erfolgte vollständig privat, einzig eine Bürgschaft des Bundes auf die zweite Hypothek wurde beigezogen.[2]

Im Großhaushalt Karthago werden vier kleine und fünf große Wohngruppen sowie eine Mansardenwohnung angeboten, in denen gegenwärtig gut 46 Erwachsene sowie 8 Kinder und Jugendliche wohnen. Das durchschnittliche Alter liegt zwischen 35 und 45 Jahren. Die Wohngruppen sind unterteilt in Drei, Vier- oder Sechszimmereinheiten, die sich um einen gemeinschaftlichen Wohn- und Essraum mit Kleinküche und gemeinschaftlicher Nasszellen formieren. Einzig das individuelle Zimmer wird nicht geteilt. Außerhalb dieser Wohngruppe befinden sich weitere ergänzende Ausstattungen und gemeinschaftlicher Wohnraum. Sämtliche Wohngruppen teilen sich zusätzlich eine Großküche mit Essraum, einen Spiel- und Aufenthaltsraum, ein Gästezimmer, einen Werkraum, ein Gemeinschaftsbüro sowie zwei Musikzimmer. Die Großküche wird mithilfe von Angestellten betrieben und bietet abends während der Werktage gemeinsames Essen an. Es besteht jedoch auch die Möglichkeit, das Essen in die eigene Wohngruppe und in den dortigen gemeinsamen Essraum mitzunehmen. Die heutige Bewohnerschaft ist durchmischt und umfasst Personen in unterschiedlichen Lebensphasen und Altersstufen. Zusätzlich zur Kerngruppe von etwa 8 bis 10 Personen, die während der Pionierphase intensiv mitgewirkt hat, wohnen beispielsweise alleinerziehende Mütter und Väter, Studierende, aber auch Personen aus dem Ausland im Karthago. Die Fluktuation scheint im üblichen Rahmen zu sein. Dabei wird die Möglichkeit eines internen Wechsels von einer kleinen zu einer großen Wohngruppe oder umgekehrt häufig genutzt, sodass der Raumbedarf entsprechend der Lebensphase angepasst werden kann.[3]

Straßenfassade des Großhaushaltes mit der Gemeinschaftsküche im Sockelgeschoss
© Helbling & Kupferschmid, Arazebra, Zürich

Hofseitige Ansicht mit dem Veranstaltungssaal
© Helbling & Kupferschmid, Arazebra, Zürich

Großhaushalt mit Kleinküche und gemeinschaftlichem Aufenthaltsbereich
© Heinrich Helfenstein; gta Archiv / ETH Zürich, Archiv Heinrich Helfenstein

Zugang zum privaten Raum, mit möglichem Einblick
© Heinrich Helfenstein; gta Archiv / ETH Zürich, Archiv Heinrich Helfenstein

1 Als ideologischer Hintergrund galt die Utopie bolo'bolo vom P.M. In seiner Schrift wurde ein autonomes Leben in einer Wohn- und Arbeitsgemeinschaft beschrieben, im Sinne eines Großhaushaltes, der durch Selbstversorgung und Tauschhandel zu einem dichten Netz sozialer Beziehungen führen sollte. Obschon P.M. in Stellungnahmen sagte, dass zwischen den Ideen seiner Utopie und der Realität unterschieden werden müsse, beeinflusste seine Schrift diverse Wohnobjekte und prägte in Zürich die Diskussionen rund um das gemeinschaftliche Wohnen. Vgl. dazu Stahel (2006): Wo-Wo-Wonige!, S. 63, S. 66 f.

2 Stahel (2006): Wo-Wo-Wonige!, S. 68.

3 Gemäß Unterlagen der Genossenschaft Karthago.

Raumstruktur

Spiel- und
Aufenthaltsraum
Veranstaltungssaal

Großküche

Essraum

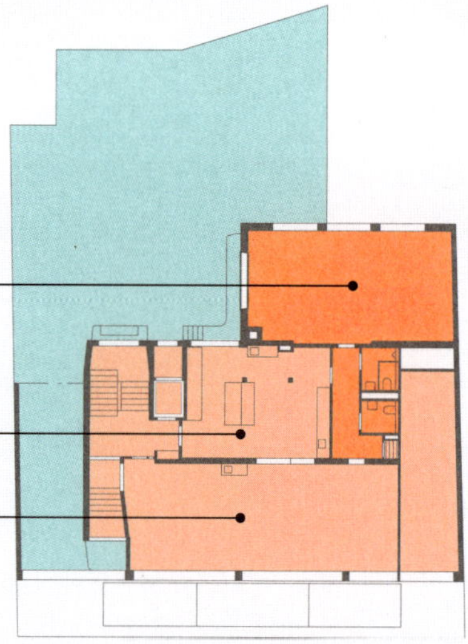

Umgebungsplan mit Erdgeschoss
1:500

Nasszellen

Gemeinschaftskleinküche
Wohn- und Aufenthaltsräume

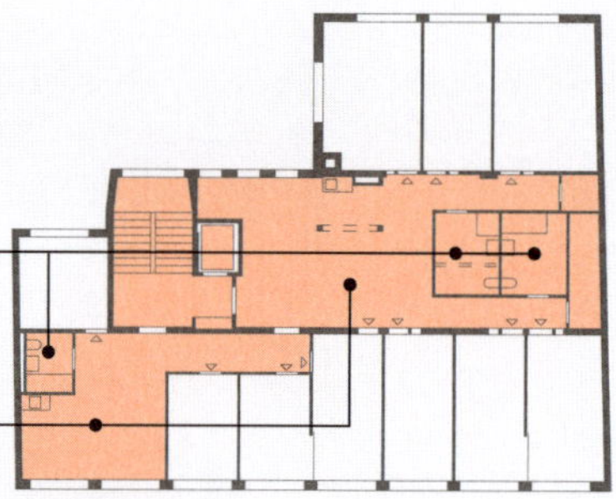

Regelgeschoss

Weitere, nicht verortete
kollektive Räume
Gästezimmer
Musikzimmer
Werkraum
Gemeinschaftsbüro

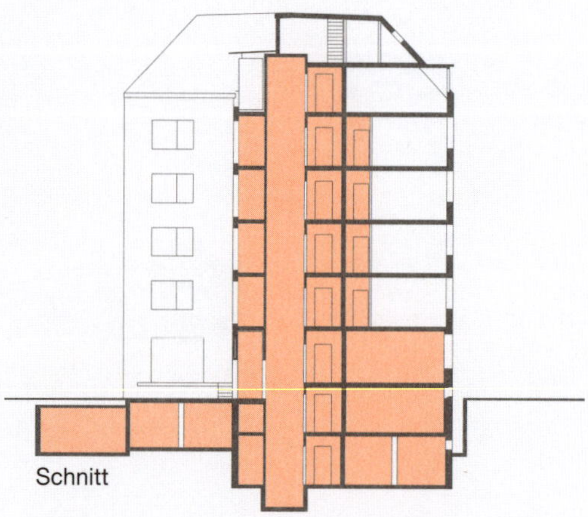

Schnitt

Außenraum: ● öffentlich ● kollektiv
Innenraum: ● öffentlich ● kollektiv

Organisationsform	gemeinnützige Trägerschaft mit Kostenmiete, Aneignung durch Teilbesitz, Initiierungsform bottom-up
Bewohnerstruktur	ca. 54 Personen, heterogenes Bewohnerfeld, gemischtes Bildungsniveau
Betriebsstruktur	selbstverwaltet durch Genossenschaft, Bewohnerschaft formiert sich in Haussitzungen respektive in Vollversammlungen, mit Angestellten für den Küchenservice, Solidaritätsfond unterstützt finanziell schwächere Personen, Mitwirkungsgrad sehr hoch
Wohnungsspiegel	10 Wohneinheiten, 2 × kleine 4-Zi-Einheiten von 94 m², 2 × kleine 3-Zi-Einheiten von 79 m², 2 × große 6-Zi-Einheiten von 198 m², 2 × große 6-Zi-Einheiten von 215 m², 1 × große 6-Zi-Einheit von 242 m², 1 × 2-Zi-Einheit von 39 m², Mansardenwohnung
Flächen	Grundstücksfläche 680 m², 6 Geschosse

	Fläche m²	in %	m² / Pers.
	Außenraum		
gesamt	505	100	9.3
öffentlich	75	15	1.4
kollektiv	430	85	7.9
privat	0	0	0
	Nutzfläche		
gesamt	2 445	100	45.2
öffentlich	80	3	1.5
kollektiv[1]	1 360	55	25.1
privat	1 005	42	18.6

1 exkl. 10 % Verkehrsfläche

Mehrgenerationenhaus Heizenholz

Das genossenschaftliche Bauen ist besonders in Zürich weit verbreitet und erfährt seit rund zwanzig Jahren einen großen Aufschwung. Die Bau- und Wohngenossenschaft Kraftwerk1 beispielsweise konnte seit den 1990er-Jahren mehrere modellhafte Wohnobjekte in Zürich und Umgebung mit gemeinschaftlichen Wohnräumen realisieren. Eines dieser Wohnobjekt ist das 2011 fertig gestellte Heizenholz, ein Sanierungsprojekt, bei dem aus zwei bestehenden Gebäuden ein Mehrgenerationenhaus entstand. Hier wurde unter anderem auch die Typologie der Clusterwohnungen weiterentwickelt.[1] Das fünf- bis siebengeschossige Wohnobjekt, gebaut vom Architekten Adrian Streich, stellt insgesamt 26 Wohneinheiten bereit, die allesamt barrierefrei sind oder entsprechend nachgerüstet werden können. Der Wohnungsmix besteht aus zwei Clusterwohnungen mit je 330 m² sowie konventionellen Ein- bis Sechszimmerwohnungen und zwei Zehnzimmerwohnungen für Großhaushalte mit je 253 m². Dieses vielfältige Angebot an Wohneinheiten wird mit zusätzlichen gemeinschaftlichen Räumen ergänzt, wie einem Gemeinschaftsraum für die gesamte Bewohnerschaft des Wohnobjektes, Ateliers und Büroräumen, einem Musikraum, einer Werkstatt sowie einer Gästewohnung. Als Herzstück des Wohnobjekts Heizenholz zählt die terrasse commune, die sämtliche Wohneinheiten und die gemeinschaftlichen Räume als kollektive Erschließungsfläche zusammenhält und nicht nur Zugang zum Wohnraum ist, sondern wie es der Name andeutet, als Ort zum Verweilen und Kommunizieren dient.

Schon beim Planungsprozess konnten einige der heutigen Bewohnerinnen und Bewohner ihre Wohnwünsche und -konzepte einbringen und sich durch diese Auseinandersetzung kennenlernen. Dieser partizipative Prozess wurde von der Genossenschaft Kraftwerk1 beziehungsweise von der zuständigen Planungskommission geführt und gesteuert. Die Mitsprache der Bewohnerschaft wurde bewusst auf soziale Aspekte wie den Wohnungsmix, die Durchmischung der Personen oder die Nutzung der gemeinschaftlichen Räume konzentriert, bauliche Belange wurden in Fachkreisen geplant.[2] Heute organisieren sich die Bewohnerinnen und Bewohner in unterschiedlichen Arbeitsgruppen wie einer Koch- oder Gartengruppe und bewirtschaften die gemeinschaftlichen Räume selbstständig. Oft sind auch Personen aus dem Quartier in die Arbeitsgruppen integriert.

Ansicht von der Regendorferstrasse her gesehen
© Michael Egloff

Die beiden bestehenden Gebäude sind verbunden mit der terrasse commune
© Michael Egloff

Die terrasse commune dient als Erschließung sowie kollektiver Außenraum und Begegnungszone
© Michael Egloff

Ess- und Aufenthaltsbereich in einer Clusterwohnung
© Michael Egloff

Büroräume

Gemeinschaftsraum mit Küche

Atelier

Werkstatt

1 Becker, Kienbaum, Ring, Schmal (Hrsg.) (2015): Bauen und Wohnen in Gemeinschaft, Ideen, Prozesse, Architektur, S. 56.
2 Ebd., S. 58.

Raumstruktur

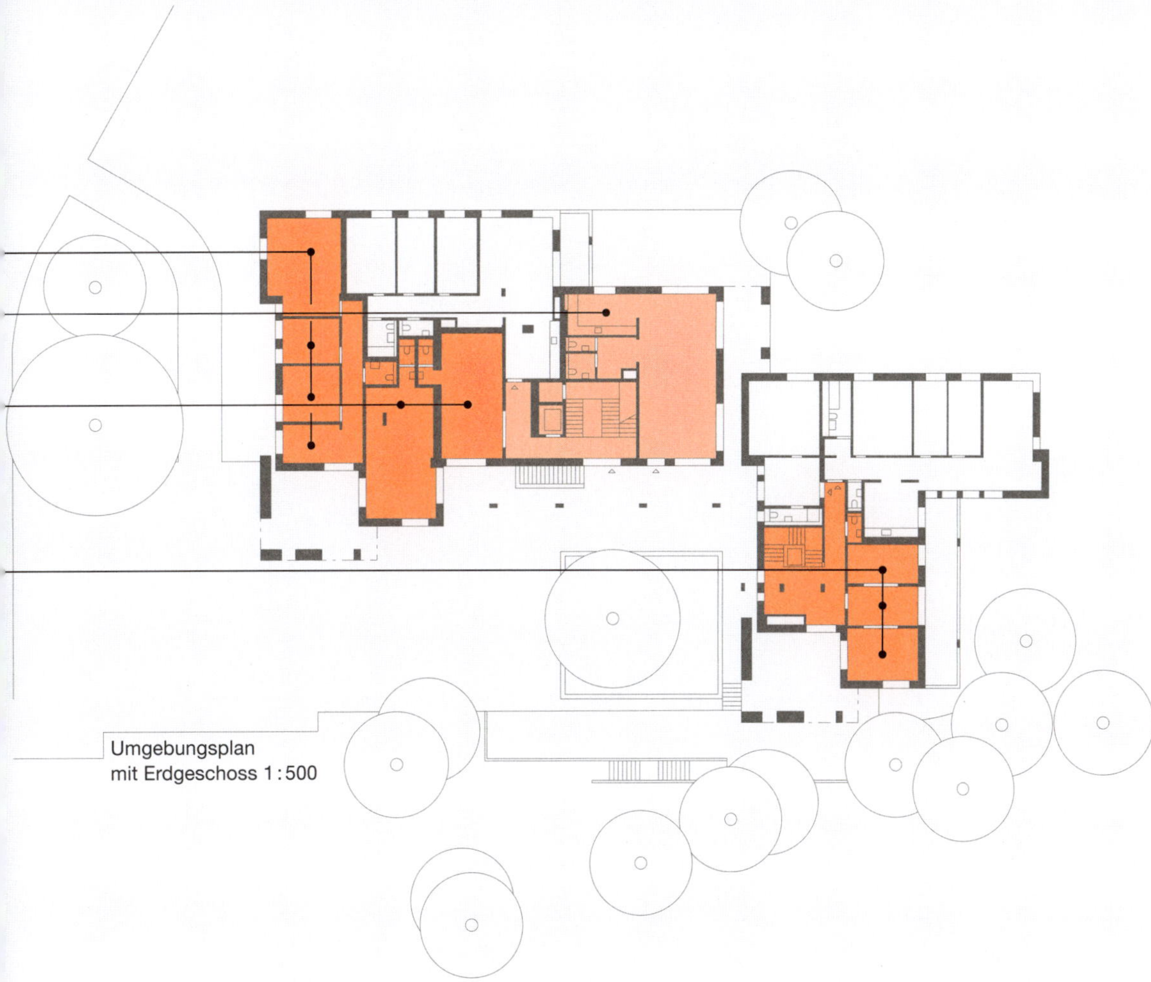

Umgebungsplan
mit Erdgeschoss 1:500

Außenraum: öffentlich kollektiv
Innenraum: öffentlich kollektiv

Raumstruktur

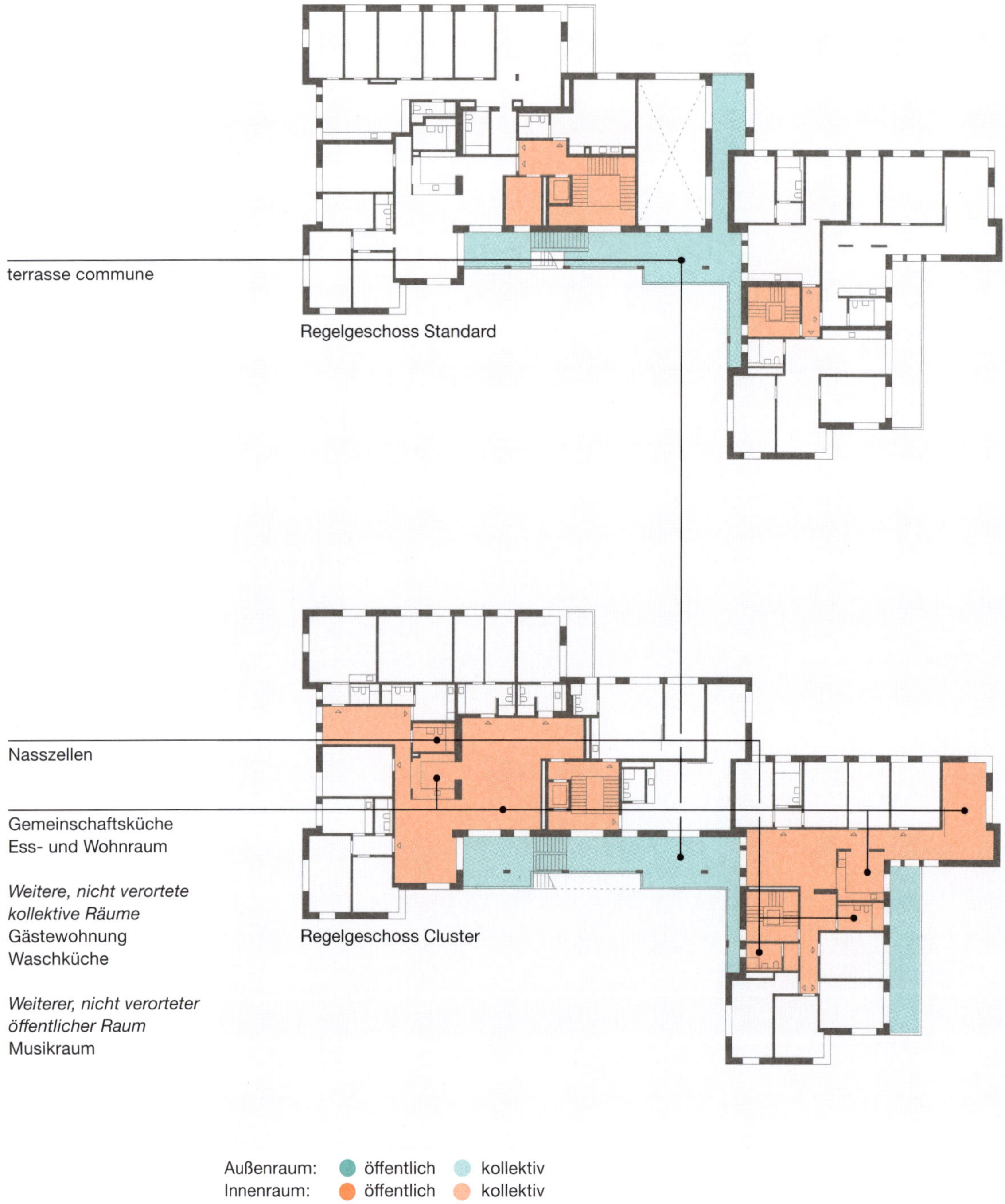

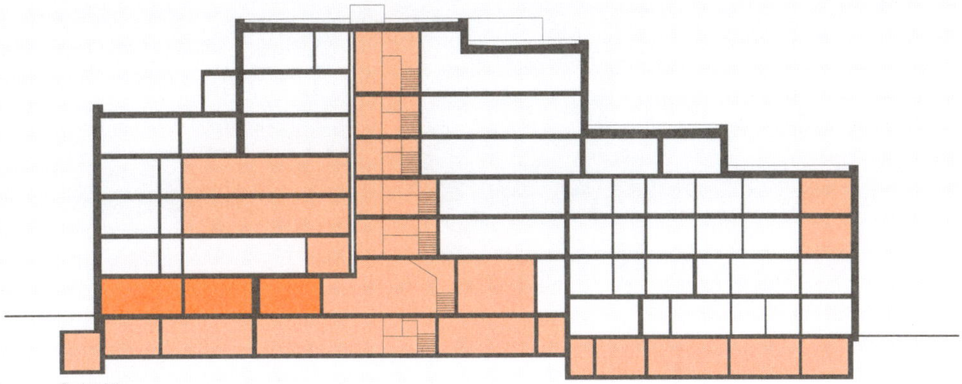

Schnitt

Organisationsform	gemeinnützige Trägerschaft mit Kostenmiete, Vergabe Grundstück im Baurecht, Aneignung durch Teilbesitz, Initiierungsform bottom-up
Bewohnerstruktur	ca. 85 Personen, durchmischt in Alter, Haushaltstyp, Einkommen sowie Staatsangehörigkeit, eher hoher Bildungshintergrund
Betriebsstruktur	verwaltet durch Genossenschaft, selbstorganisiert durch Bewohnerschaft, Bewohnerschaft formiert sich in Hausversammlungen, viermal jährlich, Cluster dient als Mieteinheit, in der sämtliche gemeinschaftliche Räume inbegriffen sind, mit Belegungsvorschriften, Mitwirkungsgrad sehr hoch
Wohnungsspiegel	26 Wohneinheiten, 2 Clusterwohnungen mit 330 m², 2 Großhaushalte mit 253 m², 1-Zi- bis 6-Zi-Wohnungen

Flächen

Grundstücksfläche 4.060 m², 5 bis 8 Geschosse

	Fläche m²	in %	m² / Pers.
	Außenraum		
gesamt	–	–	–
öffentlich	–	–	–
kollektiv	640	–	7.5
privat	330	–	3.9
	Nutzfläche		
gesamt	3630	100	42.7
öffentlich	210	6	2.5
kollektiv[1]	935	26	11.0
privat	2485	68	29.2

1 exkl. 10 % Verkehrsfläche

VinziRast-mittendrin

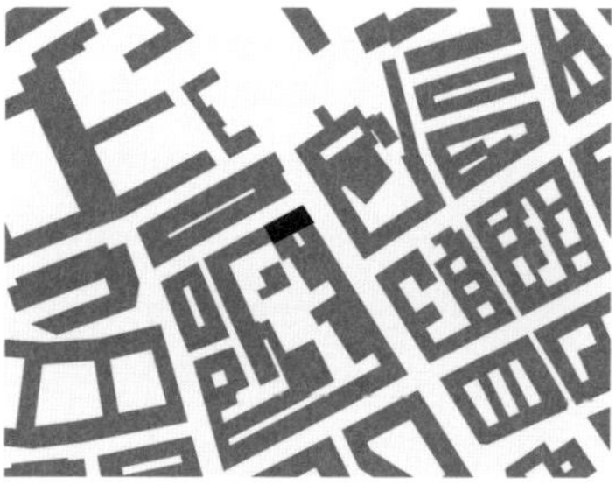

Die Geschichte des Wohnobjekts VinziRast-mittendrin in Wien beginnt mit den Studentenprotesten im Jahr 2009, in denen gegen eine geplante Beschränkung des Hochschulzugangs demonstriert und im Zuge dieser Proteste auch ein Hörsaal der TU Wien besetzt wurde.[1] Dabei mischten sich Obdachlose unter die Studentinnen und Studenten und gestalteten die Besetzung aktiv mit. Nach der Protestbewegung entstand bei einigen Studierenden der Wunsch, den Austausch und das Miteinander mit wohnungslosen Menschen weiterzuführen. Die Vinzenzgemeinschaft St. Stephan, die sich seit 2003 als Verein für obdachlose Menschen einsetzt, fand gemeinsam mit dem Architekturbüro gaupenraub+/- ein leer stehendes Objekt an zentraler Lage, das zu einem gemeinschaftlichen Wohnobjekt entwickelt und umgebaut wurde, in dem heute Studierende gemeinsam mit ehemalig wohnungslosen Menschen in Wohngemeinschaften zusammenleben.[2] Darüber hinaus ist VinziRast-mittendrin ein Begegnungsort für das ganze Quartier geworden.

Die 30 privaten und möblierten Zimmer, in denen insgesamt 27 Personen von 20 bis 67 Jahren wohnen, sind in zehn Wohngemeinschaften organisiert, die nur mit einer Kleinküche ausgestattet sind.[3] Ergänzt werden diese mit einer Gemeinschaftsküche sowie einem Ess- und Wohnbereich pro Geschoss sowie einem Außenraum, der als Erweiterung des Laubengangs ausgestaltet ist.[4] Das nach der Aufstockung nun viergeschossige Gebäude erhält mit der Dachterrasse sowie einem angegliederten Dachatelier einen weiteren gemeinschaftlichen Außenraum, der auch von externen Personen gemietet und genutzt werden kann. Des Weiteren werden Studier- und Beratungsräume, eine Waschküche sowie diverse Werkstätten angeboten. Im Erdgeschoss befinden sich ein Restaurant mit Bar und Gastgarten sowie ein Veranstaltungssaal, die von der Bewohnerschaft betrieben werden und in denen kein Konsumzwang besteht.[5] Diese gemeinschaftlichen Räume sollen das soziale Engagement und die Eigeninitiative, aber auch den Respekt zwischen den unterschiedlichen Nutzergruppen und den Besucherinnen und Besuchern fördern und den besonderen Anforderungen und Lebensrealitäten der Bewohnerschaft gerecht werden.[6] Entstehung und Betrieb des Wohnobjekts VinziRast sind dank viel ehrenamtlicher Arbeit, Sachspenden, diversen Engagement von Stiftungen sowie der Wohnbauförderung der Stadt Wien möglich.[7]

---

1 LaFond, Tsvetkova (Hrsg.) (2017): CoHousing Inclusive, Selbstorganisiertes, gemeinschaftliches Wohnen für alle, S. 106.

2 https://www.vinzirast.at/projekte/vinzirast-mittendrin, aufgerufen am 30.03.19.

3 Förster, Menking (Hrsg.) (2018): Das Wiener Modell 2, Wohnbau für die Stadt des 21. Jahrhunderts, S. 153.

4 gaupenraub+/- (undatiert): Projekt: VinziRast-mittendrin, S. 2.

5 gaupenraub+/- (undatiert): Projekt: VinziRast-mittendrin, S. 1 f. sowie Förster, Menking (Hrsg.) (2018): Das Wiener Modell 2, Wohnbau für die Stadt des 21. Jahrhunderts, S. 153.

6 Förster, Menking (Hrsg.) (2018): Das Wiener Modell 2, Wohnbau für die Stadt des 21. Jahrhunderts, S. 152.

7 https://www.vinzirast.at/projekte/vinzirast-mittendrin, aufgerufen am 30.03.19.

Straßenansicht von der Währingerstraße her
© Sebastian Schubert

Gastgarten im Innenhof
© Sebastian Schubert

Privates Zimmer mit Schreibnische
© Sebastian Schubert

Öffentliches Restaurant mit Bar
© Sebastian Schubert

Privates Zimmer mit minimaler Einrichtung
© Sebastian Schubert

Raumstruktur

Restaurant mit Bar
und Gastgarten

Werkstätte

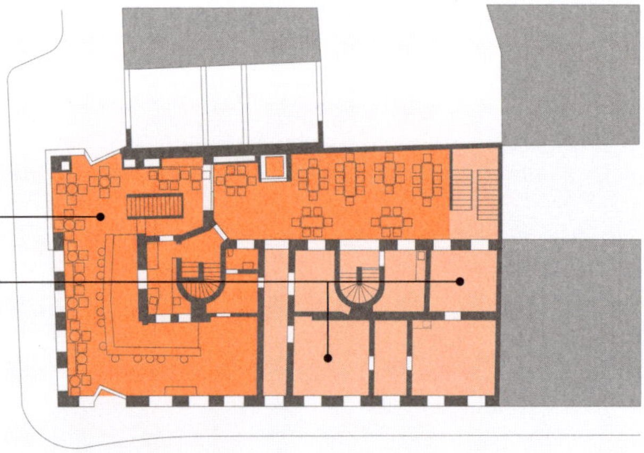

Umgebungsplan
mit Erdgeschoss 1:500

Laubengang

Ess- und Wohnbereich

Gemeinschaftsküche

Kleinküche

Nasszellen

Beratungsräume

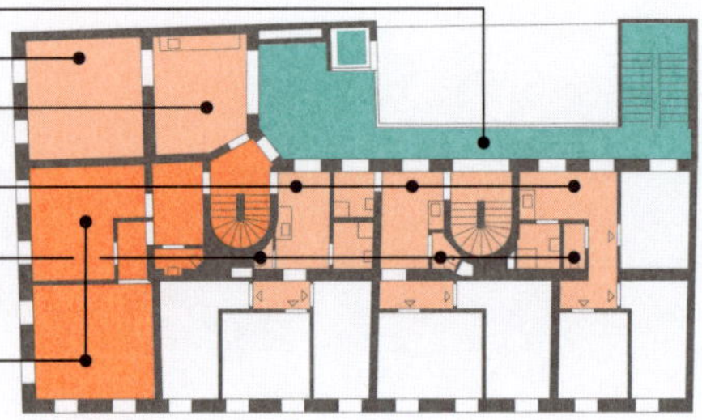

1. Obergeschoss

Weiterer, nicht verorteter kollektiver Raum
Studierzimmer

Weitere, nicht verortete öffentliche Räume
Veranstaltungsraum
Dachatelier
Dachterrasse

Schnitt

Außenraum: öffentlich kollektiv
Innenraum: öffentlich kollektiv

Organisationsform	gemeinnützige Trägerschaft, Aneignung durch Mieten, Initiierungsform bottom-up
Bewohnerstruktur	ca. 27 Personen, für Studierende und ehemalig Obdachlose, sehr gemischtes Bildungsniveau
Betriebsstruktur	selbstverwaltet durch die VinziRast Privatstiftung, Bewohnerschaft führt das Restaurant mit den angliedernden Räumen, professionelle Unterstützung und Beratung, Mitwirkungsgrad sehr hoch
Wohnungsspiegel	30 Wohneinheiten, organisiert in 10 Wohngemeinschaften
Flächen	Grundstücksfläche 450 m², 6 Geschosse

	Fläche m²	in %	m² / Pers.
	Außenraum		
gesamt	205	100	7.6
öffentlich	105	51	3.9
kollektiv	100	49	3.7
privat	0	0	0
	Nutzfläche		
gesamt	1 515	100	56.1
öffentlich	600	40	22.2
kollektiv[1]	540	35	20.0
privat	375	25	13.9

1 exkl. 10 % Verkehrsfläche

Siedlung Spreefeld

Während das Konzept der Clusterwohnungen im Wohnobjekt Heizenholz von der Genossenschaft selbst als komfortable Wohngemeinschaft deklariert wird, sprechen die Initiatoren des Wohnobjekts Spreefeld von einem spartanischen Ausstattungsstandard.[1] Dieses Konzept wurde im Jahr 2014 von einer Architekturkooperation mit Silvia Carpaneto, fatkoehl architekten sowie BARarchitekten in Berlin realisiert. Das ebenfalls genossenschaftlich organisierte Spreefeld bietet 64 Wohneinheiten, aufgeteilt auf drei siebengeschossige Gebäude. Dabei sind rund die Hälfte der Wohnungen konventionelle Ein- bis Fünfzimmerwohnungen. Die restlichen Flächen bilden variantenreiche Räume, die gemeinschaftlich genutzt werden. Im Erdgeschoss beispielsweise sind neben Gewerbeflächen mit Co-Working Spaces und einer Kita Optionsräume angeordnet, die ohne Funktion geplant und nutzungsneutral ausformuliert wurden.[2] Die Optionsräume bieten der Bewohnerschaft sowie sämtlichen weiteren Interessentinnen und Interessenten im umliegenden Quartier die Möglichkeit, diese temporär zu bespielen.[3] Über die Vergabe

1 Becker, Kienbaum, Ring, Schmal (Hrsg.) (2015): Bauen und Wohnen in Gemeinschaft, Ideen, Prozesse, Architektur, S. 170.
2 LaFond, Tsvetkova (Hrsg.) (2017): CoHousing Inclusive, Selbstorganisiertes, gemeinschaftliches Wohnen für alle, S. 38.
3 Becker, Kienbaum, Ring, Schmal (Hrsg.) (2015): Bauen und Wohnen in Gemeinschaft, Ideen, Prozesse, Architektur, S. 170.

dieser Optionsräume bestimmt die Mitgliederversammlung der Bau- und Wohngenossenschaft Spreefeld, die in einem Wettbewerbsverfahren eine Auswahl trifft.[4] Somit bleiben neben dem Außenraum, der zum Spreeufer hin ausgerichtet ist, auch die drei Sockelgeschosse allen Bürgerinnen und Bürgern öffentlich zugänglich.[5] Als weitere gemeinschaftliche Räume bietet das Wohnobjekt pro Gebäude je ein Gästeappartement, eine Dachterrasse sowie eine Waschküche an. Außerdem gibt es einen Jugend-, Musik- sowie einen Fitnessraum.

Neben den Optionsräumen fallen vor allem die Clusterwohnungen auf, die im Vergleich zum Wohnobjekt Heizenholz mit weniger Fläche für die Gemeinschaft realisiert wurden. Dies aufgrund der Anzahl Cluster, die jeweils an die gemeinschaftlichen Räume angegliedert sind. Während beim Heizenholz sechs Cluster um die gemeinschaftlichen Flächen angeordnet werden, sind es beim Wohnobjekt Spreefeld deren neun. Die drei Clusterwohnungen im Spreefeld verlaufen jeweils über zwei Geschosse und weisen, die gemeinschaftlichen Räume eingerechnet, eine Fläche von 580 m^2, 620 m^2 oder 705 m^2 auf. Dieser Flächenverbrauch deutet darauf hin, dass die individuellen Flächen umfangreicher sind und neben Ein- und Zweizimmereinheiten auch Cluster mit drei oder vier Zimmern angeboten werden. Während sämtliche Wohncluster mit einer privaten Nasszelle ausgerüstet sind, verfügen jedoch nicht alle über eine Kleinküche. Als Kompensation dazu dienen die Gemeinschaftsküchen.

Siedlung mit öffentlichem Zugang zur Spree
© Andreas Trogsich

Einer der Optionsräume im Erdgeschoss
© Andrea Kroth

Die drei Gebäude mit Innenhof und gemeinschaftlichen Terrassen
© Andrea Kroth

Privater Wohnbereich
© Andreas Trogsich

4 Gemäß Angaben der Architektin Silvia Carpaneto werden die drei Optionsräume aktuell für eine Werkstatt mit Künstleratelier, als offener Raum für Anlässe wie Kindertanzen, Yoga oder Ausstellungen sowie als Versammlungsraum für Vereine, Workshops, aber auch für Kindergeburtstage benutzt.

5 Ring (Hrsg.) (2013): Selfmade City. Berlin: Stadtgestaltung und Wohnprojekte in Eigeninitiative, S. 157.

Raumstruktur

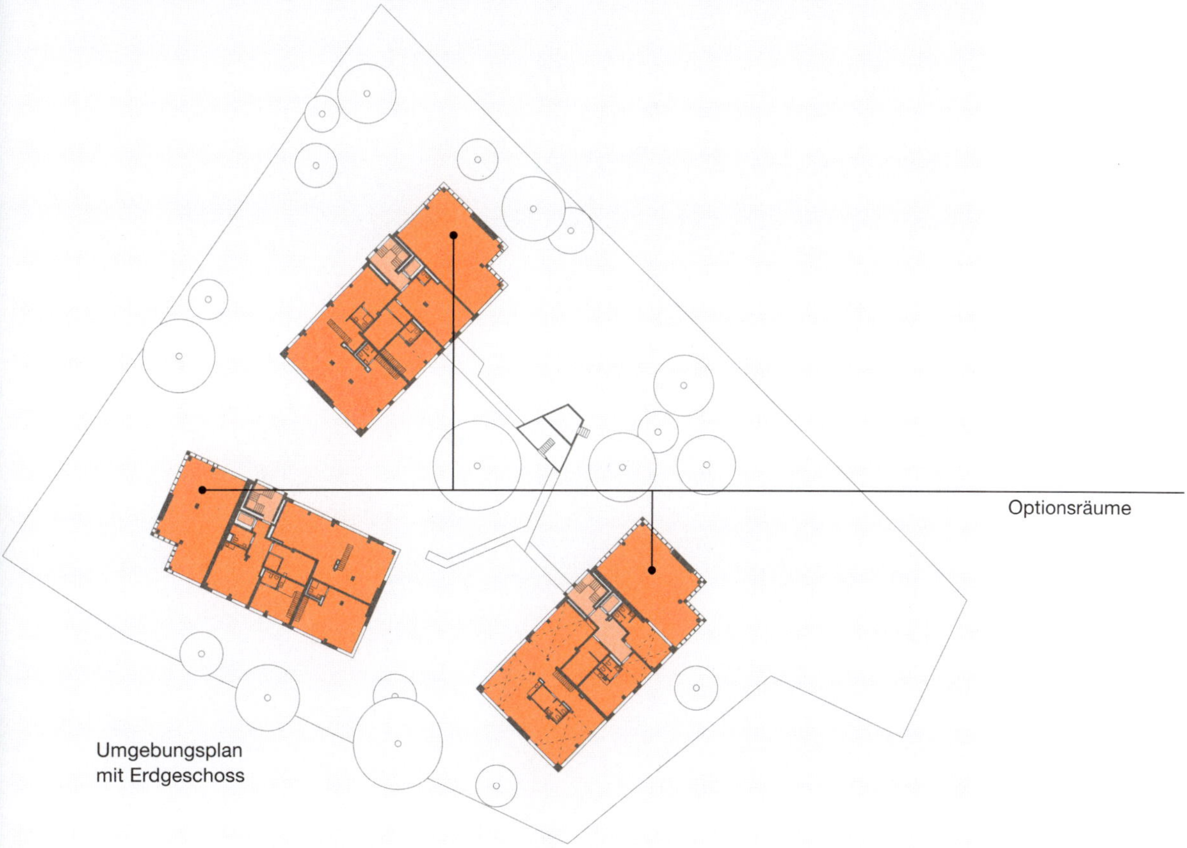

Umgebungsplan
mit Erdgeschoss

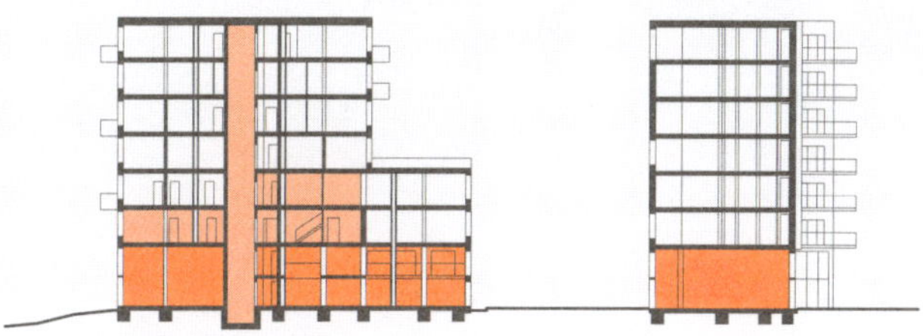

Schnitt 1:1.000

Außenraum: ● öffentlich ● kollektiv
Innenraum: ● öffentlich ● kollektiv

Raumstruktur

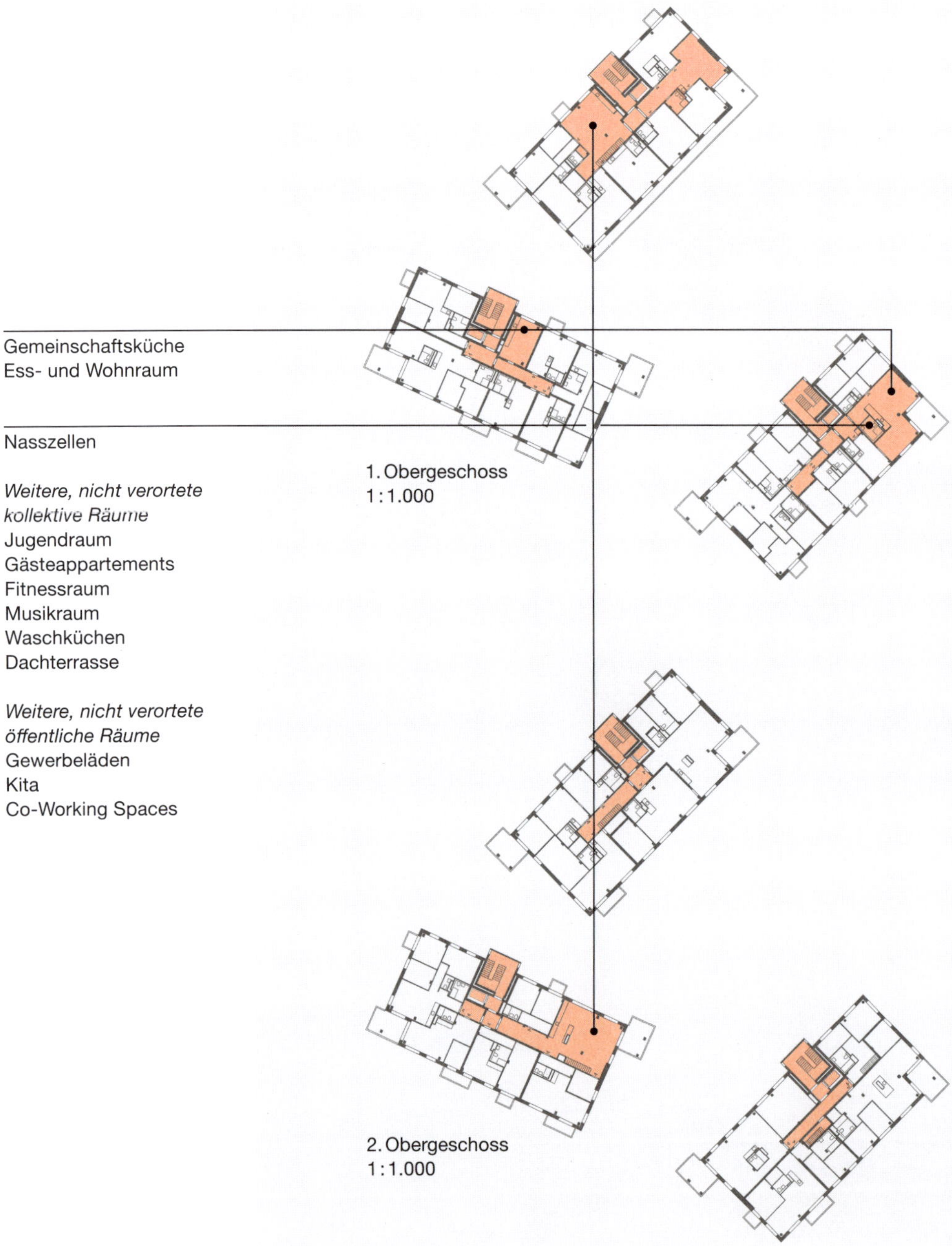

Außenraum: öffentlich kollektiv
Innenraum: öffentlich kollektiv

Wohn- und Gewerbehaus Kalkbreite

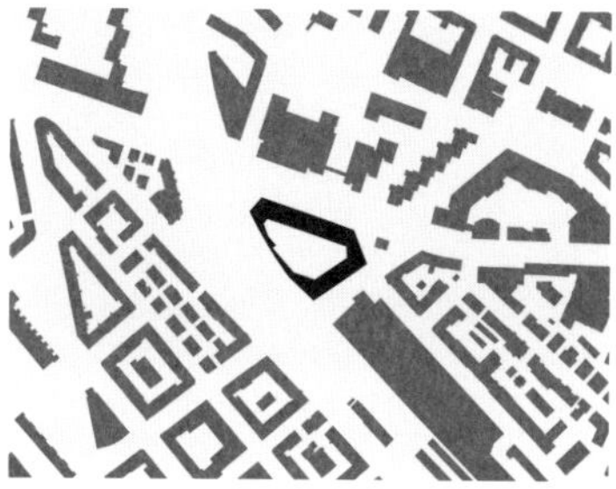

Organisationsform	gemeinnützige Trägerschaft, Aneignung durch Teilbesitz, mit Eigentumsoption, Initiierungsform bottom-up
Bewohnerstruktur	ca. 140 Personen, starke Durchmischung in Alter, Haushaltstyp, Einkommen und Herkunft, hohes Bildungsniveau
Betriebsstruktur	verwaltet durch Genossenschaft, jedoch umfassende Beteiligung der Bewohnerschaft, gemeinschaftliche Räume selbstverwaltet durch die Bewohnerschaft, Mitwirkungsgrad sehr hoch
Wohnungsspiegel	64 Wohneinheiten, 3 Clusterwohnungen vom 580 m^2, 620 m^2 und 705 m^2, 1-Zi bis 5-Zi-Wohnungen
Flächen	Grundstücksfläche 7.415 m^2, 7 Geschosse

	Fläche m^2	in %	m^2 / Pers.
	Außenraum		
gesamt	6980	100	49.9
öffentlich	5835	84	41.7
kollektiv	435	6	3.1
privat	710	10	5.1
	Nutzfläche		
gesamt	7495	100	53.5
öffentlich	1145	15	8.2
kollektiv[1]	1085	14	7.7
privat	5265	71	37.6

1 exkl. 10 % Verkehrsfläche

Ein Zusammenspiel unterschiedlicher Nutzungen mit einem breiten Angebot an gemeinschaftlichen Räumen, Folgeeinrichtungen, ergänzenden Ausstattungen sowie unterschiedlichen Wohnformen liegen dem Konzept des Wohn- und Gewerbehauses Kalkbreite in Zürich zugrunde. Ein hoher Anspruch an die Flexibilität kennzeichnet die im Jahr 2014 von Müller Sigrist Architekten fertiggestellte Kalkbreite. Diese Vision fand ihren Anfang um die Jahrtausendwende im Diskurs mit der Quartierbevölkerung, um ein reines Dienstleistungsgebäude an dieser sehr zentralen Lage zu verhindern.[1] Ein dynamischer Partizipationsprozess mit einer breiten und professionellen Unterstützung nahm seinen Anfang und führte zur Gründung eines Vereins und später zur Genossenschaft Kalkbreite, die schließlich das Grundstück von der Stadt Zürich im Baurecht erwerben konnte. Der partizipative Prozess begleitete die gesamte Planungsphase bis hin zur gegenwärtigen Nutzung.[2]

Das Wohn- und Gewerbehaus Kalkbreite bietet 91 Wohneinheiten, die für eine dichte und gemischte Nutzung sorgen. Das Raumprogramm ist auf Heterogenität ausgelegt und umfasst von standardisierten Familienwohnungen bis zu Wohnformen mit geteilter Grundausstattung eine Reihe von Grundrisslayouts, die alle durch eine rue intérieur verbunden werden.[3] Es gibt kleine, mittlere und große Wohneinheiten von Ein- bis Achtzimmerwohnungen, die grundsätzlich eigenständig funktionieren. Daneben werden Wohneinheiten mit drei bis neuneinhalb Zimmern zu einem Großhaushalt zusammengefügt, die darüber hinaus einem gemeinschaftlichen Essraum sowie einer Großküche angeschlossen sind, in der abends an Werktagen von Angestellten gekocht wird. Weiter gibt es drei Clustertypen, die in sich eine Wohneinheit darstellen. Die Clustertypen sind auf unterschiedliches Wohnverhalten ausgelegt. Der Typ Siedler teilt die gemeinschaftliche Küche mit Ess- und Wohnbereich exklusiv mit den anderen Clustertypbewohnern, während der Typ Nomade die gemeinschaftlichen Räume auch mit einem erweiterten Kreis von Personen teilen möchte. Der dritte Clustertyp Großhaushalt, wie oben bereits erwähnt, ist einer Großküche angegliedert. Deshalb ist dieser Clustertyp nur mit einem gemeinschaftlichen Wohnraum ohne Küche und Essraum ausgestattet. Darüber hinaus sind im Wohn- und Gewerbehaus Kalkbreite Wohnateliers sowie Wohnjoker als zumietbare Räume vorhanden. In sämtlichen Wohneinheiten werden mindestens eine Kleinküche sowie eine Nasszelle angeboten. Einzige Ausnahme bilden die Wohnjoker mit nur einer Nasszelle, da diese als Satelliten dienen und somit einer anderen Wohneinheit mit Küche angeschlossen werden können. Ergänzt werden all diese Wohneinheiten durch ein Gästehaus sowie eine Vielzahl an gemeinschaftlichen Wohn- und Folgeeinrichtungen im öffentlich zugänglichen Erdgeschoss, die auch Gewerbe, Büroräume, Läden, Restaurant und ein Kino miteinschließen.

Ein solch hohes Maß an Angeboten führt unweigerlich zu einer hohen nachbarschaftlichen Integration, die durch den öffentlichen Charakter der hofartigen Terrassen noch verstärkt wird. Bezeichnend sind auch die serviceorientierten Betriebsstrukturen in der Kalkbreite, die aufgrund der großen Anzahl der Bewohnerschaft sowie der Vielzahl an gemeinschaftlichen Räumen und diversen Wohneinheiten professionell geführt werden. Obwohl vieles durch ehrenamtliches Engagement initiiert und geleistet wird, stehen diverse Personen in einem Angestelltenverhältnis zur Genossenschaft Kalkbreite oder direkt zu einzelnen Wohneinheiten wie dem Großhaushalt zur Verfügung. Erwähnenswert hierzu sind die Desk-Jockeys, die in der Halle, der Drehscheibe der Kalkbreite nicht nur betriebliche Arbeiten, sondern auch Serviceleistungen wie beispielsweise Paketdienst für die Bewohnerschaft erledigen.

1 In einer 1978 eingereichten Initiative ging damals schon hervor, dass auf dem Areal Kalkbreite kommunaler und genossenschaftlicher Wohnungsbau zur Verfügung gestellt werden sollte. Vgl. Genossenschaft Kalkbreite (Hrsg.) (2015): Kalkbreite, ein neues Stück Stadt, S. 26.

2 Die gesamte Prozessgestaltung stand unter einem professionellen Monitoring. So wurde Expertenwissen während gewisser Phasen stärker gewertet als die Partizipation. Die Öffentlichkeit beziehungsweise die zukünftige Bewohnerschaft konnte an Themen partizipieren, bei denen sie auch wirklich eine Aussage machen konnte, sodass durch den Beteiligungsprozess ein Mehrwert entstand. Gemäß Aussage von Nina Schneider, Projektleiterin Nutzung, Betrieb und Partizipation der Genossenschaft Kalkbreite, waren dies während der Planung- und Realisierungsphase vor allem strukturelle Belange wie Reglemente oder die Bewirtschaftung der gemeinschaftlichen Räume. Dieser Prozess wird auch als generische Partizipation beschrieben. Somit ist die Partizipation nicht nur moderiert und professionalisiert, sondern wird selber zur eigenen gestalterischen Kraft. Zitiert nach Andreas Hofer in Genossenschaft Kalkbreite (Hrsg.) (2015): Kalkbreite, ein neues Stück Stadt, S. 8.

3 Becker, Kienbaum, Ring, Schmal (Hrsg.) (2015): Bauen und Wohnen in Gemeinschaft, Ideen, Prozesse, Architektur, S. 210 ff.

Wohn- und Gewerbegebäude mit starker Anbindung an das umliegende Quartier
© Volker Schopp

Treppenaufgang zum öffentlichen Hof
© Volker Schopp

Hof mit angrenzenden privaten Wohneinheiten aber auch einer öffentlichen Cafeteria sowie einer Kinderkrippe
© Volker Schopp

Nutzungsüberlagerung mit Bibliothek, Aufenthalt, Halle und Waschsalon
© Volker Schopp

Halle mit Desk als Anlaufstelle
© Volker Schopp

Raumstruktur

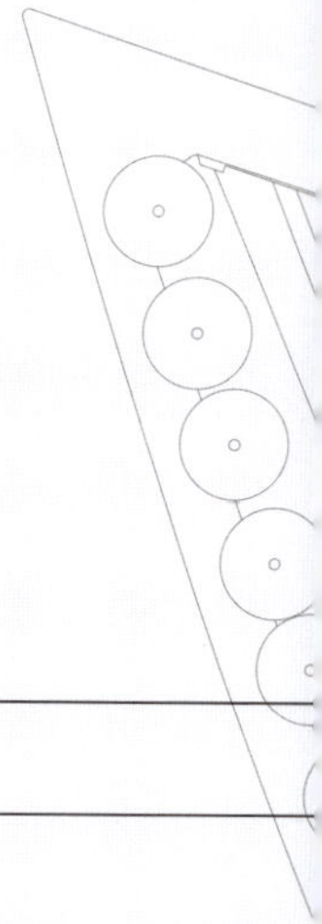

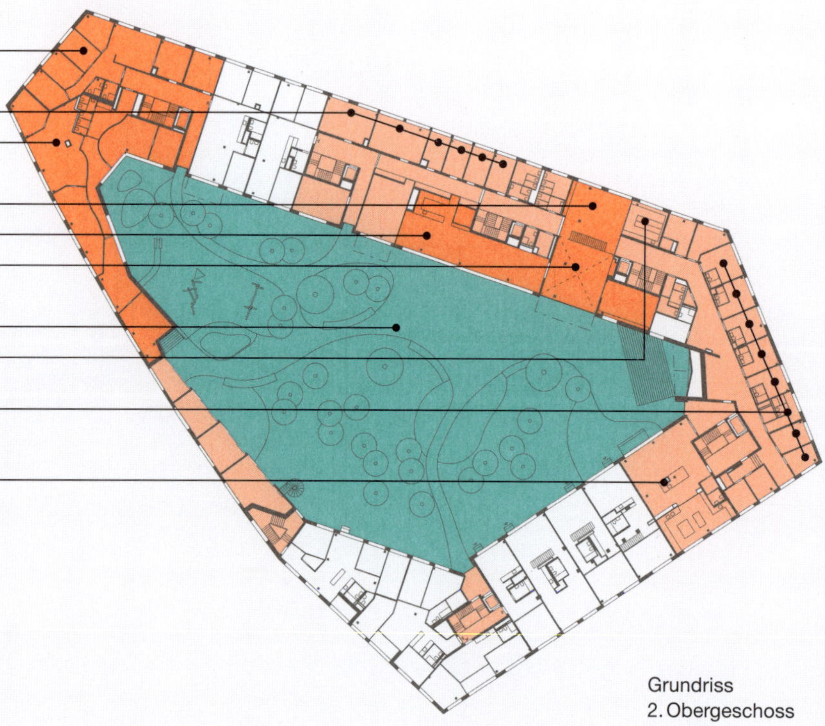

Grundriss
2. Obergeschoss
1:1.000

Außenraum: öffentlich kollektiv
Innenraum: öffentlich kollektiv

Umgebungsplan
mit Erdgeschoss 1 : 1.000

Raumstruktur

Wohnjoker

Gemeinschaftsbüro

Küche, Ess- und Wohnraum (für Clustertyp Siedler und Nomade)

rue intérieur

Box

Wohnraum (für Clustertyp Großhaushalt)

Weitere, nicht verortete kollektive Räume
Bronx (genutzt als Werkstatt)
Soundz (Musikstudio)
Schöpfe
Freeze (Kühlraum)
Dachgarten
Sitzungszimmer Flex

Weitere, nicht verortete öffentliche Räume
Ateliers

3. Obergeschoss
1:1.000

Dachgeschoss
1:1.000

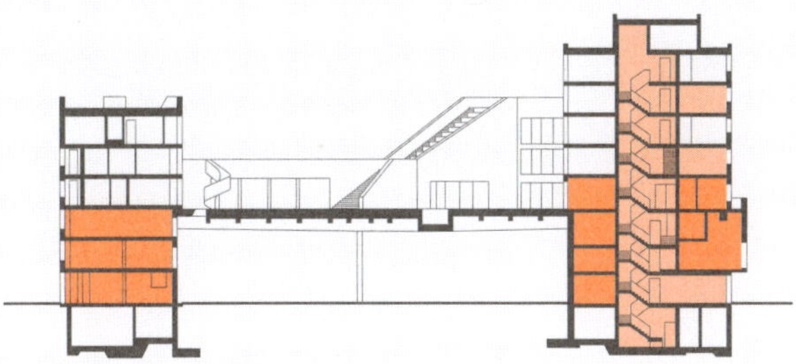

Schnitt 1:1.000

Außenraum: öffentlich kollektiv
Innenraum: öffentlich kollektiv

Siedlung Zwicky Süd

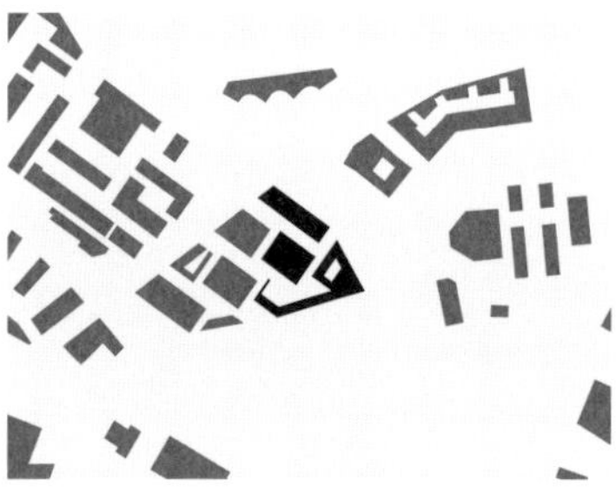

An einem nicht zentrumsnahen brachliegenden Areal einer alten Spinnerei in Dübendorf realisieren die Genossenschaft Kraftwerk1 und die Architekten Schneider Studer Primas im Jahr 2015 mit dem Zwicky Süd ein weiteres Wohnobjekt mit gemeinschaftlichen Wohnformen, das ganz auf eine Nutzungsdurchmischung ausgelegt ist. Dabei wurde schon bei der Planung darauf geachtet, dass die diversen Nutzungen auf die Baufelder und den jeweiligen Bauträger abgestimmt und verteilt werden. Die Genossenschaft spricht von einer Verbindung von Wohnen, Arbeiten, Kultur und Dienstleistungen, die helfen soll aus der Agglomeration ein Stück Stadt zu machen.[1] An diesem schwierigen Standort, inmitten eines Verkehrsknotenpunkts und dem dazugehörigen Siedlungsmix, dafür bestens angebunden an den öffentlichen Verkehr, entstehen seitens Genossenschaft Kraftwerk1 in drei Gebäuden 129 Wohneinheiten, die durch Laubengänge, Erschließungshöfe und Brücken miteinander verbunden sind.[2] Neben konventionellen Grundrisstypologien werden auch einige experimentelle Wohneinheiten angeboten. Der Wohnungsspiegel reicht von Einzimmerstudios bis zu Vierzehneinhalbzimmerwohnungen. Einzelne Wohnungen werden an Stiftungen vergeben, die betreutes Wohnen oder Wohnen für jugendliche Menschen anbieten.

Organisationsform	gemeinnützige Trägerschaft mit Kostenmiete, 11 Wohnungen sind subventioniert, Vergabe Grundstück im Baurecht, Aneignung durch Teilbesitz, Initiierungsform bottom-up
Bewohnerstruktur	ca. 260 Personen, Durchmischung in Alter, Haushaltstyp, Einkommen sowie Staatsangehörigkeit, eher hohes Bildungsniveau
Betriebsstruktur	verwaltet durch Genossenschaft, serviceorientiert, selbstorganisiert durch Bewohnerschaft mit diversen Gremien wie Gemeinrat, Solidaritätskommission und Vereine, gemeinschaftliche Räume sowie Löhne der Angestellten in Miete inbegriffen, Essen wird separat verrechnet, mit Belegungsvorschriften, Mitwirkungsgrad sehr hoch
Wohnungsspiegel	91 Wohneinheiten, 3 Clustertypen von jeweils 1-Zi- bis 1,5-Zi-Einheiten von 29 bis 56 m^2 mit 9 Einheiten beim Typ Siedler, 12 Einheiten beim Typ Nomaden und 9 Einheiten beim Typ Großhaushalt, 2 × 1-Zi- bis 1,5-Zi-Wohnungen mit 38 bis 45 m^2, 14 × 2,5-Zi-Wohnungen mit 50 bis 75 m^2, 13 × 4,5-Zi-Wohnung mit 95 bis 133 m^2, 8 × 5,5-Zi-Wohnung mit 123 bis 127 m^2, 6 × 6,5-Zi-Wohnung von 142 bis 152 m^2, 1 × 7,5-Zi-Wohnung mit 142 m^2, 1 × 9,5-Zi-Wohnung mit 215 m^2, 3 × 13-Zi- bis 17-Zi-Wohnung von 222 bis 412 m^2, 9 × Wohnjoker mit 27 bis 29 m^2, 4 × Wohnateliers mit 2,5-Zi-Einheiten von 64 bis 103 m^2
Flächen	Grundstücksfläche 6.725 m^2, 6 bis 8 Geschosse

	Fläche m^2	in %	m^2 / Pers.
	Außenraum		
gesamt	6485	100	25.0
öffentlich	5190	80	20.0
kollektiv	1295	20	5.0
privat	0	0	0
	Nutzfläche		
gesamt	14550	100	56.0
öffentlich	4600	32	17.7
kollektiv[1]	2165	15	8.3
privat	7785	53	30.0

1 exkl. 10 % Verkehrsfläche

Laut der Charta der Genossenschaft stehen Eigenverantwortung und Selbstorganisation im Vordergrund. So sind denn auch die innovativen Großwohngemeinschaften zu verstehen, die sich als eine mögliche Weiterentwicklung der Clusterwohnungen über je zwei Gebäude, verbunden mit einer Brücke, formieren.[3] Die als Brückenwohnen vorgestellten Wohneinheiten bestehen aus zwei Wohngemeinschaften, die eine mit sieben, die zweite mit zehn Individualzimmern, wobei alle weder mit einer privaten Nasszelle noch einer Kleinküche ausgestattet sind. Die beiden Wohngemeinschaften haben je separierte Wohnungseingänge, teilen sich jedoch die Brücke als gemeinschaftlichen Außenraum und als verbindendes Element und Interaktionsraum. Insbesondere die Grundrissgestaltung des Blockgebäudes mit einer Tiefe von gut 30 Metern führt dabei zu einer eigenwilligen Lösung, da die innenliegenden Räume nur mit wenig Tageslicht bedient werden. Diese als Wohnerweiterung gedachten Flächen können beispielsweise als Bibliothek, Arbeitszone oder Kino benutzt werden. Die Nutzungen funktionieren denn auch nur bei einer großen und vielfältigen Zahl an Bewohnerinnen und Bewohner und helfen, den tiefen Grundriss räumlich zu zonieren. Für die Bewohnerschaft ergeben sich unterschiedliche Räume mit verschiedenen Aneignungsformen.[4]

Straßenfassade von der Neugutstrasse her mit öffentlichen Nutzungen im Erdgeschoss
KEYSTONE / Markus Widmer

Fassade Richtung Chriesbach mit verbindenden privaten Balkonen
KEYSTONE / Andrea Helbling

1 https://www.kraftwerk1.ch/zwicky-sud/zwicky-areal, aufgerufen am 25.03.2019.
2 HOCHPARTERRE (11|2013): Themenheft, S. 22.
3 Wohnen (05|2016): Neubau, S. 34.
4 Wohnbaugenossenschaften Schweiz – Regionalverband Zürich (2018): Überblick Innovative Wohnformen, S. 19.

Hofseitige Ansicht des Areals mit Blick auf eine der Brücken
KEYSTONE / Markus Widmer

Brücke verbindet zwei Clusterwohnungen miteinander
KEYSTONE / Andrea Helbling

Clusterwohnung mit tiefem Grundriss und Tageslichtquellen durch Lichtschacht und Fenster zum Treppenhaus
KEYSTONE / Andrea Helbling

Raumstruktur

Restaurant

Gewerberäume

Gemeinschaftsraum

Waschbar

Außenraum: öffentlich kollektiv
Innenraum: öffentlich kollektiv

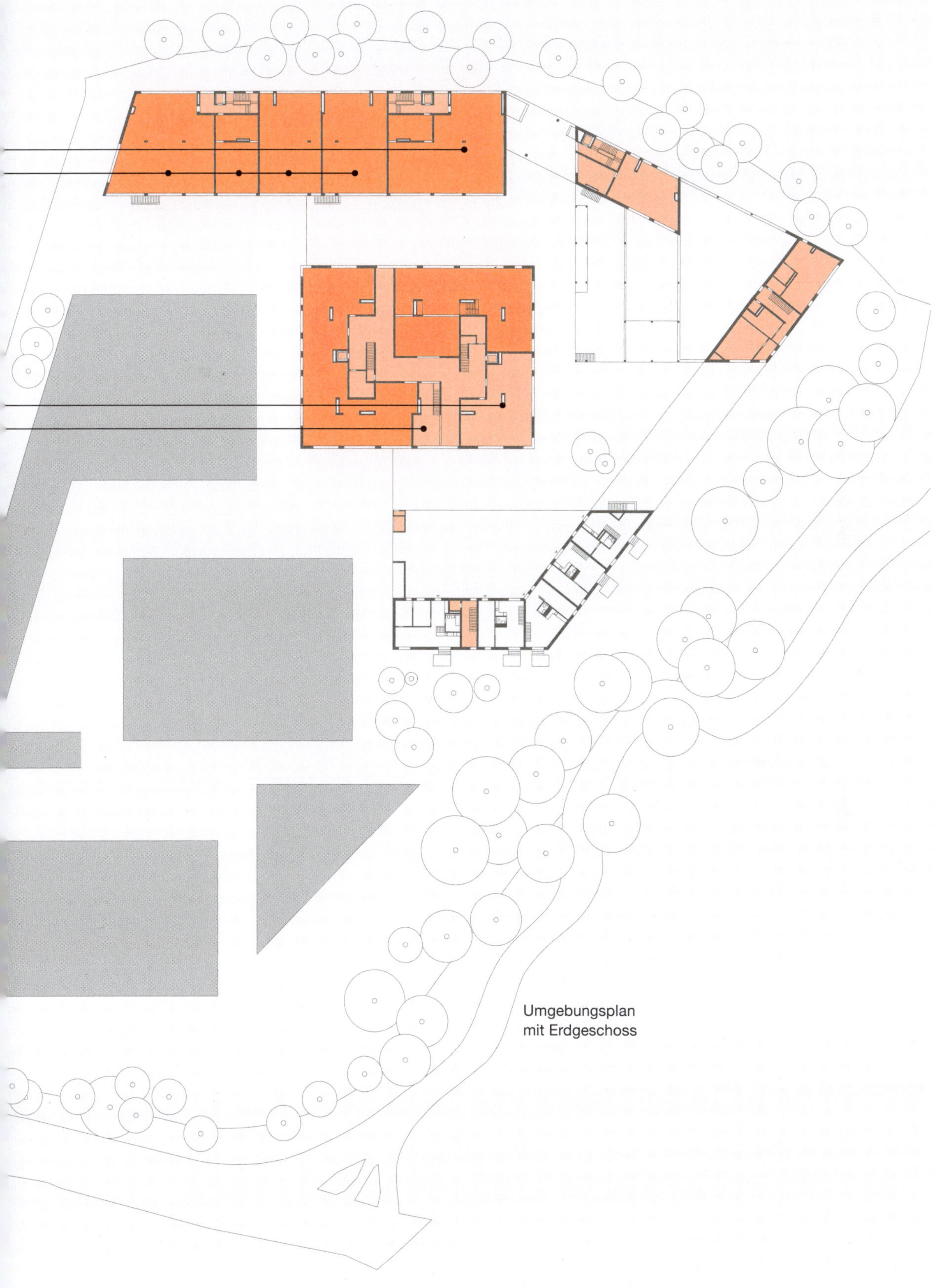

Umgebungsplan
mit Erdgeschoss

Raumstruktur

4. Obergeschoss 1 : 1.000

Küche, Ess- und Wohnraum (für Großwohngemeinschaften)

Brücke

Gästezimmer

Gästeräume (Hotel)

Laubengang

Bastelräume

Weitere, nicht verortete kollektive Räume
Jokerzimmer

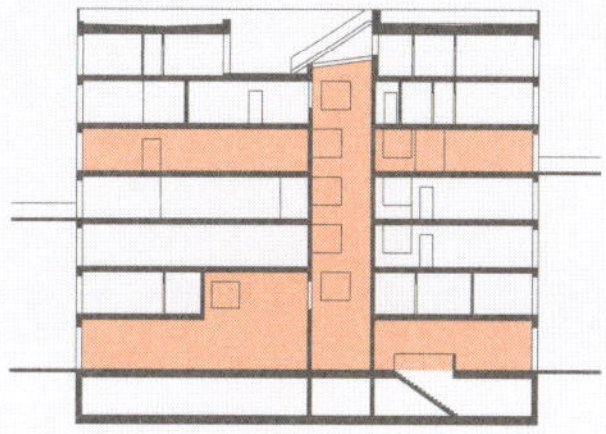

Schnitt Haus A
1 : 1.000

Außenraum: öffentlich kollektiv
Innenraum: öffentlich kollektiv

Organisationsform	gemeinnützige Trägerschaft mit Kostenmiete, Vergabe Grundstück im Baurecht, Aneignung durch Teilbesitz, Initiierungsform bottom-up und top-down
Bewohnerstruktur	ca. 300 Personen, sehr durchmischt in Alter, Haushaltstyp, Einkommen sowie Staatsangehörigkeit, gemischter Bildungshintergrund
Betriebsstruktur	teilselbstverwaltet und selbstorganisiert durch Bewohnerschaft, jedoch mit mehr Unterstützung, da nicht städtisches Milieu, Bewohnerschaft formiert sich in Siedlungskommission und Arbeitsgruppen, wie bei vorherigen Projekten organisieren sich die Großwohneinheiten selbstständig in einem Verein, mit Belegungsvorschriften, Mitwirkungsgrad sehr hoch
Wohnungsspiegel	129 Wohneinheiten, 6 × 1-Zi-Studios von 20 bis 38 m², 5 × 1-Zi-Studios mit 66 m², 32 × 2,5-Zi-Wohnungen von 48 bis 61 m², 33 × 3,5-Zi-Wohnungen von 81 bis 92 m², 33 × 4,5-Zi-Wohnungen von 99 bis 126 m², 7 × 4,5-Zi-Wohnungen plus mit 175 m², 9 × 5,5-Zi-Wohnungen von 126 bis 160 m², 1 × 8,5-Zi-Großwohngemeinschaft mit 230 m², 1 × 11,5-Zi-Großwohngemeinschaft mit 364 m², 1 × 13,5-Zi-Großwohngemeinschaft mit 430 m², 1 × 14,5-Zi-Großwohngemeinschaft mit 436 m²

Flächen

Grundstücksfläche 11.500 m², 6 Geschosse

	Fläche m²	in %	m² / Pers.
	Außenraum		
gesamt	–	–	–
öffentlich	–	–	–
kollektiv	2750	–	9.2
privat	330	–	1.1
	Nutzfläche		
gesamt	17740	100	59.1
öffentlich	2950	17	9.8
kollektiv[1]	2280	13	7.6
privat	12510	70	41.7

1 exkl. 10 % Verkehrsfläche

Wohn- und Gewerbehaus Zollhaus

Im Projekt Zollhaus werden die vorgängig umgesetzten innovativen Grundrisse zu den Großhaushalten und Clusterwohnungen nochmals weiterentwickelt. Bauträgerin ist wiederum die Genossenschaft Kalkbreite und wiederum ist das Grundstück nicht nur sehr zentrumsnah in Zürich gelegen, sondern verbindet ähnlich dem ersten Wohnobjekt der Genossenschaft zwei Stadtteile miteinander. Den Wettbewerb konnten Enzmann Fischer Partner im Jahr 2015 für sich entscheiden. Das Projekt setzt mit drei Gebäuden verschiedene Nutzungsschwerpunkte mit jeweils unterschiedlichen Frei- und Außenräumen und stellt insgesamt 56 Wohneinheiten bereit. Gemeinschaftliches Kernstück bildet das Forum, dass beim Hauptgebäude über drei Geschosse unterschiedlich nutzbare Räume anbietet und die umliegenden Quartiere jeweils miteinbezieht. Neben Wohnflächen werden Flächen für Kultur, Gastronomie, Verkauf, Gesundheit, Büro und Kinderbetreuung realisiert.

Schon im Wettbewerbsprogramm wurden die Parameter für das gemeinschaftliche Wohnen festgelegt. Dabei bekommen neben den Eineinhalb- bis Neuneinhalbzimmerwohnungen die geplanten acht Hallenwohnungen einen hohen Stellenwert. Hallenwohnungen sind Wohnflächen, die sich über eineinhalb Geschosse erschließen und die mit Ausnahme der haustechnischen Installationen wie Nasszellen und Küchen von der Bewohnerschaft im Selbstbau fertiggestellt werden können. Die Grundidee des Hallenwohnens stammt aus der Hausbesetzerszene, in der meist in leer stehenden Bürogebäuden eigene Wohnlandschaften gebaut werden. Diese oft illegale Aneignungsweise in einen legalen Bauprozess wie beim Projekt Zollhaus zu integrieren, bedarf viel Durchsetzungswillen und aufgrund baurechtlicher Vorgaben und der beschränkten finanziellen Möglichkeiten der zukünftigen Bewohnerschaft immer wieder eine Nachjustierung.[1]

1 http://www.kalkbreite.net/zollhaus, aufgerufen am 25.03.19 sowie Aussagen von Nina Schneider auf der Veranstaltung *Wohnen im Rohbau* von der Genossenschaft Kraftwerk1 am 11.03.19.

Wohn- und Gewerbehaus zwischen Quartier und Geleisen
© Martina Meier

Geschaffene Aufenthaltsqualitäten
© Martina Meier

Forum mit diversen gemeinschaftlichen Räumen
© Luca Zanier

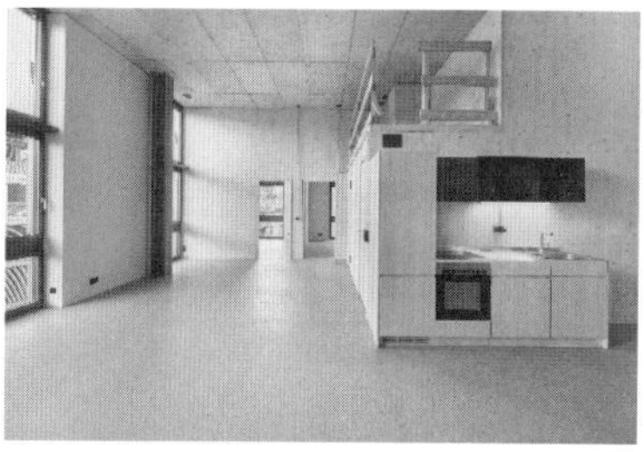

Grundausbau einer Hallenwohnung
© Luca Zanier

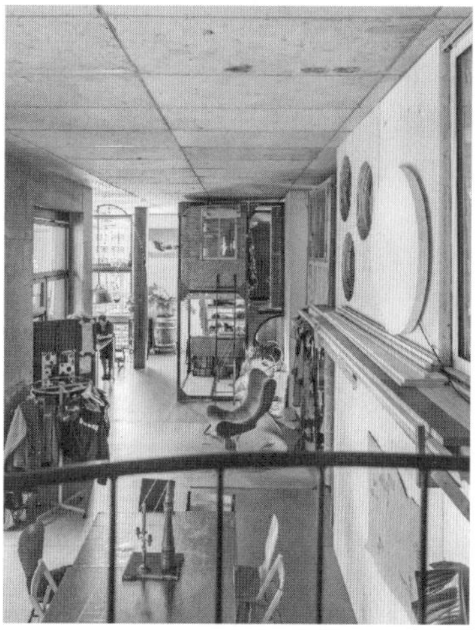

Ausgebaute Hallenwohnung
© Annett Landsmann, zurwollke e.V.

Raumstruktur

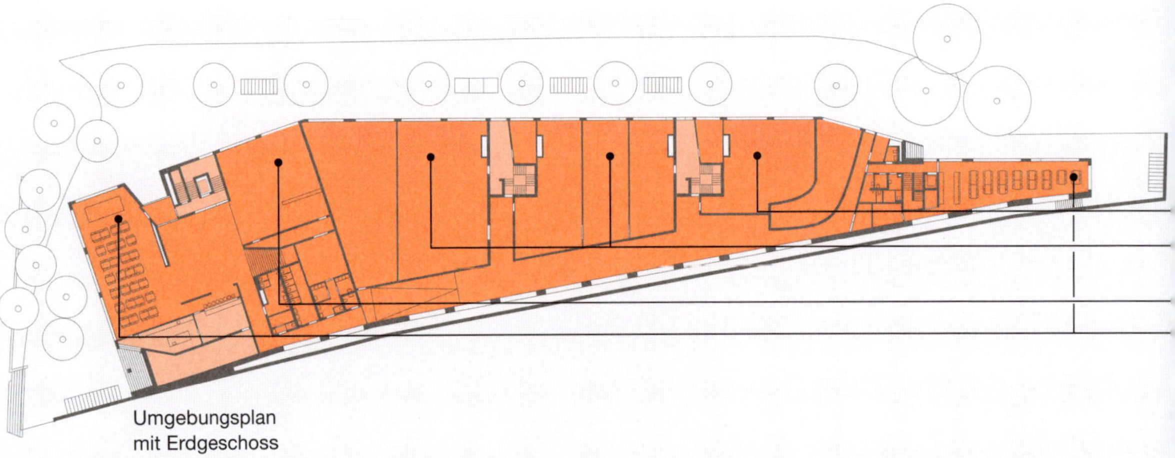

Umgebungsplan mit Erdgeschoss

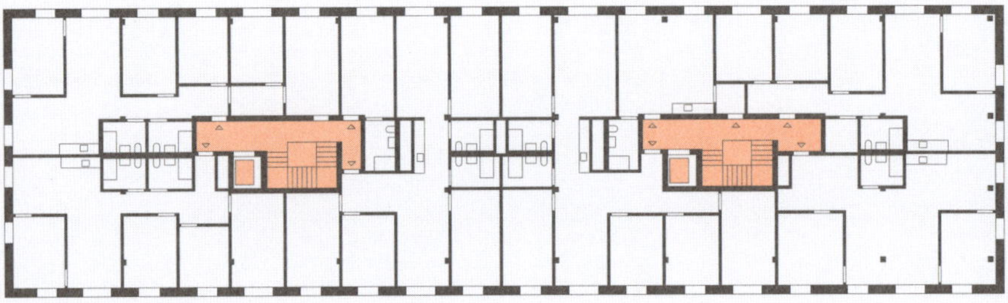

Regelgeschoss Haus B

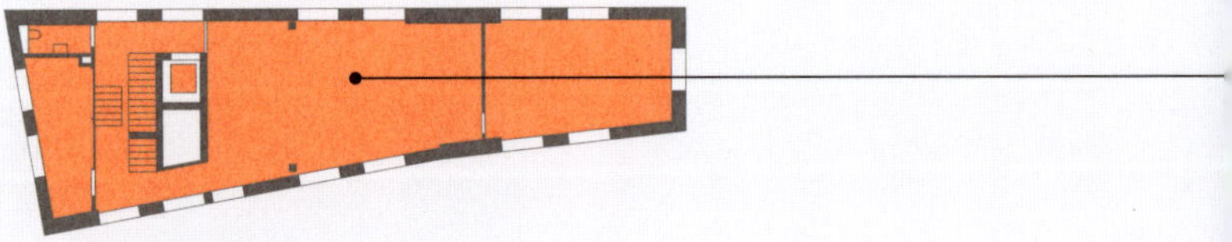

Regelgeschoss Haus C

Hallenwohnen

Kulturbetrieb

Verkaufsläden und Detailhandel

Museum

Restaurant

Weitere, nicht verortete kollektive Räume
Dachterrasse
Gemeinschaftsraum
Ateliers

Weitere, nicht verortete öffentliche Räume
Foyer mit Rezeption
Gesundheitsangebote
Büroflächen
Seminarräume
Guesthouse

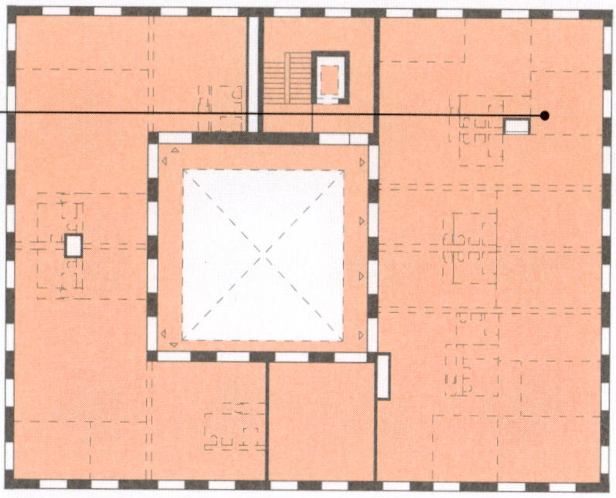

Regelgeschoss Haus A (Hallenwohnen)

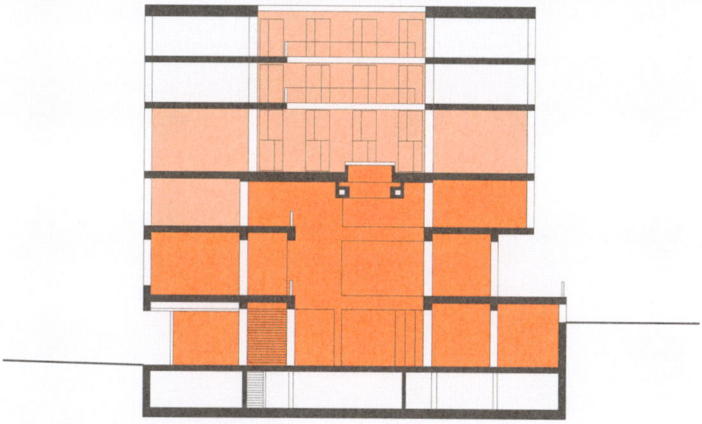

Schnitt Haus A

Kindergarten

Außenraum: öffentlich kollektiv
Innenraum: öffentlich kollektiv

Co-Living als vernetztes und dezentrales Wohnen

«Das kommunitäre Handeln weist über die Selbstversorgungsmotive hinaus und greift in die städtische Infrastruktur ein.»
NIKOLAUS KUHNERT ET AL.[1]

Co-Living ist das aktuellste Wohnmodell des gemeinschaftlichen Wohnens und kann großmehrheitlich ab den 2010er-Jahren ausgemacht werden. Wohnen wird dabei dezentraler und greift nachbarschaftlich in weitere Teile der Stadt ein. Schon Großhaushalte und Clusterwohnungen zeigen erste Ansätze zu einem räumlich verteilten Wohnen, bei dem der individuelle Raum durch Nutzungsoptionen und mögliche Serviceleistungen vielfältig und flexibel ergänzt werden kann. Beim Co-Living verteilen sich gemeinschaftliche Wohnräumen und Funktionen weiter. Ergänzungen von Funktionen und Ausstattungen des Wohnens sind dadurch nicht zwingend im selben Wohngebäude zu finden, sondern können sich ins Quartier, in die ganze Stadt oder gar in eine andere Stadt ausdehnen. Dieser erweiterte Begriff des Wohnens lässt vermuten, dass die Bewohnerschaft immer heterogener wird. Erste realisierte oder in Planung befindende Wohnobjekte deuten allerdings auf eine sehr homogene Bewohnerschaft hin. Vor allem junge Berufstätige, sogenannte Yuppies (young urban professionals) finden dieses Wohnmodell attraktiv und nutzen es, um sich in einer Stadt anzusiedeln und dort in der Gemeinschaft zu leben. So finden sich bei dieser Art des Wohnens und Lebens auch keine Kinder.

Als Folge einer Immobilienblase und der damit verbundenen Finanz- und Bankenkrise gerät die Weltwirtschaft 2008 ins Straucheln, was vielerorts zu einer langjährigen Stagnation führt. Als Gegenbewegung zum vielzitierten Neoliberalismus entsteht die Occupy-Bewegung, die ihren Unmut über die ungerechte Verteilung von Lasten und Reichtum hervorbringt. Die Generation Z als Digital Natives wurde in dieser Zeit sozialisiert und drängt nun auf den Wohnungsmarkt. Co-Living zeigt sich als ein Modell des gemeinschaftlichen Wohnens, wie junge Menschen sich ihren Einstieg in eine eigenständige Wohnkarriere vorstellen können. Die Intention des Teilens von Wohnraum ist im Gemeinschaftsgefühl und dem Dazugehören zur Community begründet. Der Wunsch, zu teilen, ist bei den jungen Bewohnerinnen und Bewohnern nicht nur ökonomisch bedingt, sondern scheint in Zeiten des einfachen Zugriffs durch digitale Mittel einen hohen

Stellenwert einzunehmen. So findet sich bezeichnenderweise auf der Website eines Anbieters von Co-Living-Wohnungen folgendes Versprechen: *It's more than just an affordable way to live in the heart of the city. We are an international community committed to pioneering a more conscious and collaborative way of life.*[2] Die Motive des Teilens werden also mit einer Wertehaltung begründet.

Co-Living wird zudem durch neue mit der Digitalisierung verbundene Lebens- und vor allem Arbeitsweisen gefördert. So entsteht Co-Living in enger Verbindung mit der Internet-Revolution und verknüpft neue Wohnweisen mit Arbeiten.[3] Haushaltstätigkeiten verlieren hier weiter an Wertschätzung und Bedeutung. Der Prozess der Funktionsauslagerung, der schon in den vergangenen Jahrzehnten begonnen hat, wird verstärkt. Die wachsende Beteiligung der Frauen am Erwerbsleben führte bisher auch nicht zu einer gleichermaßen wachsenden Beteiligung der Männer an den gesamten Haushaltstätigkeiten.[4] In prägnanter Weise formulierte dies der englische Soziologe Ray Pahl mit den Worten *A professionell woman needs a wife*.[5] Der private Haushalt wird tendenziell zu einem Arbeitsfeld, in dem Reinigungskräfte, Nannys und Betagtenbetreuer die noch nicht ausgelagerten Haushaltstätigkeiten übernehmen. Einzig die Funktion des Kochens verbleibt, vermehrt im Sinn einer Freizeitbeschäftigung. Die Wohnküche als Nachfolgerin der funktionalen abgeschlossenen Arbeitsküche wird neuerdings zum Wohnaccessoire, das sich in noch reduzierterer Form als aufgereihte lineare Front an eine Wand im Wohnraum lehnt.

Die neue gemeinschaftliche Wohnform des Co-Livings scheint auch private und institutionelle Investoren sowie Start-ups zu interessieren. Dabei werden private Räume in unterschiedlichen Qualitäten als kleine Zweizimmerwohnungen, Studios oder gar geteilte Mehrbettzimmer angeboten, die jeweils durch gemeinschaftliche Wohnküchen oder Aufenthaltsräume mit unterschiedlichen Rückzugsqualitäten ergänzt werden. Wichtiger Bestandteil der gemeinschaftlichen Räume ist, dem digitalen Zeitalter entsprechend, das Co-Working. Flexible Arbeitsweisen, durch Laptop und Smartphone geprägt, ermöglichen orts- und zeitunabhängiges Arbeiten. Mit der Sharing Economy und der zunehmenden Automatisierung entwickelt sich eine Arbeitsform, in der vermehrt auf selbstständiger Basis ohne die Annehmlichkeiten der sozialer Absicherung, dafür mit mehr Freiheit gearbeitet wird. Die gut ausgebildeten Bewohnerinnen und Bewohner des Co-Livings bewegen sich oft als junge Unternehmerinnen und Unternehmer in dieser digitalen Arbeitswelt. Sie suchen im Co-Living Gleichgesinnte, mit denen sie sich sozial und intellektuell austauschen können.

Die gemeinschaftlichen Räume des Co-Livings werden zu kreativen Knotenpunkten, in denen die oft international ausgerichtete Bewohnerschaft die Balance zwischen dem privaten Raum und den angebotenen Serviceleistungen findet. Bisher wurde Co-Living, vor allem bei den kleineren Wohnobjekten, meist in bestehenden und zentrumsnahen Gebäuden realisiert. Die vorhandene Raumstruktur bildete so die Grundlagen für das Grundrisslayout. Anscheinend ist beim Co-Living noch keine typische architektonische oder innenarchitektonische Sprache gesucht worden, während bezüglich der Betriebsstrukturen ein großer Aufwand geleistet wird.[6] Vielerorts sorgen Community Manager für die Organisation der gemeinschaftlichen Aktivitäten sowie die angebotenen Serviceleistungen wie Putz- und Wäscheservice, aber auch für weiterführende Angebote wie Organisation des Umzuges

---

1 Sowie Anh-Linh Ngo, Christian Berkes, Ernst Gruber, Christina Lenart, Nicole Opel; Zitiert nach ARCH+ (05|2010): IBA Hamburg, Haus der Zukunft, S. 23.

2 https://www.techfarm.life/k9, aufgerufen am 20.05.17.

3 Pavillon De L'Arsenal (Hrsg.) (2018): Homy – Coliving, Cohabiter, S. 3.

4 Altenstraßer, Hauch, Kepplinger (2007): gender housing – geschlechtergerechtes bauen, wohnen, leben, S. 55. Eine Studie des Bundesamts für Statistik der Schweiz zur Erhebung eines Haushaltsschadens zeigt in einer Statistik zum durchschnittlichen Zeitaufwand für Haus- und Familienarbeit deutlich, dass sich im Verlaufe der Jahre 1997, 2000 und 2004 der Aufwand der Männer nur bei Tätigkeiten, die mit Kindern im Bezug stehen, erhöhte. Der Zeitaufwand für Tätigkeiten wie Putzen, Waschen, Bügeln oder Aufräumen und Einkaufen blieben praktisch über die Jahre hinweg gleich. Vgl. dazu Arbeitsplatz Haushalt, Zeitaufwand für Haus- und Familienarbeit und deren monetäre Bewertung (2006), S. 7.

5 Siebel (2004): Die europäische Stadt, S. 45.

6 Pavillon De L'Arsenal (Hrsg.) (2018): Homy – Coliving, Cohabiter, S. 3.

oder die Beschaffung von nötigen Bewilligungen und Versicherungen. Die betrieblichen Strukturen scheinen abgestimmt auf die junge Bewohnerschaft, die zwar homogen, jedoch wenig konstant ist. So ist denn auch im Vergleich zu den vorherigen Wohnmodellen beim Co-Living die Aufenthaltsdauer am kürzesten und der Mitwirkungsgrad am geringsten.[7] Das gemeinschaftliche alltägliche Zusammenleben wird in der vorgegebenen Struktur in der Nutzungsphase geregelt.

Das noch junge Wohnmodell des Co-Livings zeigt gewisse Verbindungen und Ähnlichkeiten zum früheren Boardinghaus. Die gut hundertjährige Wohnform gleicht vor allem bezüglich der Bewohnerstruktur junger und gut ausgebildeter Menschen dem Co-Living. Auch ein Vergleich der betrieblichen Strukturen mit einem großen Angebot an Serviceleistungen zeigt eine Verwandtschaft. Allerdings sieht beim Co-Living die räumliche Ausformulierung grundsätzlich anders aus als beim Boardinghaus, das vor allem durch die Bauten einer Architektur-Avantgarde als Wohnmodell bekannt wurde. Beim Co-Living hingegen steht nicht die Architektursprache im Vordergrund, sondern eine pragmatische räumliche Umsetzung in oft gegebenen Strukturen, was eher an eine Wohngemeinschaft erinnert.

---

7 Ebd., S. 138 f.

Ausgewählte Vertreter von Co-Living

	→ Seite 276				→ Seite 280	→ Seite 284			
	Poolhaus	*Cohabs Botanique*	*Ourcq Blanc*	*Live Zoku*	***Tech Farm K9***	***The Collective Old Oak***	*Happy Pigeons*	*Quarters*	*The Babel Community*
Bezug	**2007**	2015	2015	2016	**2016**	**2016**	2017	2017	2017
Stadt	**Wien AUT**	Brüssel BEL	Paris FRA	Amsterdam NLD	**Stockholm SWE**	**London GRB**	Berlin GER	Berlin GER	Marseille FRA
Lage	**Stadtrand**	Stadtquartier	Stadtquartier	Stadtzentrum	**Stadtzentrum**	**Stadtrand**	Stadtquartier	Stadtquartier	Stadtzentrum
Bautyp	**Neubau**	Umbau	Umbau	Umbau	**Umbau**	**Neubau**	Umbau	Neubau	Umbau
Architektur	**pool Architektur ZT**	Lionel Jadot	Samuel Rémy	concrete	**Storesund Arkitekter**	**PLP Architecture**	Yasmin Naqvi, Plattenbau Studio	SEHW Architektur	Luc Sergent
Trägerschaft	**Kabelwerk Bauträger GmbH**	Cohabs Invest Holding	Association Ourcq Blanc	nicht bekannt	**private Eigentümer (Tomas Björkman, Dan Erikson)**	**privater Eigentümer (Reza Merchant)**	private Eigentümer (Kai Drwecki, Marc Drwecki)	Medici Living Group	private Eigentümer (Matthieu Brugières, Benoît Jobert)

Pläne, wenn nicht anders vermerkt

Schwarzplan	1:12.000
Umgebungsplan	1:1.000
Geschosse	1:500
Schnitt	1:500

Poolhaus

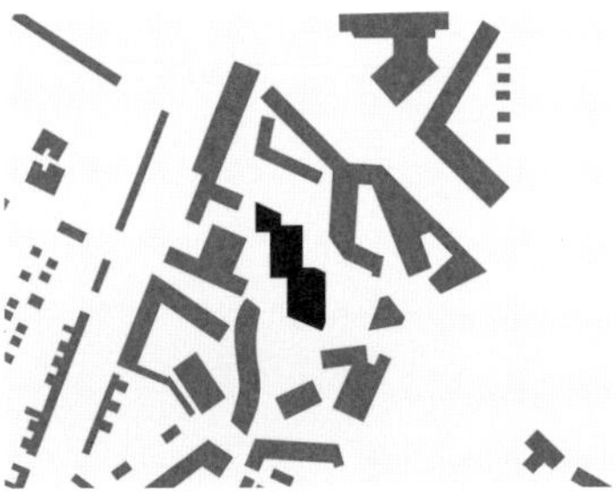

Gemeinschaftsküchen, Hobbyräume sowie der Waschsalon sind nur den Bewohnerinnen und Bewohner des Poolhauses vorbehalten. Das Poolhaus verfügt über 252 Wohneinheiten, von denen 33 konventionelle Wohnungen komplett ausgestattet sind und 219 Einheiten aus möblierten Ein- bis Zweizimmereinheiten mit eigener Nasszelle und Teeküche bestehen.[4]

Mit dem Poolhaus, das im ehemaligen Kabelwerk-Areal in Wien im Jahr 2007 von pool Architektur ZT realisiert wurde, wird ein erstes frühes Wohnobjekt erstellt, das beim Gedanken des Co-Livings ansetzt. Dabei werden nicht sämtliche Merkmale des Co-Livings umgesetzt, die Verbindung mit dem Co-Working fehlt beispielsweise noch. Charakteristisch ist jedoch die Zielgruppe, junge berufstätige, berufseinsteigende oder noch studierende Menschen, was eine eher kurze Aufenthaltsdauer impliziert. Im Poolhaus ist denn auch kein Dauerwohnsitz möglich.[1] Vielmehr soll hier gemäß dem gemeinnützigen Bauträger Platz angeboten werden für Personen, die beispielsweise neu in die Stadt gezogen sind oder aus anderen Gründen einen neuen Freundes- und Bekanntenkreis aufbauen wollen.[2]

Das Wohnobjekt ist in zwei Gebäudeteile gegliedert, die durch ein großzügiges Atrium verbunden sind. Die gesamte Erschließungsfläche, die sich durch das acht- bis neungeschossige Gebäude zieht, ist öffentlich zugänglich und führt jeweils an den gemeinschaftlichen Räumen vorbei bis nach oben zur Dachterrasse mit Pool. So sind denn auch gemeinschaftliche Einrichtungen wie der Fitnessraum, die Sauna sowie die Dachterrasse mit Pool öffentlich zugänglich und übernehmen eine wichtige Rolle bezüglich nachbarschaftlichen Austausch.[3] Einzig die

1 https://www.kabelwerk.at/objekte/appartements, aufgerufen am 26.03.19.
2 Kries, Müller, Niggli, Ruby, Ruby, Vitra Design Museum (Hrsg.) (2017): Together! Die Neue Architektur der Gemeinschaft, S. 291.
3 Ebd., S. 291.
4 https://www.pool-arch.at/de/projekte/poolhaus, aufgerufen am 26.03.19.

Südost-Ansicht von Otto-Bondy-Platz her
© Hertha Hurnaus

Das Poolhaus im neu entstandenen Areal Kabelwerk
© Hertha Hurnaus

Gemeinschaftliche Waschküche mit Aufenthaltszone
© Hertha Hurnaus

Dachterrasse mit Pool
© Hertha Hurnaus

Private Wohneinheit mit Möblierung
© Hertha Hurnaus

Raumstruktur

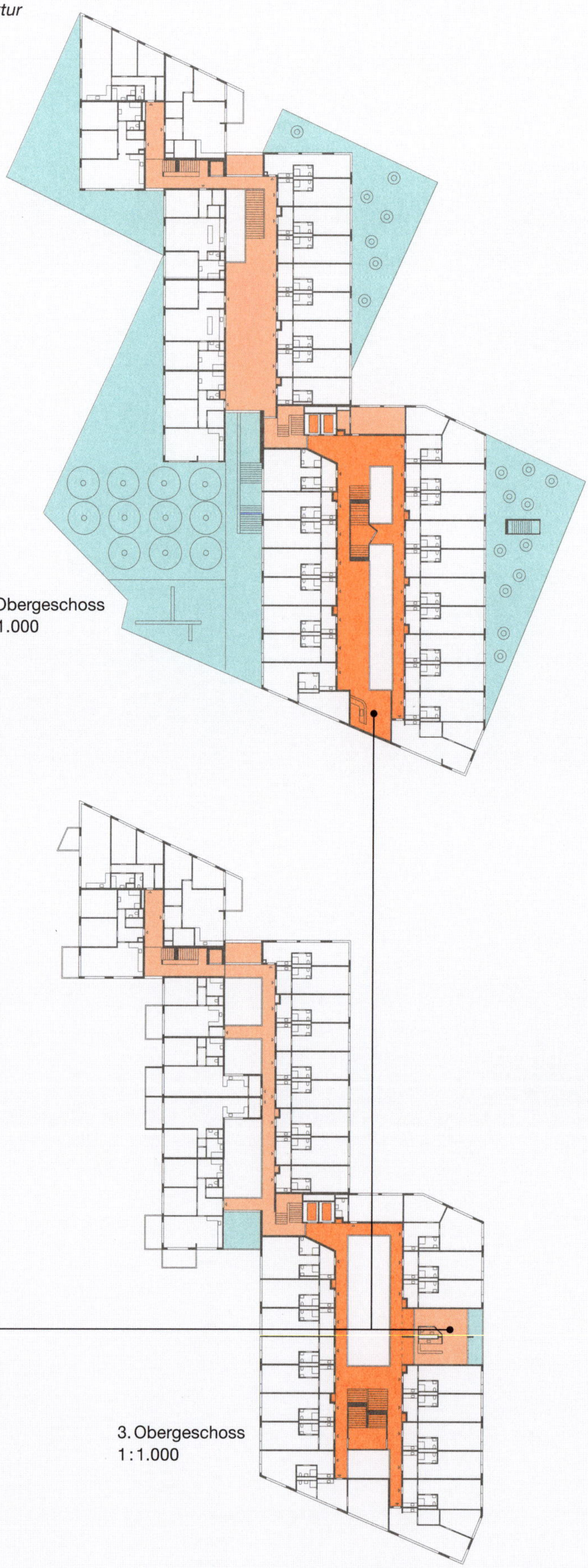

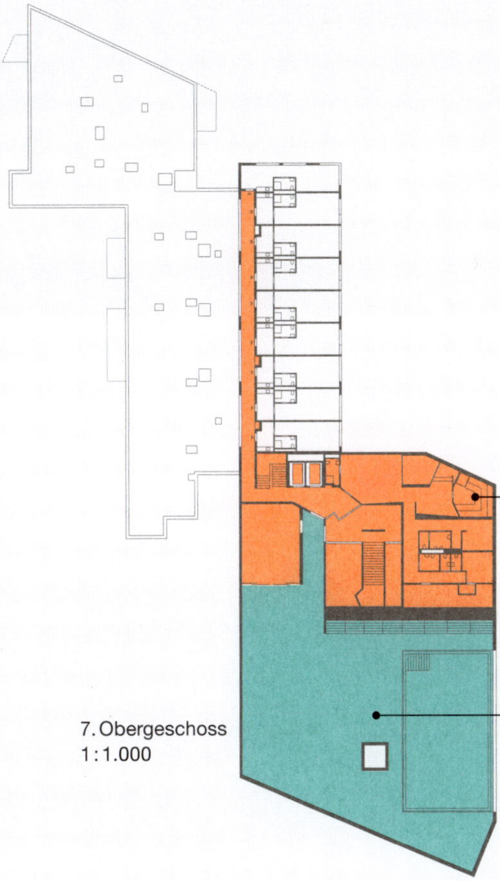

7. Obergeschoss
1:1.000

Sauna

Dachterrasse mit Pool

Weitere, nicht verortete kollektive Räume
Hobbyräume
Waschsalon

Weitere, nicht verortete öffentliche Räume
Atrium
Fitnessraum
Gewerberäume

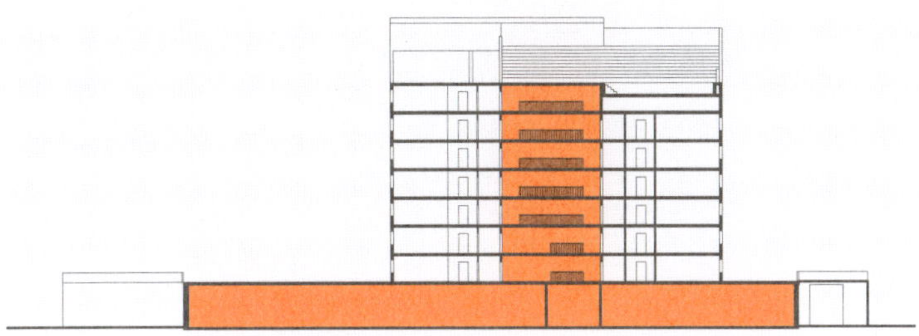

Schnitt 1:1.000

Außenraum: öffentlich, kollektiv
Innenraum: öffentlich, kollektiv

Organisationsform	gemeinnützige Trägerschaft, Aneignung durch mieten, Mindestmietdauer von 6 Monaten, Initiierungsform top-down
Bewohnerstruktur	Anzahl Personen nicht bekannt, für junge berufstätige Menschen, keine Kinder, hohes Bildungsniveau
Betriebsstruktur	fremdverwaltet durch Bauträger, Mitwirkungsgrad gering
Wohnungsspiegel	252 Wohneinheiten, 219 × 1-Zi- bis 2-Zi-Wohneinheiten von 25 bis 50 m², 33 × konventionelle Wohnungen
Flächen	Grundstücksfläche 5.405 m², 8 bis 9 Geschosse

	Fläche m²	in %	m² / Pers.
	Außenraum		
gesamt	3925	100	–
öffentlich	1440	37	–
kollektiv	2155	55	–
privat	330	8	–
	Nutzfläche		
gesamt	17850	100	–
öffentlich	4025	23	–
kollektiv[1]	3635	20	–
privat	10190	57	–

1 exkl. 10 % Verkehrsfläche

Tech Farm K9

In der Tech Farm K9, ein von Storesund Arkitekter im Jahr 2016 umgenutztes Gebäude in Stockholm, werden 33 Wohneinheiten angeboten, die alle über eine individuelle Nasszelle verfügen, jedoch keine Kleinküche beinhalten. Die Vielfalt dieser privaten Wohneinheiten reicht von Wohnateliers zu hotelähnlichen Wohneinheiten bis hin zu Mehrbettzimmern. Das Raumprogramm ist auf ein junges, berufstätiges und international vernetztes Publikum ausgelegt. So werden neben Gemeinschaftsküchen und Essräumen unterschiedliche gemeinschaftliche Aufenthalts- und Freizeiträume, ein Stiller Raum sowie eine Bibliothek und auch Co-Working Plätze angeboten. Öffentliche Angebote sind keine vorhanden. Zudem sind sämtliche Wohnräume, auch die individuellen, möbliert. Es steht der Bewohnerschaft jedoch frei, die individuellen und gemeinschaftlich genutzten Räume eigenständig auszustatten.

Die Tech Farm K9 wurde von privaten Bauträgern in einem Investorenmodell realisiert und stellt nur eine von mehreren Tech Farms dar. Neben der Tech Farm K9, die in einem bestehenden Gebäude in der Stadtmitte realisiert wurde, gibt es eine weitere Tech Farm in Stockholm, andere sind in Berlin und London in Planung. Dabei werden in Neubauten neben Konzepten für Co-Living wiederum auch solche für Co-Working realisiert und die Struktur sowie das Grundrisslayout entsprechend den Bedürfnissen der Millennials entwickelt. Die betrieblichen Strukturen in der Tech Farm K9 scheinen ebenfalls abgestimmt auf die junge Bewohnerschaft. Je eine Bewohnerin oder ein Bewohner übernimmt eine Vermittlerrolle zwischen dem Bauträger und der gesamten Bewohnerschaft und moderiert das gemeinschaftliche Leben. Auftretende Konflikte können mittels externer Fachpersonen niederschwellig geklärt werden. Ein Hausbudget, mit dem selbstorganisiert Anschaffungen getätigt werden können, gibt der Bewohnerschaft etwas Spielraum. Dieses wird meistens für gemeinsame Aktivitäten genutzt.[1]

Co-Living wird in ein bestehendes Gebäude integriert
© Tech Farm

Großer gemeinschaftlicher Raum mit Essbereich und Bibliothek
© Tech Farm

Gemeinschaftliche Aufenthaltsräume auf den einzelnen Geschossen
© Tech Farm

1 Gemäß Aussage von Anton Chernikov, Kommunikationsverantwortlicher der Tech Farm sowie https://www.techfarm.life/k9, aufgerufen am 20.05.17.

Ruheraum für gemeinschaftliche Aktivitäten oder alleinige Benutzung
© Tech Farm

Gemeinschaftliche Küche pro Geschoss
© Tech Farm

Möbliertes Einzelzimmer
© Tech Farm

Raumstruktur

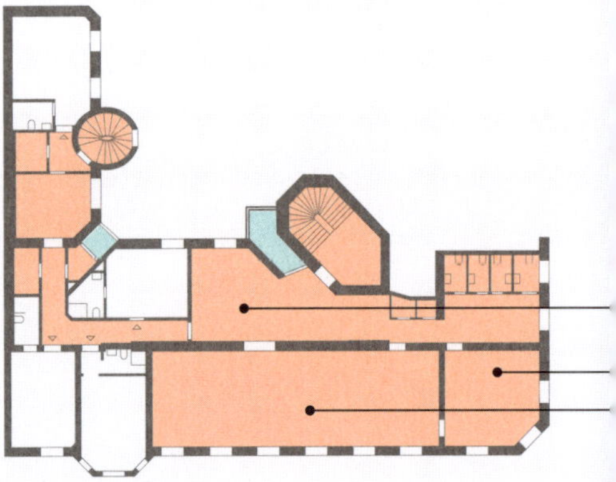

1. Obergeschoss

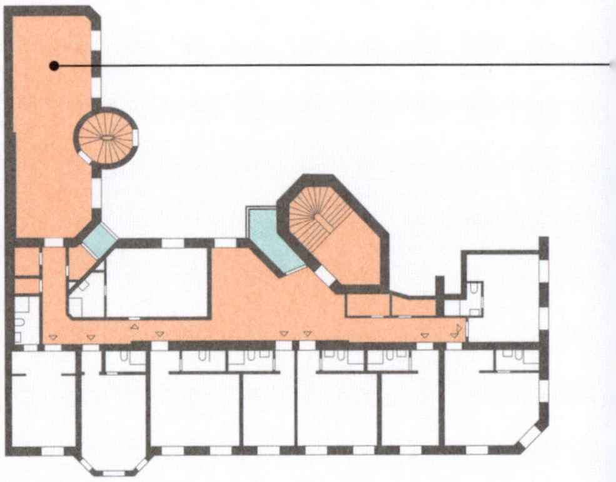

2. Obergeschoss

Außenraum: öffentlich kollektiv
Innenraum: öffentlich kollektiv

Gemeinschaftsküche

Stiller Raum

Aufenthalts- und Wohnraum
Bibliothek

Gemeinschaftsküche
Essraum

Weitere, nicht verortete kollektive Räume
Wäschebereich
Co-Working

Organisationsform	private Trägerschaft mit unterschiedlichen Standorten von Co-Living-Wohnobjekten, auch in diversen Städten, Aneignung durch mieten, Initiierungsform top-down
Bewohnerstruktur	ca. 50 Personen, für junge berufstätige Personen, keine Kinder, hohes Bildungsniveau
Betriebsstruktur	fremdverwaltet durch Bauträger, Bewohnerschaft organisiert sich in Hausgemeinschaft, Mitsprache bei Bewohnerwechsel, mit Angestellten für Putz- und Kochservice, Mitwirkungsgrad mittel
Wohnungsspiegel	33 Wohneinheiten, 19 × 1-Zi-Einheiten von 18 bis 25 m², 9 × 1-Zi-Einheiten von 12 bis 16 m², 2 × Mehrbett-Einheiten von 30 m², 3 × Wohnateliers von 20 bis 22 m²
Flächen	Grundstücksfläche nicht bekannt, 4 Geschosse

	Fläche m²	in %	m² / Pers.
	Außenraum		
gesamt	24	100	0.5
öffentlich	0	0	0
kollektiv	24	100	0.5
privat	0	0	0
	Nutzfläche		
gesamt	1 150	100	23.0
öffentlich	0	0	0
kollektiv[1]	535	47	10.7
privat	615	53	12.3

1 exkl. 10 % Verkehrsfläche

The Collective Old Oak

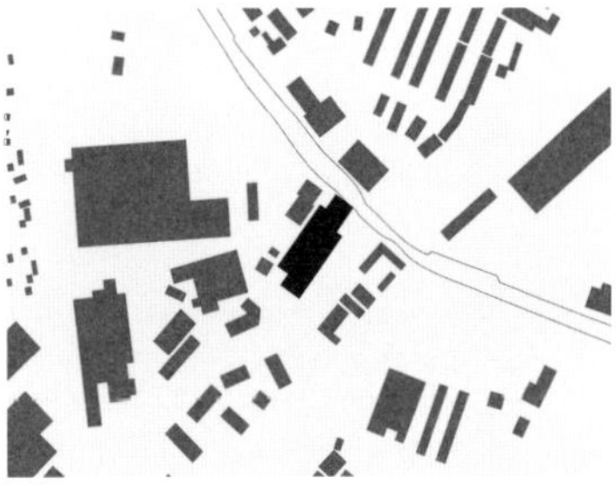

Die Co-Living Organisation The Collective betreibt gegenwärtig drei Standorte in London. Zwei davon sind ausschließlich Co-Working Places, während das Wohnobjekt Old Oak im Nordwesten der Stadt Co-Living mit Arbeiten verbindet. Zwei weitere Standorte, ähnlich dem Old Oak, sind in Planung. Dabei geht es um eine neue Ausgestaltung von Wohnen, Arbeit und Freizeit. Es sind wiederum junge berufstätige Menschen, oft in der vorfamiliären Phase, die im Old Oak wohnen. Wobei das Old Oak eines der wenigen Co-Living-Wohnobjekte ist, das auch Wohneinheiten für Eltern oder Elternteile mit Kindern anbietet. Insgesamt leben gut 550 Personen in dem von PLP Architecture im Jahr 2016 fertiggestellten zehngeschossigen Neubau.[1]

Im Old Oak werden unterschiedliche individuelle Wohneinheiten angeboten, wobei die meisten zu der kollektiven Erschließungsfläche hin eine vorgelagerte Zwischenzone mit Nasszelle und Küche aufweisen. Diese Zwischenzone wird oft von zwei Parteien gemeinsam genutzt. Die private Wohnfläche wird möbliert vermietet, ist flächenmäßig stark reduziert und wird mit umfangreichen kollektiven Angeboten ergänzt. So gibt es auf jedem Geschoss eine Gemeinschaftsküche mit Ess- und Aufenthaltsbereich, die nach Bedarf auch für private Anlässe genutzt werden kann.[2] Im Weiteren finden sich auf die Geschosse verteilt eine Bibliothek, einen Raum der Stille, ein Kino, einen Game Room, ein Spa und eine Waschküche. Im Erdgeschoss gibt es die Rezeption mit Concierge-Service, der 24 Stunden zur Verfügung steht, ein Restaurant mit Bar, einen Eventraum, ein Fitnessstudio sowie die Co-Working Places. Der Verbindung zwischen Wohnen, Arbeit und Freizeit wird nicht nur durch die reichhaltigen angebotenen Serviceleistungen Rechnung getragen. Das Old Oak stellt auch einen Community Manager zur Verfügung, der regelmäßig Anlässe und Events für die Bewohnerinnen und Bewohner organisiert, sodass sich diese kennenlernen und austauschen können und gemäß Website von The Collective Momente miteinander teilen können, um sich zu Hause zu fühlen.[3]

1 Pavillon De L'Arsenal (Hrsg.) (2018): Homy – Coliving, Cohabiter, S. 161.

2 Ebd., S. 163.

3 https://www.thecollective.com, aufgerufen am 25.03.19.

Außenansicht mit dem öffentlich genutzten Erdgeschoss
© Nick Guttridge

The Collective als einer der ersten Neubauten für Co-Living
© Nick Guttridge

Co-Working Bereich mit öffentlicher Nutzung
© Amandine Alessandra, The Collective Old Oak

Ausgedehnte Aufenthaltsbereiche
© The Collective

Restaurant im Erdgeschoss
© Amandine Alessandra, The Collective Old Oak

Private Wohneinheit mit Kleinküche
© The Collective

Raumstruktur

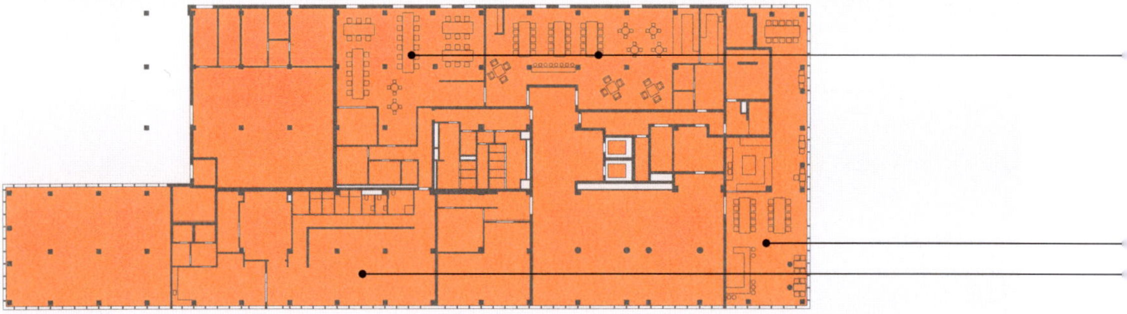

Erdgeschoss
1:750

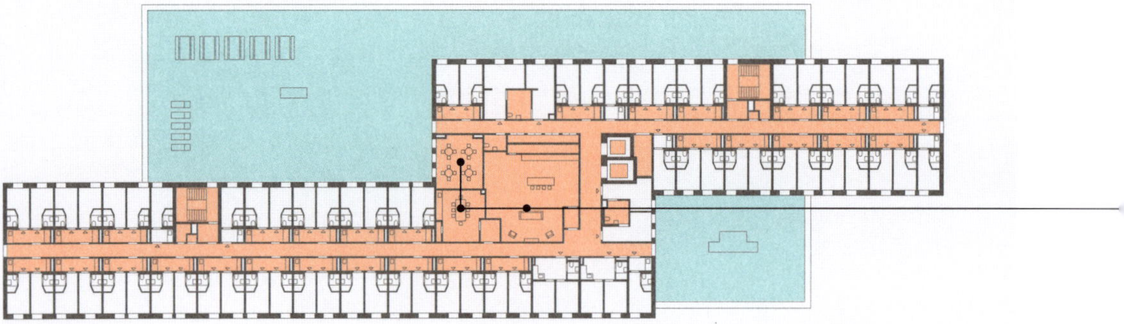

Regelgeschoss
1:750

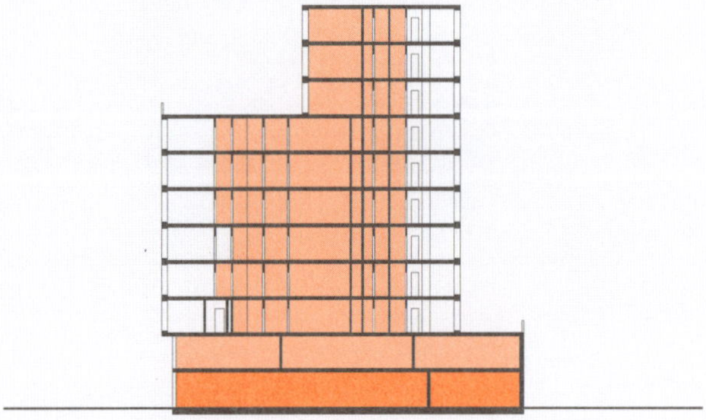

Schnitt 1:750

Co-Working

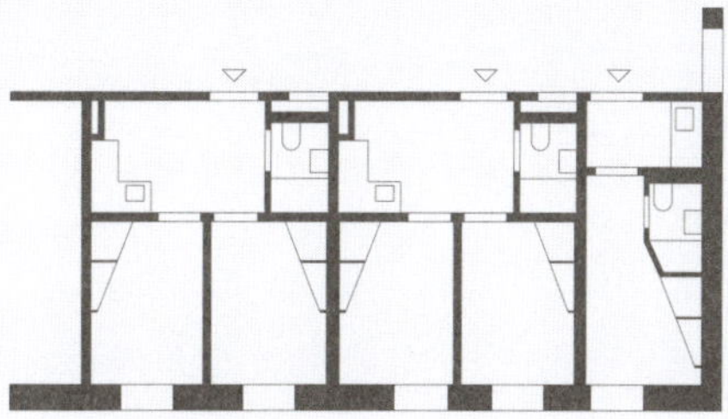

Regelwohnung
Studio für Familien
1:250

Restaurant mit Bar

Fitnessstudio

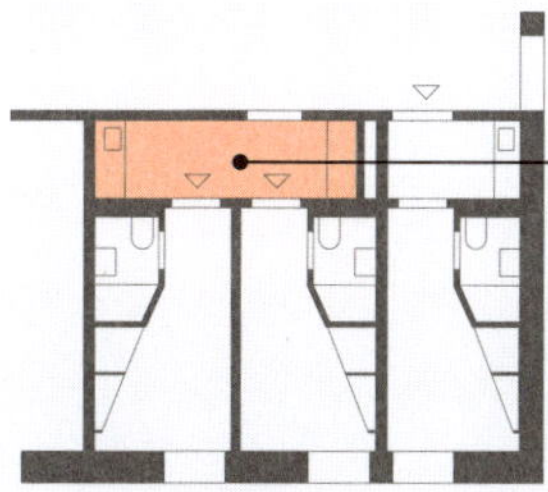

Regelwohnung
Standard Studio mit einzelnem oder gemeinschaftlichem Vorraum
1:250

Teeküche und Nasszellen

Weitere, nicht verortete kollektive Räume
Bibliothek
Raum der Stille
Kino
Game Room
Spa
Waschküche
Dachterrasse

Weiterer, nicht verorteter öffentlicher Raum
Eventraum

Gemeinschaftsküche mit Ess- und Aufenthaltsbereich

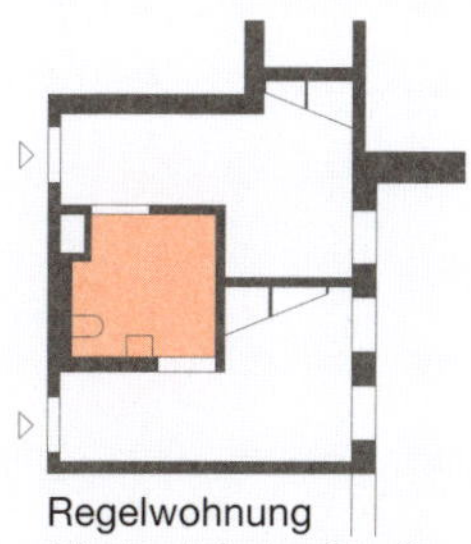

Regelwohnung
Hindernisfreies Studio
1:250

Außenraum: öffentlich kollektiv
Innenraum: öffentlich kollektiv

Organisationsform	private Trägerschaft mit unterschiedlichen Standorten von Co-Living- und Co-Working-Objekten, Aneignung durch mieten, Initiierungsform top-down
Bewohnerstruktur	ca. 550 Personen, für junge berufstätige Personen, aber auch Wohneinheiten mit Kindern, hohes Bildungsniveau
Betriebsstruktur	fremdverwaltet durch Bauträger, Community Manager organisiert das soziale Leben, mit Angestellten für Rezeptions- und Serviceleistungen, inbegriffen in Miete sind neben dem privaten Raum die Benutzung sämtlicher kollektiver Flächen, Putzservice, Events und Anlässe sowie das Abo für das Fitnessstudio, Mitwirkungsgrad gering
Wohnungsspiegel	550 Wohneinheiten
Flächen	Grundstücksfläche nicht bekannt, 10 Geschosse

	Fläche m^2	in %	m^2 / Pers.
	Außenraum		
gesamt	–	–	–
öffentlich	–	–	–
kollektiv	830	–	1.5
privat	0	–	0
	Nutzfläche		
gesamt	11 880	100	21.6
öffentlich	1915	16	3.5
kollektiv[1]	4720	40	8.6
privat	5245	44	9.5

1 exkl. 10 % Verkehrsfläche

EXKURS

Wohngemeinschaften und Häuserbesetzungen

Die Wohngemeinschaften bildeten ab den späten 1960er-Jahren eine gänzlich neue Wohnform. Die anfängliche Bewohnerschaft der Wohngemeinschaften entstammte aus dem Reformmittelstand.[1] Aufgrund der zunehmenden Bedeutung der Bildung, auch bedingt durch unzählige Reformen, stieg die Zahl der Studentinnen, Schüler und Lehrlinge in Gesamteuropa massiv an. Diese wachsende Nachfragegruppe wurde auf dem Wohnungsmarkt bis anhin weitgehend vernachlässigt. Die Ansprüche an Selbst- und Mitbestimmung dieser jungen Menschen wuchsen, während sich gleichzeitig die postadoleszente Phase stetig verlängerte.[2] Dabei war die Entstehung von Wohngemeinschaften insofern kein Zufall, da der gesellschaftliche Verlust an Stabilität und Integrationskraft nach den Zerfallserscheinungen der Familie kompensiert werden musste.[3] Eine deutliche Opposition gegen vorgefundene gesellschaftliche Muster entstand. Das Leben der mittelständischen Elterngeneration, teils geprägt durch Mangel, Repression und soziale Unsicherheit, gehörte der Vergangenheit an. Die neue Jugendkultur war bestimmt durch eine Haltung des Aufbruchs, der Partizipation und Emanzipation, der politischen Veränderungen der Gesellschaft und der sexuellen Befreiung.[4] Da es zu dieser Zeit keine Angebotsstrukturen für solche Wohnbedürfnisse gab, versuchte ein Teil dieser jungen Menschen das Zusammenleben mittels experimenteller Lebensentwürfe in preisgünstigen Altbauwohnungen selbst zu regulieren. Dabei formierten sich in einer ersten Phase bis

1 Bertels (1990): Gemeinschaftsformen in der modernen Stadt, S. 114. Vester bemerkt zudem, dass das aufkommende Bildungsmilieu die Politik des Konservatismus und die alten Eliten des Obrigkeitsstaates der Nachkriegsjahrzehnte verdrängte. Vgl. Vester, Von Oertzen, Geiling, Hermann, Müller (2001): Soziale Milieus im gesellschaftlichen Strukturwandel, Zwischen Integration und Ausgrenzung, S. 37.

2 Ebd., S. 39 f. Wie auch Novy: Neue Haushaltsformen, neue Lebensstile und die Suche nach den neuen sozialen Bauherren. In Brech (1989): Neue Wohnformen in Europa, Berichte des 4. Internationalen Wohnbund Kongresses, S. 47 f.

3 Cyprian (1978): Sozialisation in Wohngemeinschaften, eine empirische Untersuchung ihrer strukturellen Bedingungen, S. 1 f. und Müschen (1982): Lieber lebendig als normal! Selbstorganisation, kollektive Lebensformen und alternative Ökonomie, S. 41.

4 Reichardt (2014): Authentizität und Gemeinschaft, S. 48.

etwa 1975 drei Arten von Wohngemeinschaften: die Kommunen, die Roten Klöster sowie die Großfamilien.[5]

Die kollektive Solidaritäts- und Lebensform der Kommunen ist als revolutionärste Antwort auf eine veränderte Gesellschaft zu verstehen. Nach dem Motto *Das Private ist politisch* wurde der Kampf gegen das kapitalistische Herrschaftssystem und gegen autoritäre Beziehungs- und Erziehungsstrukturen geführt.[6] Die bekanntesten Kommunen im deutschsprachigen Raum waren die Kommune 1 und Kommune 2. Beide entstanden 1967 in Westberlin, begleitet durch beträchtliche mediale Aufmerksamkeit. In beiden Kommunen lebten zeitweise auch Kinder. Dabei wurden kollektive und antiautoritäre Erziehungsmethoden erprobt. Grundsätzlich galt für sämtliche Kommunen aus dieser Zeit das Prinzip der gemeinsamen Kasse, denn Geld aus einer Erwerbstätigkeit wurde geteilt. Wichtig war auch ein sehr intimer kommunikativer Austausch. Sämtliche Probleme, auch die persönlichen, wurden in den Kommunen kollektiv besprochen. Der Anspruch, sich ständig auszutauschen, führte jedoch zur Dauerreflexion, in der jede Geste politisch interpretiert wurde.[7] So stellten sich in vielen Kommunen mit der Zeit Ermüdungserscheinungen ein. Das politische Motiv relativierte sich schrittweise, in manchen Kommunen genoss man vielmehr die neu gewonnenen Freiheiten und die Möglichkeiten der Bewusstseinsveränderungen. In den Roten Klöstern hingegen wurden Wohnform und Lebensbedingungen restlos dem politischen Zweck untergeordnet. Primäres Ziel war es, neue Formen der politischen Arbeit zu entwickeln. Mit wenigen Ausnahmen schlossen sich in den Roten Klöstern nur Männer zusammen.[8] Ähnlich wie in den Jugendkommunen der 1920er-Jahre in der Sowjetunion versuchten die jungen Leute vor allem ihre politische Lebensweise umzusetzen. Im Gegensatz zu den Roten Klöstern verbanden die Großfamilien keine politischen Zielvorstellungen mit ihrer Existenz.[9] Vielmehr spielten die Emanzipation der Frau, die gerechte Aufteilung der Hausarbeit sowie neue Sozialisationsbedingungen der Kinder eine Rolle.[10] Der Haushalt sollte vergesellschaftet werden, die Großfamilie war Instrument zur gemeinsamen Erziehung. Wobei ungeachtet des Kollektivs die Kinder überwiegend von der Mutter, beziehungsweise den Eltern, betreut wurden.[11]

Sämtliche Formen dieser Wohngemeinschaften orientierten sich in ihrer Größe an der Anzahl der Zimmer in den bestehenden Altbauwohnungen. Untersuchungen aus den frühen 1980er-Jahren ergaben einen Mittelwert von 5,5 Personen pro Wohngemeinschaft, dabei lag die unterste Grenze einer Wohngemeinschaft bei 3 Personen. Wohngemeinschaften waren oft zeitlich begrenzt. Das durchschnittliche Bestehen einer Wohngemeinschaft lag in den frühen 1970er-Jahren bei 15 Monaten, stieg dann weiter auf 35 Monate in den 1980er-Jahren.[12] Geteilt wurden in Wohngemeinschaften Küche, Wohn- und Essbereich sowie die Nasszellen. Die Zimmer galten vielerorts als privater Raum. Einzig am Anfang der Entwicklung gab es in den Kommunen geteilte Schlafräume. Diese blieben jedoch eine Ausnahme.[13] Die Grenzen zwischen

---

5 Die Einordnung der drei Arten geschieht nach Peter Brückner. Vgl. dazu Müschen (1982): Lieber lebendig als normal! Selbstorganisation, kollektive Lebensformen und alternative Ökonomie, S. 45 f.

6 amantine (2011): Gender und Häuserkampf, S. 63 sowie Stahel (2006): Wo-Wo-Wonige!, S. 81.

7 In der Kommune 1 wurden gar private Briefe der Eltern gemeinsam besprochen und danach veröffentlich, beziehungsweise den Medien überreicht. Vgl. dazu Reichardt (2014): Authentizität und Gemeinschaft, S. 390 f.

8 Krebs (Hrsg.) (1970): Die hedonistische Linke – Beiträge zur Subkultur-Debatte, S. 124.

9 Haider (1984): Wohngemeinschaften in Österreich, Daten und Tendenzen einer gegenkulturellen Institution, S. 37.

10 Müschen (1982): Lieber lebendig als normal! Selbstorganisation, kollektive Lebensformen und alternative Ökonomie, S. 45 f.

11 Meyer-Ehlers, Haußknecht, Rughöft (1973): Kollektive Wohnformen, Erfahrungen, Vorstellungen, Raumbedürfnisse in Wohngemeinschaften, Wohngruppen und Wohnverbänden, S. 185. Es bleibt nach wie vor fraglich, ob die Auflösung der traditionellen Rollenbilder im alltäglichen Wohngemeinschaftsleben wirklich praktiziert wurde. In vielen Schilderungen von Frauen wird vermerkt, dass von Gleichberechtigung bei der Hausarbeit nicht wirklich die Rede sein konnte. Vgl. dazu auch amantine (2011): Gender und Häuserkampf, S. 72. Auch Stahel bemerkt in seiner Studie, dass die Hausarbeit mit einer erstaunlichen Selbstverständlichkeit als Angelegenheit der Frauen betrachtet wurde. Vgl. Stahel (2006): Wo-Wo-Wonige!, S. 84.

12 Müschen (1982): Lieber lebendig als normal! Selbstorganisation, kollektive Lebensformen und alternative Ökonomie, S. 56 f.

13 Vor allem die Kommune 1 praktizierte die gemeinschaftlichen Schlafräume. Medienstimmen, die von ausgehängten Toilettentüren berichteten, gehören eher in den Bereich der Legenden als dass sie etwas über die realen Lebensumstände in Wohngemeinschaften aussagen würden, bemerkt Reichardt. Vgl. auch Reichardt (2014): Authentizität und Gemeinschaft, S. 419 f.

privaten und öffentlichen Räumen waren in vielen Wohngemeinschaften fließend. Bei Anlässen beispielsweise wurden die individuellen Räume zu gemeinschaftlichen Räumen.[14] Dies selbst dann, wenn in der Wohngemeinschaft gemeinschaftliche Räume vorhanden waren. Die Nutzergruppen der Wohngemeinschaften blieben eher homogen und bildeten mit einem Durchschnittsalter von 20 bis 30 Jahren eine junge Gemeinschaft.[15] Insbesondere Kommunen waren räumlich sehr offen und wurden täglich von bis zu 10 Personen besucht.[16] Dabei waren auch langfristige Logierbesuche nicht selten.

Bildeten Wohngemeinschaften Ende der 1960er- und in den frühen 1970er-Jahren noch eine progressive Subkultur, die oft an ihren utopischen, ideologischen und überhöhten Ansprüchen scheiterte, etablierte sich die Wohnform ab den 1980er-Jahren.[17] Die politischen und revolutionären Vorstellungen wurden im Lauf der Jahrzehnte pragmatischer. Der Wunsch nach dem Gemeinschaftlichen, nach Kommunikation, Solidarität und einer emotionalen Sicherheit blieb hingegen bestehen. Gleichwohl existieren Wohngemeinschaften auch heute noch als Zweckgemeinschaften, in denen ein kurzzeitiges Zusammenleben als kostengünstiges Durchgangsstadium zum Einpersonenhaushalt oder zur Familiengründung praktiziert wird.[18] Wohngemeinschaften sind auch heute selten für die Ewigkeit gedacht.[19] In überschaubaren Zeiträumen und aus verschiedenen Gründen wechseln Bewohnerinnen und Bewohner immer wieder. Dabei bilden sich im Laufe der Zeit Gruppen und Sozialstrukturen, in die sich die neue Person einfügen muss.

Durch noch kürzere Wohnstadien zeichnen sich Häuserbesetzungen aus. Zu ersten vereinzelten Häuserbesetzungen in europäischen Städten kam es schon ab den 1970er-Jahren. Wohnungsknappheit in den Städten und Jugendunruhen ab den 1980er-Jahren verstärkten das Phänomen. In Zürich zeigte sich die deutlichste auf Wohn- und Sozialraum bezogene Form der Revolte in den Opernhauskrawallen im Jahr 1980, bei denen Jugendliche mehr sozialen und baulichen Freiraum einforderten. Doch auch in anderen europäischen Städten kam es zu Jugendunruhen.[20] In der Hauptphase ab den 1980er-Jahren galten Amsterdam, Berlin und Zürich als Zentren der Häuserbesetzungen. Dabei ging die Bewegung ähnlich den Wohngemeinschaften auf das unzureichende, bezahlbare Wohnungsangebot in den Städten zurück. Die Kritik umfasste jedoch auch politische Aspekte der Wohn- und Bodenpolitik und fehlende kulturelle Freiräume. In Zürich skandierten die Aktivistinnen und Aktivisten *Wo-wo-wonige*, in Amsterdam *In Panzern kann man nicht wohnen* und in Berlin *Die Häuser denen, die drin wohnen*.[21] Eine staatliche Wohnungspolitik und die kapitalistischen Eigentumsverhältnisse wurden von der Besetzerszene abgelehnt. Der Widerstand richtete sich gegen Umstrukturierungs- und Gentrifizierungsmaßnahmen ebenso wie gegen spekulativen Leerstand, Wohnraumzweckentfremdung, Modernisierung sowie die Vernichtung von preiswertem Wohnraum. Zudem wurde für die Schaffung kultureller Freiräume gekämpft.[22] Die Aneignung fremden Eigentums durch Häuserbesetzungen ging oft einher mit einer lebendigen Kulturszene. Wohnen wurde als Projekt verstanden, welches gemeinschaftlich und in einer sehr hohen Öffentlichkeit ausgetragen wurde. Eine der am längsten andauerndsten Häuserbesetzungen war die Besetzung des Wohlgroth-Areals in Zürich, das von 1991 an zwei Jahre lang gemeinschaftliche

---

14 Haider (1984): Wohngemeinschaften in Österreich, Daten und Tendenzen einer gegenkulturellen Institution, S. 178.
15 Reichardt (2014): Authentizität und Gemeinschaft, S. 368.
16 Meyer-Ehlers, Haußknecht, Rughöft (1973): Kollektive Wohnformen, Erfahrungen, Vorstellungen, Raumbedürfnisse in Wohngemeinschaften, Wohngruppen und Wohnverbänden, S. 184 f.
17 Philippsen (2014): Soziale Netzwerke in gemeinschaftlichen Wohnprojekten, S. 31.
18 Reichardt (2014): Authentizität und Gemeinschaft, S. 393, S. 458.
19 Korczak (1979): Neue Formen des Zusammenlebens, Erfolge und Schwierigkeiten des Experiments Wohngemeinschaft, S. 107.
20 Wie Reichardt feststellt, hatten die Schweizer Jugendunruhen großen Einfluss auf die Bundesrepublik Deutschland und die weiteren europäischen Länder. Die Kreativität und der Mut haben viele beeindruckt und zu eigenen Aktionsformen angeregt. Vgl. Reichardt (2014): Authentizität und Gemeinschaft, S. 504.
21 Der Panzer-Slogan entstand, weil die Obrigkeiten in Amsterdam als Reaktion auf die Demonstrationen mit Panzern auffuhren. Vgl. Bertlein (unbekannt): Sieg und Untergang des Sozialen Wohnungsbaus in Holland, S. 8.
22 amantine (2011): Gender und Häuserkampf, S. 13.

Einrichtungen wie ein Kino, die Volxküche oder eine Bibliothek pflegte.[23] Zahlreiche Wohnobjekte, besonders in der Schweiz und im Raum Zürich mit den Genossenschaften Karthago oder Kraftwerk1, basieren auf dieser Szene. Im Lauf der Zeit haben sich die Initiatorinnen und Initiatoren, auch durch die Legalisierung mittels der Organisationsform einer Genossenschaft, einen pragmatischen, jedoch nicht weniger zielstrebigen Umgang mit der Umsetzung sowie Bewirtschaftung von ihren Wohnobjekten erarbeitet. Die Besetzerszene ist bis zur heutigen Zeit unter anderem in der Unterstützung des Protestes der Mieterinnen und Mieter gegen steigende Wohnkosten aktiv und prägt nach wie vor wohnpolitische Diskurse, wie das Beispiel des Koch-Areals in Zürich zeigt.

23 Kries, Müller, Niggli, Ruby, Ruby, Vitra Design Museum (Hrsg.) (2017): Together! Die Neue Architektur der Gemeinschaft, S. 30.

Resümee

Die Erweiterung der Individualität

«Wohnen ist gesellschaftlicher Ausdruck. Das gesellschaftliche Neben- und Miteinander findet Ausdruck im Wohnen.»

GUDRUN SACK[1]

Gesellschaftliche Veränderungen haben das gemeinschaftliche Wohnen im Lauf der Geschichte stets direkt oder indirekt beeinflusst. Die kollektive Wohnform war vor der Industrialisierung die selbstverständliche und notwendige Lebens- und Arbeitsgemeinschaft zur Existenzsicherung. Seither erprobten unterschiedliche Bauträger und Nutzergruppen bedingt durch unterschiedliche Formen des Struktur- und Wertewandels in nachfolgenden Entwicklungslinien eine Vielfalt an kollektiven Wohnformen. Von den Frühsozialisten Mitte des 19. Jahrhunderts entworfen und teilweise umgesetzt, zeigte das gemeinschaftliche Wohnen in den ersten drei Jahrzehnten des 20. Jahrhunderts eine große Diversität in zeitlich parallel laufenden Wohnmodellen. Mit der Zäsur des Zweiten Weltkrieges brachen diese Entwicklungslinien ab. Als nach dem Krieg die Bautätigkeit wieder aufgenommen wurde, war zwar die wirtschaftliche Not groß, gemeinschaftliches Wohnen etablierte sich jedoch nicht. Vorkriegsformen des gemeinschaftlichen Wohnens wie Ledigenheime und Boardinghäuser oder Einküchenhäuser wurden aufgehoben, auch Gartenstädte und Wohnhöfe wurden während der Wiederaufbauphase wenig weiterentwickelt. Auf die Kernfamilie konzentrierte isolierte Wohnformen setzten sich durch. In Gemeinschaftssiedlungen wurde zwar die Idee des kollektiven Wohnens weitergeführt, wobei gemeinschaftliche Wohnräume allerdings nicht mehr eine wichtige Grundlage des Wohnens bildeten, sondern abgeschlossene und vollständig ausgestattete Familienwohnungen ergänzten. Erst die politischen und sozialen Entwicklungen in den späten 1960er-Jahren führten wieder zu neuen Initiativen gemeinschaftlichen Wohnens. In dieser Phase des gesellschaftlichen Umbruchs wurden Rollenbilder infrage gestellt und neu definiert, beziehungsweise nach einer ausgewogeneren Art des gemeinschaftlichen Hauswirtschaftens und der Kindererziehung gesucht. Frauen drängten zurück in die Erwerbsarbeit und forderten eine bessere Vereinbarung von Familie und Beruf. Im Wohnmodell der Wohnkooperationen öffnete sich erstmals der isolierte Wohnraum wieder durch gemeinschaftliche Räume. Ab den 1980er-Jahren setzten mit neuen Wohnmodellen wie den Wohn- und Kulturprojekten sowie den Großhaushalten und Clusterwohnungen Experimente mit neuen Grundrissen und räumlich-sozialen Organisationsformen ein. Wohnen mit unterschiedlichen Nutzergruppen repräsentiert heute eine neue Diversität des gemeinschaftlichen Wohnens, die sich unter anderem mit dem vorläufig neusten Wohnmodell des Co-Livings ab gut 2010 ständig weiterentwickelt.

Organisationsformen und Trägerschaft

Eine stabile Trägerschaft ist Grundbedingung dafür, dass ein Wohnobjekt über längere Zeit erfolgreich betrieben werden und auch einem Generationenwechsel standhalten kann. Je nach Organisationsform sind die Bewohnerinnen und Bewohner finanziell unterschiedlich beteiligt, kaufen Anteilsscheine und erwerben damit Teilbesitz oder bezahlen einfach Miete. Mit der gewählten Organisationsform werden die Nutzenden unterschiedlich in die Entscheidungsprozesse eingebunden. Organisationsformen, die offen und transparent strukturiert sind, ermöglichen Mitwirkung und Einflussnahme der Bewohnerschaft. Gemeinschaftliches Wohnen war jedoch nie an eine bestimmte Organisationsform gebunden. So existieren im Lauf der Jahrzehnte diverse Arten von Trägerschaften: Privat organisiert wie beispielsweise Baugruppen oder andere informelle (Vereins-) Formen, häufig jedoch gemeinnützig organisiert, getragen durch Stiftungen, Genossenschaften und die öffentliche Hand oder auch als nicht gemeinnützige Investorenmodelle.

In den Anfängen war das gemeinschaftliche Wohnen stark paternalistisch strukturiert und geprägt durch die Ideologie der Patrons, die mit der industriellen Revolution der Arbeiterschaft auch Wohnraum zur Verfügung stellten. Das fürsorgliche Organisationsprinzip als Leitidee prägte nicht nur die Wohnobjekte der Frühsozialisten, sondern ebenso die Entstehung der Gartenstädte und Wohnhöfe und nach dem Zweiten Weltkrieg auch noch einige Wohnobjekte der Gemeinschaftssiedlungen. Bei den Einküchenhäusern und teilweise den Ledigenheimen gab es vor allem seitens der Frauenbewegung eine starke Bestrebung, diese genossenschaftlich zu organisieren. Die Regel war jedoch eine private Trägerschaft. Mit dem Aufbruch- und Emanzipationsgeist der späten 1960er- und 1970er-Jahre, der bestehende Hierarchien und Strukturen infrage stellte, entstanden selbstverwaltete und gemeinnützige Organisationsformen. Mit der sozialen Intention des Teilens von Wohnraum treten neue Werte wie Partizipation, Eigenständigkeit und Solidarität in den Vordergrund. Vor allem im städtischen Gebiet sollen dabei Grundstücke dem Investorenmarkt entzogen und durch eine gemeinnützige Organisation und mittels Kostenmiete ein Angebot an bezahlbaren Wohnungen mit gemeinschaftlichen Räumen bereitgestellt werden. So scheint es, dass momentan die gemeinnützigen Wohnbauträger und teils auch die Kommunen die stabilsten und langfristig denkenden Anbieter für gemeinschaftliches Wohnen sind. Dies ist umso wichtiger, als das Prinzip des Teilens auch auf Vertrauen basiert und das gemeinschaftliche Wohnen entsprechend professionell und kontinuierlich organisiert werden muss. Mit dem Co-Living, das sich erst um 2010 etablierte, treten auch wieder öfters private Träger auf. Diese erinnern stark an die Boardinghäuser, die vor gut hundert Jahren initiiert wurden und eine ähnliche Nutzergruppe ansprachen. Inwieweit sich das Gemeinschaftliche beim Co-Living durchsetzt und nicht nur knapp bemessene Wohneinheiten als Investorenmodell einem jungen urbanen Publikum zur Verfügung stehen, werden die Erfahrungen mit diesem Wohnmodell in den kommenden Jahren zeigen.

Bewohnerstrukturen und Größe der Bewohnerschaft

Während gemeinschaftliches Wohnen anfänglich für die Arbeiterklasse entwickelt wurde, etablierte sich ab den 1950er-Jahren mit dem Wohnmodell der Gemeinschaftssiedlungen sukzessive eine Nutzergruppe aus dem Bildungsmilieu. Erste Entwicklungen in

1 Sack: Das Unterschiedliche im Nebeneinander. In Bahner, Böttger (Hrsg.) (2016): Neue Standards, zehn Thesen zum Wohnen, S. 111.

diese Richtung zeigten sich schon bei den Einküchen- und Boardinghäusern. So kann beim gemeinschaftlichen Wohnen heute grundsätzlich von einer eher gebildeten Bewohnerschaft ausgegangen werden. Die Gründe dafür liegen vor allem in der wichtigen Voraussetzung einer hohen Artikulationsfähigkeit und der Bereitschaft, sich als Bewohnerin oder Bewohner mit anderen auseinanderzusetzen und an Entscheidungsprozessen teilzunehmen.[2] Kollektives Wohnen bedingt nicht nur den Wunsch nach dem Gemeinschaftlichen, sondern auch die Kompetenz, sich in soziale Prozesse einbringen zu können und sich mit dem Wohnumfeld zu befassen. Hilfreich sind Kenntnisse über politische Prozesse wie auch bauliche, rechtliche und ökonomische Belange, da heute viele Wohnobjekte selbstinitiiert und -verwaltet werden. Diese Eingrenzung des Nutzermilieus geht einher mit einem durchschnittlichen bis höheren Einkommen eines großen Teils der Bewohnerinnen und Bewohner gemeinschaftlicher Wohnobjekte seit Beginn der 1970er-Jahre.[3] Gemeinschaftliches Wohnen ist damit zu einem Mittelschichtsphänomen geworden.

Die Diversität der Bewohnerstruktur und damit verbundene unterschiedliche Ansprüche stehen in direktem Zusammenhang mit der Nutzungsüberlagerung gemeinschaftlicher Räume. Eine Vielzahl an unterschiedlichen Wohneinheiten und ein ausgewogener Wohnungsspiegel fördert die Durchmischung der Bewohnerschaft, was wiederum einer stärkeren Auslastung und breiteren Nutzung der gemeinschaftlichen Räume dienlich ist. Die Bewohnerstruktur ist momentan beim Co-Living am homogensten, da ausschließlich junge Erwachsene, sogenannte Millennials, die Nutzergruppe bilden.[4] So werden beim Co-Living denn auch die gemeinschaftlichen Bereiche mit Ausnahme der Arbeitsräume meist nur abends benutzt. Während die beiden Wohnmodelle der Gemeinschaftssiedlung und Wohnkooperationen anfänglich vorwiegend auf Familien ausgerichtet waren, wurde die Nutzergruppe in den letzten Jahren auch hier vielfältiger. Eine stärkere Durchmischung der Bewohnerschaft weisen die beiden Wohnmodelle der Wohn- und Kulturprojekte sowie Großhaushalte und Clusterwohnungen auf. Hier sind Familien, Paare und Einzelpersonen in diversen Lebensphasen vertreten. Oft suchen Trägerschaften gar eine sehr heterogene Bewohnerstruktur, wie beispielsweise bei Wohnobjekten mit Generationenwohnen oder auch Objekten mit gezielt eingestreuten geförderten oder subventionierten Wohnungen für finanzschwache Haushalte. Ziel der Trägerschaft ist es dabei, gemeinschaftlich orientiertes Wohnen einer möglichst großen Bandbreite von Nutzerinnen und Nutzern, darunter auch verschiedenen, auf dem Wohnungsmarkt benachteiligten Gruppen, zur Verfügung zu stellen oder neue Wohnmodelle wie Mehrgenerationenwohnen zu erproben.

Nicht nur die Bewohnerstruktur, sondern auch die Größe der Bewohnerschaft prägt den gruppendynamischen Prozess des gemeinschaftlichen Wohnens. Ein Minimum an Beteiligten und an gemeinschaftlichen Räumen ist Voraussetzung für ein vielfältiges gemeinschaftliches Leben. Ist die Bewohnergruppe zu klein, können Fluktuationen oder Unstimmigkeiten schnell zu Instabilität führen, während eine zu große Gruppe die Intimität und Übersicht erschwert. Oder wie Hermann Czech schreibt: *Menschen brauchen eine identifizierbare räumliche Einheit, zu der sie gehören.*[5] Während die Initianten des frühen Wohnmodells der Großwohneinheiten 1.000 bis 2.000 Personen als ideale Bewohnerschaft betrachteten, ging mit Ausnahme der Gartenstädte und Wohnhöfe während der Weiterentwicklung der Wohnmodelle die Bewohnerzahl zurück. Zwischenzeitlich pendelte sich beim Einküchenhaus sowie den Ledigenheimen und Boardinghäusern die Bewohnerzahl zwischen 60 bis 100 Personen ein, um dann wie erwähnt bei den Gartenstädten und Wohnblöcken wieder auf einige Tausend Personen anzusteigen. Bei den Wohnmodellen der Gemeinschaftssiedlungen und Wohnkooperationen beträgt die durchschnittliche Größe rund 220 Personen, während diese bei den Wohn- und Kulturprojekten auf rund 140 Personen sinkt. Die neueren Wohnformen wie Großhaushalte und Clusterwohnungen beherbergen durchschnittlich 50 bis rund 250 Personen, wohingegen beim Co-Living die Größe mit gut

50 bis 550 Personen noch vielseitiger wird. Die Bezugsgröße dieser Angaben scheint dabei wichtig zu sein. Während bei den Großwohneinheiten der Frühsozialisten sowie den Gartenstädten und Wohnhöfen ein gesamtes Siedlungsgebiet miteinbezogen wurde, beschränkt sich die Größe der Bewohnerschaft bei den Wohnmodellen der Einküchenhäuser, Ledigenheime und Boardinghäuser sowie den Gemeinschaftssiedlungen, Wohnkooperationen und Wohn- und Kulturprojekte jeweils auf ein Gebäude oder ein Gebäudeensemble. Wohingegen bei den neueren Wohnmodellen der Großhaushalte und Clusterwohnungen sowie dem Co-Living die Bezugsgröße je nach Objekt nur einzelne Gebäudeteile oder gar Geschosse und Wohncluster sein können, obwohl diese Wohnmodelle häufig in größere Siedlungen integriert sind. Zudem stellt sich bei der Größe der Bewohnerschaft nicht nur die Frage nach den sozialen Prozessen, sondern auch nach der Anzahl an Personen, die aus ökonomischer Sicht an den geteilten Räumen und Serviceleistungen partizipieren müssen, um gemeinschaftliches Wohnen und Zusatzkosten sowohl für Anbieter als auch für Nutzerinnen und Nutzer attraktiv zu machen.

Raumstruktur und geteilte Einrichtungen

Gemeinschaftlich genutzte Wohnräume und Folgeeinrichtungen stehen je nach Wohnmodell und Epoche in einem engen Zusammenhang mit den wohnbaulichen Entwicklungen von Bad und Küche. Anfänglich wurden Ausstattungen geteilt, die in den einzelnen Wohnungen nicht standardisiert angeboten wurden, wie beispielsweise eine individuelle Nasszelle. So war das Gemeinschaftsbad in den ersten Entwicklungsphasen des gemeinschaftlichen Wohnens ein fortschrittliches Angebot, um die hygienischen Bedingungen in den Städten zu verbessern. Als durch die Ansprüche an Funktionalität, Zweckmäßigkeit sowie Nützlichkeit die Küche und Nasszelle zum Ausbaustandard wurden, sank das Bedürfnis nach Zentralisierung dieser Ausstattungen. Küchen zu teilen zog sich gleichwohl bei allen Entwicklungsphasen und Wohnmodellen durch, sei es in Form einer Gemeinschaftsküche, einer Geschossküche oder einer Tee- und Gartenküche. Die Gründe dafür liegen wohl in der wichtigen, auch sozialen Bedeutung der Wohnfunktionen Kochen und Essen.

Vielseitigere Veränderungen über die neun Wohnmodelle hinweg erfahren Folgeeinrichtungen für kulturelle und soziale Tätigkeiten. Anfänglich waren diese stark auf Bildung und Erziehung ausgelegt. Vor allem bei den Großhaushalten sowie dem Einküchenhaus dienten weitere gemeinschaftliche Räume vor allem der kollektiven Kinderbetreuung und -erziehung. Als Wohnfunktionen wie Erziehung und Pflege zunehmend ausgelagert wurden und sich die Balance zwischen Arbeits- und Erholungszeit verschob, änderten sich auch die geteilten Ausstattungen in Räumen, die vermehrt für Freizeitaktivitäten genutzt wurden. Die gegenwärtigen Entwicklungen der Arbeits- und Gewerbeflächen sind auf eine zunehmende Integration von Wohnen und Arbeiten ausgerichtet. So kommen seit dem Wohnmodell der Wohn- und Kulturprojekte gemeinschaftliche Ausstattungen wie Arbeitsräume, Seminarräume und Ateliers hinzu, beim Co-Living werden meist auch Räume für Co-Working angeboten. Dass sich Erwerbsarbeit durch die Digitalisierung wieder vermehrt zurück in den individuellen Wohnraum verlagert, zeigt sich darin, dass heute schon gut 19% der Erwerbstätigen in der Schweiz gelegentlich und 10% in Deutschland öfters von zu Hause aus arbeiten.[6] Zudem werden individuelle, fest zugeteilte Arbeitsplätze in vielen Unternehmungen sukzessive aufgelöst oder überlagern sich mit desk-sharing und ortsunabhängigen Arbeitsplätzen.[7] So können, wie heute teilweise schon angeboten, Desk-Serviceleistungen neben gemeinschaftlichen Arbeitsplätzen in Sockelgeschossen von Wohnobjekten ein attraktives Angebot bilden, um in haus- oder

2 Gerheuser, Schumann (1981): Kommunikatives Wohnen, S. 10.
3 Philippsen (2014): Soziale Netzwerke in gemeinschaftlichen Wohnprojekten, S. 53 f.
4 Wobei sich Co-Living Anbieter wie Tech Farm oder The Collective durchaus auch ein Wohnen mit Kindern vorstellen können.
5 Czech (Hrsg.) (1995): Eine Muster-Sprache, S. 85.
6 Bundesamt für Statistik BFS: Telearbeit-Bericht 2015, statista.com (09.01.2019).
7 HOCHPARTERRE (05|2017): Sharing Sharing, S. 21.

siedlungsinternen gemeinschaftlichen Räumen arbeiten zu können, ohne dadurch die privaten Wohnräume zu tangieren. Der individuelle Raum wird weniger von der Arbeitswelt belastet und bleibt intimer.

Die Analyse der Raumstruktur weist auch auf das Verhältnis zwischen öffentlichen, kollektiven und privaten Nutzflächen hin. Während bei den Ledigenheimen und Boardinghäusern sowie Einküchenhäusern rund 27 % an kollektiver Nutzfläche realisiert wurden, gab es kaum öffentlich zugängliche Räume.[8] Die restlichen rund 72 % der Nutzflächen waren den privaten Wohnräumen vorbehalten. Das Gemeinschaftliche stand nur der Hausbewohnerschaft zu. Nach dem Zweiten Weltkrieg und mit dem Rückzug ins Private sank bei den Gemeinschaftssiedlungen der durchschnittliche Anteil an kollektiver Nutzfläche auf gut 18 %. Mit den gesellschaftlichen Veränderungen der späten 1960er-Jahre und der Entwicklung der Wohnkooperationen stieg dieser Anteil wieder merklich auf durchschnittliche 25 %, wobei öffentliche gemeinschaftliche Nutzungen nach wie vor marginal blieben. Diese kamen erst langsam mit dem Modell der Wohn- und Kulturprojekte zum Tragen und pendelten sich bei 7 % ein. Dafür reduzierte sich wiederum die kollektive Nutzfläche, die nur der Hausgemeinschaft zugänglich war, auf durchschnittliche 14 %. So liegt der Anteil der privaten Nutzflächen bei den Wohn- und Kulturprojekten bei rund 79 %. Eine deutliche Reduktion der privaten Flächen zeigt sich erst bei den neuesten Wohnmodellen. Großhaushalte und Clusterwohnungen sowie Co-Living weisen einen Wert von durchschnittlich 54 % privater Nutzfläche auf, rund 31 % der Nutzfläche dienen der kollektiven Nutzung. Der Anteil der öffentlichen Nutzfläche liegt hier bei rund 15 %. Über sämtliche hier vorgestellten Wohnmodelle, die über mehrere Jahrzehnte realisiert wurden, pendelt sich durchschnittlich ein Anteil von 68 % an privater Nutzfläche sowie 25 % an kollektiver Nutzfläche ein, die öffentlichen Nutzflächen liegen dabei bei rund 7 %. Dabei gilt es festzuhalten, dass die Kosten der Verlagerung von Nutzfläche in den kollektiven und öffentlichen Bereich praktisch ausschließlich den privaten Flächen zugeschlagen werden. Der Nutzen dieser Verlagerung von Flächen und Kosten wird schlussendlich am Mehrwert des gemeinschaftlichen Zusammenlebens gemessen.

Individualität und Gemeinschaft

Je nach Verhältnis zwischen den Flächen für öffentliche, kollektive und private Räume verschieben sich die Grenzen der Intimität. Die Bewohnerinnen und Bewohner von gemeinschaftlichen Wohnräumen sind unterschiedlichen Öffentlichkeiten ausgesetzt. Zum einen als Individuum innerhalb der Gemeinschaft, die sich die kollektiven Räume teilt, zum anderen gegen außen durch den gemeinsamen Auftritt als Nutzergruppe, auch im Kontext des öffentlichen Interesses, in dem Wohnkollektive heute stehen.[9] So entsteht jeweils eine Interaktion zwischen dem Individuum und dem Kollektiv sowie zwischen dem Kollektiv und der Gesellschaft. Diese Abstufung weist auf unterschiedliche Grenzen in Bezug auf Öffentlichkeit und Privatheit hin. Die jeweiligen Übergänge werden von einzelnen Individuen unterschiedlich wahrgenommen. Dabei können auch innerhalb eines Wohnkollektivs ungleiche Diskretionsschwellen und Bedürfnisse von Nähe und Distanz ausgemacht werden. Die Wahrnehmung jedes Individuums bezüglich Öffentlichkeit und der damit verbundene Bedarf an Privatheit sind nicht nur kulturell geprägt, sondern ebenso abhängig von Geschlecht, Alter und der jeweiligen Lebensphase. So ist, laut dem Alters- und Wohnforscher François Höpflinger, der Wunsch nach Rückzug ins Private bei Jugendlichen und jungen Erwachsenen weniger ausgeprägt, da diese Gruppe Außenbeziehungen und -aktivitäten oft höher gewichtet als privates Wohnen. Umgekehrt verhält es sich bei älteren Personen, bei denen die Wahrnehmung und Bedeutung von Öffentlichkeit durch den sozialen Rückzug, teils bedingt durch den Austritt aus dem Erwerbsleben oder durch zunehmende körperliche Einschränkungen, eine ganz andere wird.[10] Aber auch kontextuelle Bezüge, gesellschaftliche Veränderungen und Wertewandel führen zu unterschiedlichen Wahrnehmungen von Öffentlichkeitsgraden. So wurden die rationell bemessenen Wohneinheiten der Ledigenheime und Boardinghäuser anfangs des 20. Jahrhunderts nicht als Einschränkung der Privatheit verstanden, sondern vielmehr als Fortschritt zu einem eigenständigen Leben. Auch Mitte der 1970er-Jahre empfanden viele Bewohnerinnen und Bewohner von Wohngemeinschaften einen hohen Öffentlichkeitsgrad in ihren gemeinschaftlichen Wohnräumen nicht als störend, da er ihrem Bedürfnis nach Kommunikation und Interaktion entsprach.[11]

Ein Mehrwert im gemeinschaftlichen Wohnen entsteht dann, wenn ein ausgewogenes individuelles Verhältnis zwischen Nähe und Distanz gelebt werden kann und das Gemeinschaftliche auf einer freiwilligen und selbstverständlichen Basis geschieht. Es geht nicht darum, die beiden Gegenpole Öffentlichkeit und Privatheit zu werten oder diese in ihrer Absolutheit einander gegenüberzustellen. Beide Qualitäten, sowohl Austausch und Kommunikation als auch Rückzug, Privatsphäre und Intimität, entsprechen menschlichen Grundbedürfnissen, die sich im gemeinschaftlichen Wohnen auf verschiedene Weise kombinieren lassen. Es gilt jedoch, mittels Schwellen und Filtern eine differenzierte Raumabfolge zu schaffen, um der unterschiedlichen Wahrnehmung von Öffentlichkeit gerecht zu werden. So wurden bei den Wohnmodellen der Gemeinschaftssiedlungen und später auch bei den Wohnkooperationen beispielsweise die privaten Räume bewusst durch gemeinschaftliche Wohnräume wie Aufenthaltsbereiche oder erweiterte Erschließungszonen erschlossen, um individuellen und kollektiven Raum miteinander zu verbinden. Eine andere räumliche Ausformulierung von Schwellen und Übergängen fand sich anfänglich bei den Boardinghäusern und wird heute in Clusterwohnungen und beim Co-Living gelebt. Dabei wird zwischen den gemeinschaftlichen Wohnräumen und den individuellen Räumen eine persönlich nutzbare Vorzone, eine Zwischenschicht mit diversen Funktionen wie beispielsweise einer Kleinküche, Nasszonen oder einer Art Garderobenraum, angeboten. Diese Vorzone bildet nicht nur räumlich einen Übergang, sondern dient zusätzlich als Sicht- und Lärmschutz zu den gemeinschaftlichen Wohnräumen.

Der individuelle Wohnraum wird wohl immer der Raum sein, in den wir uns zurückziehen, um Ruhe, Schutz und Intimität zu suchen. Gemeinschaftliche Räume erweitern diesen individuellen Raum und bieten je nach Öffentlichkeitsgrad unterschiedliche Intensitäten des Zusammenlebens. Die Individualität der Personen oder der Kleingruppen wie Paare oder Kleinfamilien wird durch diese Nutzungsoptionen an gemeinschaftlichen Räumen gar verstärkt, da durch die unterschiedlichen Möglichkeiten Abgrenzung oder Teilnahme vielseitiger gestaltet werden kann. Da gemeinschaftliche Wohnräume mehr Kommunikations- und Interaktionsräume schaffen, wachsen Entscheidungs- und Handlungsspielräume jedes Einzelnen. Individualisierungsprozesse führen denn auch nicht zwingend zu einem Verlust an Gemeinschaft, sondern bringen, neben dem Streben nach Autonomie, auch Aspekte wie ein höheres Maß an Selbstverantwortung und einen Wunsch nach dem Kollektiven im traditionellen Familienverbund, wie auch in einer Wahlverwandtschaft, mit sich.[12] Andererseits bedingt gemeinschaftliches Wohnen ein Mehr an analoger Kommunikation und eine aktive Gestaltung der nachbarschaftlichen und gemeinschaftlichen Beziehungen.

Sozialer Auslöser und Verbreitung

Die Entwicklungslinie der neun Wohnmodelle zeigt, dass Wohnobjekte, in denen ein starker sozialer Auslöser zur Eigeninitiative und Selbstverwaltung führte, sich bisher als die stabilste, wenn auch sehr vielfältige Form des gemeinschaftlichen Wohnen erwiesen. Dabei bildet das Bedürfnis nach Austausch und

8 Bei den Berechnungen der kollektiven Nutzflächen wurden die Erschließungsflächen miteingerechnet, jedoch jeweils 10 % Verkehrsfläche abgezogen. Grundsätzlich basieren die Flächenangaben auf den zur Verfügung gestandenen Grundlagen und sind ohne Gewähr.

9 Müschen (1982): Lieber lebendig als normal! Selbstorganisation, kollektive Lebensformen und alternative Ökonomie, S. 42.

10 Höpflinger vermerkt zudem, dass ältere Personen die Grenzen zwischen Privatheit und Öffentlichkeit viel prägnanter ziehen. Der Rückzug in die Privatheit kann auch innerhalb der individuellen Wohnung vollzogen werden. Oft werden nur noch einzelne Räume benutzt, was zu einem erhöhten Wohnraumverbrauch führt (gemäß Gespräch vom 31.03.2017).

11 Reichardt (2014): Authentizität und Gemeinschaft, S. 418.

12 Philippsen (2014): Soziale Netzwerke in gemeinschaftlichen Wohnprojekten, S. 43.

	Wohnobjekt	Grundstück	Außenraum gesamt			Außenraum öffentlich			Außenraum kollektiv		
		Fläche m²	Fläche m²	in %	m²/ Pers.	Fläche m²	in %	m²/ Pers.	Fläche m²	in %	m² /Pers.
Ledigenheime und Boardinghäuser	Ledigenheim Rehhoffstraße	570	80	100	0.7	80	100	0.7	0	0	0
	Frauenwohnkolonie Lettenhof	4520	3125	100	52.3	2975	95	49.6	10	0.5	0.2
	Ledigenwohnheim Breslau	6530	4785	100	74.8	4120	86	64.4	590	12	9.2
	Boardinghaus Isokon Building	2110	2005	100	45.5	1470	73	33.4	495	25	11.2
	gemittelter Wert				43.3		88.5	37.0		9.4	5.2
Einküchenhäuser	Service House										
	Einküchenhaus Lichterfelde-West	1750	1305	100	18.6	1100	84	15.7	175	13	2.5
	Einküchenhaus Heimhof	4145									
	Kollektivhaus John Ericsonsgatan	500	375	100	4.6	65	17	0.8	115	31	1.4
	gemittelter Wert				11.6		50.5	8.3		22.0	2.0
Gemeinschaftssiedlungen	Kollektivhaus YK-Huset	2125	1740	100		1485	85		0	0	
	Kollektivwohnhaus Høje Søborg	13690	10660	100	47.8	8815	83	39.5	1110	10	5.0
	Wohnhochhaus Conjunto								0		0
	Wohnüberbauung Neuwil								330		2.4
	gemittelter Wert				47.8		84.0	39.5		5.0	2.5
Wohnkooperationen	Siedlung Overvecht Noord										
	Wohnmodell Steilshoop								335		1.6
	Gemeinschaftssiedlung Jernstoberiet	6055	4390	100	87.8	3670	83	73.4	200	5	4.0
	Kollektivhaus Stacken								95		1.0
	Gemeinschaftswohnhaus Houtwijk								130		
	gemittelter Wert				87.8		83.0	73.4		5.0	2.2
Wohn- und Kulturprojekte	Kollektivhaus Färdknäppen	1275	945	100	18.9	0	0	0	870	92	17.4
	Erneuerung Dreieck	2470	1735	100	12.1	1255	72	8.8	425	25	2.9
	Wohn- und Kulturprojekt Sargfabrik	4650	3000	100	14.3	2565	85	12.2	380	13	1.8
	Beginenhof Kreuzberg	1660	1930	100	34.5	0	0	0	1685	87	30.1
	Bofaellesskab Lange Eng								3490		17.5
	gemittelter Wert				20.0		39.3	5.3		54.3	13.9
Großhaushalte und Clusterwohnungen	Gemeinschaftssiedlung Tanthof	6875	4490	100	34.5	3540	79	27.2	925	20	7.1
	Großhaushalt Karthago	680	505	100	9.3	75	15	1.4	430	85	7.9
	Mehrgenerationenhaus Heizenholz	4060							640		7.5
	VinziRast-mittendrin	450	205	100	7.6	105	51	3.9	100	49	3.7
	Siedlung Spreefeld	7415	6980	100	49.9	5835	84	41.7	435	6	3.1
	Wohn- und Gewerbehaus Kalkbreite	6725	6485	100	25.0	5190	80	20.0	1295	20	5.0
	Siedlung Zwicky Süd	11500							2750		9.2
	gemittelter Wert				25.3		61.8	18.8		36.0	6.2
Co-Living	Poolhaus	5405	3925	100		1440	37		2155	55	
	Tech Farm K9		24	100	0.5	0	0	0	24	100	0.5
	The Collective Old Oak								830		1.5
	gemittelter Wert				0.5		18.5	0		77.5	1.0
Alle Wohnmodelle	gemittelter Wert				33.8		60.8	26.0		29.9	4.7

Tabelle mit Flächenangaben sämtlicher Wohnobjekte

Außenraum privat			Nutzfläche gesamt			Nutzfläche öffentlich			Nutzfläche kollektiv[1]			Nutzfläche privat		
Fläche m²	in %	m² / Pers.	Fläche m²	in %	m² / Pers.	Fläche m²	in %	m² / Pers.	Fläche m²	in %	m² / Pers.	Fläche m²	in %	m² / Pers.
0	0	0	1 605	100	14.5	0	0	0	725	45	6.5	880	55	8.0
140	4.5	2.5	2 200	100	36.6	50	2	0.8	305	14	5.1	1 845	84	30.7
75	2	1.2	1 690	100	26.0	0	0	0	355	21	5.5	1 335	79	20.5
40	2	0.9	1 420	100	32.3	0	0	0	310	22	7.1	1 100	78	25.2
	2.1	1.2			27.4		0.5	0.2		25.5	6.1		74.0	21.1
			3 215	100	31.1	0	0	0	840	26	8.4	2 375	74	23.7
30	3	0.4	2 265	100	32.4	0	0	0	770	34	11.0	1 495	66	21.4
			1 330	100		0	0		505	38		825	62	
195	52	2.4	2 335	100	29.1	290	12	3.6	370	16	4.6	1 675	72	20.9
	27.5	1.4			30.9		3.0	1.2		28.5	8.0		68.5	22.0
255	15		5 020	100		545	11		450	9		4 025	80	
735	7	3.3	14 805	100	66.4	1 985	13	8.9	3 440	23	15.4	9 380	64	42.1
450		2.0	5 680	100	25.8	0	0	0	850	15	3.9	4 830	85	21.9
770		5.5	4 340	100	31.0	0	0	0	1 135	26	8.1	3 205	74	22.9
	11.0	3.6			41.1		6.0	3.0		18.3	9.1		75.8	29.0
1 595		2.4	24 090	100	37.1	0	0	0	4 210	17	6.5	19 880	83	30.6
0		0	6 060	100	27.5	320	5	1.5	1 555	26	7.0	4 185	69	19.0
520	12	10.4	1 775	100	35.5	0	0	0	490	28	9.8	1 285	72	25.7
150		1.5	5 495	100	54.9	620	11	6.2	865	16	8.6	4 015	73	40.1
340			4 060	100		0	0		1 580	39		2 480	61	
	12.0	3.6			38.8		3.2	1.9		25.2	8.0		71.6	28.9
75	8	1.5	3 140	100	62.8	0	0	0	650	21	13.0	2 490	79	49.8
55	3	0.4	4 450	100	31.2	635	14	4.5	850	19	5.9	2 965	67	20.8
55	2	0.3	7 560	100	36.0	1 700	22	8.1	350	5	1.7	5 510	73	26.2
245	13	4.4	3 060	100	54.6	0	0	0	325	11	5.8	2 735	89	48.8
705		3.5	6 695	100	33.5	0	0	0	955	14	4.8	5 740	86	28.7
	6.5	2.0			43.6		7.2	2.5		14.0	6.2		78.8	34.9
25	1	0.2	5 620	100	43.2	225	4	1.7	1 860	33	14.3	3 535	63	27.2
0	0	0	2 445	100	45.2	80	3	1.5	1 360	55	25.1	1 005	42	18.6
330		3.9	3 630	100	42.7	210	6	2.5	935	26	11.0	2 485	68	29.2
0	0	0	1 515	100	56.1	600	40	22.2	540	35	20.0	375	25	13.9
710	10	5.1	7 495	100	53.5	1 145	15	8.2	1 085	14	7.7	5 265	71	37.6
0	0	0	14 550	100	56.0	4 600	32	17.7	2 165	15	8.3	7 785	53	30.0
330		1.1	17 740	100	59.1	2 950	17	9.8	2 280	13	7.6	12 510	70	41.7
	2.2	1.5			50.8		16.7	9.1		27.3	13.4		56.0	28.3
330	8		17 850	100		4 025	23		3 635	20		10 190	57	
0	0	0	1 150	100	23.0	0	0	0	535	47	10.7	615	53	12.3
0		0	11 880	100	21.6	1 915	16	3.5	4 720	40	8.6	5 245	44	9.5
	4.0	0.0			22.3		13.0	1.8		35.7	9.7		51.3	10.9
	9.3	1.9			36.4		7.1	2.8		24.9	8.6		68.0	25.0

(Bei den Berechnungen der kollektiven Nutzflächen wurden die Erschließungsflächen miteingerechnet, jedoch jeweils 10 % Verkehrsfläche abgezogen. Grundsätzlich basieren die Flächenangaben auf den zur Verfügung gestandenen Grundlagen und sind ohne Gewähr.)

1 exkl. 10 % Verkehrsfläche

Zugehörigkeit zu einer Gemeinschaft eine wichtige Basis für das Teilen. So gewinnt die soziale und ökologische Nachhaltigkeit beim gemeinschaftlichen Wohnen seit den 1970er-Jahren zunehmend an Bedeutung. Teilen erfolgt freiwillig, nicht mehr primär aus funktionalen Überlegungen oder gar aus wirtschaftlichen Zwängen heraus. Daher kann erwartet werden, dass der Anteil an Personen, die sich gemeinschaftliches Wohnen vorstellen können, wächst.

Studien deuten darauf hin, dass etwa ein Zehntel der Bevölkerung das Bedürfnis nach gemeinschaftlichen Wohnräumen hat.[13] Die momentane Tendenz hin zu einer breiteren Nutzergruppe wie Millennials, aber auch Personen in der zweiten Lebenshälfte und in der Nachfamilienphase zeigt, dass sich das gemeinschaftliche Wohnen zukünftig nicht mehr nur auf eine Altersgruppe oder das Bildungsmilieu beschränken wird. Das Bedürfnis nach Mitbestimmung und Gemeinschaft im Wohnen ist bei einer breiteren Bevölkerungsgruppe angekommen. Diese Tendenz wird sich mit den kommenden Jahrgängen, die auf den Wohnungsmarkt drängen, verstärken. Die Generation Y (zwischen 1980 und 2000 Geborene) sowie die Generation Z (ab 2000 Geborene) halten die Bestrebungen nach Selbstbestimmung hoch und haben eine andere Einstellung zum Thema Besitz als ihre Eltern. Dinge zu teilen stellt für diese Generationen keine Einbuße an Status und Sicherheit dar. Zukünftige Formen des gemeinschaftlichen Wohnens werden also begünstigt durch die demografischen Entwicklungen, veränderte Haushaltsformen, verstärkte Mobilität und Multilokalität, sich ändernde Wertvorstellungen, durch temporäre und zunehmend flexibilisierte Arbeitssituationen und vielleicht auch durch die zunehmende Prekarisierung gewisser sozialer Gruppen.

13 Wüstenrot Stiftung (Hrsg.) (1999): Neue Wohnformen, S. 128. Weiters geben Grampp und Zobrist an, dass 29 % der Schweizer Bevölkerung bereits Unterkünfte wie ein Haus oder eine Wohnung geteilt haben. Dabei sind jedoch auch Unterkünfte für temporäres Wohnen eingeschlossen. Vgl. Grampp, Zobrist: Die Sharing Economy zwischen Wachstum und Regulierungsdruck. In Forum, Raumentwicklung (02.2016): Sharing Economy – Sharing stärkt den Trend zur Dematerialisierung, S. 21. Ebenso bestätigt François Höpflinger, dass vor allem bei älteren Personen eine größere Nachfrage an gemeinschaftlichen Wohnräumen besteht, als das bestehende Angebot auf dem Wohnungsmarkt bereitstellen kann (gemäß Gespräch vom 31.03.2017).

Als Ausblick vier Handlungs- ebenen

«Denn Bauen heißt, eine Gesinnung haben.»

MARKUS EISEN[1]

Die gegenwärtige Aktualität des gemeinschaftlichen Wohnens ist Hinweis auf die Potenziale solcher Wohnmodelle. Dabei stellt sich die Frage, wie sich diese vermehrt umsetzen und ins alltägliche Zusammenleben integrieren lassen. Welche Aspekte sollte ein breit abgestützter Diskurs über zukünftige Grundrisslayouts sowie räumliche und soziale Gestaltungsprozesse des gemeinschaftlichen Wohnens beinhalten? Und wie lässt sich unideologisch und sachbezogen die Verbreitung gemeinschaftlich genutzter Wohnräume fördern – auch vor den Herausforderungen aus raumplanerischer, wohn- und sozialpolitischer Sicht, denen wir gegenüberstehen?

Zentrale Themen des gemeinschaftlichen Zusammenlebens sollen hier auf vier Handlungsebenen diskutiert werden: Einflussnahme der Bewohnerschaft, Überlagerung von Räumen und Nutzungen, Zusammenleben in der Gemeinschaft und Flexibilität der Aneignung. Die Ausführungen beruhen auf einer Gegenüberstellung von jeweils zwei gegensätzlichen Parametern, zwischen denen sich gemeinschaftliches Wohnen einpendelt.

Einflussnahme: marktbestimmt versus mitbestimmt

Zukünftige Bewohnerinnen und Bewohner können die Planung und Entwicklung eines Wohnobjektes gegenwärtig meist nicht oder nur sehr beschränkt beeinflussen. Gemeinschaftliches Wohnen und Mitsprache in der Produktgestaltung des Wohnens stehen im Widerspruch zum grundsätzlich konservativen und risikoaversen Wohnungsmarkt und den damit verbundenen Entwicklungsprozessen. Der Marktzugang und die Umsetzung innovativer Ansätze durch interessierte Nutzergruppen und Wohnbauträger werden oft durch fehlende Realisierungsmöglichkeiten erschwert. Dies auch deshalb, weil der Wohnungsmarkt im mitteleuropäischen Kontext, vor allem in wachsenden europäischen Städten, vorwiegend

1 Eisen (2012): Vom Ledigenheim zum Boardinghouse, Bautypologie und Gesellschaftstheorie bis zum Ende der Weimarer Republik, S. 248.

ein Anbietermarkt in einem dominierenden profitorientierten Segment mit standardisierten Wohnungen ist, der oft weder den Bedürfnissen des gemeinschaftlichen Wohnens noch den sich verändernden Haushaltsformen und Lebensweisen entspricht. So wurde die in den letzten Jahrzehnten gewachsene Nachfrage für gemeinschaftliches Wohnen bis vor kurzer Zeit weitgehend vernachlässigt.[2] Bisher hinterfragten meist nur gemeinnützige, vor allem neu gegründete Wohnbaugenossenschaften und zunehmend kommunale Bauträger oder selbstinitiierte private Trägerschaften wie beispielsweise Baugruppen bestehende Wohnformen, standardisierte Grundrisse und die längst überfällige vielfältigere Nutzung von Wohnbauten. Erst seit Kurzem beginnen auch einige private und institutionelle Investoren und Bauträger gewisse Formen des gemeinschaftlichen Wohnens als innovatives Geschäftsfeld zu entdecken und dieses in ihr Portfolio aufzunehmen. Die meisten Wohnobjekte mit gemeinschaftlichen Wohnräumen werden jedoch nach wie vor von engagierten gemeinnützigen und öffentlichen Bauträgerschaften, Architektinnen oder Bau- und Bewohnergruppen und in den wenigsten Fällen von profitorientierten Entwicklern, Investoren und Bauträgerschaften initiiert und umgesetzt.

Werden in der Planungs-, Realisierungs- und Nutzungsphase neue Wege gesucht, sollen Formen der Mitsprache und Mitbestimmung von Einzelpersonen und Interessengruppen im Idealfall professionell moderiert oder organisiert werden, um konstruktive Prozesse und verbindliche Entscheidungs- und Kommunikationsstrukturen zu fördern. Sonst können sich in diesen langen Prozessen Ermüdungserscheinungen, Frustration und Resignation einstellen. Bauliche und organisatorische Anforderungen müssen frühzeitig geklärt werden, um spätere Konflikte auch in Bezug auf häufige, zumindest theoretisch banale, aber praktisch wichtige Punkte wie Lärm, Ordnung und Sauberkeit in der Nutzungsphase zu vermeiden. Partizipative Prozesse sind anspruchsvoll und pendeln sich idealerweise zwischen top-down und bottom-up ein, sodass auf die Bedürfnisse der Nutzerschaft eingegangen und, wo nötig, Expertenwissen miteinbezogen werden kann. Je früher in der Planungsphase Partizipationsprozesse eingeleitet werden und Expertinnenwissen unterschiedlicher Art einfließen kann, desto größer ist der Gestaltungsspielraum. Dabei erleichtern auch digitale Instrumente und Plattformen den Kontakt zwischen Bauträger- und Bewohnerschaft. In einigen prosperierenden mitteleuropäischen Städten wurden in den letzten Jahren größere Arealentwicklungen initiiert, die den demografischen Entwicklungen, gemeinschaftlichen Nutzungen von Wohnräumen und neuen Formen der Lebens- und Alltagsgestaltung Rechnung tragen wollen. Hier werden direkte, stellvertretende Mitspracheprozesse einer interessierten späteren Bewohnerschaft in der Planungsphase oft durch den Einbezug von Fachleuten aus dem sozial- und kommunikationswissenschaftlichen Bereich ergänzt.

Einflussnahme geht einher mit Verantwortlichkeit und Aufwand für sämtliche Beteiligte, da gemeinschaftliches Wohnen einer aktiven Gestaltung, Nutzung und Pflege bedarf. Wird Teilen im Sinne von Teilhabe und Teilnahme verstanden, muss eine Balance zwischen privaten Rückzugsmöglichen, autonomen Entscheidungsbereichen und dem partizipativen Aushandeln von Verhaltensweisen in den gemeinschaftlich genutzten Räumen gefunden werden. Obwohl sorgsam geplante Formen gemeinschaftlichen Wohnens durchaus einen Beitrag zu bezahlbarem Wohnen oder zur Belebung bestehender problematischer Wohnsiedlungen leisten können, sind sie noch nicht Erfolgsrezept für diese komplexen Herausforderungen. Ohne die entsprechende Moderation und die Einbindung der Bewohnerschaft in die Entwicklung und Umsetzung gemeinschaftlicher Prozesse scheinen Misserfolge vorprogrammiert zu sein. Rein baulich-organisatorische Lösungen funktionieren kaum. Gemeinschaftlichkeit und Teilen kann nicht einfach inszeniert werden, sondern muss den Bedürfnissen der Beteiligten und Betroffenen entsprechen. Deshalb sollten Kommunen und weitere an zukunftsorientiertem Wohnen interessierte Eigentümerinnen innovativen Wohnbauträgerschaften den Zugang und damit auch die Finanzierung zu geeigneten Grundstücken erleichtern, beispielsweise durch die Abgabe von Land im Baurecht, und die Akteure im Entwicklungsprozess stärken und unterstützen.

Überlagerung: temporär versus permanent

Das Prinzip der Überlagerung bezieht sich auf das Angebot einer räumlich-sozialen Struktur, die es erlaubt, privaten Raum qualitätsvoll durch gemeinschaftliche Räume zu erweitern. Je nach Funktion und Ausstattung können solche Räume dem privaten Wohnbereich temporär oder permanent zugeschaltet werden. Eine gemeinsame und somit intensivere Nutzung dieser zuschaltbaren Räume und die daraus resultierende Nutzungsüberlagerung und Mehrfachnutzung kann auch den individuellen Wohnflächenkonsum in urbanen Siedlungsräumen reduzieren. Dies bedingt jedoch eine solide und qualitätsvolle Gestaltung und Bewirtschaftung der gemeinschaftlichen Räume und ein differenziertes Angebot für unterschiedliche Bedürfnisse.

Die Auseinandersetzung mit zuschaltbaren gemeinschaftlichen Räumen und einer damit verbundenen Einschränkung des privaten Wohnraums ist verbunden mit der Frage des persönlichen Wohnflächenkonsums.[3] Sorgt viel Wohnfläche wirklich für eine höhere Wohnqualität? Oder anders gefragt: Wie viel an privatem Raum braucht eine Person, um ihre Bedürfnisse nach Rückzug, Autonomie und Intimität zu decken? Bedarf und Bedürfnisse verändern sich je nach Alter und Lebensphase. Für ältere und vor allem hochaltrige Menschen wird der private Wohnraum zunehmend wichtiger, oft auch aufgrund eingeschränkter Mobilität. Für junge, stärker nach außen orientierte Menschen sind die Qualitäten des privaten Wohnraums oft eher sekundär; wichtiger sind die Bezahlbarkeit und eine zentrale Lage. Für Familien mit kleinen Kindern sind das unmittelbare Wohnumfeld und der Außenraum von großer Bedeutung. Wohnkarrieren sind heute vielseitiger und wechselhafter als noch vor einigen Jahrzehnten. Gemäß François Höpflinger wird die Kernfamilie weiter bestehen, jedoch demografisch zur Minderheit werden und sich bezüglich Einelternfamilien oder Fortsetzungsfamilien weiter ausdifferenzieren.[4] Die Familienzeit der Kindererziehung beschränkt sich auf eine kompakte Lebensphase, der andere Beziehungs- und Wohnformen vorangehen beziehungsweise nachfolgen. Werden vielseitige Formen des gemeinschaftlichen Wohnens in einer Nachbarschaft angeboten und durch einen breitgefächerten Wohnungsmix ergänzt, besteht die Option, je nach Lebensphase im gewohnten Wohnumfeld bleiben zu können. Bauträgerschaften und Kommunen fällt die Rolle zu, optimalere Bedingungen für das gemeinschaftliche Wohnen zu schaffen. Die Überlagerung fördert sowohl ein Nebeneinander unterschiedlicher Wohnweisen und Nutzungen als auch die demografische Durchmischung. So kann der Wohnflächenbedarf in dichten urbanen Siedlungsräumen reduziert und für unterschiedliche Zielgruppen leichter optimiert werden.

Zusammenleben: heterogen versus homogen

Ein zentraler Mehrwert des gemeinschaftlichen Wohnens ist sozialer und sozialpsychologischer Natur und liegt im Austausch mit einer größeren Gemeinschaft. Die Kultur der gemeinschaftlichen Teilhabe und Teilnahme stärkt und intensiviert die nachbarschaftlichen Beziehungen und befördert eine Identifikation mit Mitbewohnerinnen und -Mitbewohner. Gleichzeitig ist es einfacher, sich mit Personen, die ähnliche Werte, Interessen und Motive haben, zu identifizieren, auch wenn diese in

---

2 Dies bestätigt auch François Höpflinger, der vor allem bei älteren Personen eine größere Nachfrage an geteilten Wohnräumen sieht, als das bestehende Angebot auf dem Wohnungsmarkt bereitstellt. Zur selben Schlussfolgerung kommt die Studie *Wohngemeinschaften – ein Markt für Investoren*. Die Autoren bemerken, dass eine nicht gedeckte und substanziell Nachfrage nach neuen Wohnformen im Bereich des gemeinschaftlichen Wohnens besteht. Weiter wird jedoch resümiert, dass für Investoren mit reinen Renditeabsichten gemeinschaftliches Wohnen als Anlagevehikel derzeit zu wenig lukrativ sei. Vgl. Baumann, Flury, Fust, Hohenacker (2012): Wohngemeinschaften, ein Markt für Investoren? Voraussetzungen und Rahmenbedingungen für ein neues Immobilienanlageprodukt, S. 92.

3 Die Studie *Wohnflächenkonsum und Wohnflächenbedarf* zeigt beispielsweise auf, dass fast 10 % der Schweizer Haushalte angeben, über zu viel Wohnfläche zu verfügen. Die Ursache mangelnder Übereinstimmung von Wohnflächenkonsum und Wohnflächenbedarf liegt nicht im Einkommen, sondern in anderen Faktoren wie dem Alter oder der Haushaltszusammensetzung. Vgl. Delbiaggio, Wanzenried (2016): Wohnflächenkonsum und Wohnflächen bedarf, S. 49.

4 Gemäß Interview mit François Höpflinger vom 31.03.2017.

unterschiedlichen Lebensphasen sind. So treffen sich beim gemeinschaftlichen Wohnen oft Menschen mit ähnlichen Wertvorstellungen und Lebensstilen und bilden eine eher homogene Nutzergruppe. Diese Homogenität kann sich auf gemeinschaftliche Aktivitäten, Zusammenhalt, zwischenmenschliche Beziehungen, soziale Verbindlichkeit und das Minimieren von Konflikten positiv auswirken. Doch gemeinschaftliches Wohnen bedingt auch eine heterogene Vielfalt, um eine bereichernde und anregende Diversität und gegenseitige Toleranz zu fördern. Diese Herausforderung gilt es bei der Auswahl der Bewohnerinnen und Bewohner zu bedenken, auch im Hinblick auf die unterschiedlichen Ziel- und Wohnvorstellungen in einem schon bestehenden Objekt. Eine zu starke Segregation kann längerfristig und insbesondere bei einem Generationenwechsel zu Instabilität führen, da Nutzungsüberlagerungen von gemeinschaftlichen Räumen bedingen, dass eine vielfältige Bewohnerschaft diese zu unterschiedlichen Tageszeiten und für diverse Funktionen benutzt. Wenn gemeinschaftliche Wohnformen nicht nur ein Nischenprodukt bleiben, sondern sich breiter etablieren sollen, muss den Ansprüchen und Aushandlungsprozessen verschiedener Bewohnergruppen betreffend der Nutzungsüberlagerung gemeinschaftlicher Räume große Aufmerksamkeit geschenkt werden.

Gemeinschaftliches Wohnen kann, in einer zunehmenden individualisierten, sich demografisch verändernden und diversifizierenden Gesellschaft, einen wichtigen Beitrag zu sozialer Integration leisten. Neuere Mehrgenerationenprojekte zeigen, dass Integration und Austausch zwischen älteren Menschen, Familien mit Kindern und Einzelpersonen gefördert werden, indem gegenseitige Unterstützungsangebote, nachbarschaftliche Hilfe und auch andere Aktivitäten zugunsten der Gemeinschaft auf informelle Art organisiert werden. Städtische Wohnumgebungen haben den Vorteil, in ein dichtes Infrastrukturnetz, eine große und leicht zugängliche Bandbreite von Dienstleistungs- und Freizeitangeboten und in eine Vielfalt von möglichen Nachbarinnen und Nachbarn eingebunden zu sein. Oft leisten vor allem solche Projekte einen wichtigen Beitrag zu lebendigen Quartieren durch ein Infrastrukturangebot, das sich auch an externe Nutzende richtet. Urbane Vielfalt kann zu einem feinen Beziehungsnetz des gemeinschaftlichen Wohnens führen, indem Hilfestellungen, Dienstleistungen sowie Wissen ausgetauscht werden. All dies unterstützt und entlastet die einzelnen Bewohnerinnen und Bewohner und bereichert das Zusammenleben.[5] Davon profitieren auch Kommunen, Bauträger und Bewirtschafter, da die Verantwortung, das Zusammenleben und die gegenseitige Unterstützung zu gestalten, wenigstens teilweise selbst organisiert und breiter verteilt wird.

Flexibilität: teilen versus besitzen

Die Flexibilität gemeinschaftlichen Wohnens ist geprägt durch den Zugang zu erweiterten Nutzungsoptionen und Ausstattungen, die im individuellen Wohnraum nicht oder nur beschränkt vorhanden sind. Besitz bringt zwar Sicherheit mit je eigenen Risiken und allenfalls gesellschaftlichen Status. Gemeinnützige Organisationsformen können jedoch mittels Anteilsscheine und Kündigungsschutz ebenso Wohnsicherheit und Vertrauen seitens der Bewohnerschaft schaffen. Die flexible Nutzung von Wohnraum wird auch durch die Digitalisierung vorangetrieben und hat teilweise bereits einen größeren Stellenwert als Besitz.[6] In der bezüglich Arbeit und Wohnen von stetigen Veränderungen geprägten postmodernen Gesellschaft wird Wohnmobilität und -flexibilität oft höher gewichtet und Wohneigentum nicht selten als Verpflichtung und Belastung empfunden. Mobilität in Beruf und Freizeitgestaltung vergrößern auch die soziale Mobilität. Verzicht auf Besitz ist nicht nur aus ökonomischen Gründen vor allem bei jüngeren Generationen beliebt. Eine nicht besitzgebundene Lebensweise erweitert Wahlmöglichkeiten und kann ein soziales Netzwerk im Wohnumfeld bieten, in das die Bewohnerinnen und Bewohner eingebunden sind.[7]

Teilen statt Besitzen führt nicht nur zu reichhaltigeren Wohnweisen, sondern verlangt nach einer neuen wohnbegleitenden sowie haushaltsinternen Servicekultur, da der optimale Zugang zu gemeinschaftlichen Räumen und weiteren Dienstleistungen wichtiger wird.

Soziales Management oder Service-on-Demand dürften die Entwicklungen und Angebote zumindest eines Segments von Wohnbauprojekten künftig stärker prägen.[8] Aufgabe wird es sein, einen niederschwelligen Zugang zu verschiedenen Optionen anzubieten. Der Trend hin zur vermehrten Nutzung von Serviceleistungen bei gleichzeitig reduzierter individueller Ausstattung führt zur Frage, wie viel Haushalt wir noch benötigen oder ob die diesbezüglich verbliebenen Funktionen komplett ausgelagert beziehungsweise professionalisiert werden. Schon Häußermann und Siebel fragten sich um die Jahrtausendwende, ob wir zukünftig noch eine Wohnung benötigen.[9] Wird sämtliches Haushalten ausgelagert oder an Serviceleistungen delegiert und somit ökonomisiert, wird Wohnen vollends zum Konsumgut. Durch das Auslagern und Professionalisieren vieler Funktionen wird sich die funktionale Bedeutung der Wohnung weiterhin verringern. Dabei gewinnt die Bedeutung der Wohnung als soziales Gefüge, ihre sozialpsychologische Bedeutung und die rechtlich-ökonomische Verfügungsgewalt mehr Gewicht.

Das größte Potenzial des gemeinschaftlichen Wohnens liegt in seiner möglichen Vielfalt. Wohnräume mit verschiedenen Funktionen und attraktiven Ausstattungen, breitgefächerte Wohnoptionen und eine Vielzahl an unterschiedlichen Menschen prägen und beleben das gemeinschaftliche, meist urbane Wohnen. Wohnqualitäten diversifizieren sich. Bewohnerinnen und Bewohnern kommt eine Schlüsselrolle in der Gestaltung des gemeinschaftlichen Wohnens zu. Mit ihren je spezifischen Kompetenzen, Stärken und Schwächen sowie individuellen und kollektiven Bedürfnissen suchen sie im gemeinschaftlichen Wohnen eine verlässliche Struktur, um sich zu entfalten und Heimat für sich zu schaffen. *Es gibt keine Gemeingüter ohne gemeinsames Tun,* schreibt die Ökonomin Elinor Ostrom und stellt fest, dass Menschen in ihren verschiedenen sozialen Netzen über ein schier unerschöpfliches Reservoir an Wissen, Erfahrungen, an formellen und informellen Regeln verfügen, an dem alle teilhaben können.[10] Wir müssen nur unsere Aufmerksamkeit darauf richten und die räumlichen und strukturellen Voraussetzungen dafür schaffen.

---

5 Das ökonomische Potenzial des gemeinschaftlichen Wohnens lässt sich laut Fedrowitz nur schwer quantifizieren. Sicherlich verringern sich die Kosten der einzelnen Haushalte, da nicht nur vieles geteilt werden kann, sondern vor allem informelle, ehrenamtliche und selbstorganisierte Arbeiten und Hilfestellungen allen zugutekommen. Dies kann dafür sorgen, dass Personen entlastet werden, sodass diese unter anderem einer Erwerbsarbeit nachgehen können und weniger externe Dienstleistungen in Anspruch nehmen müssen. In dieser Hinsicht wird neuerdings vom Social Return on Investment (SROI) gesprochen, einer sozialen Rentabilität, die neben einer notwendigen ökonomischen Rentabilität nicht nur die Gewinnmaximierung in den Vordergrund stellt, sondern auch den sozialen Nutzen.
Ein weiterer Vorteil des gemeinschaftlichen Wohnens scheint für viele die Reduktion der Eigenkapitalanteile zu sein, da Organisationsformen wie beispielsweise Baugruppen oder Genossenschaften dafür sorgen, dass durch die Aneignungsform des Teilbesitzens ein dritter Weg begangen werden kann. Vgl. auch Fedrowitz, Gailing (2003): Zusammen Wohnen, Gemeinschaftliche Wohnprojekte als Strategie sozialer und ökologischer Stadtentwicklung, S. 62 und Schrader Stiftung (Hrsg.) (2008): Raus aus der Nische – rein in den Markt, S. 16, S. 123.

6 Wobei sich gemäß dem Jugendbarometer der Credit Suisse von 2018 ein großer Teil der 16- bis 25Jährigen nach wie vor Eigentum wünscht.

7 NZZ am Sonntag (28.08.2016): Gar nicht wie die Eltern.

8 Krosse (2005): Wohnen ist mehr, S. 221.

9 Häußermann, Siebel (2000): Soziologie des Wohnens, Eine Einführung in Wandel und Ausdifferenzierung des Wohnens, S. 14.

10 Ostrom (2008): Was mehr wird, wenn wir teilen – vom gesellschaftlichen Wert der Gemeingüter, S. 16.

Register

Fachbücher, Monografien

Ackerknecht, Dieter u. a. (1972): *Kommune und Grossfamilie, Dokumente – Programme – Probleme*, Bern: Paul Haupt.

Alexander, Christopher; Ishikawa, Sara; Silverstein, Murray; Czech, Hermann (Hrsg.) (1995): *Eine Muster-Sprache*, Wien: Löcker Verlag.

Altenstraßer, Christina; Hauch, Gabriella; Kepplinger, Hermann (2007): *gender housing – geschlechtergerechtes bauen, wohnen, leben*, Innsbruck: Studien Verlag.

amantine (2011): *Gender und Häuserkampf*, Münster: UNRAST Verlag.

Arendt, Hanna (1981): *Vita activa oder Vom tätigen Leben*, München: Piper.

Bahner, Olaf; Böttger, Matthias (Hrsg.) (2016): *Neue Standards, zehn Thesen zum Wohnen*, Berlin: Jovas.

Bahrdt, Hans-Paul (1966): *Wege zur Soziologie*, München: Nymphenburger Verlagshandlung.

Bahrdt, Hans-Paul (1998): *Die moderne Großstadt – Soziologische Überlegungen zum Städtebau*, Wiesbaden: Verlag für Sozialwissenschaften.

Barbey, Gilles (1984): *Wohnhaft, Essay über die innere Geschichte der Massenwohnung, Sozialgeschichte, Wohnungsgeschichte*, Wiesbaden: Vieweg und Sohn.

Bärsch, Jürgen; Brech, Joachim (1993): *Das Ende der Normalität im Wohnungs- und Städtebau – Thematische Begegnungen mit Klaus Novy*, Darmstadt: Verlag für wissenschaftliche Publikationen.

Bartmann, Christoph (2016): *Die Rückkehr der Diener, Das neue Bürgertum und sein Personal*, München: Carl Hanser Verlag.

Baumgartner, Michael (2013): *Zukunft des Wohnens*, Kelkheim: Zukunftsinstitut GmbH.

Bebel, August (1878): *Die Frau und der Sozialismus*, Stuttgart: Dietz.

Becker, Annette; Kienbaum, Laura; Ring, Kristien; Schmal, Peter (Hrsg.) (2015): *Bauen und Wohnen in Gemeinschaft, Ideen, Prozesse, Architektur*, Basel: Birkhäuser.

Benevolo, Leonardo (1971): *Die sozialen Ursprünge des modernen Städtebaus, Lehren von gestern – Forderungen für morgen*, Gütersloh: Bertelsmann Fachverlag.

Bertels, Lothar (1990): *Gemeinschaftsformen in der modernen Stadt*, Obladen: Leske Verlag.

Bertels, Lothar (Hrsg.) (2008): *Stadtgespräche*, Wiesbaden: Verlag für Sozialwissenschaften.

Besser, Jutta (2010) *Zusammen ist man weniger allein* – Alternative Wohnprojekte für Jung und Alt, Mannheim: Patmos Verlag.

Bollerey, Franziska (1974): *Architekturkonzeptionen der Utopischen Sozialisten*, Berlin: Freie Universität.

Braun, Lily (1901, Nachdruck 1979) *Die Frauenfrage, Ihre geschichtliche Entwicklung und ihre wirtschaftliche Seite*, Berlin: Verlag J.H.W Dietz Nachf. GmbH.

Brech, Joachim (Hrsg.) (1989): *Neue Wohnformen in Europa, Berichte des 4. Internationalen Wohnbund Kongresses*, Wien: Verlag für Wissenschaftliche Publikationen.

Breckner, Ingrid; Schauber, Antje; Schmals, Klaus M. (1981): *Soziologie des Wohnens*, München: Sozialforschungsinstitut.

Bürgerverein Hansaviertel e.V. (Hrsg.) (2015): *Hansaviertel Berlin, Architekturführer zur Interbau 57*, Berlin: Bürgerverein Hansaviertel e.V.

Bürgi, Hanspeter; Gallner Simon (Hrsg.) (2015): *Smart Sharing, Architektur und Technik, Raum und Ressourcen: Mehr als ein Projekt für den Solar Decathlon*, Luzern: Quart Verlag.

Burke, David (2014): *The Lawn Road Flats, Spies, Writers and Artists*, Woodbridge: The Boydell Press.

Buschfeld, Ben (2015): *Bruno Taut's Hufeisensiedlung*, Berlin: Nicolaische Verlagsbuchhandlung GmbH.

Caduff, Christian; Kuster, Jean-Pierre (2000): *Wegweisend wohnen, Gemeinnütziger Wohnungsbau im Kanton Zürich an der Schwelle zum 21. Jahrhundert*, Zürich: Scheidegger und Spiess.

Cantacuzino, Şerban (1978): *Wells Coates: A Monograph*, London: Fraser.

Chan-Magomedow, Selim O. (1983): *Pioniere der sowjetischen Architektur, Der Weg zur neuen sowjetischen Architektur in den zwanziger und zu Beginn der dreißiger Jahre*, Dresden: VEB Verlag der Kunst Dresden.

Chermayeff, Serge; Alexander, Christopher (1972): *Gemeinschaft und Privatbereich im*

neuen Bauen, Mainz: Florian Kupferberg Verlag.
Chmelnizki, Dmitrij (2007): *Die Architektur Stalins – Studien zu Ideologie und Stil*, Stuttgart: Ibidem Verlag.
Claus, Sylvia; Huber, Dorothee; Schnitter, Beate (2013): *Lux Guyer (1894–1955). Architektin*, Zürich: gta Verlag.
Cramer, Johannes; Zalivkako, Anke (1971): *Das Narkomfin-Kommunehaus in Moskau* 1918–2012, Petersburg: Michael Imhof Verlag.
Cyprian, Gudrun (1978): *Sozialisation in Wohngemeinschaften, eine empirische Untersuchung ihrer strukturellen Bedingungen*, Stuttgart: Ferdinand Enke Verlag.

Döllmann, Peter; Temel, Robert (Hrsg.) (2002): *Lebenslandschaften, Zukünftiges Wohnen im Schnittpunkt zwischen privat und öffentlich*, Frankfurt/New York: Campus Verlag.

Eberle, Dietmar; Glaser, Marie Antoinette (2009): *Wohnen, im Wechselspiel zwischen öffentlich und privat*, Sulgen: Niggli Verlag.
Eisen, Markus (2012): *Vom Ledigenheim zum Boardinghouse, Bautypologie und Gesellschaftstheorie bis zum Ende der Weimarer Republik*, Berlin: Gebr. Mann Verlag.
Elias, Norbert Oliver (1969): *Die höfische Gesellschaft*, Darmstadt: Suhrkamp Taschenbuch.
Elser, Oliver; Rieper, Michael; Künstlerhaus Wien (Hrsg.) (2008): *Wohnmodelle, Experiment und Alltag*, Wien: Folio-Verlag.
Engels, Friedrich (1872, Berliner Ausgabe 2013): *Zur Wohnungsfrage*, Leipzig: Der Volksstaat.

Fester, Marc; Kraft, Sabine; Metzner, Elke (1983): *Raum für soziales Leben*, Karlsruhe: Müller Verlag.
Fezer, Jesko; Hiller, Christiane; Nehmer, Alexandra; Oswalt, Philipp (2015): *Kollektiv für sozialistisches Bauen, Proletarische Bauausstellung*, Berlin: Haus der Kulturen.
Förster, Wolfgang; Menking, William (Hrsg.) (2018): *Das Wiener Modell 2, Wohnbau für die Stadt des 21. Jahrhunderts*, Berlin: JOVIS Verlag.
Fourier, Charles (1966): *Theorie der vier Bewegungen und der allgemeinen Bestimmungen*, Frankfurt am Main: Europäische Verlagsanstalt.
Franck, Georg; Franck, Dorothea (2008): *Architektonische Qualität*, München: Carl Hanser Verlag.
Freisitzer, Kurt; Koch, Robert; Uhl, Ottokar (1987): *Mitbestimmung im Wohnbau, ein Handbuch*, Wien: Picus Verlag.
French, Hilary (2008): *Key Urban Housing of the Twentieth Century, Plans, Sections and Elevations*, London: Laurence King Publishing.
Frick, Karin; Hauser, Mirjam; Gürtler, Detlef (2008): *Sharity, Die Zukunft des Teilens, Rüschlikon*, Zürich: GDI Gottlieb Duttweiler Institute.

Genossenschaft Dreieck (Hrsg.) (1997): *Das Dreieck 1997–2057, Erneuerung eines städtischen Lebensraumes in Zürich Aussersihl*, Zürich: unbekannt.
Genossenschaft Kalkbreite (Hrsg.) (2015): *Kalkbreite, ein neues Stück Stadt*, Zürich: Genossenschaft Kalkbreite.
Gerheuser, Frohmut; Schumann, Carola (1981): *Kommunikatives Wohnen*, Brugg-Windisch: Metron Planungsgrundlagen.
Gilg, Mark; Schaeppi, Werner (2007): *Lebensräume, Auf der Suche nach zeitgemässem Wohnen*, Sulgen/Zürich: Verlag Niggli AG.
Grütter, Heinrich Theodor (Hrsg.) (2014): *Die Gartenstadt Margarethenhöhe, Architektur und Geschichte*, Essen: Klartext Verlag.

Habraken, John N. (1961): *Die Träger und die Menschen*, Den Haag: Arch-Edition.
Haider, Ernst (1984): *Wohngemeinschaften in Österreich, Daten und Tendenzen einer gegenkulturellen «Institution»*, Frankfurt: Campus Verlag.
Harlander, Tilman; Kuhn, Gerd; Wüstenrot Stiftung (2012): *Soziale Mischung in der Stadt, Case Studies, Wohnungspolitik in Europa, Historische Analyse*, Stuttgart: Krämer Verlag.
Hartmann, Monika (1978): *Selber und gemeinsam planen, bauen, wohnen*, München: Selbstverlag.
Häußermann, Hartmut; Siebel, Walter (2000): *Soziologie des Wohnens, Eine Einführung in Wandel und Ausdifferenzierung des Wohnens*, München: Juventa Verlag.
Hertzberger, Herman; van Vlijmen, Marieke (1995): *Das Unerwartete überdacht: Herman Hertzberger, Projekte* 1990–1995, Rotterdam: Verlag 010 Publishers.
Hilti, Nicola (2013): *Lebenswelten multilokal Wohnender*, Wiesbaden: Springer VS.
Hofer, Andreas; Schmid, Peter; Sonderegger, Alfons (2008): *Wohnen morgen, Standortbestimmung und Perspektiven des gemeinnützigen Wohnungsbaus*, Zürich: Verlag Neue Zürcher Zeitung.
Howard, Ebenezer (1898): *To-morrow: A Peaceful Path to Real Reform*, London: unbekannt.
Huber, Andreas (Hrsg.) (2008): *Neues Wohnen in der zweiten Lebenshälfte*, Basel: Birkhäuser.
Hugentobler, Margrit; Hofer, Andreas; Simmendinger, Pia (Hrsg.) (2016): *Mehr als Wohnen. Genossenschaftlich planen – ein Modellfall aus Zürich*, Basel: Birkhäuser.
Hugentobler, Margrit; Otto, Ulrich (2017): Gemeinschaftliche Wohnformen für die zweite Lebenshälfte – Qualitäten im Kanton Zürich. In Sinning, Heidi (Hrsg.): *Altersgerecht Wohnen und Leben im Quartier*, Stuttgart: Fraunhofer.
Hunger, Matthias (2003): *Sozialistisches Wohnkonzept und Wohnungsbau in der DRR – Das Beispiel Halle-Neustadt*, Hamburg: Diplomica GmbH.

Id22: Institut für kreative Nachhaltigkeit Berlin (Hrsg.) (2012): *CoHousing Cultures, Handbuch für selbstorganisiertes, gemeinschaftliches und nachhaltiges Wohnen*, Berlin: Jovis Verlag.

Jahn, Harald A. (2014): *Das Wunder des Roten Wien, Zwischen Wirtschaftskrise und Art Deco*, Wien: Phoibos Verlag.

Korczak, Dieter (1979): *Neue Formen des Zusammenlebens, Erfolge und Schwierigkeiten des Experiments Wohngemeinschaft*, Frankfurt am Main: Fischer.
Krebs, Diethart (Hrsg.) (1970): *Die hedonistische Linke – Beiträge zur Subkultur-Debatte*, Berlin: Luchterhand Verlag.
Kries, Mateo; Müller, Mathias; Niggli, Daniel; Ruby, Andreas; Ruby, Ilka (Hrsg.) (2017): *Together! Die Neue Architektur der Gemeinschaft*, Weil am Rhein: Vitra Design Museum.
Krosse, Susanne (2005): *Wohnen ist mehr*, Frankfurt am Main: Lang.
Kuchenbuch, David (2010): *Geordnete Gemeinschaft – Architekten als Sozialingenieure, Deutschland und Schweden im 20. Jahrhundert*, Bielefeld: transcript Verlag.
Kurz, Daniel (Hrsg.) (2003): *Metron: Planen und Bauen* 1965–2003, Zürich: GTA Verlag, ETH Hönggerberg.

LaFond, Michael; Tsvertkova, Larisa (Hrsg.) (2017): *CoHousing Inclusive, Selbstorganisiertes, gemeinschaftliches Wohnen für alle*, Berlin: Jovis Verlag.
Lamm, Staffan (2006): *Das Kollektivhaus*, Frankfurt am Main: S. Fischer.
Lauri, Tomas; Bundegaard, Christian; Mandrup, Dorte (2015): *Dorte Mandrup Arkitekter*, Stockholm: Arvinius + Orfeus Publishing.
Lindegren Westermann, Ann (2010): *Arkitekterna Albin Stark och Erik Stark, Stockholm i förvandling* 1909–2009, Stockholm: Arkitektur Förlag.
Lüchinger, Arnulf (2000): *2-Komponenten-Bauweise*, Den Haag: Arch-Edition.

McCamant, Kathryn; Durret, Charles (1994): *Cohousing: A Contemporary Approach to Housing Ourselves*, Berkeley, California: The Speed Press.
Mersmann, Arno; Novy, Klaus (1991): *Gewerkschaften, Genossenschaften, Gemeinwirtschaft, Hat eine Ökonomie der Solidarität eine Chance?*, Köln: Bund-Verlag.
Metzendorf, Rainer (1994): *Georg Metzendorf*, 1874–1934, *Siedlungen und Bauten*, Darmstadt: Hessische Historische Kommission.
Meyer-Ehlers, Grete; Haußknecht, Meinhold; Rughöft, Sigrid (1973): *Kollektive Wohnformen, Erfahrungen, Vorstellungen, Raumbedürfnisse in Wohngemeinschaften, Wohngruppen und Wohnverbänden*, Wiesbaden: Bauverlag.
Miller, Mervyn (1989): *Letchworth, The First Garden City*, Sussex: Phillimore.
Mitscherlich, Alexander (1965): *Die Unwirtlichkeit unserer Städte, Anstiftung zum Unfrieden*, Frankfurt am Main: Suhrkamp Verlag.
Möbius, Thomas (2012): *Russische Sozialutopien von Peter I. bis Stalin, Historische Konstellationen und Bezüge*, Berlin: Lit Verlag.

Muscheler, Ursula (2007): *Haus ohne Augenbrauen, Architekturgeschichte aus dem 20. Jahrhundert*, München: Verlag C.H.Beck.
Müschen, Klaus (1982): *Lieber lebendig als normal! Selbstorganisation, kollektive Lebensformen und alternative Ökonomie*, Bensheim: Extra Buchverlag.
Museum für Gestaltung Zürich (Hrsg.) (1986): *Das andere neue Wohnen, Neue Wohn(bau)-formen*, Zürich: Kunstgewerbemuseum.

Nerdinger, Winfried (Hrsg.): *L'architecture engagée: Manifeste zur Veränderung der Gesellschaft*, München: Institut für internationale Architektur-Dokumentation.
Neue Gesellschaft für Bildende Kunst (Hrsg.) (1977): *Wem gehört die Welt – Kunst und Gesellschaft in der Weimarer Republik*, Berlin: NGBK.
Nierhaus, Irene; Nierhaus, Andreas (Hrsg.) (2014): *Wohnen zeigen, Modelle und Akteure des Wohnens in Architektur und visueller Kultur*, Bielefeld: Transcript Verlag.
Niethammer, Lutz (Hrsg.) (1979): *Wohnen im Wandel, Beiträge zur Geschichte des Alltags in der bürgerlichen Gesellschaft*, Wuppertal: Peter Hammer Verlag.
Novy, Klaus (1983): *Genossenschafts-Bewegung. Zur Geschichte und Zukunft der Wohnreform*, Berlin: Transit Buchverlag.

Ostrom, Elinor (2008): *Was mehr wird, wenn wir teilen – vom gesellschaftlichen Wert der Gemeingüter*, München: Oekom Verlag.
Owen, Robert (1813): *A New View of Society*, London: unbekannt.

Pätzold, Ricarda; Seidel-Schulze, Antje; Jekel, Gregor (2014): *Neues Wohnen – gemeinschaftliche Wohnformen bei Genossenschaften*, Bonn: Bundesinstitut für Bau-, Stadt- und Raumforschung.
Pavillon de l'Arsenal (Hrsg.) (2018): *Homy – Coliving Cohabiter*, Paris: Éditions du Pavillon de l'Arsenal.
Petsch, Joachim (1989): *Eigenheim und gute Stube, Zur Geschichte des bürgerlichen Wohnens*, Köln: Dumont.
Peuckert, Rüdiger (2012): *Familienformen im sozialen Wandel*, Wiesbaden: Springer VS.
Philippsen, Christine (2014): *Soziale Netzwerke in gemeinschaftlichen Wohnprojekten*, Berlin: Budrich UniPress.
P.M. (1983): *bolo'bolo*, Zürich: Paranoia City Verlag.
P.M., Wolkenstein, Didymos, Reyneclod (1985): *Stauffacher, Aussersihl, über die inventiven Kräfte der neuen Weltgesellschaft*, Zürich: Verlag der Inventiven Kräfte.

Reichardt, Sven (2014): *Authentizität und Gemeinschaft*, Berlin: Suhrkamp.
Reppé, Susanne (1993): *Der Karl-Marx-Hof*, Wien: Picus Verlag.
Richter, Claire (1919): *Das Ökonomiat, Hauswirtschaftlicher Grossbetrieb als Selbstzweck*, Berlin: G. Reimer.
Ring, Kristien (Hrsg.) (2013): *Self Made City, Berlin, Stadtgestaltung und Wohnprojekte in Eigeninitiative*, Berlin: Jovis Verlag.
Ring, Kristien (Hrsg.) (2015): *Urban Living*, Berlin: Jovis Verlag.
Rudberg, Eva (1989): *Sven Markelius, arkitekt*, Stockholm: Arkitektur Förlag.

Schader-Stiftung (Hrsg.) (2001): *wohn:wandel, Szenarien, Prognosen, Optionen zur Zukunft des Wohnens*, Darmstadt: Schader-Stiftung.
Schittich Christian (2012): *Wohnen, best of housing*, München: Detail.
Schneider, Nicole; Spellerberg, Annette (1999): *Lebensstile, Wohnbedürfnisse und räumliche Mobilität*, Obladen: Leske+Budrich.
Schneider, Romana; Nerdinger, Winfried; Wand, Wilfried (Hrsg.) (2000): *Deutschland, Architektur im 20. Jahrhundert*, München: Prestel.
Schuh, Jürgen (1989): *Kollektives Wohnen, Eine vergleichende Untersuchung in- und ausländischer Beispiele*, Kassel: Verlag für wissenschaftliche Publikationen.
Schulz, Stefane; Schulz, Carl-Georg (2008): *Das Hansaviertel, Ikone der Moderne*, Berlin: Verlagshaus Braund.
Schwimmer, Rosika (1909): *Neue Heimkultur, Zentralhaushaltung, Einküchenhaus, in Kultur und Fortschritt No.* 281, Leipzig: unbekannt.
Siebel, Walter (Hrsg.) (2004): *Die europäische Stadt*, Frankfurt am Main: Edition Suhrkamp.
Sieck, Annerose (2014): *Weiberwirtschaften – Gemeinschaftlich wohnen und leben auch im Alter*, Wien: Ueberreuter.
Spellerberg, Annette (Hrsg.) (2018): *Neue Wohnformen – gemeinschaftlich und genossenschaftlich, Erfolgsfaktoren im Entstehungsprozess gemeinschaftlichen Wohnens*, Wiesbaden: Springer VS.
Spille, Rolf (1975): *Mieter planen mit*, Hamburg: Rowohlt.
Stahel Thomas (2006): *Wo-Wo-Wonige!*, Zürich: Fakultät der Universität Zürich.

Terlinden, Ulla; von Oertzen, Susanna (2006): *Die Wohnungsfrage ist Frauensache! Frauenbewegung und Wohnreform* 1870 *bis* 1933, Berlin: Reimer.
Trias, Stiftung; Schrader Stiftung (Hrsg.) (2008): *Raus aus der Nische – rein in den Markt*, Darmstadt: Trias Stiftung.

unbekannt (1986): *Karthago, am Stauffacher*, Zürich: Verlag der Inventiven Kräfte.
Uhlig, Günther (1981): *Kollektivmodell «Einküchenhaus» – Wohnreform und Architekturdebatte zwischen Frauenbewegung und Funktionalismus* 1900–1933, Berlin: Werkbund Archiv 6.
Unger, Helga (2005): *Die Beginen – Eine Geschichte von Aufbruch und Unterdrückung der Frauen*, Freiburg im Breisgau: Herder Spektrum.
Ungers, Oswald; Ungers, Liselotte (1972): *Kommunen in der Neuen Welt*, 1740–1971, Köln: Kiepenheuer und Witsch.

Vester, Michael; von Oertzen, Peter; Geiling, Heiko; Hermann, Thomas; Müller, Dagmar (2001): *Soziale Milieus im gesellschaftlichen Strukturwandel, Zwischen Integration und Ausgrenzung*, Frankfurt am Main: Suhrkamp Taschenbuch.
Vollmer, Lisa (2019): *Mieter_innen-Bewegungen in Berlin und New York, Die Formierung politische Kollektivität*, Wiesbaden: Springer VS.

Weigel, Doris (1996): *Die Einraumwohnung als räumliches Manifest der Moderne*, Grenchen: Edition Argaus.
Wohnbund (Hrsg.) (2015): Europa, *Gemeinsam Wohnen*, Berlin: Jovis Verlag.
Wüstenrot Stiftung (Hrsg.) (1999): *Neue Wohnformen*, Stuttgart: Verlag W. Kohlhammer.

Studien, Fachartikel

Aigner, Karin (2015): *Gemeinschaftliches Wohnen, eine Typologie und ihre Vielfalt*, Graz: Technische Universität.
Albers, Martin; Henz, Alexander; Jakob, Ursina (1988): *Wohnungen für unterschiedliche Haushaltformen*, Grenchen: Bundesamt für Wohnungswesen BWO.

Baumann, Beat; Flury, Beat; Fust, Raoul Christian; Hohenacker, Tillmann (2012): *Wohngemeinschaften, ein Markt für Investoren? Voraussetzungen und Rahmenbedingungen für ein neues Immobilienanlageprodukt.*
Bertlein, Reinhold F. (unbekannt): *Sieg und Untergang des Sozialen Wohnungsbaus in Holland.*
Brändle-Ströh, Markus (1999): *Was braucht der Mensch zum Wohnen?*, in SozialAktuell SBS.
Breit, Stefan; Gürtler, Detlef (2018): *Microliving, Urbanes Wohnen im 21. Jahrhundert*, GDI Gottlieb Duttweiler Institute.
Bundesamt für Wohnungswesen BWO (2015): *Das Wohnungs-Bewertungs-System WBS, Wohnbauten planen, beurteilen und vergleichen.*
Bundesamt für Wohnungswesen BWO (05|2016): *Wohnforschung 2016–2019 Forschungsprogramm des Bundesamtes für Wohnungswesen.*
Bundesamt für Wohnungswesen BWO (2018): *Sharing-Economy-Plattformen, Mögliche Auswirkungen auf den schweizerischen Wohnungsmarkt.*

Crayen-Kugler von, Silvia (1948): *Kollektiv wohnen? Eine Untersuchung über die Entwicklung der Kollektivhäuser in Stockholm, sowie über den allgemeinen Einfluss der Berufstätigkeit der schwedischen Frau auf die Entwicklung der Bautätigkeit*, Genf: Crayen-Kugler.

Delbiaggio, Katia;Wanzenried, Gabrielle (2016): *Wohnflächenkonsum und Wohnflächenbedarf.*

Fachstelle Stadtwohnen, Kantons- und Stadtentwicklung Basel-Stadt (2014): *Ansätze und Steuerung zukunftsgerichteter Wohnformen und Wohnraumangebote.*
Fankhauser, Th. (ca. 1991): *Ein Volk ist weitgehend das, was seine Wohnungen sind. Die selbständige berufstätige Frau und ihre Wohnsituation*, Zürich: ETH.
Fedrowitz, Micha; Gailing, Ludger (2003): *Zusammen Wohnen, Gemeinschaftliche Wohnprojekte als Strategie sozialer und ökologischer Stadtentwicklung*, Dortmund: Institut für Raumplanung.
Felde, Olga (2009): *Konzepte des kollektiven Wohnens und Lebens in der Architektur der frühen Sowjetphase*, Dresden: Fakultät Sprach-, Literatur- und Kulturwissenschaften, Institut für Slavistik.

Glockner, Marco; Gysi, Susanne (2009): *Hausgemeinschaften, Erkenntnisse und Beispiele*, Zürich: ETH Wohnforum.
Grossenbacher, Jürg (2015): *Clusterwohnungen, Herausforderung und Perspektiven.*

Korczak, Dieter (1978): *Wohnkollektive, Erscheinungsformen und Stabilität eines Familientypus*, Köln: Wirtschafts- und Sozialwissenschaftliche Fakultät der Universität zu Köln.
Kraft, Reinhart (1993): *Mit den Pfunden wuchern.*

Priesner, Tina (2015): *Ein kontemporärer Blick auf das Einküchenhaus-Konzept.*

Senatsverwaltung für Stadtentwicklung und Umwelt Berlin (Hrsg.) (2012): *IBA Berlin 2020, Besondere Wohnformen.*
Skodborg, Lene (unbekannt): *Kollektivhuset Høje Søborg, kollektive islaet.*

Technische Universität Berlin (Hrsg.) (1980): *Hufeisensiedlung Britz 1926–1980, Ein alternativer Siedlungsbau der 20er Jahre als Studienobjekt, Projektarbeiten zur Analyse einer städtebaulichen Raumbildung.*

Van Wezemael, Joris; Huber, Andreas (2004): *Neue Wege im Genossenschaftlichen Wohnungsbau, Kurzfassung Siedlungsevaluation Kraft-Werk1 und Regina-Kägi-Hof in Zürich*, Grenchen: BWO.

Walecki, Thomasz (2004): *Was ist zwischen Öffentlichkeit und Privatheit im zeitgenössischen Wohnungsbau?*, Zürich: ETH.
Wohnbaugenossenschaften Schweiz – Regionalverband

Schweiz, Hochschule Luzern Technik & Architektur, Kompetenzzentrum Typologie & Planung in Architektur CCTP (2018): *Überblick Innovative Wohnformen.*

WSB, Institut für Wirtschaftsstudien Basel, Fachbereich Raum (2016): *Analyse von Instrumenten zur Steuerung des Wohnflächenkonsums.*

Wüstenrot Stiftung (Hrsg.) (2017): *Wohnvielfalt, Gemeinschaftlich wohnen – im Quartier vernetzt und sozial orientiert.*

Presseartikel, Zeitschriften

Albers, Martin; Henz, Alexander; Jakob, Ursina in Werk, Bauen + Wohnen (76|1989): *Wohnform und Wohnungsform*.

Archithese (8|1973): *Anfänge des sozialen Wohnungsbaus*.

Archithese (12|1974): *Das Kollektivwohnhaus*.

Archithese (14|1975): *Grosshaushalte*.

ARCH+ 176/177 (05|2006): *Wohnen*.

ARCH+ 198/199 (05|2010): *IBA Hamburg, Haus der Zukunft*.

ARCH+ 218 (11|2014): *Wohnerfahrungen*.

ARCH+ 231 (07|2018): *The Property Issue, Von der Bodenfrage und neuen Gemeingütern*.

ARCH+ 232 (07|2018): *An Atlas of Commoning, Orte des Gemeinschaffens*.

Bauen + Wohnen (27|1973): *Experimentelles Bauen und Wohnen in Utrecht Niederlande*.

Blicke in das Ledigenheim in der Rehhoffstraße (2.2|2012): *Das Gebäude*.

Blicke in das Ledigenheim in der Rehhoffstraße (2.3|2012): *Ein Zuhause*.

Das Wohnen (5|1930): *Die Wohnung der berufstätigen Frau*.

Die Zeit (28.07.2016): *Deutsche wünschen sich Großfamilie*.

Eberle, Orlando (11|2015): *Anders wohnen in der Stadt Zürich, in Stadtblick: Urbane Lebensstile*.

Federn, Ernestine in Frauenbestrebungen (8|1909): *Die Einküchenhäuser in Berlin*.

Ferber (09.12.2016): *Drum prüfe, auch wer sich nicht bindet*, in NZZ.

Hanak, Michael, in TEC21 (3–4|2017): *Wie wohnen?*

Hannemann, Christine (05|2014): *Zum Wandel des Wohnens*.

Haupt, Isabel in NIKE-Bulletin (1–2|2014): *Einküchenhaus und Einbauküche*.

HOCHPARTERRE (11|2013): *Themenheft*.

HOCHPARTERRE (05|2017): *Sharing Sharing*.

Hofer, Andreas in TEC21 (7|2011): *Von der Familienwohnungen zum Cluster-Grundriss*.

Leggewie (2015): *Wie tot ist die Charta von Athen?*

Loske, Reinhard und Hauri, Ernst in Forum, Raumentwicklung (02|2016): *Sharing Economy – Gutes Teilen, schlechtes Teilen?*

NZZ am Sonntag (19.07.2015): *Etwas mehr Platz muss sein*.

NZZ am Sonntag (01|2016): *Invest Immobilie, Vorausschauend planen*.

NZZ am Sonntag (28.08.2016): *Gar nicht wie die Eltern*.

NZZ am Sonntag (04.09.2016): *Gemeinsam weiterkommen*.

Neue Zürcher Zeitung (27.02.2017): *Die sterilisierte Stadt*.

Rudolf (15|1928): *Wohnkolonie für alleinstehende Frauen im Lettenhof Zürich*, in Werk.

Schlandt, Joachim in Bauen und Wohnen (25|1971): *Servicehaus, Kollektivhaus, Kommune*.

Schrenk, Jakob (18.12.2016): *Gehören wir nicht zusammen?* in NZZ am Sonntag.

Siebel, Walter in ARCH+ (05|2006): *Zukunft des Wohnen*.

Strohm (27.09.2015): *Gemeinsam statt einsam*, in NZZ am Sonntag.

Strohm (13.12.2015): *Vorausschauend planen*, in NZZ am Sonntag.

Tagesanzeiger (15.09.2015): *Revoluzzer WGs werden salonfähig*.

Trösch, Peter in Tagesanzeiger Magazin (1|03.01.1976): *Idastrasse 28, Zürich Wiedikon*.

Weiss (2009), *Bestandesbeschrieb CIAM*, gta Archiv ETH Zürich.

Werk (15|1928): *Wohnkolonie für alleinstehende Frauen im Lettenhof Zürich*.

Werk (24|1937): *Sonderheft Schweden, Das Stockholmer Kollektivhaus, eine neue Wohnform*.

Werk (53|1966): *Überbauung «Neuwil» in Wohlen AG*.

Werk, Bauen + Wohnen (3|2017): *Preiswert Wohnen*.

Wohnen (05|2016): *Neubau*.

Wohnen (03|2019): *Smart Wohnen*.

Biografien

Prof. Dr. Ingrid Breckner

Ingrid Breckner leitet das Arbeitsgebiet Stadt- und Regionalsoziologie an der HafenCity Universität Hamburg. Sie lehrt zu soziologischen Fragen der Stadtentwicklung und wissenschaftlichen Forschungsmethoden und forscht zu den Themen soziale Ungleichheit, (sub-)urbanes Wohnen, demografischer Wandel, Mobilität und Migration, (Un-)Sicherheit, Energieeffizienz und Verbraucherverhalten sowie regionale Lebensmittelproduktion und Esskultur.

Prof. ETH DI Dietmar Eberle

Dietmar Eberle studierte Architektur an der TU Wien, Diplom 1978 bei Anton Schweighofer. 1979 war er zusammen mit Markus Koch, Norbert Mittersteiner und Wolfgang Juen Mitbegründer der «Vorarlberger Baukünstler» (1979–1982). Von 1984 bis 2009 arbeitete er zusammen mit Carlo Baumschlager. Er führt das international renommierte Büro Baumschlager Eberle Architekten mit weltweit zwölf Standorten in acht Ländern. Seit 1983 kontinuierliche Lehrtätigkeit in Hannover, Wien, Linz, Zürich, New York, Darmstadt und Hong Kong. Von 1999 bis 2018 Professor an der ETH Zürich, damit verbunden ist die Leitung des ETH Wohnforum – ETH CASE (Centre for Research on Architecture Society and the Built Environment).

Dr. habil. Angelus Eisinger

Angelus Eisinger ist habilitierter Städtebau- und Planungshistoriker. Seit 2013 leitet er den Planungsdachverband Region Zürich und Umgebung RZU. Zuvor unterrichtete er an verschiedenen Hochschulen u. a. zwischen 2008–2013 als Professor für Geschichte und Kultur der Metropole an der HafenCity Universität in Hamburg. Inhaltlich liegt ein wesentliches Schwergewicht seiner Tätigkeit in der Wirkungsforschung von Architektur, Städtebau und Planung und daraus abzuleitenden Praxiserkenntnissen. Zu diesem Themenfeld hat er mehrere Bücher und eine Vielzahl von Fachartikeln verfasst. Daneben ist er kuratorisch und beratend tätig, so u. a. im wissenschaftlichen Kuratorium der IBA Basel 2020.

Dr. Margrit Hugentobler

Margrit Hugentobler, Ph. D. (Soziologie/Politikwissenschaften), MS. W., studierte und arbeitete an der University of Michigan, USA. Ab 1992 forschte sie am ETH Wohnforum und leitete die interdisziplinäre Forschungsgruppe 2009–2015. Forschungsthemen: Wohnsituationen und -bedarf unterschiedlicher Zielgruppen (u. a. Frauen, ältere Menschen), Innovationen im Wohnungsbau im Kontext nachhaltiger Stadtentwicklung, multilokales Wohnen.

Kathleen Scanlon

Kathleen Scanlon ist Distinguished Policy Fellow in der LSE London Research Unit der London School of Economics. In ihren interdisziplinären Forschungsarbeiten bedient sie sich der Methoden aus Wirtschaftswissenschaften, Planung und Geografie, um die zeitgenössische Wohnungsbaupolitik und die entsprechende Praxis in Großbritannien und in Europa zu untersuchen. In ihren Publikationen behandelt sie die Themenfelder Wohnungsbau und Wohnungswesen, Stadtentwicklung sowie metropolitane Governance. Seit 2011 untersucht sie die verschiedenen Formen des gemeinschaftlichen Wohnens, wobei ihr besonderer Schwerpunkt auf den Finanzierungsfragen und Wirtschaftlichkeitsüberlegungen solcher Modelle liegt. Sie war Karrierediplomatin, lebte bislang in sieben verschiedenen Ländern und spricht Spanisch, Italienisch, Serbisch, Dänisch und ein wenig Französisch.

Susanne Schmid

Susanne Schmid studierte Innenarchitektur an der Hochschule Luzern – Technik & Architektur und absolvierte den Studiengang MAS in Housing am ETH Wohnforum – ETH CASE in Zürich. Dabei forschte sie über das gemeinschaftliche Wohnen mit seinen soziologischen und architektonischen Auswirkungen, die in dieser Publikation zusammengefasst veröffentlicht werden. Als langjährige Partnerin bei Bürgi Schärer Architekten in Bern und seit 2024 als Geschäftsführerin bei Baumschlager Eberle Architekten in Zürich widmet sie sich in der Praxis den Themen der gesellschaftlichen Nachhaltigkeit, des kostengünstigen und flexiblen Wohnungsbaus, begleitete das Wohnungs-Bewertungs-System WBS vom Bundesamt für Wohnungswesen BWO und fokussiert neben dem Wohnen auf neue Arbeitsweisen und deren räumliche Umsetzungen. Susanne Schmid ist seit 2022 nebenamtliche Dozentin am Institut für Innenarchitektur an der Hochschule Luzern – Technik & Architektur und hält zahlreiche Fachvorträge und Workshops, unter anderem 2023 an der IST University of Lisbon – Tecnico-Arquitectura.

Dank

Die erste Auflage der vorliegenden Publikation wurde durch maßgebliche finanzielle Unterstützung von folgenden Organisationen möglich:

- Albert Lück-Stiftung
- Beitragsfonds des Finanzdepartements der Stadt Zürich
- Bürgi Schärer Architekten AG
- IBA Wien[1]
- Jubiläumsstiftung der Schweizerischen Mobiliar Genossenschaft
- Max Pfister Baubüro AG
- Schindler Aufzüge AG
- Senn Resources AG

- Allgemeine Baugenossenschaft Zürich ABZ
- Anliker AG Generalunternehmung
- Baugenossenschaft mehr als wohnen
- BEP Baugenossenschaft des eidgenössischen Personals
- Bundesamt für Wohnungswesen BWO
- Ernst Göhner Stiftung
- Freie und Hansestadt Hamburg, Behörde für Stadtentwicklung und Wohnen
- Halter AG
- Losinger Marazzi AG
- Pensimo Management AG
- RENESPA AG
- SBB Immobilien
- Steiner AG
- Stiftung Solidaritätsfonds von Wohnbaugenossenschaften Schweiz – Verband der gemeinnützigen Wohnbauträger

Für die weitere finanzielle Unterstützung der ersten Auflage wurde folgenden Organisationen gedankt: Age-Stiftung, Bau- und Wohngenossenschaft Kraftwerk1, bonainvest Holding, Genossenschaft Kalkbreite, Julius der Weisse AG, VSI.ASAI. Vereinigung Schweizer Innenarchitekten/Architektinnen.

Die erste Auflage wurde mit freundlicher Unterstützung der Pro Helvetia, Schweizer Kulturstiftung gedruckt.

Unser besonderer Dank geht an die vielen Bewohnerinnen und Bewohner, die Architektinnen und Architekten und die Bauträger, die uns einen Einblick in ihre gemeinschaftlichen Wohnobjekte und in ihre Arbeit gewährten. Ihre vielfältigen Beiträge mittels Interviews, Informationen und Foto- und Planmaterial reicherten diese Publikation an. Im Speziellen danken wir Raphael Bruderer, der mit Engagement das gesamte Planmaterial anfertigte. Des Weiteren danken wir unseren Gastautorinnen und unserem Gastautor für ihre Beiträge, die eine wertvolle inhaltliche Ergänzung sind. Großer Dank geht auch an David Marold und Angelika Gaal vom Birkhäuser Verlag für die Unterstützung bei Konzeption, Korrektorat, Gestaltung und Druck dieser Publikation.

---

1 Die in diesem Buch dokumentierten, pionierhaften Wiener Beispiele des gemeinschaftlichen Wohnens bilden eine historische Grundlage zum Thema «Neues soziales Wohnen» der IBA Wien, welche diese Publikation mit einem Forschungsbeitrag unterstützt hat.